Hamburger Studien zu Gesellschaften und Kulturen
der Vormoderne

Alessandro Bausi (Äthiopistik), Christof Berns (Archäologie),
Christian Brockmann (Klassische Philologie), Christoph Dartmann
(Mittelalterliche Geschichte), Philippe Depreux (Mittelalterliche Geschichte),
Helmut Halfmann (Alte Geschichte), Kaja Harter-Uibopuu (Alte Geschichte),
Stefan Heidemann (Islamwissenschaft), Ulla Kypta (Mittelalterliche Geschichte),
Ulrich Moennig (Byzantinistik und Neugriechische Philologie), Barbara Müller
(Kirchengeschichte), Sabine Panzram (Alte Geschichte), Werner Riess
(Alte Geschichte), Jürgen Sarnowsky (Mittelalterliche Geschichte),
Claudia Schindler (Klassische Philologie), Martina Seifert (Klassische Archäologie),
Giuseppe Veltri (Jüdische Philosophie und Religion)

Verantwortlicher Herausgeber für diesen Band: Werner Riess

Band 12

Colloquia Attica II

*Neuere Forschungen zu Athen
im 5. Jahrhundert v. Chr.*

Herausgegeben von
Werner Riess

Franz Steiner Verlag

Umschlagabbildung: Lenormant Relief (inv. no. Acr. 1339)
mit freundlicher Genehmigung des Acropolis Museum. Photo von Yiannis Koulelis, 2018

Bibliografische Information der Deutschen Nationalbibliothek:
Die Deutsche Nationalbibliothek verzeichnet diese Publikation in der Deutschen
Nationalbibliografie; detaillierte bibliografische Daten sind im Internet über
<http://dnb.d-nb.de> abrufbar.

Dieses Werk einschließlich aller seiner Teile ist urheberrechtlich geschützt.
Jede Verwertung außerhalb der engen Grenzen des Urheberrechtsgesetzes
ist unzulässig und strafbar.
© Franz Steiner Verlag, Stuttgart 2021
Druck: Beltz Grafische Betriebe, Bad Langensalza
Gedruckt auf säurefreiem, alterungsbeständigem Papier.
Printed in Germany.
ISBN 978-3-515-12894-0 (Print)
ISBN 978-3-515-12900-8 (E-Book)

Editorial

In der Reihe *Hamburger Studien zu Gesellschaften und Kulturen der Vormoderne* haben sich geisteswissenschaftliche Fächer, die u. a. die vormodernen Gesellschaften erforschen (Äthiopistik, Alte Geschichte, Byzantinistik, Islamwissenschaft, Judaistik, Theologie- und Kirchengeschichte, Klassische Archäologie, Klassische und Neulateinische Philologie, Mittelalterliche Geschichte) in ihrer gesamten Breite zu einer gemeinsamen Publikationsplattform zusammengeschlossen. Chronologisch wird die Zeit von der griechisch-römischen Antike bis unmittelbar vor der Reformation abgedeckt. Thematisch hebt die Reihe zwei Postulate hervor: Zum einen betonen wir die Kontinuitäten zwischen Antike und Mittelalter bzw. beginnender Früher Neuzeit, und zwar vom Atlantik bis zum Hindukusch, die wir gemeinsam als „Vormoderne" verstehen, zum anderen verfolgen wir einen dezidiert kulturgeschichtlichen Ansatz mit dem Rahmenthema „Sinnstiftende Elemente der Vormoderne", das als Klammer zwischen den Disziplinen dienen soll. Es geht im weitesten Sinne um die Eruierung sinnstiftender Konstituenten in den von unseren Fächern behandelten Kulturen.

Während Kontinuitäten für die Übergangszeit von der Spätantike ins Frühmittelalter und dann wieder vom ausgehenden Mittelalter in die Frühe Neuzeit als zumindest für das lateinische Europa relativ gut erforscht gelten können, soll eingehender der Frage nachgegangen werden, inwieweit die Kulturen des Mittelalters im Allgemeinen auf die antiken Kulturen rekurrierten, sie fortgesetzt und weiterentwickelt haben. Diesen großen Bogen zu schließen, soll die neue Hamburger Reihe helfen. Es ist lohnenswert, diese längeren Linien nachzuzeichnen, gerade auch in größeren Räumen. Vielfältige Kohärenzen werden in einer geographisch weit verstandenen mediterranen Koine sichtbar werden, wobei sich die Perspektive vom Mittelmeerraum bis nach Zentralasien erstreckt, ein Raum, der für die prägende hellenistische Kultur durch Alexander den Großen erschlossen wurde; auch der Norden Europas steht wirtschaftlich und kulturell in Verbindung mit dem Mittelmeerraum und Zentralasien – sowohl aufgrund der Expansion der lateinischen Christenheit als auch über die Handelswege entlang des Dnepr und der Wolga.

Der gemeinsame Impetus der zur Reihe beitragenden Wissenschaftlerinnen und Wissenschaftler besteht darin aufzuzeigen, dass soziale Praktiken, Texte aller Art und Artefakte/Bauwerke der Vormoderne im jeweiligen zeithistorischen und kulturellen Kontext ganz spezifische sinn- und identitätsstiftende Funktionen erfüllten. Die Gemeinsamkeiten und Alteritäten von Phänomenen – die unten Erwähnten stehen lediglich *exempli gratia* – zwischen Vormoderne und Moderne unter dieser Fragestellung herauszuarbeiten, stellt das Profil der Hamburger Reihe dar.

Sinnstiftende Elemente von Strategien der Rechtsfindung und Rechtsprechung als Bestandteil der Verwaltung von Großreichen und des Entstehens von Staatlichkeit, gerade auch in Parallelität mit Strukturen in weiterhin kleinräumigen Gemeinschaften, werden genauso untersucht wie Gewaltausübung, die Perzeption und Repräsentation von Gewalt, Krieg und Konfliktlösungsmechanismen. Bei der Genese von Staatlichkeit spielen die Strukturierung und Archivierung von Wissen eine besondere Rolle, bedingt durch ganz bestimmte Weltvorstellungen, die sich z. T. auch in der Kartographie konkret niederschlugen. Das Entstehen von Staatlichkeit ist selbstverständlich nicht nur als politischer Prozess zu verstehen, sondern als Gliederung des geistigen Kosmos zu bestimmten Epochen durch spezifische philosophische Ansätze, religiöse Bewegungen sowie Staats- und Gesellschaftstheorien. Diese Prozesse der *longue durée* beruhen auf einer Vielzahl symbolischer Kommunikation, die sich in unterschiedlichen Kulturen der Schriftlichkeit, der Kommunikation und des Verkehrs niedergeschlagen hat. Zentrum der Schriftlichkeit sind natürlich Texte verschiedenster Provenienz und Gattungen, deren Gehalt sich nicht nur auf der Inhaltsebene erschließen lässt, sondern deren Interpretation unter Berücksichtigung der spezifischen kulturellen und epochalen Prägung auch die rhetorische Diktion, die Topik, Motive und auktoriale Intentionen, wie die *aemulatio*, in Anschlag bringen muss. Damit wird die semantische Tiefendimension zeitlich weit entfernter Texte in ihrem auch symbolischen Gehalt erschlossen.

Auch die für uns teilweise noch fremdartigen Wirtschaftssysteme der Vormoderne harren einer umfassenden Analyse. Sinnstiftende Elemente finden sich auch und v. a. in Bauwerken, Artefakten, Grabmonumenten und Strukturen der jeweiligen Urbanistik, die jeweils einen ganz bestimmten Sitz im Leben erfüllten. Techniken der Selbstdarstellung dienten dem Wettbewerb mit Nachbarn und anderen Städten.

Glaubenssysteme und Kultpraktiken inklusive der „Magie" sind gerade in ihrem Verhältnis zur Entstehung und Ausbreitung des Christentums, der islamischen Kultur und der Theologie dieser jeweiligen Religionen in ihrem Bedeutungsgehalt weiter zu erschließen. Eng verbunden mit der Religiosität sind Kulturen der Ritualisierung, der Performanz und des Theaters, Phänomenen, die viele soziale Praktiken auch jenseits der Kultausübung erklären helfen können. Und im intimsten Bereich der Menschen, der Sexualität, den Gender-Strukturen und dem Familienleben gilt es ebenfalls, sinn- und identitätsstiftenden Elementen nachzuspüren. Medizinische Methoden im Wandel der Zeiten sowie die Geschichte der Kindheit und Jugend sind weitere Themengebiete, deren Bedeutungsgehalt weiter erschlossen werden muss.

Gemeinsamer Nenner bleibt das Herausarbeiten von symbolträchtigen Elementen und Strukturen der Sinnhaftigkeit in den zu untersuchenden Kulturen gerade im kulturhistorischen Vergleich zu heute.

Die Herausgeber

Vorwort

Am 23. und 24. Juni 2016 fand an der Universität Hamburg das Colloquium Atticum IV mit dem Titel: *Athen im 5. Jh. v. Chr. Aktuelle Projekte und Forschungstrends* statt. Zu danken ist an erster Stelle den Referentinnen und Referenten aus dem In- und Ausland, die mit gut aufeinander abgestimmten Beiträgen das Colloquium zu einem Erfolg werden ließen und die Mühen nicht scheuten, ihre Texte für die vorliegende Publikation zu überarbeiten. Zu Dank verpflichtet bin ich ebenfalls der Aby-Warburg-Stiftung, die uns wieder großzügig die schönen Tagungsräume des Warburg-Hauses unbürokratisch zur Verfügung stellte. Meine Hilfskräfte, Herr Julian Gebhard sowie Herr Thorge Zunft, haben die Beiträge formal vereinheitlicht und damit entscheidend zur Drucklegung beigetragen. Dafür gebührt Ihnen mein herzlicher Dank. Und schließlich bin ich Frau Katharina Stüdemann, Frau Simone Zeeb und Frau Andrea Walker vom Franz Steiner Verlag für die rasche und so sorgfältige Drucklegung dankbar. Mögen die hier gesammelten Beiträge zu einem erneuten Nachdenken über Athen im 5. Jh. v. Chr. anregen!

Hamburg, im August 2020

Inhaltsverzeichnis

Editorial 5
Vorwort.. 7

WERNER RIESS
Einleitung... 11

CLAUDIA TIERSCH
Die athenische Demokratie im 5. Jh. v. Chr. und ihre Eliten
Kontinuitäten Oder Bruch?... 23

ARMIN EICH
Die Geo-Ökonomie des ersten attischen Seebundes
Neue Forschungen und Überlegungen... 51

PHILIPP SCHEIBELREITER
Von der Symmachie zur Homologie
*Eine völkerrechtliche Perspektive auf Vertragsbeziehungen
im delisch-attischen Seebund*... 79

PANAGIOTIS ATHANASOPOULOS
Shipsheds, the 5th Century BC Athenian Naval Bases in Piraeus
Constructing a New Maritime Identity.. 105

MARTIN DREHER
Staat und Individuum in der griechischen Polis bis zur klassischen Zeit 119

CHARLOTTE SCHUBERT
Der Phidiasprozess in der Überlieferung der Scholien 143

HERBERT HEFTNER
Alkibiades
Verhinderter Retter Athens oder Selbstdarsteller ohne Substanz? 159

WOLFGANG BLÖSEL
Die Hopliten in den beiden oligarchischen Umstürzen in Athen
und eine mögliche Neuordnung der Zensusklassen am Ende
des 5. Jahrhunderts v. Chr. 181

ROBIN OSBORNE
Athenian Pottery in the Long Fifth Century and its History 197

WERNER RIESS
Bilanz und persönliche Ausblicke 215

Einleitung

WERNER RIESS

Am 23. und 24. Juni 2016 fand an der Universität Hamburg das Colloquium Atticum IV mit dem Titel: *Athen im 5. Jh. v. Chr. Aktuelle Projekte und Forschungstrends* statt. Die Veranstaltung war somit die Fortsetzung der Colloquia I–III (2012–2014), die sich mit den Themen Magie, Recht und der archaischen Zeit befasst hatten und deren Beiträge im Jahre 2018 publiziert wurden.[1] Auch das Colloquium Atticum IV, dessen Ergebnisse hier bis auf einen Beitrag vorgelegt werden, folgte dem Format der noch jungen Tagungsreihe, wie im ersten Sammelband dargelegt.[2] Themen beziehen sich aufeinander; idealiter ergeben sich auch Bezüge zwischen den Colloquia. Das Colloquium Atticum IV schloss chronologisch an das Colloquium III (Archaik) an; die Beiträge waren (wie 2014) weniger um ein Rahmenthema herum gruppiert als vielmehr auf die Epoche des 5. Jhs. ausgerichtet. Hier galt es, kulturwissenschaftliche Zugänge aus verschiedenen Perspektiven zu finden. Die Forschung zu Athen im 5. Jh. ist heute unüberschaubar geworden. Diesbezügliche Publikationen sind disparat und selbstverständlich von nationalen Wissenschaftstraditionen geprägt. Der Workshop führte einige wichtige Forschungsströmungen, wie sie von jüngeren und erfahreneren Gelehrten im In- und Ausland in exemplarischer Weise repräsentiert werden, zusammen, ohne auch nur im Entferntesten einen Anspruch auf Vollständigkeit der Themen erheben zu wollen.

Wie aus der Anordnung der Themen hervorgeht, wurde wie bei den vorausgehenden Colloquia nach Phänomenologien gesucht, die organisch aus einander hervorgehen. Die Beiträge sind also nur lose chronologisch geordnet. Eine inhaltliche Verzahnung mit der Veranstaltung von 2014, die sich mit Tendenzen der archaischen Zeit Griechenlands, respektive Athens, beschäftigt hatte, war intendiert. Wir vollzogen 2014 nach, wie eine Bürgergesellschaft sich ihrer selbst immer bewusster wurde, auch körpergeschichtlich konnten wir diese Tendenz nachzeichnen, etwa bei der somatischen Betrachtung des Sports und der damit einhergehenden Repräsentation

---

1 Riess 2018.
2 Riess 2018, 11.

des eigenen Körpers (Zinon Papakonstantinou) oder der Einschränkung von Luxus und damit der Förderung des Gleichheitsgedankens am Ende des 6. Jhs. (Hans van Wees). Es lag in der Logik der Colloquia, dass wir zeitlich fortschreiten und 2016 einige der wichtigsten Tendenzen des 5. Jhs. näher in Augenschein nehmen wollten, das gemeinhin als das erste der beiden klassischen Jahrhunderte Griechenlands gilt. Wir beschäftigten uns bewusst nicht mit der Demokratie selbst und ihrem Funktionieren, sondern studierten die mindestens ebenso wichtigen Rahmenbedingungen dieser ersten Volksherrschaft der Geschichte.

Claudia Tiersch eröffnete die Veranstaltung mit der grundsätzlichen Frage, wie sich die alten Eliten im neuen demokratischen Umfeld behaupten konnten. In ihrem Beitrag *Die athenische Demokratie im 5. Jh. v. Chr. und ihre Eliten – Kontinuitäten oder Bruch* beschreibt sie die wechselvolle Geschichte des Verhältnisses zwischen Eliten und athenischem Demos in drei Phasen (Begründung der Demokratie bis 429, 429–404/3 und 4. Jh.). Grundsätzlich gilt, dass die allmähliche Ausbildung eines autonomen politischen Feldes[3] erhebliche Konsequenzen für das soziale Feld hatte. Die alten Eliten sahen sich dadurch einem zunehmendem Behauptungs- und Kontrolldruck ausgesetzt. Nach 429 kam es durch einen verstärkten Konkurrenzkampf, der von sozialen und politischen Aufsteigern befeuert wurde, zu einem weiteren Entfremdungsprozess zwischen Eliten und Demos, der sich in den oligarchischen Putschen von 411 und 404/3 niederschlug. Durch normative und institutionelle Neujustierungen gelang im 4. Jh. schließlich eine bessere Integration der Eliten, die sich nun überwiegend aus neuen Familien zusammensetzten. Die gesellschaftlich höhere Akzeptanz von finanziellen Beiträgen als Repräsentation von Leistung und Elitestatus führte trotz des hohen Kontrolldruckes durch politisch motivierte Gerichtsverfahren zu einer verstärkten Kooperationsbereitschaft der Eliten.

Diese Eliten waren es, die sich den Delisch-Attischen Seebund aus Herrschaftsgründen aufbauten. Der Seebund stellte im Weiteren die erste thematische Achse des Workshops dar. Ohne eine vertiefte Kenntnis des Seebunds ist die athenische Demokratie nicht verständlich; ohne den Seebund hätte es keinen Weg in den Peloponnesischen Krieg gegeben. Der Seebund war also einer der wichtigsten und treibendsten Faktoren der Entwicklung im 5. Jh. Innenpolitisch mehr oder weniger eingeschränkt, eröffnete sich für die Eliten im maritimen Bereich die Möglichkeit, sich militärisch, in der Domäne der Außenpolitik, zu engagieren, Verdienste zu erwerben, ja für die Heimatpolis Entscheidendes zu leisten. Auf der politischen Ebene wurde der Seebund oftmals in seiner Entstehung aus den Perserkriegen heraus und in seiner Stoßrichtung gegen Persien beschrieben, was, wie sich mittlerweile herausgestellt hat, mehr oder weniger athenische Propaganda darstellte. Im Colloquium Atticum IV näherten sich

---

3 Vgl. Meier 1980; Mann 2007 *passim*.

drei Experten dem Seebund aus ökonomischer, rechtlicher und militärisch-logistischer Perspektive.

Armin Eich arbeitet in seinem Beitrag *Die Geo-Ökonomie des Ersten Attischen Seebundes. Neue Forschungen und Überlegungen* auf Basis neuerer wirtschaftshistorischer Studien deutlich heraus, dass Athen schon seit Mitte des 6. Jhs. zielstrebig eine geo-ökomische und damit auch politische Vormachtstellung in der Ägäis aufzubauen suchte[4]. Es gehörte zu den Grundaxiomen athenischer Politik, drei geographische Korridore zu kontrollieren, den Weg in den Hellespont zur Sicherung der Getreideversorgung, nach Norden über Thessalien ins Strymon-Gebiet sowie nach Osten Richtung Samos und Milet. In den Sicherungsmaßnahmen dieser Korridore können Kontinuitätslinien von ca. 540 bis 470 v. Chr. gezogen werden. Auch aufgrund seiner demographischen Größe entwickelte sich Athen zu einem dynamischen Wirtschaftszentrum der ägäischen Kernregion, in die Geldströme umgelenkt wurden, die auch dazu genutzt wurden, eine Flotte aufzubauen, die wiederum die Machtposition Athens deutlich verstärkte. Eine im Eigeninteresse handelnde interventionistische, ja expansive Politik der Großpolis ist also schon *vor* Gründung des Seebunds erkennbar. Im Seebund baute Athen dann von Anfang an eine autokratische Herrschaft auf, vielleicht nach persischem Vorbild, doch sind hegemoniale und imperiale Tendenzen eben durchaus schon Ende des 6. Jhs. zu greifen, so dass der Sieg in den Perserkriegen in dieser ökonomisch-politischen Betrachtungsweise keine Zäsur im konsequenten Aufbau einer Dominanzstellung der Großpolis im Ägäisraum darstellt. Aus dieser Perspektive sind dann auch die sog. Seebundurkunden aus der Zeit des Peloponnesischen Krieges etwas anders zu deuten, weniger als Zeugnisse eines zunehmenden Imperialismus als vielmehr für verzweifelte Versuche Athens, intensiver auf die Finanzen der Bündner zuzugreifen, um den drohenden Staatsbankrott in Folge der enormen Rüstungsausgaben doch noch abzuwenden.

Nach diesen wirtschaftsgeschichtlichen Überlegungen beschäftigte sich Philipp Scheibelreiter mit den rechtlichen Strukturen des Delisch-Attischen Seebunds (*Von der Symmachie zur Homologie? Eine völkerrechtliche Perspektive auf Vertragsbeziehungen im Delisch-Attischen Seebund*)[5]. Eine Gründungsurkunde, etwa in Form einer Charta, liegt nicht vor, aber man kann aus dem verstreuten literarischen und epigraphischen Material und dem Umgang Athens mit den Bündnern so etwas wie rechtliche Grundprinzipien des Bundes herausdestillieren. Wurden die Bundesgenossen anfangs per Symmachie an Athen gebunden, womit ein Gleichgewicht zwischen Athen und den Bündnern ausgedrückt wurde, kam es im Laufe des 5. Jhs. zu einer deutlichen Gewichtsverlagerung im Verhältnis zwischen Athen und seinen Vertragspartnern: Athen trat dabei zunehmend als Hegemon auf; abgefallene Bündner wurden mittels *homolo-*

---

4 Vgl. dazu ausführlich Eich 2006.
5 Vgl. dazu grundlegend auch Scheibelreiter 2013.

gia wieder in den Bund gezwungen. Die Grundbedeutung von *homologein* ist „gleich sprechen", d.h. die einseitige Anerkennung einer Tatsache oder Aussage, die bereits von der überlegenen Vertragspartei geschaffen bzw. formuliert und diktiert worden war. Ein Blick in das griechische Privatrecht erhärtet diese Interpretation. Sowohl Zeugnisse in den attischen Rednern als auch auf Papyri erhaltene Rechtsgeschäfte aus dem hellenistisch-römischen Ägypten kennen die Homologie in einem deklarativen Sinne; ein bestehendes Recht wird bestätigt. Damit handelt es sich bei der griechischen Homologie auch nicht um einen Konsensualvertrag im römischen Sinne, was gerade für ihre völkerrechtliche Anwendung wichtig ist. Wenn Athen *homologiai* mit Unterworfenen abschloss, handelte es sich also um Kapitulationsverträge, die nicht etwa auf zukünftig zu erbringende Leistungen abzielten, sondern ein Verhandlungsergebnis oder einen bereits von Athen geschaffenen Zustand bestätigten. Einmal mehr zeigt sich, auch aus rechtsgeschichtlicher Perspektive, dass sich Athen im 5. Jh. zu einem Hegemon wandelte, der unterlegenen „Partnern" einseitig und autoritär Bedingungen diktieren konnte.

Nach den wirtschaftspolitischen und rechtlichen Überlegungen schien es geboten, sich einigen Realia des Seebunds zuzuwenden, d.h. der Entwicklung des Piräus zur Basis einer Kriegsflotte, die den Kontakt mit den Inseln aufrecht erhielt und jederzeit – gerade bei Abfallbewegungen – militärisch eingreifen konnte. Die Flotte bildete das Rückgrat des athenischen Staates, und die Theten, die als Ruderer dienten, waren sich dessen sehr bewusst. Panagiotis Athanasopoulos bietet in seinem Beitrag *Shipsheds, the 5th Century BC Athenian Naval Bases in Piraeus: Constructing a New Maritime Identity* einen Überblick über die Befunde, welche die Unterwasserarchäologie bis heute zu Tage gefördert hat. Der Piräus besteht aus den Häfen Kantharos, Zea und Mounichia; alle drei wurden sowohl als Handels- als auch als Kriegshäfen genutzt, doch trotz der Mischnutzung sind Spezialisierungen erkennbar: Kantharos diente überwiegend als Handelshafen, während Zea hauptsächlich militärisch ausgerichtet war. Wichtigstes Merkmal der Kriegshäfen sind die sog. *shipsheds*, überdachte Rampen, an den Seiten offen, auf welche die Trieren zu Instandhaltungsarbeiten hinaufgezogen werden konnten. Aufgrund ihrer speziellen Konstruktion boten die *shipsheds* Schatten, Ventilation und Schutz vor der Witterung. Antike Schiffe konnten weder lange im Wasser bleiben (Gefahr von Fäulnis und Schimmelbildung) noch lange an Land verweilen, v.a. nicht im Sommer (Gefahr von Rissen im Holz durch Austrocknung). Wollte man also eine Kriegsflotte von mehreren hundert Schiffen konstant gefechtsbereit halten, erforderte dies einen enormen logistischen und finanziellen Aufwand. Athanasopoulos spricht demnach von einem „maritime turn" unter Themistokles, der nicht nur weitreichende ökonomische, soziale und politische Folgen zeitigte, sondern auch zu einer neuen maritimen Identität der Athener führte, die auch mental und ideologisch eng mit der Staatsform der Demokratie verbunden wurde. Im Kriegshafen Zea lassen sich drei Bauphasen unterscheiden: Anfang des 5. Jhs. waren die Rampen noch nicht überdacht, man spricht von *slipways*, zu einem nicht näher bestimmbaren Zeitpunkt im 5.

Jh. wurden die Dächer hinzugefügt, nach ca. 375–350 v. Chr. wurden die *shipsheds* aufgrund der stark steigenden Zahl der Schiffe zweiachsig gebaut (*double-unit shipsheds*). Obgleich der Hafen Mounichia wesentlich kleiner als Zea ist, wurde hier ein besonders bemerkenswerter Fund gemacht: Die frühesten Überreste lassen sich hier in die Periode 520–480 v. Chr. datieren, also schon etwa eine Generation vor den Perserkriegen; eine Erkenntnis, die in Einklang mit den Überlegungen Armin Eichs steht: Die Athener betrieben schon vor den Perserkriegen auch eine bewusst maritime Strategie, um ihren Interessen in der Ägäis selbstbewusst Geltung zu verschaffen. Wirtschaftspolitische, rechtshistorische und archäologische Sichtweisen ergänzen sich also gut zum Bild einer Großpolis, die schon am Ende der Archaik, noch unter peisistratidischer Herrschaft, gewisse hegemoniale Intentionen in der Ägäis hegte und dort ihre demographische Sonderstellung in der griechischen Welt zu einer geopolitisch dominanten Stellung auszubauen suchte.

Nach diesen Überlegungen zum Seebund als konstitutivem Element der athenischen Demokratie widmeten wir uns der zweiten Säule des Colloquiums, dem Weg in den Peloponnesischen Krieg. Kriege werden von Menschen geführt und auch von ihnen ausgelöst. Athener und Spartaner waren keine amorphen Massen, die zwangsläufig in einen Krieg hineinschlitterten. Menschen führten Debatten, Angehörige der Eliten beider Poleis positionierten sich für und gegen diesen Krieg. Der selbst-bewusste athenische Bürgerverband, der sich schon am Ende der archaischen Zeit herausgebildet hatte, dachte intensiv über das Verhältnis zwischen Staat und Einzelnem, über die Dialektik zwischen Individuum und Kollektiv nach, auch in der Philosophie und der Staatstheorie, wie wir das heute nennen würden. Martin Dreher erörtert in seinem Beitrag *Staat und Individuum in der griechischen Polis bis zur klassischen Zeit* den engen und ambivalenten Konnex zwischen den beiden Größen sowohl in der realhistorischen Entwicklung vom 7. bis zum 4. Jh. v. Chr. als auch in den Reflexionen der antiken Autoren[6]. Eingangs relativiert Dreher die Bedeutung der Vereinigungen wie Phylen, Phratrien und Demen. So wichtig die Integration in diese Verbände für die Bürger auch war, so sehr begriffen sie sich und handelten sie, auch im politischen Sinne, als Individuen. Ein „Bürgerrecht", das auch den Zugang zu den Institutionen regelte, bildete sich ab Solon aus. Der „Sprung in die Staatlichkeit" war nicht etwa eine fluide Entwicklung, sondern ein zeitlich distinktes Ereignis, das ein politisches Bewusstsein und konkrete Entscheidungen voraussetzte. In Athen kann es wohl auf ca. 700 v. Chr. datiert werden. Träger dieser Staatswerdung, die sich im Laufe des 6. Jhs. durch einen erhöhten Regelungsbedarf intensivierte (Solon richtete Institutionen ein bzw. schuf die Voraussetzungen dafür), waren die Oberschichten, welche ihre informelle Macht in formalisierte Herrschaftsformen transformierten, die von breiten Schichten der Bevölkerung, dem Demos, auch akzeptiert wurden. Je demokratischer das Gemeinwesen

---

6   Der Aufsatz ist gewissermaßen eine synthetische Weiterentwicklung von Dreher 1983.

ab den kleisthenischen Reformen wurde, desto mehr schwächte sich der Gegensatz zwischen Staat und Individuum ab, das sich durch seine verstärkte politische Partizipation ja immer mehr als Teil dieses Staates begriff. Dreher ist der Meinung, dass die Griechen im Terminus *polis* den Begriff des Staates sehr wohl kannten, wenn er auch nicht exklusiv nur diese Bedeutung hatte. Und noch eine Folge zeitigten die kleisthenischen Reformen: Verglichen etwa mit der Tyrannis kam es zu einer weitgehenden Entpersönlichung der Herrschaft. Dennoch blieb das Individuum auch im Staatsaufbau die zentrale Einheit. Die Redefreiheit (*isegoria*) genoss jeder einzelne Bürger, und es war der Einzelne, der für seine jeweiligen Bedürfnisse Rhetorikunterricht bei den Sophisten nahm. Gerade in Anbetracht der weiten Akzeptanz, die der athenische Staat bei seinen Bürgern genoss, ist es auffällig, in welchen Kreisen die Ablehnung einer staatlichen Gewalt besonders ausgeprägt war. Manche Sophisten plädierten für das Naturrecht des Stärkeren, der sich keinem Polis-Recht zu fügen brauche. In letzter Konsequenz führte diese Durchsetzungs-Theorie zum Liebäugeln mit der Tyrannis. Im Fortgang des Colloquiums sahen wir, wie nah Alkibiades auch aufgrund seiner Herkunft und Ausbildung diesen Ideologemen stand. Bei aller Ambivalenz des Verhältnisses zwischen Staat und Individuum blieb die Individualität im 5. Jh. sehr wichtig, so wichtig, dass der Staat selbst personalisiert dargestellt werden konnte. Eine große Synthese und damit eine vermittelnde Position zwischen Staat und Individuum zieht schließlich Perikles bei Thukydides in seiner berühmten Gefallenenrede. In den Worten Drehers: „Die von Perikles idealisierte demokratische Polis garantiert, so der Zusammenhang der Rede, die Freiheit des Individuums, das sich seinerseits der Staatsgewalt unterordnet."

Nachdem das Verhältnis zwischen Staat und Individuum besser verortet wurde, lag der Fokus auf dem Ausbruch des Peloponnesischen Krieges. 2014 wurde des Ausbruchs des Ersten Weltkrieges hundert Jahre zuvor gedacht, die Kriegsursachen und -anlässe noch einmal intensiv diskutiert. Auch von „Schlafwandlern"[7] war viel die Rede. Selbst strukturgeschichtliche Betrachtungen kommen nicht umhin, die Rolle Einzelner zu berücksichtigen, der konkreten Akteure und Verantwortlichen, deren Interessen, Handlungsspielräume und -optionen auszuleuchten sind. Im Rahmen des Colloquiums lag es auf der Hand, dass wir uns mit Perikles und seiner Rolle beim Kriegsausbruch beschäftigen mussten. Es gibt hierzu zwei einander widersprechende Überlieferungsstränge, einmal Thukydides, der makrohistorisch orientiert und in pro-perikleischer Manier die Rolle des Perikles beim Kriegsausbruch herunterspielt bzw. verharmlost – der grundsätzliche Dualismus zwischen Athen und Sparta, der seit Jahrzehnten bestand und sich zunehmend verstärkte, habe sich schließlich im Krieg entladen. Eine andere Tradition schreibt Perikles eine weit größere Verantwortung für den Kriegsausbruch zu; Aristophanes und insbesondere der Atthidograph Philocho-

7   Clark [10]2014.

ros spielen auf private Skandale an, in die Perikles verwickelt gewesen sein soll. Der Kriegsausbruch, den Perikles nach dieser Version der Dinge maßgeblich zu verantworten hat, wäre aus dieser Perspektive als eine Art Ablenkung von innenpolitischen Problemen des Perikles zu deuten. Dieser Tradition spürt Charlotte Schubert in ihrem Beitrag *Der Phidiasprozess in der Überlieferung der Scholien* nach, indem sie *ad fontes* geht und die vier mittelalterlichen Textzeugen zu Aristophanes, *Pax* 605 f. nicht nur inhaltlich, sondern auch in ihrer graphischen Anordnung vergleicht. Vier inhaltlich voneinander zu unterscheidende Scholien wurden in den Codices Ravennas, Venetus Marcianus, Laurentianus und in der Aldina ganz unterschiedlich angeordnet, was belegt, dass auch die Byzantiner unterschiedliche Haltungen zum antiken Text einnahmen. Die Scholien 605 α, 606 a. α bieten Kurzkommentare zu antiken Aussagen und versuchen damit Perikles zu exkulpieren, während 605 β und 606 β Perikles ein gehöriges Maß Verantwortung am Ausbruch des Krieges zuweisen, weil er nicht in ähnliche Probleme wie sein Freund Phidias laufen wollte, der Gelder für den Bau des Parthenon unterschlagen bzw. sich anderweitig bereichert habe und daher von den Athenern verurteilt worden war. Während der Codex Ravennas und der Venetus Marcianus auf eine gemeinsame Quelle zurückzugehen scheinen, hat der Redaktor des Ravennas erhebliche Umredaktionen durch Kürzungen vorgenommen. Der Venetus Marcianus dagegen möchte möglichst alle ihm zur Verfügung stehenden Quellen anführen und gerät damit sehr ausführlich. Zusätzlich führt er eine eigene Verweisstruktur ein und erweitert damit seinen Text noch zusätzlich. Der Laurentianus und die Aldina weichen nur gering vom Marcianus ab, doch insbesondere die Aldina zeichnet sich durch eine spezielle druckgraphische Gestaltung und auch Auffüllung aus, indem der Rahmen zum Haupttext wird, der den antiken Text beinahe verdrängt. Hier wird sehr deutlich eine zweite Wissensebene eingeführt; die wissenschaftliche Arbeit wird mit ihrem Diskurs in Szene gesetzt, die Diskussion über den Text der Komödie wird also regelrecht inszeniert. Dies bedeutet, dass es sich bei den diversen Scholien beileibe nicht (nur) um ein Fragment des Philochoros handelt, sondern um verschiedene Zeugnisse einer lebhaften, ja höchst kontroversen Diskussion, deren Tradition bis in die Antike zurückreicht.

Die zweite große Persönlichkeit des Krieges ist mit Sicherheit Alkibiades, an dem sich nicht nur in der Antike die Geister schieden. Herbert Heftner fasst diese schillernde Figur in ihrem Oszillieren zwischen zwei Polen schon im Titel seines Betrags: *Alkibiades: Verhinderter Retter Athens oder Selbstdarsteller ohne Substanz?*[8] Schon in der Antike gingen die Meinungen über die Persönlichkeit des Alkibiades auseinander. Seine Einschätzung als Hasardeur und Draufgänger rührt aber eher von seinem bewegten Privatleben als von seinen politischen und militärischen Aktionen her. Betrachtet man seine strategischen Entscheidungen *en détail* und in einem größeren Kontext,

---

8 Vgl. dazu grundlegend Heftner 2011.

zeigt sich, dass Alkibiades bei allem Zug zur Offensive stets Kosten und Nutzen, d. h. Risiken und Chancen einer militärischen Operation genau kalkulierte. Sein Ziel war es immer, die Risiken zu minimieren und den Mitteleinsatz so begrenzt wie möglich zu halten. Dabei verfolgte er eine Doppelstrategie: Der Schutz und die Schonung der eigenen Mittel waren nur möglich durch das Hinzuziehen externer Hilfe und Ressourcen. Immer wieder sehen wir Alkibiades in seinem Bemühen, Bundesgenossen durch Diplomatie wie Manipulation zu gewinnen. Dies gilt auch im innenpolitischen Bereich, in dem seine Aktivierung auswärtiger Kontakte seinen Status in der Polis stabilisierte bzw. hob. Die Gewinnung vieler Menschen aus verschiedenen Kulturkreisen in oftmals schier aussichtslos scheinenden Situationen setzte nicht nur ein ungewöhnlich hohes Maß an Charisma voraus, das alle Zeitgenossen in den Bann schlug, sondern eine geradezu chamäleonartige Wandelbarkeit und Anpassungsfähigkeit an unterschiedliche soziale und politische Konstellationen. Seine Bedeutung für den Peloponnesischen Krieg ist damit zu relativieren: Die Hauptergebnisse, die sich mit oder ohne seine Präsenz und Zutun ergaben, wären ohne bzw. mit seiner Anwesenheit kaum anders ausgefallen. Alkibiades' wichtige Rolle besteht vielmehr darin, dass sich in seiner Persönlichkeit widersprüchliche gesellschaftliche Erwartungen und Einschätzungen, die symptomatisch für seine Zeit waren, bündelten, höchster Einsatz für die Polis bei gleichzeitiger Verachtung der Demokratie, ein luxuriöses Repräsentationsverhalten in autokratischer Manier bei gleichzeitiger hoher Belastbarkeit und Resilienz in Stresssituationen. Diese gegensätzlichen Charakterzüge faszinieren bis heute und machen einen Großteil des „Mythos Alkibiades" aus.

Die Sizilische Expedition endete in einem Debakel, sie läutete den Anfang vom Ende des Krieges ein. Am Schluss geriet die Demokratie selbst ins Wanken. Oligarchische Strömungen konnten sich angesichts der Niederlagen 411 und 404/3 für kurze Zeit durchsetzen. Wo standen jedoch die Hopliten in den diversen Staatsentwürfen? Ganz sicher gehörten sie zur staatstragenden Schicht, aber wer gehörte sozial dazu, wie wurde diese Schicht von oben abgegrenzt und wie grenzte sie sich selbst nach unten, zu den Theten, ab? Wolfgang Blösel beleuchtet die Rolle der Hopliten in den beiden oligarchischen Umstürzen am Ende des 5. Jhs.: *Die Hopliten in den beiden oligarchischen Umstürzen in Athen und eine mögliche Neuordnung der Zensusklassen am Ende des 5. Jhs. v. Chr.* Deutlich arbeitet Blösel das Lavieren der Hopliten zwischen Oligarchen und Theten heraus und unterzieht dabei sowohl die Quellen als auch die neuere Forschung einer grundlegenden Revision. Klar ist, dass die Hopliten jeweils am Ende der kurzlebigen oligarchischen Herrschaften eine wichtige Rolle spielten. Sie waren beide Male maßgeblich an der Wiederherstellung der Demokratie beteiligt, wobei sie jedoch das Ziel verfolgten, die Theten aus der Bürgerschaft auszuschließen. Diese sog. Hoplitenpoliteia setzte sich zwar nie durch, weil man die Theten zu militärischen Zwecken brauchte, doch gaben die Hopliten ihre Gruppenidentität auch unter der restaurierten Demokratie nicht auf. Die Stabilität der athenischen Demokratie im 4. Jh., auch bewirkt durch das Stillhalten der Oligarchen nach zwei gescheiterten Putschen, ist wohl

u. a. darauf zurückzuführen, dass es zwischen 403 und 399 zu einem neuen Zuschnitt der Zensusklassen gekommen sein muss. Diese Hypothese geht davon aus, dass durch die Anhebung der Untergrenze zur Zulassung zur Zeugitenklasse diese erheblich verkleinert wurde, d. h. viele ehemalige Zeugiten in den Thetenstatus absanken. De iure waren diese ärmeren Bauern nun von einem Einzelamt ausgeschlossen, was den Oberschichten wichtig war, de facto jedoch spielte diese Barriere für die Theten im 4. Jh. kaum mehr eine Rolle, weswegen die so Ausgeschlossenen wohl diese Abstufung nicht allzu schwer trugen. Die oberen drei Klassen der Pentakosiomedimnoi, Hippeis und der verkleinerten Zeugitengruppe fühlten sich in ihrer Gruppenidentität als abgabenpflichtige und damit regimentsfähige Oberschicht bestärkt. Das solonische Prinzip der Übereinstimmung von finanzieller und militärischer Leistungsfähigkeit mit dem Grad der politischen Partizipation war also wiederhergestellt worden. Da es innerhalb der Oberschichten eine deutlich erkennbare Binnendifferenzierung gab – während die Erbringung von Liturgien nur den Reichsten vorbehalten war, zahlten die weniger finanzkräftigen Eliten eine Kriegssteuer – war dem individuellen Ehrgeiz und dem Prestigedenken der Einzelnen Genüge getan (die amorphe Masse der Kriegssteuerpflichtigen war ja schon durch ihre Zugehörigkeit zum Zeugitenstatus herausgehoben). Ein großer Kompromiss zwischen den teilidentischen Zielen der Oligarchen und Hopliten einerseits und dem Streben der breiten Massen nach Demokratie andererseits führte Athen in eine zumindest politisch stabilere Zukunft im 4. Jh. v. Chr.

Für eine Gesellschaft ist immer wichtig, wie sie sich imaginiert und visualisiert. Dies zeugt von ihrem Selbstbild und auch davon, wie sie von außen gesehen werden will. Für das klassische Athen sind wir in der glücklichen Lage, dass wir über tausende von Vasenbildern verfügen, die uns zumindest vermeintlich Einblick in die alltägliche Lebenswelt erlauben. Daher wäre ein Blick auf das Athen des 5. Jhs. nicht vollständig ohne die Berücksichtigung der ikonographischen Evidenz. Wenn wir von Wandlungen im 5. Jh. ausgehen, denen sich die vorausgehenden Beiträge widmen, so drängt sich auch die Frage nach den Veränderungen in der Ikonographie während des 5. Jhs. auf. Auch in der Vasenmalerei ändert sich in diesem dynamischen Jahrhundert Vieles. Robin Osborne stellt in seinem Beitrag *Athenian Pottery in the Long Fifth Century and its History* methodologische Überlegungen an, wie die Grundfragen „was ändert sich?", „wie ändert es sich" und v. a. „warum ändert es sich" beantwortet und in ihrer historischen Bedeutsamkeit fruchtbar gemacht werden könnten[9]. Bei Althistorikern und Kunsthistorikern ist gleichermaßen unbestritten, dass Ereignisse Haltungen und Standpunkte beeinflussen und damit auch die Art und Weise des Sehens. Doch die Disziplinen unterscheiden sich sowohl in ihren erkenntnistheoretischen Prämissen als auch in ihren Schlussfolgerungen so deutlich voneinander, dass die Kunstgeschichte des Historikers von der Geschichte des Kunsthistorikers weit entfernt ist. Osborne

---

9   Auf der Basis von Osborne 2018.

entscheidet sich für letztere Richtung, grundiert sie aber historisch. Ausgangspunkt seiner Betrachtungen ist die Feststellung, dass es keine direkte Beziehung zwischen Ereignissen („what was going on in Athenian life") und visueller Repräsentation gibt. Während am Ende des 6. und zu Beginn des 5. Jhs. konkrete Aktionen gezeigt werden (Geschlechtsverkehr, Kultausübung, Kampfgeschehen, sportlicher Wettkampf), sind die Themen um die Mitte des 5. Jhs. zwar immer noch präsent, aber die dargestellten Menschen agieren nicht mehr, sondern sie werden in kontemplativer Haltung gezeigt, entweder unmittelbar vor oder nach dem Handeln. Ihre Entscheidungsfindung wird gezeigt bzw. ihr Reflektieren auf unmittelbar Vergangenes. Damit wird der Betrachter gezwungen, über die Voraussetzungen und Folgen eines Aktes nachzudenken, er muss den Akt imaginieren und sich somit in die Figur hineindenken, einen anderen Standpunkt als den eigenen einnehmen. Was also jeweils gezeigt wird, ist hoch selektiv; Maler entschieden sich bewusst für Bilder (und gegen andere) und diese Entscheidungen und Auswahlverfahren wandelten sich im Laufe der Zeit. Die Gründe für diese visuelle Revolution können nicht in einer moralischen Revolution verortet werden, denn die Werte der Athener veränderten sich kaum zwischen der späten Archaik und der Mitte des 5. Jhs. Osborne postuliert daher, zunächst naheliegend, eine politische Revolution, die den Wandlungen der Bildauswahl zugrunde gelegen haben mag. Die kleisthenischen Reformen müssen um 500 v. Chr. zu einer Aufbruchsstimmung geführt haben, Zuversicht und eine Mentalität des „Chancen Ergreifens" („taking opportunities") müssen sich verbreitet haben. Diese Grundstimmung beeinflusste die Perzeption der Maler von den in Athen herrschenden Meinungen und Einstellungen. Folglich stellten die Bilder Handlungen dar. Um 450 hatte sich die Demokratie nicht nur gefestigt, sondern war durch die Reformen des Ephialtes (462/1 v. Chr.) weiter ausgebaut worden. Die Teilhabe männlicher Bürger an der Politik Athens war zu einer Selbstverständlichkeit geworden, in der Kunst mussten nicht mehr Aktionen dargestellt werden, sondern es bestand nun Raum zur Kontemplation und Reflexion von Handlungen. Im nächsten Schritt dekonstruiert Osborne jedoch dieses politische Narrativ zum Teil. Politische Gründe können nicht allein ausschlaggebend für die veränderten Bildprogramme gewesen sein: Die visuelle Kultur änderte sich nicht nur in Athen, sondern in der ganzen griechischen Welt und auch nicht nur in der Vasenmalerei, sondern z. B. auch in der Skulptur, d. h. in der griechischen Kunst insgesamt. Das Thema, das sicher am wenigsten von der Politik beeinflusst ist, ist die Sexualität der Menschen. Und auch in ihrer ikonographischen Darstellung greifen wir Veränderungen parallel zur Visualisierung anderer menschlicher Aktivitäten. Osborne nimmt hier Bezug auf den zweiten Band der *History of Sexuality* von Michel Foucault, in dem der Autor einen grundlegenden Wandel in der Einstellung zur Sexualität von der Archaik zur Klassik beobachtet. Während in der archaischen Lyrik noch keinerlei Bewusstsein von einer möglichen oder gar wünschenswerten sexuellen Selbstbeherrschung existiert, geht es in der klassischen Literatur verstärkt um Triebdomestizierung und allgemein um emotionale Selbstbeherrschung (*enkrateia*).

Dieses Beispiel zeigt deutlich, dass der Ausblick auf die Welt nicht nur politisch ist. Die Revolution in der griechischen visuellen Kultur war also, allgemeiner, eine Revolution in den zwischenmenschlichen Beziehungen, eine Erkenntnis, welche zu einem tieferen Verständnis aller in diesem Band behandelten Themen beitragen kann.

Verwendete Literatur

Clark, C., *Die Schlafwandler: Wie Europa in den Ersten Weltkrieg zog.* Aus dem Engl. v. N. Juraschitz, München [10]2014 (2013). Englisch: *The Sleepwalkers: How Europe Went to War in 1914*, London 2012.

Dreher, M., *Sophistik und Polisentwicklung. Die sophistischen Staatstheorien des fünften Jahrhunderts v. Chr. und ihr Bezug auf Entstehung und Wesen des griechischen, vorrangig athenischen Staates*, Frankfurt a. M. – Bern 1983.

Eich, A., *Die politische Ökonomie des antiken Griechenlands (6.–3. Jh. v. Chr.)*, Weimar 2006.

Foucault, M., *The History of Sexuality. Vol.2: The Use of Pleasure*, New York 1985.

Heftner, H., *Alkibiades. Staatsmann und Feldherr*, Darmstadt 2011.

Mann, C., *Die Demagogen und das Volk. Zur politischen Kommunikation im Athen des 5. Jahrhunderts v. Chr.*, Berlin 2007.

Meier, C., *Die Entstehung des Politischen bei den Griechen*, Frankfurt/M. 1980.

Osborne, R., *The Transformation of Athens. Painted Pottery and the Creation of ClassicalGreece*, Princeton 2018.

Riess, W. (Ed.), *Colloquia Attica. Neuere Forschungen zur Archaik, zum athenischen Rechtund zur Magie*, Stuttgart 2018.

Scheibelreiter, P., *Untersuchungen zur vertragsrechtlichen Struktur des delisch-attischen Seebundes*, Wien 2013

WERNER RIESS
Univ.-Prof. Dr., Fachbereich Geschichte, Arbeitsbereich Alte Geschichte,
Universität Hamburg

Die athenische Demokratie im 5. Jh. v. Chr. und ihre Eliten
Kontinuitäten Oder Bruch?

CLAUDIA TIERSCH

Die Faszination, welche die athenische Demokratie bis zum heutigen Tage ausübt, ist zu Recht völlig ungebrochen. Das liegt keineswegs nur in ihrem Charakter als erster Demokratie der Weltgeschichte begründet, d. h. als erster politischer Ordnung in der Menschheitsgeschichte, in der zumindest alle männlichen erwachsenen Bürger gleichberechtigt über die Geschichte ihrer Vaterstadt entscheiden konnten. Gründe für diese Faszination liegen durchaus auch in Unterschieden zu heutigen Demokratien. Christian Meiers Satz von der athenischen Demokratie als dem ‚nächsten Fremden' hat insofern seine Gültigkeit bewahrt[1].

Einer dieser Unterschiede liegt in der evolutionären Genese der athenischen Demokratie, welche ja auch die Frage nach deren Beginn schwierig zu beantworten macht. Gemessen an den oftmals blutigen, mit tiefgreifenden sozialen wie politischen Umwälzungen verbundenen revolutionären Prozessen, welche in der Moderne zur Herausbildung von Demokratien führten[2], nicht selten auch zu Konterrevolutionen, wirft das die Frage auf, warum in Athen derartige Verwerfungen offenbar nicht stattfanden. Warum stellten sich Aristokraten in Athen an die Spitze der demokratische Bewegung, während ihre Standesgenossen in den revolutionären Umbrüchen der Neuzeit normalerweise zu den erbittertsten Gegnern bürgerlich-demokratischer Umbrüche zählten[3]? Warum trugen Männer wie Themistokles, Kimon, Ephialtes oder Perikles, Erhebliches zur politischen Ausgestaltung der demokratischen Ordnung in Athen bei?[4]

Die Forschung hat hierauf mehrere Antworten gegeben. Elke Stein-Hölkeskamp und Walter Eder haben auf den Umstand verwiesen, dass es zumindest anfänglich einen eigentlichen Interessengegensatz zwischen Demokratie und Aristokratie in Athen nicht gegeben habe: Da Athen im 5. Jh. v. Chr. nach seinen Erfolgen in den Perser-

---

1 Meier 1970, 176.
2 Tilly 1993.
3 Doyle 2009.
4 Vgl. hierzu Martin 1974.

kriegen zu einer beispiellos erfolgreichen Expansion ansetzte, blieb die Stadt trotz wachsender Mitsprachebedürfnisse der Bürgerschaft als Machtbasis für Aristokraten weiterhin attraktiv. Diese vermochten als Strategen der athenischen Heere ihr persönliches Prestige mit Leistungen für die Polis Athen bruchlos zu verknüpfen, Motive für Resistenz seien somit entfallen[5]. Den Aristokraten sei es sogar gelungen, durch ihre Beteiligung der neuen Ordnung ein Quantum aristokratischer Prägung zu implantieren. Dies vollzog sich etwa in Form der in den Quellen dieser Zeit vielfach geäußerten, aristokratisch konnotierten Überzeugung, dass Leistung für Athen und seine politische Ordnung v. a. in militärischer Aktivität bestünde. Alternative Leistungslogiken, etwa in Gestalt bäuerlicher Normen, existierten durchaus, doch besaßen diese zumindest anfangs wenig gesamtgesellschaftliche Relevanz für die athenische Demokratie[6].

Diese Beobachtung fügt sich in generelle Forschungstendenzen zur Struktur der griechischen Oberschicht, welche generell unterstrichen haben, dass es sich bei diesen eben nicht um Aristokratien im europäischen Sinne gehandelt habe, sondern um Oberschichten ohne weitreichenden Gruppenkonsens, mit eher individualistisch kompetitivem Ethos und fehlenden Sicherungsmaßnahmen (z. B. im rechtlichen oder genealogischen Bereich), um standesspezifische Privilegien und Positionen dauerhaft zu gewährleisten. Durch diese verschärfte Konkurrenzsituation sei es zu stärkeren personalen Austauschprozessen gekommen und damit auch zu bruchloseren Anpassungen an neue politische Gemengelagen als in den nach Ständen ausdifferenzierteren Zeiten der Moderne[7].

Eine dritte zentrale Beobachtung lenkt den Blick auf Besonderheiten Athens. Christian Mann hat in seiner Habilitationsschrift überzeugend herausgearbeitet, dass es im Athen des 5. Jh. zur Herausbildung eines autonomen politischen Feldes mit spezifischen Anerkennungs- und Bewährungsmöglichkeiten kam. Dadurch verloren soziale Differenzen bzw. Hierarchien an Relevanz, eben weil in diesem politischen Feld alle Bürger an ihrem Einsatz für die Polis Athen gemessen wurden, nicht an ihrer Herkunft und damit *in politicis*, dem für die athenische Identität zentralen Feld. Gleichheit durch Leistung wurde somit für jeden herstellbar[8].

Alle drei hier skizzierten Beobachtungen berühren wesentliche Aspekte, weil sie essentielle Ansätze zur Analyse der Besonderheit der athenischen Demokratie und der Rolle athenischer Eliten liefern. Dennoch soll im Folgenden gezeigt werden, dass es durchaus zu Kollisionen zwischen athenischen Eliten und der Demokratie kam, die

---

5 Stein-Hölkeskamp 1989, v. a. 205–230; Eder 1997, v. a. 121–123.
6 Donlan 1973.
7 Duplouy 2006 hat deshalb sogar gegen eine Deutung griechischer Oberschichten als Aristokratien plädiert, weil sich die Akzeptanzkriterien für deren Exzellenz wesentlich gewandelt hätten. Dieser Wandel ist tatsächlich festzustellen, und doch bleiben Kriterien wie militärische Leistung oder Besitz durchaus konstant und die Existenz von sozialen Hierarchien mit politischen Implikationen blieb lange Zeit unwidersprochen. Vgl auch Stein-Hölkeskamp 1989, 57–138.
8 Mann 2007.

nicht nur als situative Konflikte zu interpretieren sind, sondern als systemische Krise. Die Gemeinsamkeiten zwischen Eliten und Demokratie in Athen bestanden zwar tatsächlich, sie waren aber weder unbegrenzt noch unbefristet. Die athenische Oberschicht passte sich an einige politischen Dynamiken flexibel an und verfügte wirklich über eine geringe Gruppenkohärenz. Allerdings bedeutete die athenische Demokratie ab einem bestimmten Zeitpunkt eine fundamentale Transformation der politischen wie gesellschaftlichen Ordnung. Als deren Folge formierte sich ein erstaunlich wirkungsmächtiger konservativer Gruppenkonsens gegen die neue politische Ordnung, und dieser manifestierte sich sogar situativ in zwei oligarchischen Putschen, 411/10 sowie 404/03 v. Chr.[9]. Diese antidemokratischen Gruppierungen lösten sich erst innerhalb des 4. Jh. v. Chr. zugunsten einer besseren Verknüpfung von sozialem und politischem Feld auf und führten dann auch zu einer Entaristokratisierung athenischer Eliten.

Im Athen des 5. und 4. Jh. v. Chr. bildete sich als Folge des Demokratisierungsprozesses ein autonomes politisches Feld heraus, in dem Bürger verschiedener Schichten in neuer Weise die Angelegenheiten ihrer Polis gestalteten. Dennoch war dieses neuartige politische Feld vom sozialen Feld nicht völlig unabhängig, denn hier wirkten Geltungsansprüche hinein, welche auch auf unterschiedlichen sozialen Ressourcen gründeten. Der Begriff des sozialen Feldes im Bourdieuschen Sinne umfasst die Gesamtheit sozialer Interaktionen aller Beteiligten, als Oberbegriff weiterer Subfelder (wie Ökonomie, Kultur, Politik). Das soziale Feld bildet zugleich auch den Kampfplatz um Positionen und Ansehen (darunter auch durch kulturelles und ökonomisches Kapital) zwischen arrivierten und neuen Akteuren. Bereits Bourdieu hatte konstatiert, dass eine institutionelle Schließung des sozialen Feldes den Arrivierten die Positionswahrung erleichtert, eine größere Offenheit bzw. eine Bedeutungsverlagerung des Subfeldes jedoch Dynamiken erzeugt, welche Neuaufsteigern den Eintritt erleichtert[10]. Allerdings führt dies unweigerlich auch zu erhöhtem Behauptungsdruck für bisherige Positionsinhaber. Wie reagierten diese in Athen darauf?

Es wird deshalb die These vertreten, dass die Autonomisierung des politischen Feldes im demokratischen Athen die Behauptungsmöglichkeiten innerhalb des sozialen Feldes für Oberschichtangehörige erheblich tangierte und deshalb Resistenzpotential erzeugte. Zu prüfen sind mögliche Felder der Veränderung, z. B. ob sich Kriterien für das Verhalten von Amtsträgern ebenso wie für die Bewertung politischer Leistungen und deren öffentliche Anerkennung veränderten. Dies soll innerhalb dreier zeitlicher Phasen der athenischen Demokratie untersucht werden, der Phase bis zum Tod des Perikles 429 v. Chr., der Phase der beiden oligarchischen Putsche bis zur Wiederbegründung der Demokratie 403 v. Chr. sowie der Demokratie des 4. Jh. v. Chr.

---

9   Zum Putsch von 411/10 Heftner 2001; zum Putsch von 404/03 Lehmann 1972.
10 Bourdieu 1982, 639; vgl. hierzu auch Mann 2008.

1. Athenische Eliten und die Demokratie bis zum Tod des Perikles 429 v. Chr.

Es ist nicht nur die Genese der athenischen Demokratie, welche den Initiativen von Aristokraten wie Kleisthenes, Themistokles, Ephialtes oder Perikles Entscheidendes verdankte, auch für die Funktionsfähigkeit in zahlreichen Ämtern, so z. B. als Strategen, Archonten, Taxiarchen, Antragsteller, Bouleuten etc. fanden sich Aristokraten im 5. Jh. v. Chr. bereit[11]. Angesichts der außenpolitischen Erfolge Athens gegenüber dem Perserreich sowie bei der Etablierung als Haupt des Delisch-Attischen Seebunds ist dies auch wenig verwunderlich. Der enorme Macht- und Beutegewinn Athens seit dieser Zeit besaß gerade auch für Aristokraten erhebliche Attraktivität, ermöglichte er doch die Erlangung von statusrelevanten Ressourcen. Militärische Leistungen ließen sich damit politisch als Dienst an der Gemeinschaft legitimieren, auch wenn die Bürgerschaft im Gefolge der Siege von Marathon und Salamis immer stärker eigene Ansprüche geltend machte[12]. Dass auch die institutionellen Reformen vom Beginn des 5. Jhs., wie die Kleisthenische Phylenreform oder die Schaffung des Rates der 500, aristokratische Vorrangansprüche im ersten Drittel des 5. Jh. v. Chr. nicht grundlegend in Frage stellten, hat bereits Jochen Martin gezeigt[13]. Auch Aristoteles bezeugt in seiner Schrift von der Verfassung der Athener ausdrücklich, dass dem Areopag in den Jahren nach der Schlacht von Salamis und der Gründung des Delisch-Attischen Seebunds nochmals eine Stabilisierung seiner Autoritätsposition gelang[14].

Dennoch gelang es den Aristokraten Athens im Gegensatz zu den römischen Nobiles nicht, den Machtgewinn ihrer Stadt langfristig in einen Machtgewinn für ihre Gruppe umzusetzen. Ein Grund dafür ist, dass das im Zuge der Perserkriege und Bündnertribute nach Athen strömende Geld nicht nur für eine Dynamisierung der Wirtschaft sorgte (z. B. durch Schiffsbau sowie Handel im Piräus)[15], und es damit breiteren Schichten einen sozialen Aufstieg ermöglichte, sondern es stärker als in Rom auch den Kreis derjenigen erweiterte, welchen der soziale Positionsgewinn den politischen Aufstieg erleichterte (z. B. dem Vater Kleons)[16]. Entscheidend war der im Vergleich mit Rom

---

11   Vgl. Eder 1997.
12   Zu den Veränderungen jener Jahre z. B. Raaflaub 1998, 15–19.
13   Martin 1974.
14   Arist. *Ath.* 25,2.
15   Vgl. Carradice 1988, 72 f.; Raaflaub 1998, 23; zur wachsenden Bautätigkeit jener Jahre Wycherly 1992. Die gewachsene Vielfalt beruflicher Spezialisierungen bezeugt z. B. Aristophanes, der von Lanzenschmieden, Sensenschmieden und Helmschmieden spricht: Ar. *Pax* 447 f.; 545–549; 1210–1264; Raaflaub 1998, 15–19.
16   So verwiesen einige Stifter von Weihgaben auf der Akropolis stolz auf ihre Handwerksberufe; vgl. Raubitschek 1949, z. B. Nr. 30; 44; 48,53; 155; 178; 197; 210; 220; 224; 225; 234; 244. Das gewachsene Selbstbewusstsein der Bürger Athens bekam auch der aristokratische Feldherr Kimon zu spüren, der in der Repräsentationsform von Siegen seiner Familie Rücksicht auf entsprechende Sensibilitäten nehmen musste; Plu. *Cim.* 4,5.

erheblich geringere Gruppenkonsens innerhalb der athenischen Aristokraten, welcher in Athen tendenziell zu einer anderen Machtlagerung führte als in Rom.

So setzte zwar Kimon auf eine soziale und verwandtschaftliche Vernetzung innerhalb seiner Standesgenossen, doch zahlreiche andere Politiker dieser Zeit (Kleisthenes, Themistokles, Ephialtes, Perikles) waren bekannt dafür, dass sie zugunsten eines eigenen Machtgewinns eher mit den Bürgern Athens als mit anderen Aristokraten kooperierten. Entsprechend kritisch fielen Reaktionen anderer Oberschichtangehöriger aus[17]. Dies führte zu einem gegenüber Rom erheblich offeneren politischen Diskurs, zu einem größeren Selbstbewusstsein der athenischen Bürger und zu einem kritischeren Blick auf ihre Eliten. Sichtbar wurde dies z. B. an der wachsenden öffentlichen Kritik an der eigenmächtigen Parosexpedition des Miltiades[18] bzw. am Verhalten von Mitgliedern des Areopags in den sechziger Jahren des 5. Jh. v. Chr. wegen möglicher Korruption[19]. In der weitgehenden Entmachtung des Areopags durch Ephialtes brach sich dieser Unmut dann 462/1 v. Chr. Bahn, ein erster sichtbarer Schlag für Formen politischer Kontrollmacht athenischer Aristokraten[20].

Die Phase der politischen Dominanz des Perikles ab ca. 450 v. Chr. ist ein guter Indikator für die Ambivalenz der sich allmählich wandelnden Situation athenischer Aristokraten im politischen Feld. Der aus dem altadligen Geschlecht der Alkmeoniden stammende Perikles[21] betrieb selbst keineswegs eine antiaristokratische Politik etwa im Sinne der Etablierung eines dezidiert antiaristokratischen Wertesystems oder von Polemiken gegen seine Standesgenossen, im Gegenteil. Unter seinen politischen Verbündeten sind durchaus Männer aus traditionsreichen Familien zu finden. So konnte sich der Politiker auf eine Reihe von namentlich bekannten Bündnispartnern aus höchsten Kreisen stützen, wie Metiochos[22], den Eumolpiden Lampon[23], Kal-

---

17 Arist. *Ath.* 25,2; Plu. *Cim.* 15,2; *Per.* 9,4 zu Ephialtes. Plu. *Per.* 7,5 berichtet davon, dass Perikles sich den Institutionen der Bürgerschaft zuwandte, aristokratische Zusammenkünfte jedoch nach Möglichkeit mied. Themistokles: Th. 1,135,3; 138; Plu. *Them.* 22,4; über die politische Tendenz der Reformmaßnahmen des Kleisthenes Hdt. 5,66–73; Arist. *Ath.* 20 f. Nach diesen Reformmaßnahmen ist jedoch nahezu nichts mehr von ihm überliefert.
18 Hdt. 6,132–136; Nep. *Milt.* 7, 2–6; vgl. Kinzl 1976, 280–307.
19 Arist. *Ath.* 25,2.
20 Arist. *Ath.* 25,1–2; Stein-Hölkeskamp 1989, 220.
21 Plu. *Per.* 3,1 ff.; Zur Familie des Perikles vgl. Davies 1971 (APF), 455–460; Stadter 1989, 62 f. Vgl. zu Perikles Kagan 1992; Podlecki 1998; Schubert 1994; Will 1995 sowie jetzt Lehmann 2008, 30–50 zum familiären Hintergrund.
22 Metiochos stammte aus dem Geschlecht der Philaiden und war als Bündnispartner des Perikles bekannt; Plu. *Mor.* 811e; Comic adesp. fr. 1325 (CAF 3,629 Kock) ap. Plu. *praec. ger. reip.* 811e; Davies 1971, 308 (Nr. 8429, XIV); Gehrke 1984, 529–564, 557 f. Anm. 77.
23 Lampon war als Priester und Seher tätig und einer der Oikisten von Thurioi; Ar. *Nu.* 332 m. Schol.; D. S. 12,10,3 f.; Plu. *praec. ger. reip.* 812d. Er vermochte seine Karriere nach dem Tode des Perikles fortzusetzen. So nahm er an der Vertragsvereidigung von 421 teil (Th. 5,19,2; 24) und erhielt eine Speisung im Prytaneion (Schol. Ar. *Pax* 1984; *Av.* 521); Gehrke 1984, 558 Anm. 78.

lias[24], Andokides[25], Glaukon[26], Teisandros[27], Phormion[28], Hagnon[29], oder Kleinias[30], den Vater des Alkibiades, die gerade seinen außenpolitischen Kurs in umfassender Weise mittrugen[31]. Zu nicht wenigen von ihnen stand er auch in verwandtschaftlichen Beziehungen[32]. Kallias, der zuvor eher die Nähe Kimons gesucht hatte, bietet sogar das Beispiel für einen politischen Kurswechsel[33]. Und auch das explizite Bekenntnis

24 Geboren zwischen 520 und 510 v. Chr., nahm er 490 an der Schlacht von Marathon teil, ging 449 als Gesandter nach Susa und 446 als Gesandter nach Sparta; Plu. *Arist.* 7; Schol. Ar. *Nu.* 64; D. S. 12,7; Davies 1971, 258 (Nr. 7826,V); Kirchner 1966, Nr. 7825.
25 Geboren zwischen 510 und 500 v. Chr. war er Stratege in der Megara-Kampagne 446/5, im gleichen Jahr Mitunterzeichner des Dreißigjährigen Friedens mit Sparta, 441/0 Stratege vor Samos und wahrscheinlich 433/2 Stratege vor Korkyra; IG I² 1085; Th. 1,51,4; 114; D. S. 12,5,2; And. 3,6; Aeschin. 2,174; Plu. *Mor.* 834bc; Androtion FGH 324 F 38; Davies 1971, 29 (Nr. 828,V); Kirchner 1966, Nr. 827.
26 Geboren ca. 490 v. Chr., als junger Mann häufig als καλός auf Vaseninschriften erwähnt; Beazley ²1963, 1580 f. 441/0 war er Stratege vor Samos, 433/2 vor Korkyra; Androtion FGH 324 F 38; Th. 1,51,4; Meiggs, Lewis 1989, Nr. 61, Z. 19 f.; Plu. *Mor.* 834c.; Davies 1971, 91 (Nr. 3027); Kirchner 1966, Nr. 3027.
27 Er entstammte wahrscheinlich dem Geschlecht der Philaiden, wurde ca. 490 geboren, und von seiner prominenten Position zeugt lediglich seine Zugehörigkeit zu den Ostrakismos-Kandidaten von 443 (IG I² 911, Nr. 4); Davies 1971, 297 (Nr. 8429,IV); Kirchner 1966, Nr. 13458.
28 Er war 440/39 Stratege vor Samos; unternahm später eine Militärexpedition nach Akarnanien und zeichnete sich in den ersten Jahren des Peloponnesischen Krieges mehrfach aus; Th. 1,64 f.; 117; 2,29; 58; 68; 3,17 und *passim*; D. S. 12,37,1; Isoc. 16,29. Er war als Stratege berühmt und bei seinen Soldaten überaus beliebt; Schol. Ar. *Lys.* 804; Ar. *Pax* 347; *Eq.* 562; *Lys.* 804; Kirchner 1966, Nr. 14958.
29 Hagnon wird durch die Komödie als Mann von altem Reichtum charakterisiert, trotzdem werden die Quellen seines Reichtums kritisiert. Die Gründe hierfür werden auf Grund des Erhaltungszustands des betreffenden Komödienfragments nicht erkennbar. Vgl. Schwarze 1971, 46–49. Kennzeichnend für das politische Profil Hagnons waren seine zweimalige Strategie 440/39 sowie 430 (Th. 1,117,1; 2,58,1) sowie die Gründung von Amphipolis 437 (Plu. *Per.* 11,5; Th. 4,102,3); vgl. Pésely 1989, 191–209.
30 Dieser hatte mit Deinomache eine Cousine des Perikles geheiratet, Plu. *Alc.* 1,1.; vgl. Davies 1971, 17 f. Perikles wurde der Vormund seiner beiden Söhne.
31 Littman 1990, 199 ff. betont zu Recht, dass zwar einerseits das Verwandtschaftssystem zugunsten anderer Einflussquellen wie der Bekleidung der Strategie und der Interaktion mit dem Demos an politischer Bedeutung verlor, Perikles sich seine Bündnispartner aber dennoch zumeist aus verwandtschaftlich verbundenen Gruppen auswählte. Allerdings betont Littman m. E. die Bedeutung verwandtschaftlicher Beziehungen zu stark, denn angesichts der allgegenwärtigen verwandtschaftlichen Verbindungen ist zu fragen, welche Relevanz diese für politische Haltungen tatsächlich besaßen. Die von Littman gezogene Schlussfolgerung, die beschriebenen Auseinandersetzungen seien deshalb nur als persönliche Rivalitäten, nicht aber als inhaltliche Gegensätze zu charakterisieren (so z. B. auch für den Konflikt zwischen Perikles und Thukydides), teile ich nicht.
32 Hipponikos, der Sohn des Kallias war der zweite Gatte der ersten Frau des Perikles; Plu. *Per.* 24,8. Kleinias war mit Deinomache, einer Cousine des Perikles verheiratet; Pl. *Alc.* 105d; 123c.; vgl. Littman 1990, 200–203.
33 Komödienhinweise aus den Archilochoi des Kratinos (fr. 11 K) deuten auf einen Prozess gegen Kallias wegen vermeintlich zu ungünstiger Bedingungen für Athen im Frieden mit Persien. Schwarze 1971, 86 hat dies plausibel als Rache der Thukydidespartei am Seitenwechsel des Kallias interpretiert und zugleich als Versuch, den Frieden selbst in der athenischen Öffentlichkeit zu diskreditieren.

des Perikles zu demokratischen Institutionen anstelle von aristokratischen Hetairien, auf die Plutarch verweist[34], war an sich noch nicht antiaristokratisch, denn aristokratische Zusammenkünfte gab es selbstverständlich weiterhin.

Doch genau hier lag aus Sicht etlicher Aristokraten das fundamentale Problem. Perikles nutzte für seine Positionierung zwar aristokratische Vorteile in Habitus und Prestige (seien es seine Beredsamkeit oder die Eleganz seiner Haltung)[35], er entmachtete jedoch gezielt andere aussichtsreiche aristokratische Konkurrenten wie Thukydides Melesiou oder die Söhne Kimons, z. B. durch deren Diffamierung als Spartafreunde[36]. Politische Macht war also für andere Aristokraten zwar realisierbar, doch wegen der engen und geschickt gepflegten Beziehungen des Perikles zur athenischen Bürgerschaft (z. B. durch Initiativen wie das Bürgerrechtsgesetz, den Parthenonbau oder die Geschworenenbesoldung) nicht als Konkurrenten auf Augenhöhe.

Zudem bedeutete das Wirken des Perikles nicht nur eine langjährige Monopolisierung der Machtstellung an der Spitze der Ekklesia, sondern er veränderte tatsächlich die Bedingungen des politischen Behauptungskampfs. So politisierte und aktivierte Perikles die Bürger Athens durch seine Initiativen und trug nicht unerheblich dazu bei, dass diese bereits zuvor existente Rechte jetzt tatsächlich nutzen konnten und auch nutzten (z. B. infolge der Geschworenenbesoldung[37]). Darüber hinaus konstituierte das von ihm eingebrachte Gesetz, welches das Bürgerrecht künftig an eine Abstimmung von zwei athenischen Eltern band, die Athener als Elite. Traditionell über Athen hinausreichende Heiratsverbindungen der Aristokraten wurden damit politisch unattraktiv[38]. Auch

---

34 Plu. *Per.* 7,2–5; 13,3–6; 15,3.
35 So beschreibt Plutarch die öffentlichen Auftritte des Redners als sorgsam inszenierte Gesamtkunstwerke, die insbesondere durch eiserne Selbststilisierung getragen waren. Er lobt die erhabene Sprechweise des Perikles, die sich jeglicher Schmeicheleien enthielt, sein beherrschtes Antlitz, das selten lachte, seinen gelassenen Gang, den anständigen Faltenwurf des Mantels, der auch bei leidenschaftlicher Rede nicht in Unordnung geriet. Insofern schildert er ihn geradezu als Inbegriff des aristokratischen Redners, dessen Selbstbeherrschung nach allgemeinem Urteil staunende Bewunderung erregte; Plu. *Per.* 5,1–3. Das hier geschaffene Bild ähnelt dem von Aristoteles geschaffenen Bild des *megalopsychos*; *EN* 4,3 (1125a12–14); auf diese Parallele verweist Stadter 1989, 76. Eine zusätzliche Wahrung von Distanz gelang ihm durch die Beschränkung seiner Auftritte vor der Volksversammlung, weshalb er von einigen Mitbürgern in seinem hoheitsvollen Gebaren mit dem athenischen Staatsschiff, der „Salaminia" verglichen wurde; Plu. *Per.* 7,7. Ein ähnlich aussagekräftiges Beispiel bietet auch eine von Thukydides geschilderte Rede des Perikles aus der düsteren Anfangszeit des Peloponnesischen Krieges, wo der Redner seine Mitbürger der Wankelmütigkeit beschuldigte und auf seine überlegene Einsicht verwies; Th. 2,60,5–7; 61,1–2.
36 Plu. *Per.* 29,2.; vgl. Stein-Hölkeskamp 1997.
37 Arist. *Ath.* 27,3 f.; Plu. *Per.* 9,1–5; Plu. *Cim.* 10,1 ff.; Chambers 1990, 267 f.; Stadter 1989, 112 ff. Aristoteles nennt als Motiv den Versuch des Perikles, mit Kimon zu konkurrieren, der auf Grund seines ererbten Vermögens die Möglichkeit zu großzügiger Gratifikationspolitik besaß. Ob hierdurch auch ein Ratsherrensold eingeführt wurde, ist nicht zu klären. Peter Rhodes vermutet hierfür eine Einführung eher vor als nach Beginn des Peloponnesischen Krieges, Rhodes 1981, 691 f.
38 Plu. *Per.* 37,2–4; Arist. *Ath.* 26,3; Ael. VH 6,10,23 f.; F 68 (Hercher); Suda δημοποίητος; vgl. hierzu Manville 1994; Connor 1994; Boegehold 1994; Walters 1983; Davies 1977; Patterson 1988.

seine Rhetorik intensivierte offenkundig den Gedanken, dass sich die Athener mehr zutrauen, sie stets den Leistungen der Vorfahren nacheifern sollten und dass Athen gerade deshalb so groß sei, weil es hier nicht auf die Herkunft, sondern auf die durch Taten sichtbaren Verdienste ankomme[39]. Platon kommentierte diesen Wandel mit dem zugespitzten Urteil, Perikles habe die Athener wilder als Pferde gemacht[40].

Welche Konsequenzen ergaben sich hieraus für andere Aristokraten? Generell hatten selbstverständlich auch diese die Chance, weiterhin durch Amtstätigkeiten an der gewachsenen machtpolitischen Relevanz Athens im griechischen Raum teilzuhaben, und laut Ausweis der Ämterlisten wurden diese Chancen auch genutzt[41]. Verändert hatte sich jetzt jedoch das Kräfteverhältnis im politischen Feld genauso wie das politische Leistungsgefüge. Generell gehört eine Leistungsideologie nahezu immer zu den offensiv herausgestellten Legitimationskriterien auch traditioneller Eliten. Tatsächlich jedoch, dies haben nicht nur die Studien Bourdieus zu den ‚Kleinen Unterschieden', sondern auch epochenübergreifende Studien zu Strategien aristokratischen Obenbleibens klar gezeigt, werden diese Leistungskriterien immer ergänzt durch andere Strategien der Positionsabsicherung, seien es Prestigekonsum, die Konstruktion von Genealogien, enge Heiratsverbindungen oder rechtliche Absicherungen[42].

Ein Ausspielen der Kriterien von Leistung und Herkunft im perikleischen Athen jedoch verschärfte und veränderte das Anforderungsprofil für die Zugehörigkeit zur politischen Spitze. So erbrachte eine verwandtschaftliche Verbindung über Athen hinaus seit dem Bürgerrechtsgesetzt nicht länger einen Prestigemehrwert, wohingegen die eigene Position sehr viel unmittelbarer von tatsächlich erbrachten Leistungen abhing, so wie es Perikles in der von Thukydides konstruierten Gefallenenrede ausführte[43]. Zudem erweiterte es den Kreis der Akteure. Dies betraf keineswegs nur die Masse der athenischen Bürger, die mit wachsendem Selbstbewusstsein in der Ekklesia von ihren politischen Möglichkeiten Gebrauch machten bzw. entsprechende Leistungen und demokratieadäquates Verhalten auch von ihren führenden Politikern erwarteten, sondern auch nichtaristokratische Neuaufsteiger wie Kleon, die durch ihr Vermögen

---

39 Plu. *Per.* 17,1: ἐπαίρων ὁ Περικλῆς τὸν δῆμον ἔτι μᾶλλον μέγα φρονεῖν καὶ μεγάλων αὐτὸν ἀξιοῦν πραγμάτων. Th. 2,37,1; 39,4; 40,3; 43,1. Vgl. v. a. 2,41,4–5 seine Bekundung, dass die Macht Athens so offenkundig sichtbar sei, dass es keinen Homer mehr zu deren Lobe bräuchte. Athen habe sich vielmehr durch seinen Wagemut überall den Zugang erzwungen und überall lebten mit dessen Gründungen Denkmäler seines Wirkens im Bösen wie im Guten auf alle Zeit.
40 Pl. *Grg.* 515b 6 ff.
41 Beispiele hierfür sind etwa der Eumolpide Lampon (Ar. *Nu.* 332 m. Schol.; D. S. 12,103 f.), der Philaide Metiochos (Plu. *Mor.* 811e), Kallias (Plu. *Arist.* 7), Andokides (IG I² 1085; Th. 1,51,4), Glaukon (Androt. FGH 324 F 38; Th. 1,51,4), Teisandros (IG I² 911), Phormion (Th. 1,64 f.; 117; 2,29; D. S. 12,37,1; Isoc. 16,29), Hagnon (Th. 1,117; Plu. *Per.* 11,5) oder Kleinias (Plu. *Alc.* 1,1), der Vater des Alkibiades, die gerade seinen außenpolitischen Kurs in umfassender Weise mittrugen; vgl. hierzu v. a. Gehrke 1984, 557 f.
42 Dazu jetzt Matzerath, Tiersch 2020.
43 Diesen Transformationsprozess beschreibt Thomas 1989.

sowie wirkungsvolle Rhetorik nun den Sprung in die politische Spitzengruppe schaffen[44].

Nicht zu unterschätzen ist zudem der auf das Vertrauen der athenischen Bürger gegründete Prestigevorsprung des Perikles, der eine unabhängige politische Positionierung, die möglicherweise auch noch auf alternativen politischen Ansätzen wie der Freundschaft mit Sparta beruhte, für andere Politiker erheblich erschwerte. Insofern legen Indizien nahe, dass einige Aristokraten sich als Verlierer dieser neuen politischen Dynamik sahen[45]. In diesen Kontext ist z. B. die Entstehung des Begriffs *demokratia* wohl in den 440er Jahren einzuordnen, ursprünglich in der Negativkonnotation als Pöbelherrschaft, geprägt offenbar durch Männer, die sich als Benachteiligte der neuen Verhältnisse fühlten[46].

Noch nuancierter wird die Unzufriedenheit verschiedener Gruppen durch hitzige Debatten belegt, die ihren Niederschlag in den Komödienfragmenten gefunden haben. Hier richteten sich Vorwürfe an die Athener, sie hätten sich und die Vaterstadt einem Tyrannen ausgeliefert, aber auch an Perikles, der als Tyrann apostrophiert wurde[47]. Die Möglichkeiten, dieser Resistenz Ausdruck zu verleihen, waren aber auf Grund der Machtdominanz des Perikles sowie seiner deutlichen Akzeptanz bei einer Mehrheit der Bürger offenkundig begrenzt und beschränkten sich auf kritische Diskurse. Immerhin sind auch die Prozesse gegen bekannte Personen aus seiner engsten Umgebung, wie Anaxagoras, Pheidias und Aspasia, als Versuch zu deuten, wichtige Ratgeber politisch unwirksam zu machen und zugleich die Reputation des Perikles zumindest indirekt zu schädigen[48].

Dennoch ist zu fragen, in welchen Kategorien das Neue, Unbequeme und Verstörende durch Männer, die sich benachteiligt fühlten, wahrgenommen wurde. Möglicherweise, und das lässt die Entstehung des autonomen politischen Feldes in Athen wiederum in ihrer Prozesshaftigkeit erkennbar werden, wurde die veränderte politische Situation zu Beginn noch eher als depravierte Gefolgschaftssituation perzipiert, d. h. in personalen Kategorien. Das hätte bedeutet, man habe die Machtdominanz des

---

44 Zur Bedeutung dieser neuen Politikergruppe vgl. v. a. Connor 1971, 30 ff. Traditionellere Züge in deren Behauptungsstrategien hebt jetzt v. a. Mann 2007 hervor.
45 Carter 1986.
46 Raaflaub 1985; Nippel 1980, 35 Anm. 19 und 20, macht deutlich, dass im 5. Jahrhundert der Demokratiebegriff in den Quellen entweder deskriptiv verwendet wird (so z. B. bei Herodot) oder aber in stark polemischer Form (z. B. Th. 6,89 durch einen Kritiker, 2,37; 6,39 durch einen Verteidiger). Eine positive Deutung des Demokratiebegriffs findet sich erstmals 410 im Demophantosdekret; And. 1,96. Der Begriff der *oligarchia* ist erstmals bei Herodot belegt (3,81,1; 82,1; 82,3; 82,5). Vgl. auch Sealey 1973.
47 Vgl. z. B. Com. Adesp. fr. 60 (CAF 3,411).
48 Die Literaturlage hierzu ist von immenser Fülle, siehe z. B. Raaflaub 2000 mit zahlreichen weiteren Verweisen; Bauman 1990, 37–42; Ostwald 1986, 191–198, 528–533; Schubert 1994, 103–137; Dover 1975; Mansfeld 1979; Mansfeld 1980; Kienast 1953; Frost 1964; Frost 1979; Klein 1979; Prandi 1977; Derenne 1930.

Perikles als reversibel bzw. auf seine Person fokussiert gesehen und darauf gehofft, dass sich nach seinem politischen Ende wieder gleichgewichtigere Formen der Machtkonkurrenz in der Ekklesia ergeben würden. Zumindest die Anwürfe in den Komödienfragmenten deuten m. E. darauf hin.

2. Der Prozess der Eskalation: 429 v. Chr – 404 v. Chr.

Tatsächlich jedoch intensivierte sich der Entfremdungsprozess zwischen Aristokraten und athenischer Demokratie nach dem Tode des Perikles 429 v. Chr. offenkundig. Das Verdikt des Thukydides, wonach sich mit dem Tod des Perikles die Qualität des politischen Führungspersonals gravierend verschlechtert habe, und diese korrupten Anführer Athen in den Abgrund der Niederlage im Peloponnesischen Krieg gerissen hätten, entspringt seiner periklesfreundlichen Perspektive und verzeichnet die reale Situation[49]. Aber es kam offenbar zu einem intensivierten und mit zunehmender Heftigkeit ausgetragenen Konkurrenzkampf unter den führenden Politikern Athens. Ursachen hierfür waren, dass innerhalb der prekären militärischen Lage keiner unter ihnen eine ähnlich starke Position wie Perikles zu erringen vermochte, allerdings auch der Umstand, dass mit Männern wie Kleon ein neuer Typ von Politikern die politische Bühne betrat[50].

Die Unterschiede zu Perikles betrafen hierbei weniger die politischen Inhalte. Die Gesamtsituation des Peloponnesischen Krieges erforderte von jedem Politiker Initiativen für die Kriegführung Athens, und diese wurden durch Kleon allenfalls mit stärkerer Offensivneigung verfolgt. Das Novum liegt eher in der sozialen Herkunft einiger dieser ‚Neuen Politiker' sowie dem damit verbundenen politischen Stil. Kleon und andere hatten ihr Vermögen im Kontext der Seemachtexpansion Athens erworben und stießen wegen dieses Umstands auf energische Kritik konservativer Konkurrenten und Gegner[51]. Neben Thukydides bietet auch der Komödiendichter Aristophanes hiervon ein eindrucksvolles Zeugnis. David Rosenbloom hat in verschiedenen Aufsätzen unter Nutzung Bourdieuscher Kategorien wunderbar gezeigt, wie komplex und manipulativ Aristophanes die Person Kleons unter dem Gesichtspunkt des angeblichen Mangels an kulturellem Kapital diffamiert. Er verbindet dabei die Kritik an der angeblich mangelnden Bildung, der groben Sprache sowie dem heftigen Auftreten des Politikers mit der Suggestion, ein Mann, der auf Grund seines Berufs eher an kurzfris-

---

49 Th. 2,65.
50 Vgl. hierzu v. a. Connor 1971.
51 Eukrates amtierte 432/1 (IG I² 296,5). Sein Beruf war Thema des Komödienspotts; Ar. fr. 143; 696; Cratin. fr. 295 (Kock 1,426; 562; 98); Ar. Eq. 129; vgl. Kirchner 1966, Nr. 5759. Lysikles amtierte 428/2 (Th. 3,19,1); zum Beruf vgl. Ar. Eq. 132; Kirchner 1966, Nr. 9417. Kleon war Stratege von 424/3 bis 422/1 (Ar. Nu. 581 ff.; Th. 5,2,1; FGH 324 F 40); über seinen Beruf vgl. Ar. Eq. 44; Kirchner 1966, Nr. 8674.

tigem Profit orientiert sei, könne selbstverständlich auch als Politiker nicht in längeren Zusammenhängen denken[52].

Allem Anschein nach verschärfte Kleon hierbei nicht nur den Ton in der politischen Debatte[53], sondern stellte auch bis dahin undiskutierte Fragen und Vorrangansprüche zur Disposition. Sofern Thukydides mit dem Rededuell zwischen Kleon und Diodotos im Streit um die Rücknahme des Bestrafungsbeschlusse der Ekklesia gegen die abgefallene Polis Mytilene grundlegende Züge des politischen Diskurses seiner Zeit wiedergegeben hat, ging es darin auch um die Fragen, wer bzw. was in Athen den Vorrang haben sollte (die Weisheit der Menge und die Gesetze vs. der gute Rat herausragender Einzelner), und worauf sich überlegene Geltungsansprüche von Eliteangehörigen stützen könnten. Kleon plädierte energisch für die überlegene Weisheit der Menge und der von ihr erlassenen Gesetze und wandte sich gegen Geltungsansprüche, die sich auf finanzielle Beiträge für das Gemeinwesen nach traditionellem euergetischen Muster oder überlegene Kompetenz qua aristokratischer Bildung gründeten[54].

Außerdem berichten Aristophanes und andere Quellen davon, dass sich der politische Konkurrenzkampf innerhalb der politischen Elite durch eine erhebliche Ausweitung von Prozessen gegen athenische Strategen Bahn gebrochen habe. Aristophanes legt diese Ausweitung eindeutig Kleon und seinen Verbündeten zur Last: Dieser habe die Geschworenen aus dem Demos gegen seine Konkurrenten aus der Ritterschaft aufhetzen wollen und sich dadurch missliebiger Gegner entledigen wollen[55]. Obwohl die Hintergründe dieser Prozesse nicht mehr in jedem Fall genau ermittelt werden können und die personalisierte Schuldzuweisung an Kleon durch Aristophanes stark durch die persönliche Feindschaft des Dichters motiviert wurde, ist unbestreitbar, dass diese

---

52 Rosenbloom 2002, 302–312. So analysiert er am Beispiel des Komödiendichters Aristophanes, wie es diesem in seiner Negativcharakteristik geschickt gelingt, ein ebenso facettenreiches wie perfides Bild des Politikers zu entwerfen. So folgen seine Schilderungen der mangelnden Bildung Kleons, seiner lauten Stimme und der angeblich fremden Herkunft ebenso wie die ausufernden Variationen zum Beruf dieses Politikers keineswegs dem Zufallsprinzip, sondern sie bilden wesenhafte Bestandteile eines Konstrukts, welches Kleon als Mann des Marktes darstellen sollte (*agoraios*) sowie als Mann der niederen Schichten (*poneros*). Ähnlichen Diffamierungen sahen sich dann auch andere Politiker dieser Provenienz ausgesetzt, v. a. Hyperbolos; vgl. Rosenbloom 2004a; b.

53 Zum Negativbild Kleons in den Quellen vgl. Th. 2,65,6–8; 10f.; Plu. *Mor*. 806f–807a. Arist. *Ath*. 28,3 moniert, dass Kleon mehr als jemand sonst das Volk durch seine unkontrollierte Impulsivität verdorben habe. Er sei der erste gewesen, der auf der Rednertribüne schrie, schimpfte und sich in gegürteter Kleidung an das Volk gewandt habe, während die anderen in angemessenem Aufzug geredet hätten. Allerdings verweisen die Bemerkungen der Komödie über den zeusartigen Donnergestus des Perikles bei öffentlichen Reden darauf, dass auch dessen rhetorische Auftritte keineswegs immer von Zurückhaltung gekennzeichnet waren; so etwa Plu. *Per*. 8,4. Eine meisterhafte Persiflage auf die entsprechende Rhetorik Kleons bietet Ar. *Eq*. 732; 748; 767f.; 773–776; 790f.; 810–812; 821; vgl. Scholtz 2004.

54 Th. 3,37,3–5.

55 Insbesondere in den Komödien „Die Ritter" bzw. die „Wespen" von 424 bzw. 422 v. Chr.

Prozesse durchaus Teil des erbitterten Konkurrenzkampfs an der politischen Spitze Athens wurden und das wahrscheinlich mehr als bisher[56].

Genau deshalb markieren diese Prozesse eine ebenso spannende wie komplexe Entwicklung, denn sie beleuchten die widersprüchlichen Folgen einer wachsenden Autonomisierung des politischen Raumes und deren erhebliche Folgen für das soziale Feld[57]. Zweifellos dienten sie als Instrument im politischen Konkurrenzkampf und waren auch durch persönliche Rivalitäten geprägt. Zugleich institutionalisierten sich damit jedoch prozessuale Formen der Kontrolle von Strategen als Formen demokratischer Beamtenkontrolle, die so nachhaltig zuvor offenbar nicht praktiziert wurden. Zumindest bieten die Komödienfragmente für die Zeit unter Perikles hierfür keinerlei Hinweise. Für Rom wären derartige Prozesse ohnehin undenkbar gewesen[58]. Insofern bildete sich jetzt ein weiterer Meilenstein innerhalb der demokratischen Ämterkontrolle heraus. Im 4. Jh. v. Chr. wurden derartige Prozesse dann allgemein akzeptierte Verfahren. Gleichwohl war diese Form der intensivierten prozessualen Rechenschaftslegung für manche Strategen völlig ungewohnt, sowohl wegen deren Neuheit als auch wegen Defiziten in der Verfahrensgerechtigkeit. Einer der Strategen beging sogar vor dem Prozess Selbstmord[59].

Aristophanes gibt Hinweise darauf, wie nachhaltig die neue politische Wirklichkeit, d. h. die selbstbewussten Kontrollansprüche der bürgerlichen Mehrheit, das Ehrgefühl ihrer Eliten tangierte. Er lässt in den ‚Wespen' den stolzen Bürgergeschworenen Philokleon sagen, dass er in dieser Funktion des Urteilens über Vornehme dem Reichtum ins Antlitz lachen könne. So würde er diejenigen, die ihn ansonsten keines Blicks gewürdigt hätten, dazu zwingen, ihm Respekt zu erweisen[60]. Dennoch lässt Aristophanes als Dichter-Persona keinen Zweifel daran, dass diese, von ihm als neu behauptete Entwicklung, für ihn nicht nur einen Ehrverlust für die Betroffenen, sondern eine flagrante Verletzung der rechten Ordnung darstelle, eine Ansicht, die gewiss nicht nur von ihm vertreten wurde[61].

Zumindest gibt es nun erste Indizien für den Rückzug von Elitenangehörigen aus diesem als zunehmend rauer und in seinen Bedingungen als unattraktiver empfundenen politischen Wettbewerb, der von immensem Erwartungsdruck bei gleichzeitig hohem Risiko und geringeren Gewinnchancen geprägt wurde. Formen dieser Abgrenzung bestanden in den zwanziger Jahren wohl eher in einer erneuten aristokratischen Distinktionssuche durch die Bildung von Hetairien, lakonisierender Kleidung und in-

---

56   Zu den Prozessen vgl. Roberts 1994.
57   Vgl. zu diesen Prozessen Bauman 1990, 49–60; Pritchett 1974, 4–33; Hamel 1998, 142–144; Roberts 1982, 124–141.
58   Rosenstein 1990.
59   Den Fall des 425 v. Chr. angeklagten Strategen Paches erwähnen Plu. *Nic.* 6; Arist. 26.
60   Ar. *V.* 548–558; 560–575; 578–587; 590–602; 605–630.
61   Ar. *V.* 515–520; 550–554; 682–695; 698–710.

dividuelleren Formen der Grabrepräsentation[62]. Resistenzen manifestierten sich also anfangs eher als erneute Suche nach einer gegenüber demokratischen Ansprüchen abgegrenzten Gruppenidentität. Darüber hinaus gehende Bestrebungen lassen sich für die Zeit bis zum Nikiasfrieden 421 v. Chr. zumindest nicht nachweisen.

Weitere polarisierende Zuspitzungen entstanden offenbar erst, als sich nach dem Tode Kleons abzeichnete, dass dessen Methoden und Erfolge keinen einmaligen politischen Betriebsunfall darstellten, sondern andere Politiker mit ähnlichen Herkunft und ähnlichen Strategien Macht erlangten. Selbst Männer mit aristokratischem Background wie Alkibiades setzten als Machtbasis auf die Bürger und neue sophistische Techniken der Meinungsbeeinflussung und dachten nicht daran, ihre Macht mit Standesgenossen zu teilen[63]. Zudem stellte der nach dem fragilen Nikiasfrieden wiederaufgenommene Peloponnesische Krieg für Athen eine erhebliche Belastungssituation dar. Diese Zwistigkeiten über außenpolitische Fragen verstärkten jedoch als Katalysatoren innenpolitische Spannungen und verschärften so die sich bereits andeutende Krise der inneren Ordnung[64].

Insofern ist es wahrscheinlich kein Zufall, dass die erste öffentlich sichtbare Eskalation, der Hermenfrevel von 415 v. Chr., aus einer heftigen Phase innerer Konflikte entstand, in der Gegner der geplanten Sizilienexpedition unter Führung des Nikias nicht nur als Minderheit politisch marginalisiert, sondern offenkundig auch noch diffamiert worden waren[65]. Hierbei wurden in einer nächtlichen Aktion alle Hermenstatuen Athens als Protest gegen Symbole der städtischen wie demokratischen Ordnung verstümmelt. Die Art der Aktion ist insofern bezeichnend, als sie darauf hindeutet, dass es den Verschwörern vor allem darum ging, in Athen für Verunsicherung zu sorgen und gleichzeitig die Suggestion einer größeren Zahl an Mitwirkenden zu erzeugen, als sie

---

62 Zur Pferdebegeisterung der Aristokratie vgl. Ar. *Nu.* 243. Bestandteil dieser Lebensweise waren weiterhin die exzessive Körperpflege, eine lange Haartracht (z. T. mit goldenen Zikaden als Haarschmuck) sowie kostbare Kleidung; *Eq.* 578 ff.; 1121; 1331; *Nu.* 24; 894 f.; *V.* 466. Die Ausbildung, insbesondere in Gymnasien umfasste vor allem Sport, Tanz und Musik; Ar. *Nu.* 1005; *V.* 526 ff.; 531 ff. Weitere wichtige Facetten aristokratischer Kultur waren Jagd und Trinkgelage; z. B. Ar. *Eq.* 1382; *Pax* 339 ff. 770; 1265 ff.; 1290; 1295; *Nu.* 1073; *Ach.* 978 ff.; E. *Supp.* 881 ff.; *Heracl.* 860; *IT* 709; vgl. Ehrenberg 1968, 104–114. Zur Debatte um die „Neue Musik", die zeigt, wie die breite öffentliche Ausübung der Aulosmusik offenbar aristokratische Musizierpraktiken bedrohte vgl. Martin 2003; Wilson 2003; Csapo 2004. Csapo skizziert hier, wie die „Neue Musik", gerade wegen ihrer potentiellen Offenheit und Vielgestaltigkeit sowie ihrer Absetzung von der Tradition bei konservativen Denkern geradezu zum Symbol für all das wurde, was sie als Negativ an der Demokratie empfanden. Zu den Begräbnispraktiken vgl. Morris 1994, 74.
63 Einer der bekanntesten unter ihnen war der ebenfalls seitens der Komödie vielgeschmähte Politiker Hyperbolos, vgl. Rosenbloom 2004a; b. Zur Person des Alkibiades; vgl. Plu. *Alc.* 4,5–5,1; [And.] 4,29.
64 Sichtbar etwa bei Antiphon fr. 44 B1–2. Biographische Informationen hat Gagarin 2002, 38–52 sowie 178–182 zusammengestellt.
65 Th. 6,9,2; 13,1.

tatsächlich bestand[66]. In Wirklichkeit war die Zahl der Verschwörer, wie die Angaben des Mitverschwörers Andokides schließlich deutlich machten, nach Umfang wie Möglichkeiten eine eher begrenzte[67].

Die unmittelbar darauf erfolgende Reaktion der athenischen Demokratie erwies sich jedoch als zweischneidig, denn sie manifestierte deren Willen, durch Sondervollmachten und Sonderprozesse etwaige Gegner der Demokratie hart und unverzüglich zu bestrafen, die Autonomie des politischen Raumes also vollumfänglich in Geltung zu setzen. Allerdings sorgte die Maßlosigkeit der Maßnahmen dafür, dass Abwehr und Resistenz mancher Eliteangehöriger gegenüber der Demokratie wuchsen und sich wahrscheinlich organisatorische Bemühungen verstärkten[68]. So wurden weitgehende Verurteilungen anfangs ohne gründliche Untersuchungen durchgeführt und man gab unverzüglich bekannt, dass jedermann, der von Schuldigen wisse, dies kundtun solle. Hierunter befanden sich jedoch, wie sich z. T. erst nach vollzogenen Verurteilungen herausstellte, etliche Denunzianten, welche aus privaten Gründen Falschangaben gemacht hatten.

Wie verstörend diese als demokratische Willkürjustiz bzw. prozessuale Rache empfundene Vorgehensweise zusammen mit weiteren Phänomenen der politischen Dynamik der vergangenen Jahre von konservativen Gegnern empfunden wurde, verdeutlichen Fragmente eines der klügsten programmatischen Denkers jener Zeit, des Redners Antiphon. Antiphons Überlegungen hinterfragen die Legitimation von Beschlüssen der Volksversammlung grundsätzlich, indem sie diskutieren, inwiefern die *nomoi* der Ekklesia der Natur nach gerechtfertigt seien. Sein Argument war, dass man sich zwar in der Öffentlichkeit demokratiekonform verhalten solle, weil man sonst bestraft würde, darüber hinaus aber könne und müsse man alles tun, was dem eigenen Prestige diene: Die Beschlüsse der Volksversammlung trachteten genau das zu behindern, was man als Aristokrat von Natur aus (*physei*) tun müsse. Diese Thesen können als Indiz dafür stehen, wie sehr die zunehmend autonome politische Sphäre in der Tat in soziale Besitzstände einschnitt, welche deren bisherige Urheber als naturgewachsen ansahen[69].

---

66 Th. 6,27,1; Plu. *Alc.* 18,5–8; Ar. *Lys.* 1094 f.; zu den Ereignissen vgl. auch Dover in Gomme 1970, 271–276, 288 f.; Furley 1996, 28–30; Osborne 1985, 47–73; Rubel 2000, 178–232.
67 And. 1,61–64.
68 Zur gerichtlichen Untersuchung der Verschwörer im Hermen- und Mysterienfrevel Th. 6,27,2–3; 53,2; Plu. *Alc.* 18,8; And. 1,11; 15; 27; 36; 43. Hierbei wurden in mehrfacher Hinsicht neue juristische Wege beschritten und damit die Regelungsbereiche der Polis ausgedehnt: So erhielt erstens die Boule erweiterte Befugnisse für ihre Untersuchungen. Zweitens räumte die Bürgergemeinde dem staatlichen Erkenntnisinteresse unbedingte Priorität gegenüber dem sozialen Status der Angeklagten ein, d. h. es wurden Belohnungen für Hinweise ausgesetzt und auch Sklaven befragt; vgl. Bauman 1990, 62–67; Rhodes 1972, 186–188.
69 Antiphons Haupteinwand galt v. a. den demokratischen Gesetzen, weil sie seiner Auffassung nach all das behinderten, ja sogar unmöglich machten, was nach traditionellen Sozialnormen die *physis* eines Aristokraten bestimmte. So beschnitten sie bereits aristokratische Verhaltensweisen, die für dessen Statuswahrung unerlässlich seien. Zudem vermöchten sie es dann auch vor Gericht

In einer politischen Ausnahmesituation nach dem katastrophalen Scheitern der Sizilienexpedition kam es dann zum ersten oligarchischen Putsch 411/10 v. Chr. mit dem Versuch zur Gesamtrevision der demokratischen Ordnung. Er zeigte seitens der Demokratiegegner eine wachsende programmatische wie organisatorische Verdichtung sowie eine zunehmende Entschlossenheit, Grundlagen der Demokratie zu beseitigen. Antiphon gehörte zu den programmatischen Hintermännern des Umsturzes. Die Verschwörer um Peiandros entmachteten gezielt demokratische Organe (wie die Boule) und ersetzten sie durch ein Gremium von vierhundert Vornehmen[70]. Der Putsch erwies sich als Wettstreit zweier Ordnungsmodelle, alt gegen neu, der Vor- und Nachteile beider sichtbar werden ließ. So nutzten die elitären Verschwörer zur Entmachtung der Demokratie geschickt ihren Wissens-, Autoritäts- und Vernetzungsvorsprung vor den einfachen Bürgern. Sie übten durch ihre Hetairien Terror in Athen aus, spielten Hopliten geschickt gegen Theten aus, nutzten institutionelle Schwächen der Demokratie aus und suggerierten den Bürgern, sie täten all dies nur zur Rettung der Stadt, für die jeder Opfer bringen müsse. Ihre Verheißung, die neue Ordnung würde die Leistungsfähigsten mit stärkeren politischen Rechten ausstatten, deutet an, auf welche Erwartungen sie bei manchen Athenern zu rekurrieren vermochten[71].

Mittelfristig war diese Ordnung der Demokratie dennoch unterlegen, sowohl weil sie die drängenden politischen Aufgaben Athens (Erfolge gegen Sparta, Sicherung der Verbündeten) nicht löste als auch deshalb, weil sie die Bürger nicht integrierte und daraufhin die fragile Verschwörergemeinschaft bald erodierte. Die mangelnde Geschlossenheit der athenischen Eliten wirkte hier mittelfristig zu Lasten der Verschwörer. Viele der Beteiligten (etwa Theramenes) wollten schließlich doch lieber als Anführer athenischer Bürger individuellen politischen Einfluss in einer erneuerten Demokratie genießen als weiterhin an einer zum Scheitern verurteilten Putschistengruppe teilnehmen[72].

Allerdings beging die 410 v. Chr. wiederhergestellte Demokratie ähnliche Fehler wie fünf Jahre zuvor, indem sie durch scharfe prozessuale Rache (Todesstrafe, Bürger-

---

nicht, den Angeklagten vor seinem Ankläger zu schützen. Dieser müsse das Gericht vielmehr erst von seiner Unschuld überzeugen, für Antiphon eine Ungeheuerlichkeit. Auch der Umstand, dass Ankläger und Angeklagte die gleichen Überzeugungsmöglichkeiten sowie die gleiche Redezeit besaßen (d. h. statusunabhängig agierten), ist für den Sophisten kein Ausdruck von Rechtlichkeit, sondern geradezu deren Vergewaltigung. Zudem, so Antiphon, entstünden durch die verschiedenen Zeugenaussagen vor Gericht neue Feindschaftsverhältnisse, da der Zeuge ja dem Angeklagten nicht selten schade. All dies waren Gründe, warum aus der Perspektive Antiphons wahre Gerechtigkeit und die *nomoi* Athens in eklatantem Widerspruch standen, ja sogar für das Streben der Betroffenen Schaden, Nachteil, ja Tod bedeuteten; Antiphon fr. 44 B1–7.

70 Zum Wirken aristokratischer Bünde, der sogenannten Hetairien als wesentliche Basis der Verschwörung vgl. z. B. Th. 8,54,4; zu den rhetorischen Manipulationsstrategien der Verschwörer 8,54,1.
71 Th. 8,65.
72 Th. 8,47–54; 63–67. Vgl. hierzu v. a. Heftner 2001.

rechtsentzug) sowohl echte wie vermutete Oligarchen bestrafte. Auch die bald darauf erlassenen Staatsschutzgesetze (wie z. B. das Demophantospsephisma) hatten zwar die unbedingte Sicherung der demokratischen Ordnung zum Ziel. Aber sie verbanden harte Strafandrohungen beim Verdacht antidemokratischer Umtriebe mit vagen Verdachtsgründen und geringen individuellen Sicherungsmaßnahmen gegen mögliche denunziantische Anklagen, boten also erneut Vorschub für ungerechtfertigte Verdächtigungen. Die Folge waren weitere verschärfte Polarisierungen. Zahl-reiche Oberschichtangehörige flohen daraufhin aus Athen und kämpften auf spartanischer Seite gegen ihre Vaterstadt, was die für Athen in den letzten Kriegsjahren ohnedies prekäre Situation enorm verschärfte[73].

Insofern stellte der zweite Oligarchenputsch unter Kritias von 404 v. Chr. zwar partiell eine Reaktion auf den verlorenen Krieg und seine Folgen dar und hätte ohne massive spartanische Unterstützung nicht stattfinden können. Er war aber auch Ausdruck einer weitverbreiteten Unzufriedenheit mit Auswüchsen der Demokratie in Athen, v. a. in Gestalt der Sykophanten und anderer rechtlicher Unsicherheiten, die durch die Verschwörer manipulativ ausgenutzt werden konnten[74]. Kritias, einer der klügsten politischen Denker seiner Zeit, hatte aus dem gescheiterten Putsch von 411 v. Chr. gelernt. Er stützte die Organisation seines Putschs nicht auf eine lose organisierte Großhetairie von vierhundert Beteiligten, sondern auf eine kleine, entschlossene, durch gemeinsame Verbrechen untereinander verbundene Elitengruppierung, bei der man Abweichler brutal bestrafte[75].

Die Zerstörung von Häfen und Werftanlagen auf seinen Befehl hin verweist zudem auf seine Absicht, durch die völlige Auslöschung der sozioökonomischen Grundlagen der Demokratie Athen wieder in einen aristokratischen Agrarstaat zu verwandeln, um dadurch die Chancen auf politische Macht ausschließlich Altaristokraten vorzubehalten[76]. Die Brutalität und Radikalität seiner Tyrannis ließ den Widerstand dagegen

---

73 Th. 8,98,1–3; Bleckmann 1998, 385.
74 And. 1,80; 3,12; X. *HG* 2,3,11 f.; vgl. Lehmann 1997. Zur spartanischen Besatzung Athens X. *HG* 2,3,13 f.
75 Arist. *Ath.* 35,1. Auffallend ist etwa der Beschluss X. *HG* 2,3,21, jeder der Dreißig solle sich einen Metöken zur Tötung auswählen. Xenophon nennt hier zwar pekuniäre Motive, doch Lys. 12,6 f. erwähnt auch die Tötung weniger bemittelter Metöken. Deshalb kann vermutet werden, dass sich die Morde keineswegs auf die Beraubung beschränkten, sondern auch auf Terror abzielten sowie auf eine gleichmäßige Beteiligung aller Putschisten an den Morden. Nippel 1980, 83 Anm. 42 hat dies treffend als die Integrationsmechanismen einer Gangsterbande charakterisiert.
76 Lys. 12,99; 13,46; Isoc. 7, 66; X. *HG* 2,4,19; Arist. *Ath.* 35,1; Plu. *Lys.* 154 f.; Pl. *Ep.* 7,324c. Vgl. hierzu facettenreich Bultrighini 1999. Gustav Adolf Lehmann (1972, 216) kommentierte treffend: „Mit Gewalt sollte der auf der Flottenpolitik der Perserkriege basierende ‚demokratische Sündenfall' der attischen Geschichte wieder rückgängig gemacht und die Wiederkehr der einfachen Zustände eines archaischen Agrarstaates erzwungen werden, ungeachtet der zu erwartenden katastrophalen Folgen für das übervölkerte Attika, das ohnehin in der Nachkriegssituation, aller gewohnten auswärtigen Besitzungen und Hilfsquellen beraubt, vor der schwersten wirtschaftlichen und sozialen Krise seiner Geschichte stand."

aber schichtenübergreifend anwachsen und nach dem Sturz dieses Putschs 403 v. Chr. blieben eindeutig aristokratisch konnotierte Herrschaftsansätze in Athen dauerhaft desavouiert.

3. Kontinuität oder Wandel?
Eliten in der wiederbegründeten Demokratie nach 403 v. Chr.

Die vorangegangenen Jahre hatten anhand heftigster Konflikte deutlich werden lassen, dass die athenische Demokratie ein Integrationsproblem hatte. Dieses bestand vor allem darin, Oberschichtenangehörige zur Kooperation dadurch zu gewinnen, indem sie die nötigen normativen und institutionellen Rahmenbedingungen dafür schuf. Interessanterweise ereigneten sich nach 403 v. Chr. derartige Putsche nicht mehr, obwohl die athenische Demokratie auch im 4. Jh. v. Chr. nicht nur Finanzprobleme, sondern auch den Zerfall des Zweiten Attischen Seebunds sowie mehrere militärische Niederlagen zu bewältigen hatte, darunter v. a. die Niederlage gegen Philipp II. bei Chaironeia 338 v. Chr. Dennoch belegen die Quellen auch nach diesen Niederlagen ein schichtenübergreifendes Interesse an einer Weiterführung der Demokratie in Athen. Die Kooperation athenischer Oberschichtangehöriger, sei es als Strategen, aber auch als Inhaber ziviler Funktionen, Euergeten oder Bauherren, war hierfür essentiell. Worin liegen die Gründe für diese offenkundig veränderte Beziehung zwischen den athenischen Eliten und der demokratischen Ordnung ihrer Heimatstadt[77]?

Eine Ursache ist gewiss in personalen Diskontinuitäten zu sehen. So nahm die Zahl der Männer mit erkennbarem aristokratischen Familienhintergrund in der athenischen Politik des 4. Jh. v. Chr. deutlich ab. Ein entscheidender Punkt war, dass trotz der relativ großzügigen Regeln zur Vergangenheitsbewältigung eine weitere Karriere nach 403 v. Chr. an die grundlegende Akzeptanz demokratischer Spielregeln gebunden blieb[78]. Die von Kritias forcierte Variante eines agrarischen Adelsstaats hatte sich ebenso wenig durchzusetzen vermocht wie Forderungen nach einer Vermögensbeschränkung des Bürgerrechts[79]. Manche Aristokraten, darunter explizit auch Platon, erklärten daraufhin ihren Verzicht auf aktive politische Beteiligung, weil sie sich diesen Spielregeln nicht unterwerfen wollten[80].

---

77 Vgl. zur athenischen Demokratie im 4. Jh. v. Chr. Tiersch 2016.
78 So wurde z. B. die politische Teilhabemöglichkeit für alle athenischen Bürger und die Einführung des Ekklesiastikon als Aufwandsentschädigungen für den Besuch der Volksversammlung alsbald wieder eingeführt; Arist. *Ath.* 41,3; Rhodes 1981, 492; Funke 1980, 116 f.; Schmitz 1988, 203; Buchanan 1962, 22–27. Dieses wurde von einer Obole auf schließlich drei Obolen erhöht.
79 Eine Initiative sah vor, dass die politische Teilhabe künftig an Land gebunden sein sollte, diese fand jedoch keine Mehrheit; D. H. *Lys.* 32. Die engagierte Gegenrede gegen diesen Vorschlag bietet Lys. 25; vgl. zur Initiative des Phormisions Funke 1980, 18 f.; Schmitz 1988, 201.
80 Pl. *Ep.* 7,324.

Doch es treten noch weitere Gründe hervor, so führten die hohen Menschenverluste des dreißig Jahre währenden Peloponnesischen Krieges, die nach Schätzungen ungefähr ein Drittel der athenischen Bürger das Leben kosteten, auch zum Verlöschen von athenischen Aristokratenfamilien[81]. Die Nachkommen anderer Familien, wie etwa der des Alkibiades, vermochten es nicht, sich unter den veränderten Konkurrenzbedingungen weiterhin zu behaupten. Alkibiades d. J. tritt als Angeklagter in mehreren Prozessen hervor, bei dem ihm die Verweigerung seiner militärischen Dienstpflichten und weitere Vergehen vorgeworfen wurden[82]. Zwar hatte er wohl durch sein leichtlebiges Gebaren einiges zu den Klagegründen beigetragen. Das eigentlich Interessante ist aber, dass hier zusätzlich seine Herkunft und die Geschichte seiner Familie zum Argument wurden, welches sich im Prozess gegen ihn richtete. Während sein Vater die ruhmreiche Herkunft noch selbstbewusst als Prestigequelle und als Werbung für seine angebliche Vortrefflichkeit hatte einsetzen können, wurde die Herkunft für seinen Sohn eher zum Standortnachteil[83]. Der Kläger wies den jungen Mann darauf hin, dass es vor allem Leistung und demokratische Normtreue seien, welche herausgehobene Geltungsansprüche begründeten[84]. Wahrscheinlich zeigen gerade derartige Auseinandersetzungen, welchen Weg die athenische Demokratie in ihrer Elitenwahrnehmung mittlerweile gegangen war: Selbstverständlich besaß hier eine aristokratische Herkunft weiterhin ihre spezifische Wertigkeit, aber sie fungierte eher als Zusatzargument bei erbrachten Leistungen sowie einem nachweislich patriotischen Verhalten. Zwar ist unklar, ob er hierfür verurteilt wurde, doch tritt er in den Folgejahren ebenso wenig mehr politisch hervor wie spätere Nachkommen, die in den Quellen bezeugt werden. Dieses Beispiel besaß keineswegs Einzelfallcharakter, sondern verweist auf tiefe Wandlungen im Anforderungsprofil von Politikern bzw. veränderte öffentliche Akzeptanzkriterien.

Die tiefe Blutspur, welche der Kritiasputsch hinterlassen hatte, bewirkte jedoch eine radikale Entzauberung aristokratisch konnotierter Ansprüche auf Geltung und Vorrang, die so in den Jahren zuvor bemerkenswerterweise noch nicht stattgefunden hatte. Jegliche essentialistischen Ansprüche, wonach die ‚Kaloikagathoi' die bessere politische Expertise sowie den langfristigeren Planungshorizont für das Wohl der

---

81 So hatten sehr wahrscheinlich jüngere Oberschichtenangehörige als Mitglieder der Kavallerie auf Sizilien sowie bei der Verteidigung Attikas überdurchschnittlich viele Verluste erlitten; Heftner 2001, 5; vgl. zu den Verlusten der Ritterschaft in den frühen Jahren des Dekeleischen Krieges auch Spence 1987, 169–175; Worley 1994, 119 f.

82 Anklagereden Lys. 14 u. 15; Verteidigungsrede Isoc. 16. Alkibiades d. J. hatte illegal die Tätigkeit in der Reiterei dem Hoplitendienst vorgezogen, für den Redner Lysias ein generelles Argument für eine Abwertung von Alikibiades d. J.: Dessen Verhaltensweise wurde als Vorliebe für die Zugehörigkeit zu einer elitären Gruppierung und zugleich als Wunsch zur Vermeidung der Gefahren und Opfer des Hoplitendienstes gedeutet, nach den Worten des Redners ein durchaus verbreitetes Phänomen; Lys. 14,7; 16,13.

83 Lys. 14,16 f.; 30; 35–38.

84 Vgl. etwa den Vorwurf Lys. 14,9, der Angeklagte habe lieber den Verlust von Bürgerrechten und Besitz riskiert, als sich im Wehrdienst als Hoplit unter die Bürger einzureihen.

Gemeinschaft besäßen, wurden von Kritias wirksamer diskreditiert als es radikaldemokratische Anwürfe eines Kleon oder Hyperbolos jemals vermocht hatten. Erst mit diesem Erfahrungshorizont schwand die unterschwellig trotz aller Demokratisierungsprozesse vorhandene Auffassung der Athener von den überlegenen Fähigkeiten aristokratischer Politiker.

Folgerichtig bieten die Quellen seit den achtziger Jahren des 4. Jahrhunderts ein tiefgreifend verändertes Bild. Die führenden Politiker dieser Zeit entstammten nahezu ausnahmslos wohlhabenden Familien mit gewerbetreibendem Hintergrund und sie genossen nun Anerkennung nicht trotz, sondern wegen dieser Herkunft und der damit verbundenen Qualifikationen[85]. In diesem Kontext fügt sich auch, dass die Quellen veränderte Formen der öffentlichen Legitimationspraxis überliefern. Für diesen Zweck bildeten die Vorfahren zusätzlich zu eigenen Verdiensten eine wichtige Ressource, was auch in der politischen Kultur der Demokratie so blieb. Was sich jedoch veränderte, war die Art der zu Legitimationszwecken genutzten Genealogie sowie die Qualitäten der Vorfahren[86]. So besaß offenbar noch bis weit ins 5. Jahrhundert die Abstammungsbehauptung von Ahnen aus homerischer Zeit immense Prestigequalitäten, was üblichen aristokratischen Genealogien entspricht. Platon bezeugt jedoch, dass sich diese Praxis zu seiner Zeit gewandelt habe, indem er spottend einen Mann erwähnt, der noch stolz auf solche Ahnen verwies, obwohl das doch bestenfalls noch die Ammen glaubten[87]. Entscheidend waren jetzt historisch verbürgte Vorfahren, die konkrete Leistungen für die athenische Demokratie erbracht hatten, was aristokratische Behauptungsmechanismen in einem weiteren Bereich schwächte[88].

Dennoch blieb trotz starker personeller Umgruppierungsprozesse innerhalb der politisch aktiven Elite im 4. Jahrhundert, in der traditionelle Adelsfamilien so gut wie nicht mehr vertreten waren, der aristokratische Lebensstil nahezu unverändert attraktiv und wurde zur Statusdemonstration eingesetzt. So praktizierten sowohl Generäle wie Zivilpolitiker einen höchst opulenten Lebensstil in bester aristokratischer Tradition. Manche Honoratioren fuhren in Wagen[89], andere schmückten sich mit Flöten- und Harfenspielern bzw. mit Kurtisanen[90]. In analoger Weise wird dieses Phänomen auch bei der Verwendung persischer Schmuckelemente in den Grabplastiken wohlhabender Bürger erkennbar[91]. Interessanterweise wurde diese Repräsentation sozialer Distinktion nun offenbar weitgehend akzeptiert, d. h. soziale Differenzen waren wieder verstärkt Teil der politischen Öffentlichkeit. Und während innerhalb der Gruppe der

---

85 Dies arbeitet mit einer Fülle an Belegen Rosenbloom 2004b heraus.
86 Vgl. Tiersch 2010.
87 Pl. *Ly.* 205cd.
88 Tiersch 2010, 87 f.; Thomas 1989, 108.
89 Zum ausschweifenden Lebensstil des Chares Ath. 12,532b–c; Nep. *Cha.* 3; 4; zu Kallistratos Ath. 2,44a; Eub. fr. 107b; 11; Antiphon fr. 300, vgl. Hochschulz 2007, 15.
90 D. 21,158; 32,45; Theopomp. FGH 115 Fr. 213.
91 Vgl. Hagemajer 2003.

Zivilpolitiker eine hohe personelle und familiäre Fluktuation zu erkennen ist, gelangen den Strategen Ansätze familiärer Dynastiebildungen[92].

Die entscheidenden Ursachen für die erhöhte Kooperationsbereitschaft athenischer Eliten und demzufolge auch die erhöhte Stabilität der athenischen Demokratie sind deshalb in einer Reihe normativer und institutioneller Neujustierungen zu sehen. Einen wesentlichen Neuanfang markierte das bald nach 403 v. Chr. erlassene Amnestiegesetz, welches die juristische Verfolgung von Unrecht, welches während der Kritiasära begangen worden war, auf den engsten Umkreis der Verschwörer beschränkte und für den weiteren Personenkreis der durchaus aktiven Mitläufer die Formel prägte, nichts Schlechtes sollte erinnert werden (*me mnesikakein*)[93]. Diese bekamen sogar die Möglichkeit, nach einer erfolgreich verlaufenen Einzelfallprüfung durch die politischen Institutionen, ihre politische Karriere auch unter der Demokratie fortzusetzen[94], was allerdings nur wenigen gelang. Der maßvolle Umgang der Demokratien mit ihren einstigen Feinden nötigte sogar einem entschiedenen Gegner der Demokratie wie Platon tiefe Hochachtung ab[95]. Weitere Erlasse verbesserten die dringend benötigte individuelle Rechtssicherheit. So z. B. wurde festgelegt, dass künftig nur noch auf Basis schriftlich fixierter Gesetze vor Gericht geurteilt werden solle, und Angeklagte nur noch unter Gesetzen verurteilt werden sollten, die personenunabhängig für alle gälten, auch wenn dies das Einzelfallinitiativrecht der Ekklesia aushebelte[96].

Außerdem mehren sich v. a. ab dem zweiten Viertel des 4. Jahrhunderts die Zeugnisse, welche eine höhere gesellschaftliche Akzeptanz für finanzielle Leistungen wohlhabender Bürger und deren Anerkennung als politikrelevante Leistungen bezeugen. Der Wegfall der Bündnertribute, die im 5. Jh. v. Chr. einen Teil des athenischen Haushalts ausgemacht hatten, nötigte Athen im 4. Jh. v. Chr. neben der Einkommensgenerierung durch Hafenzölle zum verstärkten Rückgriff auf die Steuern einkommensstarker Politen[97]. So stellten die seit 378/7 v. Chr. erstmals bezeugten Steuergesellschaften,

---

92 Dies verdeutlichen die prosopographischen Analysen von Davies 1981.
93 Vgl. hierzu Funke 1980, 17–25; Nippel 1997, v. a. 111–117; Wolpert 2002, 75–99; Quillin 2002; Ober 2002; Loraux 2002; Davies 1981.
94 Arist. *Ath.* 39, 1–5; Lehmann 1972, 221–223; Loening 1987, 59–67. Zeugnisse für die politische Partizipation der ehemaligen *asteioi* finden sich z. B. X. *HG* 2,4,43; Lys. 12,92–94; 26,2; 13,5; 10–12; Arist. *Ath.* 39,5f.; Loening 1987, 101–117.
95 „Als aber danach Ruhe und Frieden mit den anderen eingekehrt war, wurde dieser innere Krieg auf eine solche Weise geführt, dass, wenn einmal den Menschen das Schicksal bestimmen möge, durch eine Stasis entfremdet zu sein, niemand wohl wünschen kann, dass seine Stadt die Krankheit anders besiegen möge. Denn wie bereitwillig und zivilisiert trafen nicht die Bürger aus dem Piräus und die aus der Stadt zusammen, ganz gegen die Erwartung der anderen Griechen und wie maßvoll beendeten sie den Krieg gegen die in Eleusis!"; Pl. *Mx.* 243e.
96 And. 1,85; 87.
97 Dies betraf keineswegs nur deren Beiträge zur Kriegsfinanzierung im Rahmen der Eisphora und Trierarchien oder zivile Leistungen wie etwa die Festliturgien. Die Kosten dafür beliefen sich zwischen 300 Drachmen für einen Chor zu den Panathenäen und ein Talent für eine Trierarchie; Lys. 21,2; D. 21,155; Davies 1981, 9. Immerhin wurden pro Jahr etwa 100 Liturgien für den kultischen und

die Symmorien, zwar in erster Linie Gruppierungen zum Zwecke der besseren administrativen Lastenverteilungen dar[98], sie bildeten jedoch ebenso soziale Zusammenschlüsse wohlhabender Bürger, die ihre Interessen so auch bei politischen Debatten als Lobbygruppen besser abstimmen konnten. Die Anerkennung dieser und weiterer Verbände[99] steht in auffallendem Kontrast zu den in den Quellen des 5. Jahrhunderts geradezu endemisch vorkommenden Verurteilungen von Hetairien als automatische Bedrohung für den Staat. Als weiteres Indiz sind Ehreninschriften für wohltätige Bürger zu erwähnen[100], in denen das Lob deren finanzieller Unterstützung galt, z. B. für Opfer[101]. Dieser Trend verstärkte sich nochmals deutlich ab der Mitte des 4. Jahrhunderts: Jetzt wurde der Wert der Ruhmesliebe (*philotomia*) sogar zum öffentlich auf Inschriften anerkannten und gelobten Wert[102]. Hierfür nutzte man gezielt Wettbewerbsimpulse, die seit homerischer Zeit Antriebsmomente der Oberschichten gebildet hatten, um wohlhabende Bürger als Individuen oder als Angehörige verschiedener Gruppen zum Einsatz für Athen zu motivieren[103]. Leistungen für die Gemeinschaft wurden

ca. 250 Liturgien für den militärischen Bereich benötigt, so Gabrielsen 1994, 178. Auch im innenpolitischen Bereich, etwa innerhalb der Demen, wurden nun manche Aufgaben, die vor 403 zentral finanziert worden waren, auf untere Ebenen und damit auch auf private Finanzträger verlagert, wie der Zufallsfund der Inschrift auf einer reparierten Brücke belegt: IG I² 81; IG II² 1191; vgl. zur wachsenden Autonomie lokaler Organisationen den fundamentalen Artikel von Daverio-Rocchi 1978, v. a. 37–45. Insofern überrascht es keineswegs, dass sich im öffentlichen Diskurs der ersten Hälfte der vergangenen Jahrzehnte mehrfach Stimmen erkennen lassen (Gerichtsreden), die die Bedeutung einer Verbindung von privatem Streben nach *philotimia* und Staatswohl nachhaltig unterstrichen; Isoc. 18,61; Lys. 16,18–20; 19,56; 21,22; 26,3; Isoc. 7,35–40; D. 18,257; 19,223 etc.; vgl. Whitehead 1983, 59.

98 Bisher war die Zugehörigkeit zu einer bestimmten Zensusklasse für die Eisphoraverpflichtungen ausschlaggebend gewesen. Jetzt wurden 1200 Bürger als steuerpflichtig erklärt und auf 20 Steuervereine (Symmorien) verteilt. Die Eisphora betrug meist ein bis zwei Prozent des Vermögens, wobei der steuerpflichtige Bürger den Wert seines Einkommens selbst einschätzte. Die Metöken bezahlten eine sechsprozentige Steuer; vgl. Bleicken 1985, 296. Die Einsetzung der Symmorien fällt zeitlich mit der Begründung des Seebundes zusammen; vgl. Schmitz 1988, 249 f.; Ruschenbusch 1978; Brun 1983, 28–33. 357 wurde dann auch das Verfahren der Trierarchie geändert, indem nun auch hier Symmorien eingeführt wurden; Leppin 1995, 566–569; Hochschulz 2007, 72.

99 Baslez 1996.

100 Gesammelt v. a. bei Meritt 1974, 27–42; Dow 1975. Ab den 360er Jahren wurden dann auch die Verdienste der Geehrten konkreter benannt; vgl. Whitehead 1983, 61; IG II² 170, Z. 6–9 von 362. Vgl. zu den hierin artikulierten normativen Vorstellungen Veligianni-Terzi 1997, v. a. 279–303; Liddel 2007, 160–174.

101 Z. B. IG II² 1138; 1139; 1147; 1173; 1176; 1178; 1182; 1186; 1188; 1194; 1198; 1200; 1204; 1214 etc. Vgl. z. B. Whitehead 1986; SEG XXIV 197 (Athmonon); Halai Aixonides: Ehren für Apollonpriester und vier Helfer; Peek 1942, 9 f.; Ikarion: Ehren für Demarch und zwei Choregen; IG II² 1178; Acharnai: Ehrendekret für Demarchen und vier Choregen; IG II² 1173.

102 Das früheste bekannte Beispiel hierfür ist IG II² 223 A, Z. 11.

103 Baslez 1996 zu den Vereinen. Ehreninschriften bieten z. B. IG II² 1138; 1139; 1147; 1173; 1176; 1178; 1182; 1186; 1188; 1194; 1198; 1200; 1204; 1214 etc. Gesammelt v. a. bei Meritt 1974, 27–42; Dow 1975. Ab den 360er Jahren wurden dann auch die Verdienste der Geehrten konkreter benannt; vgl. Whitehead 1983, 61; IG II² 170, Z. 6–9 von 362. Vgl. zu den hierin artikulierten normativen Vorstellungen Veligianni-Terzi 1997, v. a. 279–303; Liddel 2007, 160–174. Zum ausschweifenden Lebensstil

in Gerichtsverfahren positiv für die Urteilsfindung berücksichtigt[104]. Die Debatte um Steuergerechtigkeit und städtische Finanzbedürfnisse wird als permanenter gesellschaftlicher Aushandlungsprozess erkennbar[105].

Dennoch bedeutete dies nicht einfach eine Rückkehr zu den Bedingungen der vordemokratischen Ära im Sinne einer Honoratiorenpolis; die institutionellen Bedingungen hatten sich tiefgreifend verändert. Denn die Honoratioren vermochten nun ihren sozialen Vorrang zwar im Rat der 500 (Boule) sowie in den lokalen Gliederungseinheiten der Demen zu entfalten. Die letztlich entscheidende Politik, insbesondere die Außenpolitik wurde jedoch in der Ekklesia bzw. in den Gerichtshöfen, den Dikasterien, unter Beteiligung aller Bürger gemacht. Hier entschied die numerische Mehrheit, nicht das soziale Gewicht der Beteiligten. Dabei verfügte jeder Rhetor zwar über eine Gruppe von politischen Freunden. Dieser personelle Kern war jedoch keineswegs groß genug, um im Gegensatz zu früher eine langfristige politische Dominanz zu sichern. Vielmehr waren die größeren Anhängerschaften höchst fluide, d. h. für jede politische Initiative war ihre Akzeptanz neu zu erringen[106]. Damit bestand aber für jeden Rhetor die Notwendigkeit zur permanenten Behauptung seiner Autorität, gerade weil sie nicht institutionell, durch Parteien oder Fraktionen, abgesichert war. Selbstverständlich berücksichtigten die Bürger Athens in ihren Entscheidungen auch das Charisma und die Vertrauenswürdigkeit bzw. die früheren Leistungen eines Politikers. Dennoch bestand ein wesentlicher Bestandteil erfolgreicher Reden in überzeugenden Argumenten und einer guten Rhetorik, die sich in allseits akzeptierte programmatische Grundmuster einfügen musste. Es ist sogar zu vermuten, dass sich seit den Zeiten des Perikles die Chancen auf politische Behauptung für einen Rhetor eher erschwert hatten, da die Bürger Athens innerhalb der vergangenen Jahrzehnte Erfahrungen mit den unterschiedlichsten politischen Verheißungen gesammelt hatten und in ihrem

des Chares Ath. 12,532b–c; Nep. *Cha.* 3; 4; zu Kallistratos Ath. 2,44a; Eub. fr. 107b; 11; Antiphon fr. 300, Bd. 2,129 Kock; vgl. Hochschulz 2007, 15; Hagemajer 2003.

104 Classen 1991 hat die Gerichtsreden deshalb zu Recht als dreiseitigen Kommunikationsprozess beschrieben, in dem die Geschworenen intensiv in die politische Willensbildung einbezogen wurden; vgl. auch Hansen 1990.

105 Zum Aushandlungscharakter solcher Verpflichtungen und den begrenzten Optionen rechtlicher Erzwingung vgl. jetzt auch Liddel 2007, v. a. 130–160; Christ 1990.

106 Deshalb sind die im 19. Jahrhundert unternommenen Versuche, die Politik Athens nach dem Muster moderner Parteien zu analysieren, inzwischen als erledigt zu betrachten. Dies schließt inhaltliche Differenzen zwischen einzelnen Gruppierungen keineswegs aus, doch diese waren fluide. Insgesamt war die jeweilige Faktion wesentlich von der Existenz und der Persönlichkeit ihres politischen Anführers geprägt; fiel dieser weg, zerfiel sie; Finley 1962, 15; Engels 1993, 49–56; Ober 1989, 121–127. Die umfassendste Analyse bietet Strauss 1986, 15–31. In diese Sinne auch Hansen 1995, 88: „Sowohl das Schweigen der Quellen wie auch das Studium analoger Phänomene führt also zu dem Schluss, dass es zwar Führergruppen, aber keine Anhängergruppen gab, und dass sich die Führergruppen ihre Mehrheiten von Fall zu Fall schafften, ohne sich auf eine feste Schar von Anhängern zu stützen."

Urteilsvermögen gereift waren. All das erschwerte eine Manipulierbarkeit der Bürger, zumal mehrere Politiker um die Aufmerksamkeit der Bürger konkurrierten[107].

Zudem musste jeder Politiker anders als früher damit rechnen, gerichtlich zu Verantwortung gezogen zu werden. Primär richteten sich die Prozesse gegen die Strategen als Amtsträger, doch auch Rhetoren waren in Gestalt ihrer Gesetzesinitiativen, z. B. durch Normenkontrollklagen, angreifbar[108]. Vor Gericht hatte der Beschuldigte dann die Rechtmäßigkeit seiner Politik inhaltlich zu verteidigen. Kunstvolle Auslosungsverfahren für die Geschworenen machten Bestechungsversuche nahezu unmöglich. Darüber hinaus besaßen diese Prozesse jedoch auch immer eine normative Komponente, denn es standen neben der Amtsführung eines Politikers sowie deren Bedeutung für die Demokratie immer auch seine persönlichen Verhaltensweisen zur Debatte und harrten der Bewertung durch die Bürgerschaft. Hier sind Gründe dafür zu sehen, dass sich auch wohlhabende und einflussreiche Gruppen Athens bestimmten Regeln bürgerlichen Zusammenlebens unterwerfen mussten. Offenbar vermochten hier langfristig trotz aller elitären Repräsentationspraktiken die Normen demokratischer Verbundenheit wirklich die Formen bürgerlichen Zusammenlebens zu beeinflussen, und die Macht der Gerichte besaß hieran ihren Anteil[109]. Insofern waren hier elitären Behauptungsmöglichkeiten stärkere Grenzen gesetzt als in vordemokratischen Zeiten. Es ergibt sich jedoch der Befund, dass im 4. Jahrhundert ein größerer gesellschaftlicher Raum und wohl auch eine höhere Akzeptanz für verschiedene Formen von Elitenrepräsentation und die damit verbundenen Geltungsansprüche existierten, sofern entsprechende Leistungen erbracht worden waren[110].

4. Zusammenfassung

Die Dynamiken der athenischen Demokratie bedeuteten enorme Umbrüche für die Rolle der politischen Elite in Athen, und die heftigen Konflikte erwiesen sich als Ausdruck des tiefgreifend veränderten Verhältnisses zwischen sozialem und politischem

---

107 Diese Mechanismen des Wissensaustauschs und Kenntniserwerbs verdeutlicht jetzt auch Ober 2010, 80–117, v. a. 92 ff.
108 Die gebräuchlichsten waren die allgemeinen Eisangelieverfahren, die wegen Fehlverhalten im Amt erhoben werden konnte, z. B. aber auch dann, wenn ein Redner dem Volk nicht das Beste geraten habe; vgl. hierzu die Zusammenstellung von anklagbaren Straftatbeständen bei Hyp. 3,7 f. Gegen eingebrachte Dekrete konnte durch die Normenkontrollklage der γραφὴ παρανόμων vorgegangen werden, gegen unzulässige Gesetze durch eine γραφὴ μὴ ἐπιτήδειον θεῖναι. Außerdem gab es die Prüfung von Kandidaten vor Amtsantritt (*dokimasia*) bzw. die Rechenschaftspflicht nach Amtsende (*euthynai*). Vgl. hierzu Hansen 1990 bzw. Hansen 1995, 213–232.
109 Bereits Ps.-X. *Ath.* 1,10 hatte sich darüber beklagt, dass man in Athen beim Austeilen von Ohrfeigen vorsichtig sein müsse. Ein besonders heftiges Beispiel für Attacken gegen die Arroganz von Reichen ist die Demosthenesrede 21 gegen Meidias; vgl. hierzu Leppin 2002, 53; Ober 1989, 217–219.
110 In diesem Sinne auch Seager 1973, 20–26.

Feld. Die neuen politischen Bedingungen der athenischen Demokratie ermöglichten nicht nur neuen Schichten den sozialen und auch politischen Aufstieg, sondern sie erhöhten auch den Behauptungs- und Kontrolldruck für aktive Politiker. Erst die Neujustierung der Balance von sozialem und politischem Feld nach der Wiederbegründung der athenischen Demokratie 403 v. Chr. erhöhte die Kooperationsbereitschaft athenischer Eliten und damit auch die innenpolitische Stabilität der Demokratie.

Verwendete Literatur

Baslez, M.-F., „Place et Rôle des associations dans la cité d'Athènes au IV siècle," in: P. Carlier (Ed.), *Le IVe siècle av. J.-C. Approches historiographiques*, Nantes 1996, 281–292.

Bauman, R. A., *Political Trials in Ancient Greece*, London – New York 1990.

Beazley, J. D., *Athenian Red-Figure Vase Painters*, 3 Bde., Oxford ²1963.

Berger, E. (Ed.), *Parthenon-Kongreß Basel. Referate und Berichte 4. bis 8. April 1982*, 2 Bde., Basel 1982.

Bleckmann, B., *Athens Weg in die Niederlage. Die letzten Jahre des Peloponnesischen Krieges*, Stuttgart 1998.

Bleicken, J., *Die Athenische Demokratie*, Paderborn – München – Wien 1985.

Boegehold, A. L., *Perikles' Citizenship Law of 451/0 B. C.*, in: Ders., A. C. Scafuro (Eds.), *Athenian Identity*, Baltimore – London 1994, 57–66.

Bourdieu, P., *Die feinen Unterschiede. Kritik der gesellschaftlichen Urteilskraft*, Frankfurt/M. 1982.

Brun, P., *Eisphora, syntaxis, stratiotika. Recherches sur les finances militaires d'Athènes au IVe siècle av. J.-C.*, Besançon 1983.

Buchanan, J. J., *Theorika. A Study of Monetary Distributions to the Athenian Citizenry during the Fifth and Fourth Centuries*, New York 1962.

Bultrighini, U., *Maledetta democrazia. Studi su Crizia (Collana del Dipartimento di Scienze dell' Antichità 2)*, Alessandria 1999.

Carradice, I., Price, M. J., *Coinage in the Greek World*, London 1988.

Carter, L. B., *The Quiet Athenian*, Oxford 1986.

Chambers, M., „Erläuterungen," in: H. Flashar (Ed.), *Aristoteles. Staat der Athener. Übers. u. erl. v. Mortimer Chambers (Aristoteles. Werke Bd. 10/1)*, Berlin 1990, 73–435.

Christ, M. R., „Liturgy Avoidance and Antidosis in Classical Athens," *TAPhA* 120, 1990, 147–169.

Classen, C. J., „The Speeches in the Courts of Law. A Three-cornered Dialogue," *Rhetorica* 9, 1991, 195–207.

Connor, W. R., *The New Politicians of Fifth-Century Athens*, Princeton 1971.

Connor, W. R., „The Problem of Athenian Civic Identity," in: A. L. Boegehold, A. C. Scafuro (Eds.), *Athenian Identity*, Baltimore – London 1994, 34–44.

Csapo, E., „The Politics of New Music," in: P. Murray, P. Wilson (Eds.), *Music and the Muses. The Culture of „mousikē" in the Classical Athenian City*, New York 2004, 207–248.

Daverio-Rocchi, G., „Transformations de rôle dans les institutions d'Athènes au IVe siècle par rapport aux changement dans la société," *Dialogues d'Histoire Ancienne* 4, 1978, 33–50.

Davies, J. K., *Athenian Propertied Families (600–300 B. C.)*, Oxford 1971.

Davies, J. K., „Athenian Citizenship. The Descent Group and Its Alternatives," *The Classical Journal* 73, 1977/78, 105–121.

Davies, J. K., *Wealth and the Power of Wealth in Classical Athens*, New York 1981.
Derenne, E., *Les procès d impiété intentés aux philosophes à Athènes au Ve et au IVe siècles avant J.-C.*, Lüttich 1930.
Donlan, W., „The Tradition of Anti-Aristocratic Thought in Early Greek Poetry," *Historia* 22, 1973, 145–154.
Dover, K. J., „The Freedom of the Intellectual in Greek Society," *Talanta* 7, 1975, 24–54.
Dow, S., *Prytaneis. A Study of the Inscriptions Honoring the Athenian Councillors*, Amsterdam 1975 (Neudruck).
Doyle, W., *Aristocracy and Its Enemies in the Age of Revolution*, Oxford 2009.
Duplouy, A., *Le prestige des élites. Recheres sur les modes de reconnaisance en Grèce entre les Xe et Ve siècles avant J.-C.*, Paris 2006.
Eder, W., „Aristocrats and the Coming of Athenian Democracy," in: I. Morris, K. Raaflaub, D. Castriota (Eds.), *Democracy 2500? Questions and Challenges*, Dubuque, Iowa 1997, 105–140.
Ehrenberg, V., *Aristophanes und das Volk von Athen. Eine Soziologie der altattischen Komödie*, Zürich – Stuttgart 1968.
Engels, J., *Studien zur politischen Biographie des Hypereides. Athen in der Epoche der lykur gischen Reformen und des makedonischen Universalreiches*, München 1993.
Finley, M. I., „Athenian Demagogues," *Past and Present* 21, 1962, 3–24.
Frost, F. J., „Pericles and Dracontides," *JHS* 84, 1964, 69–72.
Frost, F. J., „Pericles, Thucydides, Son of Melesias, and Athenian Politics before the War," in: G. Wirth (Ed.), *Perikles und seine Zeit*, Darmstadt 1979, 271–289.
Funke, P., *Homónoia und Arché. Athen und die griechische Staatenwelt vom Ende des Pelo ponnesischen Krieges bis zum Königsfrieden (404/3–387/6)*, Wiesbaden 1980, 17–25.
Furley, W. D., *Andokides and the Herms. A Study of Crisis in Fifth-Century Athenian Religion*, London 1996.
Gabrielsen, V., *Financing the Athenian Fleet. Public Taxation and Social Relations*, Baltimore – London 1994.
Gagarin, M., *Antiphon the Athenian. Oratory, Law, and Justice in the Age of the Sophists*, Austin 2002.
Gehrke, H.-J., „Zwischen Freundschaft und Programm. Politische Parteiung im Athen des 5. Jahrhunderts v. Chr.," *HZ* 239, 1984, 529–564.
Gomme, A. W., Andrewes, A., Dover, K. J., *A Historical Commentary on Thucydides 4. Books V.25-VII*, Oxford 1970.
Hagemajer A., „Becoming the ‚Other' Attitudes and Practices at Attic Cemeteries," in: C. Dougherty, L. Kurke (Eds.), *The Cultures within Greek Culture. Contact, Conflict and Collaboration*, Cambridge 2003, 207–236.
Hamel, D., *Athenian Generals. Military Authority in the Classical Period*, Leiden – Boston –Köln 1998.
Hansen, M. H., „The Political Powers of the People's Court in Fourth-Century Athens," in: O. Murray, S. Price (Eds.), *The Greek City from Homer to Alexander*, Oxford 1990, 215–243.
Hansen, M. H., *Die athenische Demokratie im Zeitalter des Demosthenes*, Berlin 1995.
Heftner, H., *Der oligarchische Umsturz des Jahres 411 v. Chr. und die Herrschaft der 400 in Athen. Quellenkritische und Historische Untersuchungen*, Frankfurt/M. u. a. 2001.
Hochschulz, B., *Kallistratos von Aphidnai. Untersuchungen zu seiner politischen Biographie*, München 2007.
Kagan, D., *Die Geburt der Demokratie*, Stuttgart 1992.
Kienast, D., „Der innenpolitische Kampf in Athen von der Rückkehr des Thukydides bis zu Perikles' Tod," *Gymnasium* 60, 1953, 210–229.

Kinzl, K. H., „Miltiades' Parosexpedition in der Geschichtsschreibung," *Hermes* 104, 1976, 280–307.
Kirchner, J., *Prosopographia Attica*, Berlin 1966.
Klein, R., „Die innenpolitische Gegnerschaft gegen Perikles," in: G. Wirth (Ed.,) *Perikles und seine Zeit*, Darmstadt 1979, 494–533.
Lehmann, G. A., „Die revolutionäre Machtergreifung der ‚Dreißig' und die staatliche Teilung Attikas," in: R. Stier, G. A. Lehmann (Eds.), *Antike und Universalgeschichte. Festschrift für Hans Erich Stier*, Münster 1972, 201–233.
Lehmann, G. A., *Oligarchische Herrschaft im klassischen Athen. Zu den Krisen und Katastrophen der attischen Demokratie im 5. und 4. Jahrhundert v. Chr.*, Opladen 1997.
Lehmann, G. A., *Perikles. Staatsmann und Stratege im klassischen Athen*, München 2008.
Leppin, H., „Zur Entwicklung der Verwaltung öffentlicher Gelder im Athen des 4. Jahrhunderts v. Chr.," in: W. Eder (Ed.), *Die athenische Demokratie im 4. Jahrhundert v. Chr. Vollendung oder Verfall einer Verfassungsform?*, Stuttgart 1995, 557–571
Leppin, H., „Theophrasts „Charaktere" und die Bürgermentalität in Athen im Übergang zum Hellenismus," *Klio* 84, 2002, 37–56.
Liddel, P. P., *Civic Obligation and Individual Liberty in Ancient Athens*, Oxford 2007.
Littman, R. J., *Kinship and Politics in Athens 600–400 B. C.*, New York 1990.
Loening, T. C., *The Reconciliation Agreement of 403/02 BC in Athens. Its Content and Application*, Stuttgart 1987.
Loraux, N., *The Divided City. On Memory and Forgetting in Ancient Athens*, New York 2002.
Mann, C., *Die Demagogen und das Volk. Zur politischen Kommunikation im Athen des 5. Jh. v. Chr.*, Berlin 2007.
Mann, C., „Politische Gleichheit und gesellschaftliche Stratifikation: Die athenische Demokratie aus der Perspektive der Systemtheorie," *HZ* 286, 2008, 1–35.
Mansfeld, J., „The Chronology of Anaxagoras' Athenian Period and the Date of his Trial," *Mnemosyne* 32, 1979, 39–69.
Mansfeld, J., „The Plot against Pericles and his Associates," *Mnemosyne* 33, 1980, 17–95.
Manville, P. B., „Toward a New Paradigm of Athenian Citizenship," in: A. L. Boegehold, A. C. Scafuro (Eds.), *Athenian Identity*, Baltimore – London 1994, 20–33.
Martin, J., „Von Kleisthenes zu Ephialtes. Zur Entstehung der athenischen Demokratie," *Chiron* 4, 1974, 5–42.
Martin, R. P., „The Pipes are Brawling: Conceptualizing Musical Performance in Athens," in: C. Dougherty, L. Kurke (Eds.), *The Cultures within Ancient Greek Culture. Contact, Conflict, Collaboration, Cambridge* 2003, 153–180.
Matzerath, J., Tiersch, C. (Eds.), *Aristoi – Nobiles – Adlige. Europäische Adelsformationen und ihre Reaktionen auf gesellschaftliche Umbrüche*, Münster 2020.
Meier, C., *Entstehung des Begriffs „Demokratie". Vier Prolegomena zu einer historischen Theorie*, Frankfurt/M. 1970.
Meiggs, R., Lewis, D. (Eds.), *A Selection of Greek Historical Inscriptions to the End of the Fifth Century*, Oxford 1989.
Meritt, B. D., Traill, J. S., *Inscriptions of the Athenian Councillors*, Princeton 1974.
Morris, I., „Everyman's Grave," in: A. L. Boegehold, A. C. Scafuro (Eds.), *Athenian Identity*, Baltimore – London 1994, 67–101.
Nippel, W., *Mischverfassungstheorie und Verfassungsrealität in Antike und früher Neuzeit*, Stuttgart 1980.
Nippel, W., „Bürgerkrieg und Amnestie. Athen 411–403," in: G. Smith, A. Margalit (Eds.), *Amnestie oder die Politik der Erinnerung*, Frankfurt/M. 1997, 103–118.

Ober, J., *Mass and Elite in Democratic Athens. Rhetoric, Ideology, and the Power of the People*, Princeton 1989.
Ober, J., „Social Science History, Cultural History, and the Amnesty of 403," *TAPhA* 132, 2002, 127–137.
Ober, J., *Democracy and Knowledge. Innovation and Learning in Classical Athens*, Princeton 2010.
Osborne, R., „The Erection and Mutilation of the Hermai," *The Cambridge Classical Journal* 31, 1985, 47–73.
Ostwald, M., *From Popular Sovereignty to the Sovereignty of Law. Law, Society, and Politics in Fifth-Century Athens*, Berkeley – Los Angeles – London 1986.
Patterson, C., *Perikles' Citizenship Law of 451–50 B. C.*, Salem, N. H. 1988 (Neudruck).
Peek, W., „Attische Inschriften," *Mitteilungen des deutschen archäologischen Instituts (Athenische Abteilung)* 67, 1942, 1–217.
Pésely, G. E., „Hagnon," *Athenaeum* 67, 1989, 191–209.
Podlecki, A. J., *Pericles and his Circle*, London 1998.
Prandi, L., „I processi contro Fidia, Aspasia, Anassagora e l'opposizione a Pericle," *Aevum* 51, 1977, 10–26.
Pritchett, W. K., *The Greek State at War, Part II*, Berkeley – Los Angeles 1974.
Quillin, J. M., „Achieving Amnesty. The Role of Events, Institutions, and Ideas," *TAPHA* 132, 2002, 71–107.
Raaflaub, K., *Die Entdeckung der Freiheit. Zur historischen Semantik und Gesellschaftsgeschichte eines politischen Grundbegriffes der Griechen*, München 1985.
Raaflaub, K., „The Transformation of Athens in the Fifth Century," in: D. Boedeker, K. Raaflaub (Eds.), *Democracy, Empire, and the Arts in Fifth-Century Athens*, Harvard 1998, 15–41.
Raaflaub, K., „Den Olympier herausfordern? Prozesse im Umkreis des Perikles," in: L. Burckhardt, J. von Ungern-Sternberg (Eds.), *Große Prozesse im antiken Athen*, München 2000, 96–113.
Raubitschek, A. E., *Dedications from the Athenian Acropolis*, Cambridge/MA 1949.
Rhodes, P. J., *The Athenian Boule*, Oxford 1972.
Rhodes, P. J., *A Commentary on the Aristotelian Athenaion Politeia*, Oxford 1981.
Roberts, J. T., *Accountability in Athenian Government*, Madison 1982.
Rosenbloom, D., „From Ponêros to Pharmakos. Theater, Social Drama, and Revolution in Athens, 428–404 BCE," *Classical Antiquity* 21, 2002, 283–346.
Rosenbloom, D., „Ponêroi vs. Chrêstoi. The Ostracism of Hyperbolos and the Struggle for Hegemony in Athens after the Death of Pericles p. I," *TAPhA* 134, 2004a, 55–105.
Rosenbloom, D., „Ponêroi vs. Chrêstoi. The Ostracism of Hyperbolos and the Struggle for Hegemony in Athens after the Death of Pericles p. II," *TAPhA* 134, 2004b, 323–358.
Rosenstein, N. J., *Imperatores victi. Military Defeat and Aristocratic Competition in the Middle Roman Republic*, Berkeley 1990.
Rubel, A., *Stadt in Angst. Religion und Politik in Athen während des Peloponnesischen Krieges*, Darmstadt 2000.
Ruschenbusch, E., „Die athenischen Symmorien des 4. Jahrhunderts v. Chr.," *ZPE* 31, 1978, 275–284.
Schmitz, W., *Wirtschaftliche Prosperität, soziale Integration und die Seebundpolitik Athens. Die Wirkung der Erfahrungen aus dem Ersten Attischen Seebund auf die athenische Außenpolitik in der ersten Hälfte des 4. Jahrhunderts v. Chr.*, München 1988.
Scholtz, A., „Friends, Lovers, Flatterers. Demophilic Courtship in Aristophanes' Knights," *TAPhA* 134, 2004, 263–293.
Schubert, C., *Perikles*, Darmstadt 1994.

Schwarze, J., *Die Beurteilung des Perikles durch die attische Komödie und ihre historische und historiographische Bedeutung*, München 1971.
Seager, R., „Elitism and Democracy in Classical Athens," in: F. C. Jaher (Ed.), *The Rich, the Well Born and the Powerful. Elites and Upper Classes in History*, Urbana – Chicago – London 1973, 7--26.
Sealey, R., „The Origins of Demokratia," *California Studies in Classical Antiquity* 6, 1973, 253–295.
Spence, I. G., „Athenian Cavalry Numbers in the Peloponnesian War. IG I³ 375 Revisited," *ZPE* 67, 1987, 167–175.
Stadter, P. A., *A Commentary on Plutarch's Pericles*, Chapel Hill 1989.
Stein-Hölkeskamp, E., *Adelskultur und Polisgesellschaft. Studien zum griechischen Adel in archaischer und klassischer Zeit*, Stuttgart 1989.
Strauss, B., *Athens after the Peloponnesian War. Class, Faction and Policy 403–386 B. C.*, Ithaca 1986.
Thomas, R., *Oral Tradition and Written Record in Classical Athens*, Cambridge 1989.
Tiersch, C., „Politische Vorteile durch adlige Vorfahren? Aristokraten in der athenischen Demokratie (5./4. Jh. v. Chr.)," in: V. V. Dement'eva, T. Schmitt (Eds.), *Volk und Demokratie im Altertum*, Göttingen 2010, 77–92.
Tiersch, C. (Ed.), *Die athenische Demokratie im 4. Jh. v. Chr. zwischen Modernisierung und Tradition*, Stuttgart 2016.
Tilly, C., *Die europäischen Revolutionen*, München 1993.
Veligianni-Terzi, C., *Wertbegriffe in den attischen Ehrendekreten der Klassischen Zeit*, Stuttgart 1997.
Walters, K. R., „Pericles' Citizenship Law," *Classical Antiquity* 2, 1983, 314–336.
Whitehead, D., „Competitive Outlay and Community Profit. Philotimia in Democratic Athens," *Classica et Mediaevalia* 34, 1983, 55–74.
Whitehead, D., *The Demes of Attica, 508/7–ca. 250 B. C. A Political and Social Study*, Princeton 1986.
Will, W., *Perikles*, Reinbek bei Hamburg 1995.
Wilson, P., *The Athenian Institution of the Khoregia. The Chorus, the City and the Stage*, Cambridge 2003.
Wolpert, A., *Remembering Defeat. Civil War and Civic Memory in Ancient Athens*, Baltimore – London 2002.
Worley, L. J., *Hippeis. The Cavalry of Ancient Greece*, Boulder 1994.
Wycherley, R. E., „Rebuildung in Athens and Attica," in: D. M. Lewis u. a. (Eds.), *Cambridge Ancient History Bd. 5*, Cambridge 1992, 206–222

CLAUDIA TIERSCH
Univ.-Prof. Dr., Institut für Geschichtswissenschaften, Humboldt-Universität Berlin

Die Geo-Ökonomie des ersten attischen Seebundes
Neue Forschungen und Überlegungen

ARMIN EICH

Zur Geschichte des Delisch-Attischen Seebundes ist in den vergangenen Jahrzehnten viel publiziert worden. Diese Forschung hat sich als ertragreich erwiesen, doch lässt sie sich nicht ohne weiteres auf einen gemeinsamen Nenner bringen, auch ist auf einigen Gebieten, etwa in den Fragen der Neudatierung der großen Seebundurkunden, noch kein allgemeiner Konsens erreicht, so dass ein bloßer Überblick über die Publikationen der letzten Jahre verfrüht und bald überholt wäre. An dieser Stelle soll daher im Wissen um die Begrenztheit des Ansatzes nur versucht werden, die aktuelle Forschung in eine Skizze der ökonomischen und imperialen Struktur des Seebundes einzutragen, wobei die Skizze zugrunde gelegt ist, die ich 2006 in der Monographie zur politischen Ökonomie des klassischen/frühhellenistischen Griechenland entworfen habe.[1] Dabei ist natürlich auch zu fragen, inwiefern dieses Bild zu modifizieren und zu erweitern ist.

1. Das von Athen kontrollierte geo-ökonomische System

Der ursprünglichen Skizze (vgl. Anm. 1) lag eine bestimmte Anschauung des geo-ökonomischen Raumes zugrunde, in dessen Kerngebiet sich das attische Imperium zu Beginn des fünften Jahrhunderts etablierte. Im innersten Zentrum dieses geo-ökonomischen Raumes lagen Attika und weiter außen die Ägäisregion mit ihrem Küstensaum. Hier setzte sich im Lauf des sechsten und frühen fünften Jahrhunderts eine weitgehend monetarisierte Wirtschaftsweise mit charakteristischen kleinräumigen Verdichtungszonen des Austauschs durch, innerhalb derer in intensiver Manier vor allem lokal und periodisch auftretende Unter- bzw. Überversorgungen ausgeglichen wurden. Solche Verdichtungsräume waren (um nur die Größenordnung anzuzeigen)

---

1   Eich 2006, 105–173.

beispielsweise Kernionien oder die Kykladen, anhand derer G. Reger[2] exemplarisch die ökonomische Funktionsweise einer lokalen Austauschzone vorgeführt hat: Die ungleich verteilten Niederschlagsmengen ließen innerhalb der Region beständig relative Über- und Unterversorgungen entstehen, die meist über Marktmechanismen (mitunter auch über begrenzte Interventionen in die Preisbildung) kurzfristig ausgeglichen werden konnten. Charakteristisch für die urbanisierte, durch lokale Handelsverdichtung geprägte Binnenzone war überdies, dass die einzelnen politischen Gebilde (meist Poleis) sich nicht oder allenfalls geringfügig auf Kosten ihrer Nachbarn ausdehnen konnten, da die einzelnen Kleinstaaten in kompakter Beengung aneinander grenzten und durchweg über hoch entwickelte Defensivkapazitäten und/oder effektive Bündnisfähigkeiten verfügten. Wichtigste Indikatoren für die Existenz der Kleinräume lokal verdichteten Handels sind numismatische Hortfunde[3] oder die Befundsituation der Gebrauchskeramik[4]. Ein gewisser Teil der lokalen Überschussproduktion[5] ging jedoch auch in den überregionalen Handel ein, der zum Teil mit nicht-griechischen Partnern wie Kelten, Illyrern oder Thrakern jenseits der Peripherie des Kernraums abgewickelt wurde.

Charakteristischerweise bildeten sich, vor allem im sechsten Jahrhundert v. Chr., an der Peripherie des Kernraumes mittelgroße, mitunter diskontinuierliche Territorialkomplexe, die als „kleine Imperien" angesprochen werden können[6] und ökonomisch entweder unmittelbar mit den Staaten des Kernraums in Beziehung standen oder als vermittelnde Instanzen zwischen der stadtstaatlich geprägten Welt des Zentrums und der nicht-griechischen Welt jenseits der Peripherie agierten. Aus den Bereichen (jenseits) der Peripherie wurden häufig Massengüter wie Getreide, Bauholz oder Menschen, aber auch Felle und Metalle in den Kernraum eingeführt; ausgeführt wurden

---

2   Reger 1994. S. auch Chankowski-Sablé 1997. Die Untersuchungen beziehen sich aus überlieferungsgeschichtlichen Gründen auf die hellenistische Epoche; prinzipiell gelten die Aussagen über Mikroklimata, Preisbildungsmechanismen u. a. aber bereits für die späte Archaik.
3   Grundlegend Kraay 1964; vgl. Eich 2006, 121–127; Pébarthe 2011, 107.
4   Eich 2006, 127–131.
5   Das gilt mit Bezug auf den innergriechischen Handel natürlich besonders für ästhetisch oder materiell anspruchsvollere Keramik oder die in dieser transportierten Produkte; vgl. jüngst Salmon 2019, bes. 239–242.
6   Eich 2006, 139; vgl. Braund 2007, 37: „Olbia's mini-empire in the North-West Black Sea region". Skydsgaard 1996, 128, bezeichnet das von den Spartokiden an der Straße von Kertsch kontrollierte Gebiet als „large empire". Faktisch handelt es sich um ein Herrschaftsgebilde, das ungefähr der Größenordnung von Olbias ‚Mini-Imperium' entspricht. Das Adjektiv *large* bezieht sich auf den Ausgangspunkt der spartokidischen Herrschaftsbildung, Pantikapaion, in Relation zu dem die gewonnenen Territorien als sehr ausgedehnt bezeichnet werden können. Skydsgaard geht prinzipiell von einer generellen Relativität der Zentrum-Peripherie-Korrelation aus, so dass jeder beliebige Punkt zum Zentrum (s)einer Peripherie definiert werden kann. Streng geometrisch ist das wohl zutreffend. Wirtschaftsgeschichtlich lagen die hier angesprochenen ‚kleinen Imperien' dennoch in einer definitorisch nicht umkehrbaren Peripherie-Situation zu den hellenischen Zentren, vor allem dem Geld- und Warenmagnet Athen.

z. B. Luxusgüter oder was den als barbarisch angesehenen Partnern als solche verkauft werden konnte (Tischkeramik, Schmuck, Waffen und andere Metallgeräte etc.); aber auch Massengüter wie z. B. preiswerter Wein.

Diese zu „kleinen Imperien" zusammengefassten Peripheriegebiete haben in der jüngeren Forschung[7] eine erhöhte Aufmerksamkeit gefunden, so dass ein relativ weites Spektrum an unterschiedlichen Ausprägungen bei zugleich charakteristischen Gemeinsamkeiten sichtbar geworden ist. Einige Andeutungen müssen hier genügen: Eine in der skizzierten Hinsicht typische Peripherieregion ist beispielsweise das von D. Braund so getaufte *Greater Olbia*, mit seinem von der Polis Olbia und dem (wahrscheinlichen) Emporion auf Berezan[8] gebildeten politischen und zivilen Zentrum einerseits und andererseits dem von zahlreichen agrarischen Siedlungen erschlossenen Einflussgebiet entlang des Dnjepr und dessen Delta, der nordwestlichen Krim und im Westen etwa im Bereich der Insel Leuke.[9] Das Zentrum war nach Herodot ein Zielort für Kaufleute aus Emporia der Schwarzmeerküste (4, 17/24). Auf der anderen Seite unterhielt die olbische Elite Beziehungen zu einflussreichen Personen der skythischen oder „griechisch-skythischen" Nomaden und Ackerbauern[10] der Region. Die Skythen boten wohl vor allem Pastoralprodukte wie Fleisch, Felle, Lebendvieh und Milchprodukte.[11] Wahrscheinlich existierten mit den skythischen Kontaktpersonen (*epitropoi*)[12] Vereinbarungen des Typs, wie sie Thukydides zwischen Griechen und Odrysen beschreibt: Die griechischen *emporitai* zeigten sich demnach für die ihnen gewährten Handels- und Siedlungsprivilegien durch Geschenke erkenntlich („Gold und Silber, buntgewirkte und glatte Stoffe und anderer Hausrat"), überließen also ihren Handelspartnern einen Teil der Waren umsonst.[13] Die Olbiopoliten profitierten durch Zugang zum „skythischen Markt", stellten mit ihrem Emporion eine Anlaufstelle für Händler der Poliswelt, vor allem des Schwarzmeerraums, zur Verfügung[14] und füllten so die Funktion einer Scharnierstelle aus. Eine ähnliche Scharnierfunktion konnte bspw. auch eine Agglomeration von mehreren souveränen Poleis, wie etwa den milesischen und anderen Apoikien am Kimmerischen Bosporus mit ihren Subkolonien und ländlichen Siedlungen wahrnehmen. Diese vermittelten griechischen Kaufleu-

---

7   Zur älteren Forschung Eich 2006, 136–149 mit weiteren Beispielen.
8   Diskutiert bei Braund 2007, 45 (vgl. Hdt. 4, 17 u. 24).
9   Braund 2007, 37. Eine vergleichbare Stellung nahm Herakleia am Südrand des Schwarzen Meeres ein, das allerdings anders als die Olbiopoliten die nicht-griechischen Bewohner seines Territoriums (die Mariandyner) helotisierte.
10 Die russische bzw. ukrainische archäologische Literatur gibt die Zahl der kleinen Siedlungen innerhalb des olbischen Imperiums mit ca. 200 an (vgl. Vinogradov 2012, 59, 74).
11 Vgl. Leypunskaya 2007. In dem Beitrag wird etwas einseitig der Handel mit den nomadischen Skythen ins Zentrum gestellt.
12 Braund 2007, 60.
13 Th. 2, 97, 3 (übers. G. P. Landmann). Zur Deutung und Kontextualisierung der Stelle Salviat 1999, 273.
14 Vgl. Braund 2007, 45, 59 f.

ten den ökonomischen Zugang zu Maiotern und Sindern und wohl auch nomadisch lebenden Skythen. Vor allem aber wurde von der griechischen und einheimischen Bevölkerung, die in den Dörfern und kleinen Siedlungen des Areals, das die Apoikien direkt kontrollierten, lebten, Weizen und Gerste produziert und in die städtischen Zentren gebracht, wo die überseeischen Händler Olivenöl, Wein und handwerkliche Produkte anlandeten, die in der lokalen häuslichen Produktion nicht hergestellt wurden.[15] Eine vergleichbare Apoikienagglomeration in Peripherielage stellten die Poleis der Kyrenaika dar (Euhesperides, Taucheira, Barka, Kyrene, Apollonia [das Emporion von Kyrene]), deren libysche Nachbarn und wahrscheinliche Handelspartner Herodot aufzählt,[16] deren Bürger und Zuwanderer aber auch den „sahel" (den Streifen zwischen Küste und rückwärtigem Hochland) und Teile des Hochlandes selber bebauten und die reichen Überschüsse über die wenigen guten Häfen der libyschen Küste unter anderem in die Ägäiswelt verhandelten.[17]

Häufiger als solche Kolonienagglomerationen ist jedoch der Fall anzutreffen, dass eine demographisch und ökonomisch starke Apoikie ein Küstengebiet samt Hinterland durch abhängige Subkolonien erschloss.[18] Durchgehend weisen die auf diese Weise erschlossenen Territorien einen diskontinuierlichen Charakter auf. Wichtige Beispiele sind Sinope am Südostrand des Schwarzen Meeres (das seine Subkolonien Kotyora, Kerasos und Trapezus in östlicher Richtung anlegte – zur Vermittlung des Handels mit kolchischen Orten, aber auch mit den Volksgruppen, die das südöstliche Hinterland des Schwarzen Meeres besiedelten: den Tibarenoi, Chalybes und Macrones);[19] Massilia, das den mediterranen Handel unter anderem mit den Kelten des Rhônetals, aber auch zu den östlichen iberokeltischen Regionen vermittelte (die Sub-

---

15 Vinogradov 2012.
16 Hdt. 4, 168–172, bes. 169, wo die Giligamai als Nachbarn der Kyrenäer behandelt werden. Da in ihrem Territorium Silphion wuchs, kommen sie als Handelspartner besonders in Frage.
17 Jones, Little 1971. M. Giangiulio hat darauf hingewiesen, dass die Apoikien der Kyrenaika teilweise gewaltsam miteinander konkurrierten; vgl. Giangiulio 2009. An der objektiven Rolle, die die Apoikien und ihre Subkolonien als ökonomische Scharniere spielten, ändert das faktisch jedoch nichts. Auch die Kolonien und Subkolonien des Kimmerischen Bosporus verhielten sich nicht durchweg friedlich zueinander und gerieten schließlich unter die Führung von Pantikapaion.
18 Im Schwarzmeergebiet sind bspw. etwa 75 bis 90 meist ionische Niederlassungen fassbar, davon können etwa 15 als Hauptsiedlungen (oder Apoikien im engeren Sinn) angesprochen werden, die übrigen sind Subkolonien dieser Gründungen (*poleis, emporia, teiche* etc., die antike Terminologie ist nicht ausgesprochen konsequent oder technisch). Vgl. Tsetskhladze 2009, 230.
19 In westlicher Richtung blockierte das Interessengebiet von Amisos – das die Mündung des Halys kontrollierte und daher einen privilegierten Zugang zu den inneranatolischen Handelsgütern hatte –, bzw. Herakleias eine weitere Ausdehnung; vgl. Tsetskhladze 2009, 230–239; Karte zur Lage der sinopischen Subkolonien: ebd. 231; Karte erschlossener kolchischer Handelspartner: ebd. 233. Sinope war aufgrund seines ausgezeichneten Hafens eine wichtige Anlaufstelle für *emporoi* aus dem Schwarzmeergebiet; erkennbar ist hier wieder die Vermittlungsfunktion: Die Güter, die Sinope aus dem Handel mit dem Hinterland seiner Subkolonien bezog, wurden von diesen *emporoi* offensichtlich nicht auf den Gebieten der Calybes etc. nachgefragt, sondern im Hafen von Sinope.

kolonien liegen in strategischen Positionen an der Küste von Mainake bis Antipolis[20]) und Thasos mit seiner *Peraia*; diese hatte ebenfalls eine diskontinuierliche Struktur. Hier kommt als Charakteristikum noch hinzu, dass im weiteren thasischen Einflussraum noch andere Poleis als Thasos sowie Einzelpersonen (wie bspw. zeitweise Peisistratos) konzessionierte Handelsstützpunkte unterhielten.[21]

Wichtigstes Instrument der handelspolitischen Durchdringung dieser „kleinen Imperien" war der Aufbau von Kontoren, Relaisstationen und Wegenetzen bzw. sicheren Schifffahrtsrouten mit Hafenorten.[22] Die Relaisstationen konnten innerhalb der vom Zentralort kontrollierten Territorialkomplexe, aber auch außerhalb im „Barbaricum" liegen, wo sie als Stützpunkte privilegierter Kaufleute und Zielorte für Warenkonvois fungierten.[23] Charakteristischerweise wurden in solchen Peripherieregionen Nominale ausgeprägt, die durch Homogenität des Standards den regionalen Austausch erleichterten (z. B. Akanthos, Maroneia oder Abdera nach thrakisch-makedonischen Standards).[24]

Die Besonderheit der athenischen Position war nun dadurch charakterisiert, dass es dieser demographisch überdimensionierten und militärisch schlagkräftigen Polis zeitweise gelang, den von stadtstaatlichen Ökonomien geprägten Kernraum lokaler Handelsverdichtungszonen zu beherrschen und diesem Raum eine imperiale Verfassung aufzunötigen. Mit dieser geballten militärischen und ökonomischen Macht im Rücken konnte Athen die Handelskonditionen gegenüber der Peripheriezone auf dem Zenit seiner Macht wesentlich oder (abhängig von der Entfernung) in größerem Maß nach eigenen Vorstellungen gestalten. Bezeichnend ist etwa der souverän-freihändlerische Tonfall, mit dem die Athener in den Methonedekreten dem makedonischen Monarchen Perdikkas mitteilten, dass er in die Handelstätigkeit der Methonäer – auch in seinem eigenem Herrschaftsgebiet – nicht zu intervenieren habe.[25] In einem weiteren Dekret wurde den Methonäern ein bestimmtes Quantum (aber auch nicht mehr) des

---

20 Vgl. die konzise Zusammenfassung der historischen und archäologischen Literatur von Bats 2009. Die frühen Phasen der Herausbildung ökonomischer Kontakte zwischen *emporia* und der Bevölkerung des ‚Hinterlandes' untersucht Gailledrat 2015 an einem Fallbeispiel.
21 Salviat 1999, 272 f.; Sears 2013, 27, 46–89.
22 Die Verknüpfung der Küstenzone mittels diplomatischer Kontakte, Verträgen und Infrastruktur mit dem ‚Hinterland' behandelt Archibald 2016 mit dem Schwerpunkt auf die thasische *Pereia* und Thrakien. Zur Archäologie der Präsenz griechischer Händler in der thrakischen Peripherie seit dem siebten Jahrhundert: Bouzek, Domaradzka 2011.
23 Der bekannteste Fall ist aufgrund des epigraphischen Funds von Vetren das Statut des dort belegten Emporions (die Inschrift datiert allerdings erst aus der Zeit kurz nach 359), das Emporion dürfte jedoch älter und von der Grundstruktur seiner Beziehungen zu den konzessionierenden thrakischen Fürsten nicht sehr verschieden von früheren Siedlungen dieses Typs sein (vgl. das vergleichbare Statut für Naukratis). Siehe vor allem Bravo, Chankowski 1999.
24 Schoenhammer 1995, 100, 186.
25 IG I³ 61 (*Syll.*³ 75; Osborne, Rhodes 2017, 150), Z. 18 ff. (Übersetzung *HGIÜ* I 104 [ohne *diacritica*]; erstes Dekret, wohl von 430/29 v. Chr.): „Gesandte, drei im Alter von über fünfzig Jahren, soll man senden zu Perdikkas und dem Perdikkas erklären, daß man es für rechtens hält, die Methonäer die

den Bosporus und den Hellespont passierenden Handelsgetreides (sei es aus Olbia, Pantikapaion, Sinope o. a.) zur Übernahme in Byzanz zugestanden.[26] Hier sind der Tonfall und die Praxis regulatorisch. Angesichts der Quellenlage kann nur gemutmaßt werden, wie oft und in welchem Umfang die Athener ihren regulatorischen Einfluss geltend machten, aber es sagt schon als solches viel aus, dass sie Interventionen wie die genannten ins Werk setzen konnten und dass es Institutionen wie die *Hellespontophylakes* (Anm. 26), die die Passagen durch die Meerengen in einer derart restriktiven Weise kontrollieren konnten, überhaupt gab. Institutionen dieses Typs[27] konnten nur vor dem Hintergrund der massiven ökonomischen Zentralisierung in den Händen der Athener funktionieren. Verstärkt wurde diese durch die Beherrschung der Handelstätigkeit charakterisierte ökonomische Dominanz Athens aber noch wesentlich durch die Geldzufuhr, die über die tributären Forderungen an die athenischen Alliierten nach Athen gelenkt wurde. Dieses Geld wurde in Athen für eine intensive Hochrüstungspolitik ausgegeben. Diese Ausgabenpolitik bewirkte eine bedeutende Arbeitsmigration nach Athen, die zum Teil von freien Arbeitskräften und freiwillig (z. B. Seepersonal, Transportarbeiter, Schiffbau, Bautätigkeit), zum Teil gezwungen und von Sklaven (in der Landwirtschaft, in Manufakturen, z. B. in der Produktion von Rüstungen, Schilden, Schwertern und Lanzen) getragen war. K. Raaflaub rechnet mit 20.000 Arbeitskräften, die „in den Werften und Häfen" irgendwie mit der Instandhaltung der Flotte befasst waren.[28] Die Arbeitsmigration verstärkte die dynamischen Tendenzen der attischen Wirtschaft weiter, denn die Arbeitskräfte benötigten Nahrung, Kleidung, Wohnraum etc.[29] M. Trundle hat darüber hinaus noch einmal darauf aufmerksam gemacht, dass ein Großteil der Ruderer in der attischen Flotte von auswärts, häufig wohl aus den Seebundpoleis kam und/oder Sklaven waren. Bspw. nahmen die Lakedaimonier nach der Schlacht von Aigospotamoi nur 3.000 Athener fest, obwohl die attische Flotte aus 171 Schiffen bestand, für deren Betrieb ca. 36.000 Männer nötig gewesen wären.[30] „Thus, the money of empire had produced a mercenary navy" (ibid.).

Seewege benützen zu lassen, daß man sie nicht behelligen dürfe und daß (Perdikkas) sie Handel treiben lassen solle ins Landesinnere wie bisher (…)."

26 Wie Anm. 25. HGIÜ I 104 (Dekret von 426/5 v. Chr.), Z. 34 ff.: „Die Methonaier sollen das Recht der Getreideausfuhr aus Byzantion (ἐχ]σα[γο]γὲν ἐγ Βυζαντίο σίτο) haben bis [zu *]-tausend Medimnoi pro Jahr und die Hellespontwächter dürfen weder sie selbst an der Ausfuhr hindern noch dürfen sie zulassen, daß sonst jemand sie hindert (…)."
27 Pébarthe 2011, 140–155 für einen Überblick über die Institutionen der *arche*, die der ökonomischen Kontrolle durch die Athener dienten.
28 Raaflaub 2016, 109.
29 Zu den institutionellen Voraussetzungen und Ausformungen der Produktion in Athen Eich 2006, 150–173, 353–458; zu den unterschiedlichen Investitionsbereichen 289–297. Zur Produktionspalette der Manufakturen vor allem Acton 2014.
30 Trundle 2016, 77–79.

Der in Athen konzentrierte „Überreichtum"[31] sorgte für einen starken Nachfrageüberhang, der beständig Waren und Kaufleute nach Athen lockte. Athen wurde zum dynamischen Zentrum der ägäischen Kernregion, das nicht nur innerhalb dieses Kernraums, sondern auch darüber hinaus gegenüber der Peripherie und Transperipherie sein ökonomisches Gewicht fühlbar machen konnte. Abhängig von Entfernung, ökonomischen Interessen und politischen Interventionsmöglichkeiten geschah dies erwartungsgemäß in unterschiedlicher Intensität (bspw. gegenüber Thasos und seiner *Peraia* stärker als gegenüber den Poleis des Kimmerischen Bosporus und hier wieder stärker als gegenüber Sinope), aber deutlich spürbar war die athenische Macht auch bis Sinope oder Massilia. Beispielsweise betraf die Störung der korinthischen Handelsketten durch das athenische Bündnis mit Kerkyra (436/5) Handelsplätze bis nach Gades.[32] Die als potentielles Druckmittel jederzeit androhbare, bzw. (gegen Megara) faktisch gehandhabte Sperrung der ägäischen Häfen für einzelne Poleis hatte Rückwirkungen im gesamten Mittel- und Schwarzmeerraum und dies nicht nur für die Küstenpoleis bzw. *emporia*, sondern, wie Thukydides eine korinthische Delegation vorbringen lässt, bis tief in das jeweilige Hinterland hinein.[33]

2. Die historischen Weichenstellungen zur Ausbildung dieses geo-ökonomischen Systems in der jüngeren Forschung

Das konsequente Streben nach einer politischen und geo-ökonomischen Machtstellung durch Athen wurde in der Forschung (bei einzelnen Ausnahmen) meist relativ spät, etwa seit der Mitte des fünften Jahrhunderts, und seit dem Erfolg des Mattingly'schen Ansatzes und vor allem nach der Entscheidung der *three-bar sigma controversy* eher noch später angesetzt (s. unten zu Anm. 93). In einer jüngeren Studie hat sich J. Davies gegen diese Orthodoxie gewandt[34] und die expansive Tätigkeit Athens im sechsten Jahrhundert, also vor der formalen Begründung des Seebundes, einer gründlichen und die vorhandenen Daten bündelnden Neuinterpretation unterzogen. Ein wichtiger Leitbegriff ist dabei der des Korridors, verstanden als eine Art geographische Schneise, mittels derer sich die Athener Zugang zu bestimmten Interessensräumen, sei es als Rohstoff-, sei es als Transitzonen, verschafften. Herausgegriffen sei der Korridor von Attika zum Hellespont, der spätestens mit der Inbesitznahme befestigter Plätze auf der thrakischen Chersones und dem gegenüberliegenden Festland in den 540er Jahren greifbar wird.[35] In der älteren Forschung sind diese Festsetzungen

---

31 Vgl. zu diesem Konzept Andreyev 1990.
32 Pébarthe 2011, 148.
33 Th. 1, 120, 2. Zur archäologischen Dimension dieser Behauptung Bonnier 2016.
34 Davies 2013; ihm folgt O'Halloran 2019, 84–88.
35 Davies 2013, 45.

meist als quasi private Unternehmungen der kimonischen Dynastie eingeordnet worden, aber Davies[36] weist zu Recht darauf hin, dass die Athener als politische Einheit die betreffenden Plätze selbstverständlich als die ihren behaupteten oder es zumindest versuchten, als die Kimoniden die Region räumten. Bereits 515/4 erfolgte überdies die Investitur des jüngeren Miltiades mit der Herrschaft über die thrakische Chersones[37] nach Herodot ausdrücklich durch „die Peisistratiden"[38], also die athenische Regierung (daher hat sich wohl auch bei Cornelius Nepos die Erinnerung gehalten, dass Miltiades seine Herrschaft im Auftrag der Athener ausübte).[39] Es war dann auch nur konsequent, wenn athenische Truppen 479/8 versuchten, die thrakische Chersones zu behaupten (Hdt. 9, 114, 2). Darüber hinaus ist Herodot (6, 140, 2) ganz explizit hinsichtlich der von Miltiades dem Jüngeren geleiteten Annexion der Insel Lemnos, dass sie eine gemeinsame Aktion der Athener und des Kommandeurs war: οὕτω δὴ τὴν Λῆμνον ἔσχον Ἀθηναῖοι καὶ Μιλτιάδης. Auch Imbros wurde von Miltiades als Teil seines und damit des athenischen Machtbereiches[40] behandelt. Die Inseln waren Relaisstationen auf dem Weg zum Hellespont und damit zum Schwarzen Meer und zu dessen „kleinen Imperien".[41] In ihrer Aneignung fand eine (weniger in der Programmatik als in der faktischen Aktion sichtbare) Politik der Athener Ausdruck, Zugangswege zu ökonomisch interessanten Peripherieregionen zu kontrollieren und militärisch zu behaupten. Darüber hinaus lässt sich in diesem Zusammenhang auch deutlich ein Moment der Beständigkeit athenischer imperialer Politik über die Zäsuren der persischen Invasionen und die Gründung der Delischen Allianz hinweg verfolgen, etwa mit der Expedition gegen Paros (490/89)[42] oder in der gewaltsamen Erzwingung des Beitritts von Karystos zum Seebund (472 v. Chr.).[43] So lässt sich eine Kontinuitätslinie der Sicherungsmaßnahmen des „hellespontischen Korridors" von den 540er bis zu den 470er Jahren ziehen. Als weitere geographische Korridore, die die Athener in wichtige Einflussräume öffneten, nennt Davies den Ausgriff in geradewegs östliche Richtung über die Kykladen[44] in Richtung Samos und Milet (seit den 540er Jahren), einen drit-

---

36 Ibid. Vgl. jetzt Samons 2017.
37 Über die komplexen, miteinander konkurrierenden Kolonialinteressen griechischer Poleis auf der thrakischen Chersones vor den Philaiden vgl. Tzetkova 2011, 31–34.
38 Hdt. 6, 39, 1. Einen frühen Vorgänger in seiner Beurteilung der peisistratidischen Politik hat Davies übrigens in den Herodotkommentatoren von How und Wells; vgl. How, Wells 1912, 2,344.
39 Nep. Milt. 2, 3: *Erat enim inter eos dignitate regia, quamvis carebat nomine, neque id magis imperio quam iustitia consecutus. Neque eo setius Atheniensibus, a quibus erat profectus, officia praestabat. Quibus rebus fiebat, ut non minus eorum voluntate perpetuo imperium obtineret, qui miserant, quam illorum, cum quibus erat profectus*; vgl. Sears 2013, 64 f.
40 Hdt. 6, 41 u. 104.
41 Dieser Aspekt wurde bereits stark von Steinbrecher 1985, 51–115 hervorgehoben. Siehe dazu unten.
42 Bicknell 1972; vgl. Scott 2002.
43 Th. 1, 98, 3; Steinbrecher 1985, 90–93.
44 Im Besonderen mit der strategischen Einsetzung des Lygdamis in Naxos durch Peisistratos (Hdt. 1, 64).

ten in Richtung Norden über Thessalien zum thermäischen Golf.[45] Es ist bei der These nicht zugrunde gelegt, dass die Öffnung der sogenannten Korridore regelmäßig durch Annexionen oder Festsetzungen geschah; speziell bei dem Ausgriff nach Osten spielte zunächst die Kombination militärischer und diplomatischer Methoden (Unterstützung des Lygdamis von Samos in der Mitte des sechsten Jahrhunderts sowie Milets während der Ionischen Revolte) eine größere Rolle, doch konnte das Verständnis der entsprechenden Räume als athenische Einflusszonen schnell dazu führen, dass dieser Einfluss auch gewaltsam behauptet wurde, wie etwa bei den von Themistokles geleiteten, erpresserischen Aktionen gegen Andros und Paros (480 v. Chr.)[46] und später wohl auch gegen Rhodos.[47] M. Giuffrida möchte diese ‚wilden Eintreibungen' nicht als historisch sehen, weil Herodot hier spätere Verhaltensweisen der Athener zurückprojiziere und das Bestehen des Seebundes gleichsam ahistorisch voraussetze.[48] Eher verhält es sich umgekehrt: Im Seebund wurde lediglich regularisiert, was vorher schon athenischer Anspruch und athenische Praxis war.

Der nördliche Korridor findet seinen Ausdruck beispielsweise in den Verbindungen zu verschiedenen thessalischen Familien und in der Präsenz pro-peisistratidischer Kräfte im Pangaiongebirge / am Strymon, wo sie im Interesse der athenischen Tyrannendynastie die Erzvorkommen der Region ausbeuteten.[49] Im Jahr 506 v. Chr., nach dem Sturz der Peisistratiden, siedelten die Athener 4.000 Kleruchen auf chalkidischem Territorium auf Euboia an. Fast unmittelbar nach dem Abzug der persischen Invasionstruppen knüpften athenische Siedler/Soldaten an die Präsenz des peisistratidischen Athens am Strymon an (476/5 v. Chr.), ein weiteres Moment der Kontinuität der expansiven und interventionistischen Politik über die Zäsur der Perserkriege hinweg.[50]

---

45 Davies 2013, 47. Siehe bereits Viviers 1987.
46 Hdt. 8, 111 f.; Plu. *Them.* 21. Herodot nennt 8, 112 als Opfer der themistokleischen Erpressungen (Einsatz militärischer Gewalt bei Verweigerung von Kontributionszahlungen) noch Karystos sowie allgemein „die anderen Inseln".
47 Plu. *Them.* 21 zitiert jedenfalls einen längeren Ausschnitt aus einem Gedicht des Timokreon von Rhodos, der sich darüber beklagt, dass er nicht von Themistokles in seine Heimatstadt Ialysos zurückgeführt worden sei, während er dies für andere – nachdem Lösegeld geflossen sei – geleistet habe.
48 Giuffrida 2006, 33. Die Erpressung als solche leugnet Giuffrida nicht und erklärt sie mit allgemeinen Überlegungen: „La condizione ‚naturale' degli isolani era quella di cedere al più forte, (…)".
49 Vgl. Sears 2013, 58: „(Peisistratos) set off a long-lasting Athenian interest in the Pangaeum region."
50 Davies 2013, 47. Für eine stark argumentierte traditionelle Positionierung mit Ansetzung einer einschneidenden Zäsur zwischen der Epoche der peisistratidischen Tyrannis und der Demokratie siehe Pritchard 2010. Pritchards Verweise auf die Beschränktheit der im sechsten Jahrhundert angewandten Machtmittel (wie die kleinen Flottengrößen), die Dominanz der Privatinitiative (Pritchard glaubt nicht an die Existenz einer staatlichen Armee vor Kleisthenes) und das Fehlen eines expliziten Plans, sind zwar jeder für sich einleuchtend, doch ändern sie nichts daran, dass es die angesprochenen Kontinuitätslinien real gab. Der ganze Prozess des attischen ‚Aufstiegs' vollzog sich, *als ob* er langfristig, seit dem sechsten Jahrhundert, geplant gewesen wäre, auch wenn er es faktisch nicht war. Dieses Paradox lässt sich nicht dadurch aus der Welt schaffen, dass es paradox ist.

An dieser Stelle lässt sich die Studie von L. Kallet, *The Origins of the Athenian Economic* ἀρχή[51] anfügen, die gewissermaßen die inhaltliche Fortsetzung zu den Davies'schen Korridor-Thesen bildet. Kallet analysiert die athenischen Maßnahmen nach Abzug der persischen Truppen als zielstrebigen Aufbau einer ökonomisch-politischen Vormachtstellung. Dabei weist sie unter anderem darauf hin, dass der Feldzug gegen Eion, der in der älteren Literatur meist ausschließlich unter dem Gesichtspunkt einer antipersischen *mopping up*-Operation des jungen Seebundes behandelt wurde,[52] unter dem Aspekt seiner Resultate in erster Linie als eine athenische Aktion (und weniger eine des Seebunds[53]) zu sehen ist, die eine weitergehende Etablierung Athens in der geo-ökonomisch extrem wichtigen Strymonregion mit sich brachte.

Mit der Aneignung von Eion setzte sich Athen unmittelbar am Rand des von Thasos aus kontrollierten Festlandimperiums fest, das von Eion (das höchstwahrscheinlich Bestandteil der thasischen *Peraia* war[54]) im Westen bis Neapolis im Osten reichte. Damit griffen die Athener gleich zu Beginn der Seebundgeschichte auf eine der peripheren Landschaften zu, die den ökonomischen Kontakt mit den Gebieten jenseits der Peripherie vermittelten und kontrollierten. Mit der Präsenz am Strymon konnten sie Handelsbewegungen und Transporttätigkeit innerhalb der westlichen *Peraia* von Thasos effektiv behindern und ihre eigene Transaktionstätigkeit fördern. A. Muller hat wahrscheinlich gemacht, dass der Edelmetallexport, den die athenische Intervention in erster Linie störte, zu dieser Zeit der Hauptfaktor für die Akkumulation erheblicher Reichtümer in Thasos war (Wein und auch Marmor wurden erst nach der athenischen Erpressung Hauptträger der positiven Handelsbilanz).[55] Nachdem sie etwa zehn Jahre diesen Schwebezustand geduldet hatten, revoltierten die Thasier schließlich mit militärischen Mitteln gegen die athenische Präsenz (oder, wie Thukydides[56] sagt: „[…] sie führten den Krieg wegen des Profits aus den Handelsstationen und dem Bergwerk auf dem Festland"). Nach der vollständigen Kapitulation von Thasos im Jahr 463 übernahmen die Athener die Kontrolle über die *Peraia* von Thasos mit dem Straßensystem und den Relaisstationen; Neapolis und Galepsos wurden als eigenständige Mitgliedpoleis des Seebunds behandelt und taxiert.[57] Diese Episode mag hier exemplarisch stehen für die Rekonstruktion der frühen athenischen Seebundpolitik durch L. Kallet.[58]

---

51 Kallet 2013.
52 Das war sie zweifellos auch: Th. 1, 98, 1; D. S. 11, 60, 2 (= Ephoros, *FGrHist* 70 F 191); Plu. *Cim.* 7.
53 Seebundkontingente nahmen nach Ephoros an den Operationen teil (D. S. 11, 60, 2), doch waren diese offensichtlich nicht an den strategischen Zielsetzungen und in keiner Weise an der Ausbeutung des Erfolges beteiligt.
54 Wahrscheinlich hatten die Thasier den Rückzug der persischen Armee 478 genutzt, um ihr Festlandterritorium bis in den Norden des Pangaion auszudehnen; vgl. Picard 2011, 1141; Picard 2009.
55 Muller 2011, 189–191.
56 Th. 1, 100, 2.
57 Kallet 2013, 50; Picard 2011, 1143; Th. 1, 101.
58 Hingewiesen sei an dieser Stelle auf die These Morenos (2012), dass der Ausbau des später Euboia durchziehenden athenischen Garnisonen- und Kleruchiensystems, das vor allem der Sicherung

Inhaltlich und argumentativ, wenn auch nicht explizit, knüpfen die beiden Studien von Davies und Kallet übrigens an die Dissertation von M. Steinbrecher[59] an, der bereits 1985 postuliert hatte, dass die Operationen in den Anfangsjahren der Allianz ein systematisches Bestreben verrieten, ökonomische Schlüsselpositionen strategisch zu besetzen oder unter dauerhafte Kontrolle zu bringen: „durch eine Kette von Stützpunkten, nämlich Byzanz – Sestos – Eion – Skyros – Karystos, sollte die für Athen lebenswichtige Sicherung der Getreideversorgung aus dem Pontos-Gebiet gewährleistet werden, wobei die geographische Reihenfolge der eroberten Basen von Osten nach Westen in auffallender Weise der chronologischen Abfolge der Ereignisse entspricht."[60] Im Rahmen eines kurzen Abrisses der athenischen Außenpolitik vor 480 kam Steinbrecher darüber hinaus schon zu dem Ergebnis, „daß es durchaus berechtigt ist, von einer Kontinuität athenischer Expansionspolitik gegenüber anderen griechischen Städten vor den Perserkriegen zu sprechen; (…)."[61] Dabei ging er von einer „längerfristige(n) Konzeption der athenischen Politik"[62] aus. Gegen die Berechtigung dieser These hatte sich 1993 K.-E. Petzold gewandt, der – konzentriert auf die Bemerkung Herodots, die Athener hätten nach einer längeren Phase der taktischen Zurückhaltung, „den Übermut des Pausanias vorschützend, den Lakedaimoniern die Hegemonie entrissen"[63] – die Begrenztheit der athenischen Politikziele (hegemonie meine bei Herodot schließlich nur den momentanen Oberbefehl über die hellenischen Flottenkontingente) und vor allem deren Kontingenz (die Athener hätten nicht wissen können, dass sich ihnen 479/78 aufgrund des Verhaltens des Pausanias die Chance bieten würde, den Lakedaimoniern „die Hegemonie" zu entreißen) betont.

Das philologische Argument ist zunächst triftig: hegemonie meint an der bezeichneten Stelle (8, 4, 2) nach der Beweisführung Petzolds tatsächlich nur den militärischen Oberbefehl in der gegebenen Konstellation, so dass der Sprachgebrauch Herodots nicht als Beleg für eine frühe athenische Imperialismuskonzeption *avant la lettre* angeführt werden kann.[64] Doch besagt das ja nichts über den faktischen Gebrauch, den die Athener von ihrer Kommandoposition machten. Allein die von Steinbrecher angeführte Reihe von strategischen Positionierungen Athens (Byzanz, Sestos, Eion, Skyros, Karystos),[65] die kaum oder gar nicht mit der militärischen Ratio der Delischen

---

      der ungestörten Abschöpfung von Getreide im athenischen Interesse gedient habe, bereits kurz nach 480 (oder schon 506?) begonnen habe. Vgl. Igelbrink 2015.

59 Steinbrecher 1985. S. auch Stadter 1992, 798–809.
60 Steinbrecher 1985, 92.
61 Steinbrecher 1985, 124.
62 Steinbrecher 1985, 75.
63 Hdt. 8, 3, 2; Petzold 1993, 421.
64 Vgl. aber Th. 6, 76, 3: ἡγεμόνες γὰρ γενόμενοι ἑκόντων τῶν τε Ἰώνων etc. (Rede des Hermokrates). Hier ist die Position der Athener seit 478/7 als *politischer Hegemon* des Bundes aufgefasst.
65 Die Grundidee dieser Perspektivierung ist bis auf Thukydides zurückzuverfolgen. Bei ihm lautet die Kette der athenischen strategischen Inbesitznahmen nach 479/8 Eion, Skyros, Karystos, Naxos (1, 98). Zuvor hatte er noch bemerkt, die gemeinsame Rache am persischen König sei nur

Allianz begründet werden konnten, zeigt, dass die These vom konsequenten Aufbau einer hegemonialen oder imperialen Machtposition durch Athen zutrifft. Dass die Chancen zu diesem Aufbau sich kontingent eröffneten, liegt in der Natur der Sache und ist so gut wie jeder Konkurrenzsituation immanent: Ein antiker Seehandelskaufmann wusste schließlich auch nicht, wann genau er präzise welchen Gewinn realisieren würde oder ob sein Schiff untergehen würde oder nicht. Aus dieser „Kontingenz" seiner Chance würde doch niemand schließen, er habe keinen Profit angestrebt.

In diesem Unterabschnitt ist sodann noch eine Arbeit von K. A. Raaflaub mit dem Titel: *Learning from the Enemy*[66] von großem Interesse. Der Autor weist in dieser Studie darauf hin, dass eine ganze Reihe von Elementen, die in die Verfassung des Imperiums Eingang gefunden haben, Analogien im persischen Reichssystem hätten, und legt den Gedanken nahe, dass der athenische Hegemon diese Elemente bewusst übernommen hat. Der Modus der Phorosfestlegung und -einziehung gehorche nicht griechischen, sondern persischen Traditionen.[67] Griechischem Herkommen hätte es entsprochen, anlässlich der jeweils gemeinsam beschlossenen Feldzüge die Belastungen auf die Symmachiemitglieder umzulegen. Stattdessen legten die Athener ein permanentes Beitragssystem nach Leistungseinschätzung der Alliierten[68] fest, das keinen Unterschied zwischen Krieg- und Friedensperioden machte: Dies entsprach dem von Herodot (3, 89–97) skizzierten persischen Tributsystem. Auch die Methode der Speicherung des Tributs (Einschmelzung, Barrenform – in Athen *Athena Nike-Statuetten* – Ausprägung bei Bedarf) weist persisch-athenische Parallelen auf.[69] Wohl erst in der zweiten Jahrhunderthälfte kopierten die Athener auch die Angewohnheit der persischen Herrscher, die Tribute ostentativ als machtdarstellende Anschauungsobjekte vorzuführen, die Perser in der Empfangshalle des Palastes von Persepolis, die Athener auf der Theaterbühne während der Großen Dionysien.[70]

Von den weiteren Momenten, die Raaflaub anführt, seien noch genannt: Die Konfiskation von Land auf dem Territorium von Untertanen- bzw. Mitgliedpoleis und die massive Ansiedlung von Kolonisten. Dies wurde von Athen erstmalig 506 gegen Chalkis, in der Seebundphase mit der Festsetzung in Eion 476 auf Kosten von Thasos praktiziert und hat klare persische (aber keine griechischen) Präzedenzen. Ferner: Die Stationierung von Garnisonen in Poleis und die Ausstattung der Garnisonskommandeure (Phrourarchen) mit Interventionsrechten in die lokalen konstitutionellen Abläufe; die

---

das *proschema* der Allianz gewesen (1, 96); die Reihe der athenischen Gewaltstreiche illustriert dann, dass die offizielle Legitimation der Allianz nur als Vorwand diente; dazu bereits Rawlings 1977 (dazu kritisch French 1979).

66 Raaflaub 2009.
67 S. bereits Stadter 1992, 795–798. Zur kultisch-rituellen ‚Einbindung' der Bundesmitglieder in das Hegemonialgebilde vgl. Smarczyk 2007.
68 Zum persischen Vorbild: Hdt. 6, 42.
69 Raaflaub 2009, 99; vgl. Hdt. 3, 96, 2.
70 Raaflaub 2009, 107.

Niederlegung von städtischen Verteidigungsanlagen bzw. die Zerstörung von Städten und Verschleppung der Bevölkerung, wie es die Athener schon vor oder zu Beginn des Seebundes, etwa gegen Lemnos oder Eion, praktizierten. Diese vordringlich auf Maßnahmen, die schon zu Beginn des Seebundes oder sogar vor seiner Gründung praktiziert wurden, beschränkte Auswahl mag hier genügen: Auch wenn man dem Vorschlag Raaflaubs, in ihnen aktive Entlehnungen persischer Herrschaftspraxis zu sehen, nicht folgen möchte, so lässt sich kaum übersehen, dass die athenische Herrschaft im Seebund in einiger Hinsicht von Anfang an der autokratischen Herrschaft des persischen Großkönigs in seinem Machtbereich glich.

Die genannten Studien unterstreichen den bereits aus Herodot und Thukydides gewinnbaren Eindruck, dass die Erlangung der geo-ökonomischen Dominanz des oben skizzierten Typs von den Athenern schon seit der zweiten Hälfte des sechsten Jahrhunderts zielstrebig vorangetrieben wurde. Diese Perspektivierung wird auch von einer weiteren Quellengattung, den Münzen, unterstützt. Zusammenfassende Beiträge[71] liegen von J. Kroll[72] und Chr. Pébarthe[73] vor: Die frühen attischen Silberprägungen, von etwa der Mitte des sechsten Jahrhunderts bis in die 510er Jahre, sind in relativ geringfügigen Emissionen vorwiegend für den lokalen Gebrauch und aus importiertem Silber geschlagen worden. Immerhin wird der Ausstoß an Wappenmünzen auf insgesamt ca. 450 Talente geschätzt.[74] Bald nach 520 v. Chr. begann die zunehmend intensivierte Ausbeutung der Silbererzvorkommen im Laureiondistrikt. Die Polis Athen ging zur Ausgabe großer Mengen von Tetradrachmen über; dies ist natürlich Ausdruck des Umstandes, dass der athenische Staat vermehrt militärische und andere Dienstleistungen nachfragte bzw. anforderte. Nach konventionellen und eher vorsichtigen Schätzungen sind auf dem ersten Höhepunkt der Prägetätigkeit in den 490er und 480er Jahren etwa 250 Tetradrachmenstempel (*obverse dies*) verbraucht worden, das entspricht bei einer (wiederum vorsichtig geschätzten) Lebensdauer eines Vorderseitenstempels von 20.000 Münzen 3600 Talenten emittierten Silbers bzw. annähernd 22 Millionen Drachmen;[75] Chr. Pébarthe gibt für den Zeitraum 525–475 auf der Basis von 520 Vorderseitenstempeln 5.600 Talente an.[76] Wichtiger aber als die rein quantitativen Angaben ist die Beobachtung, dass die höchstwahrscheinlich in spätpeisistratidischer Zeit einsetzende Prägung von Nominalen mit Eulenmotiv und der Angabe der Prägeherren in der Legende[77] auf eine „internationale" Verwendung als Zahlungsmittel

---

71 Vgl. auch die Schätzungen bei Bresson 2008: 2,64 (mit der älteren Literatur): 11,5 Talente jährlich für die ältere Reihe der „Wappenmünzen", 19 Talente für die zweite Serie, ca. 155 Talente *per annum* ab etwa 510 v. Chr. (bis ca. 475); für die Zeit nach 460 bis 404 v. Chr. vgl. van Alfen 2011.
72 Kroll 2009.
73 Pébarthe 2011, 103–111.
74 Pébarthe 2011, 110.
75 Kroll 2009, 196.
76 Pébarthe 2011, 110.
77 Im Sinne eines Qualitätsindikators für das nunmehr aus dem Laureiondistrikt gewonnene Silber.

zielten, während die „Wappenmünzen" noch, wie im sechsten Jahrhundert in der griechischen Stadtstaatenwelt üblich, auf lokal beschränkte Transaktionszonen berechnet waren.[78]

Diese Prägepolitik entspricht auch hinsichtlich des nachfragbaren Militärpotentials für ägäische Verhältnisse nicht nur einer aufstrebenden, sondern einer etablierten und dominanten Regionalmacht.[79] Der numismatische Befund stützt demnach (ebenfalls) die moderne und unbefangene Thukydides- und Herodotlektüre: Der zielstrebig betriebene Aufstieg Athens zu einer imperial agierenden geo-ökonomischen Vormacht[80] begann bereits vor den Perserkriegen und erreichte dann nach 490 seinen vorläufigen Höhepunkt. Die zynischen und in einer Reihe von Fällen nicht einmal durch Vorwände legitimierten Angriffe Athens (wie gegen Paros, Imbros, Karystos) müssen einen erheblichen Druck entfaltet haben, sich der neuen imperialen Macht anzuschließen, um nicht ebenfalls in das Visier ihrer Angriffslust zu geraten.

3. Ökonomische Konsequenzen der athenischen *arche* in der neueren Forschung

Bezüglich der ökonomischen Auswirkungen der Aufrichtung der formalen athenischen *arche* existiert eine innovative archäologische Forschung, die sich allerdings zurzeit noch im Fluss befindet. So hat bspw. B. Erickson[81] gezeigt, dass an den meisten kretischen Handelsplätzen das Fundgut, das auf überregionalen Handel hindeutet, in der ersten Hälfte des fünften Jahrhunderts stark zurückgeht oder ganz erlischt. Nun waren die kretischen Poleis keine Seebundmitglieder, waren jedoch offenbar von der Magnetwirkung, die der athenische Handels- und Kapitalplatz entfaltete, ebenso betroffen wie eine Reihe von Seebundpoleis. J. M. Cook[82] hatte bereits 1961 darauf hingewiesen, dass die Bautätigkeit und andere wirtschaftliche Aktivitäten in den ionischen Städten nach dem Sezessionskrieg und dem anschließenden Beitritt der meisten ionischen Poleis zum Seebund erheblich reduziert wurden. Cook erklärte das Phänomen seinerzeit damit, dass die ionischen Metropolen durch die politischen Ereignisse von 499 bis 478 weitgehend von ihrem reichen Hinterland abgeschnitten waren. Wie dem auch sei, so haben jedenfalls moderne Auswertungen der Gebrauchskeramik (starker Rückgang der Funde überregionaler Provenienz nach 500 v. Chr.), darunter besonders der Amphoren, den Grundbefund Cooks bestätigt. Die Amphoren, die ja eine Art an-

---

78   Pébarthe 2011, 110 f.
79   Zum Machtgefälle zwischen Athen und seinen Bundesgenossen: Ruschenbusch 1983.
80   Zum Beginn der Flottenpolitik unter den Peisistratiden, zur Anknüpfung an diese Politik im kleisthenischen Athen und zur korrelierten Prägepolitik Aperghis 2013.
81   Erickson 2013.
82   Cook 1961.

tiker Container für zahlreiche Handelsgüter (Wein, Öl, Getreide, Fleisch u. a.) darstellten, sind aufgrund der sorgfältigen Bearbeitung des Fundmaterials und ihrer multiplen Indikatoreigenschaften besonders wichtig. Aus der späten Archaik finden sich in den westkleinasiatischen Poleis typologisch bestimmbare Amphorenreste in großer Dichte; abhängig vom Fundort stammen dabei 75 bis über 90 % der Amphoren aus lokaler Provenienz, zeigen also eine starke lokale Handelsverdichtung an.[83] Nach dem Ionischen Aufstand geht dieses Fundmaterial stark zurück; in dem insgesamt quantitativ viel geringfügigeren Material sind jedoch überregional verwendete Container relativ reichhaltiger vertreten.[84] Insgesamt deutet der Befund auf einen erheblichen Rückgang der Transaktionstätigkeit in dieser Region hin, der bis etwa zur Jahrhundertmitte anhält. Gleichzeitig steigt das Amphorenfundgut für die Zeit nach 500 in Athen an; die formale Typologie der Amphoren ist zunächst nordägäisch, aber dies ist nach Lawall vor allem als Hinweis auf die Präsenz überregionaler Händler zu verstehen. Insgesamt deutet der Befund auf die oben skizzierte zentralisierende Position Athens (Kapital, Arbeitskräfte, militärisch getriebene Produktion – und zwar von Beginn der Seebundgeschichte an). Nach 450 ändert sich das Bild aber wieder und eine ganze Reihe von Poleis (auch außerhalb Kleinasiens) nahm – jedenfalls soweit sich dies im Befund der Amphorenstatistik spiegelt – wieder eine intensivere Transaktionstätigkeit auf. Damit lebte jedoch nicht einfach der lokal verdichtete Handel spätarchaischen Typs wieder auf,[85] vielmehr orientierten sich die ionischen Handelsplätze vermehrt auf den ägäischen Handelsraum und augenscheinlich den athenischen Warenmagneten; sie hatten sich also nach etwa einer Generation auf die neuen Modalitäten und Chancen eingestellt.

Einen weiteren eigenständigen und nicht unbedingt vorherzusehenden Befund haben die Hortfund- und Münzsammlungsauswertungen K. Konuks in Kleinasien ergeben.[86] Anders als es einer verbreiteten Vorannahme[87] entspricht, haben diese Untersuchungen auf der Basis von siebzehn Münzhorten des fünften Jahrhunderts und fünf Sammlungen, die lokale Fundsituationen repräsentieren (Bodrum, Milas, Aydin [Karien]; in Ionien die Sammlung Muharrem Kayhan in Söke südlich von Izmir und die Kollektion des Museums von Izmir), ergeben, dass von einer größeren Präsenz attischer Nominale im Umlauf kleinasiatischer Seebundpoleis nach dem sich derzeit er-

---

83 Naso 2005.
84 Lawall 2013, 109 f.
85 Lawall 2013, 113.
86 Konuk 2011.
87 Vgl. etwa die Einschätzung von Pébarthe in seiner Einführung 2011, 111: „La chouette athénienne est assurément la monnaie internationale de l'époque classique."; 114: „Monnaie internationale, la chouette l'est assurément au Ve siècle." Eine besonders zuspitzende Monographie ist Figueira 1998, der (auf allerdings unzureichender empirischer Grundlage) davon ausgeht, dass die große Mehrzahl der Seebundpoleis seit etwa der Mitte des fünften Jahrhunderts die attische Währung als Verkehrsgeld übernahm.

gebenden Bild kaum die Rede sein kann.[88] Bei den berücksichtigten Horten handelt es sich um diejenigen – von etwa sechzig aus dem fünften Jahrhundert –, die überhaupt attische Münzen enthalten.[89] Wenn attische Münzen in den Horten enthalten sind, sind sie meist in der Minderzahl, wobei ihre Zahl relativ größer in solchen Horten ist, deren Provenienz außerhalb des Seebundgebietes liegt. Hier wurden sie offensichtlich nach Gewicht taxiert, d. h. gegebenenfalls auch geteilt etc. In den *Sammlungen* lokaler Streufunde finden sich nur ganz vereinzelt oder auch gar keine attischen Münzen (z. B. in Milas unter 700 Münzen keine attische; in Bodrum unter 1600 ebenfalls keine; in der Kollektion von Izmir offenbar zwei). Einen ähnlichen Gesamtbefund verzeichnet Chr. Howgego für die Nordägäis.[90]

Der Befund bedarf noch weiterer und vertiefender Untersuchungen, aber nach jetzigem Stand hat es den Anschein, dass attische Drachmen in ökonomisch wichtigen Regionen des Seebundes nicht die am meisten benutzte Währung waren. M. Trundle erklärt den Befund damit, dass die Masse der im Seebund in Zirkulation gesetzten Münzen kleine Nominale im Obolenbereich gewesen seien, die in großer Zahl an Ruderer (und, so könnte ergänzt werden, Arbeitsmigranten) ausgezahlt wurden. Kleinnominale sind aus naheliegenden Gründen nicht unbedingt die bevorzugten Hortmünzen, so dass deren Fehlen im Fundbestand gleichsam natürliche Erklärungen findet.[91] Nicht erklärt wird dennoch, warum sich außerhalb des Seebundes häufiger wertvolle attische Silbermünzen finden als innerhalb.

Die insgesamt geringe Hortfunddichte korreliert mit dem starken Rückgang der Bautätigkeit seit ca. 500 v. Chr. und der relativ geringen Zahl von Amphoren als Indikatoren bis zur Mitte des fünften Jahrhunderts. Ökonomisch war die Seebundepoche für die kleinasiatischen Poleis offenbar keine Blütezeit.

4. Die Neudatierung attischer Urkunden, der „kleonische Imperialismus" und die athenischen Kriegsfinanzen

Schließlich ist noch eine Entwicklung in der jüngeren Forschung zu betrachten, die auf den ersten Blick konträr zu der oben skizzierten Tendenz verläuft, den Beginn der gezielt betriebenen geo-ökonomischen Dominanz Athens hoch zu datieren. Diese paradoxe Tendenz hängt mit der Durchsetzung des Mattingly'schen Ansatzes zusammen, eine Vielzahl der großen Seebundurkunden tendenziell 20 oder bis zu 40 Jahre später zu datieren, als es der Konsens über weite Strecken des 20. Jahrhunderts wollte. Es waren die Editoren der sogenannten *Athenian Tribute Lists* (1939–1953), also der at-

---

88 Zusammenfassender Überblick: Greaves 2010, 84–91.
89 Konuk 2011, 61.
90 Howgego 1995, 48 (zitiert Konuk 2011, 64).
91 Trundle 2016, 73–76.

tischen Aparchai-Verzeichnisse, die das Dogma aufgestellt hatten, dass keine Urkunde, in der sich das dreigestrichene Sigma fand, jünger sein könne als 446 v. Chr., also die Aparchai-Liste, in der das dreigestrichene Sigma zum letzten Mal verwendet wurde.[92] Die Gültigkeit dieses Kriteriums wurde in einem zunächst von H. Mattingly einsam geführten Kampf bestritten, bis durch M. Chambers, R. Galluci und P. Spanos 1990[93] mit Hilfe optischer Technik sehr wahrscheinlich gemacht wurde, dass der Bündnisvertrag Athens mit Egesta (*IG* I³ 11; Osborne, Rhodes 2017, 166 §ii), der meist in die Jahre 458/7 oder 454/3 v. Chr.[94] datiert wurde, den Namen des athenischen Archons Antiphon trug, der in das Jahr 418/7 gehört. Damit war ein Damm gebrochen und innerhalb relativ kurzer Zeit wurde der Mattingly'sche Ansatz zur neuen Orthodoxie. Daran ist für den hier behandelten Kontext vor allem von Interesse,[95] dass Mattingly seinen Ansatz mit dem Schlagwort des *perikleischen Imperialismus*[96] verbunden hatte; zuweilen begegnet auch die Idee eines *kleonischen Imperialismus*. In dieser Terminologie ist die Tendenz enthalten, die Entwicklung eines entschlossenen Dominanzanspruchs der Athener über ihre Alliierten erst relativ spät anzusetzen. Es ist allerdings zunächst einzuräumen, dass sich die Autoren, die erste und vorläufige Bilanzen der Neudatierungen gezogen haben[97] (Rhodes 2008; Papazarkadas 2009), zurückhaltend bezüglich einer grundsätzlichen Spätdatierung des athenischen „Imperialismus" äußern. Dennoch gehen sie von einer graduellen Verschärfung des machtpolitischen Zugriffs der Athener auf Ressourcen und institutionelle Freiheiten der Bundesgenossen in der Spätphase des Seebundes aus. Besonders bei Papazarkadas äußert sich das in der Tendenz, Urkunden weniger aufgrund paläographischer Indizien als aufgrund ihres „imperialistischen" Inhalts spät zu datieren: „The allegedly imperialistic content of the regulations about the Milesians invites us to reassess a series of other seemingly 'imperialistic' decrees."[98] Schließlich lässt Papazarkadas keine einzige der regulatorischen

---

92   Zum Folgenden Papazarkadas 2009.
93   Chambers, Gallucci, Spanos 1990.
94   *GHI*² 31; s. auch *IG*² 19.
95   Es sei hier nur darauf hingewiesen, dass sich natürlich nicht für alle Texte, die das dreigestrichene Sigma enthalten, automatisch eine Spätdatierung ergibt: Im Moment ist der Stand lediglich, dass eine neue, allgemein konsentierte Datierung für viele der in *Inscriptiones Graecae* I³ edierten Inschriften erst wieder gefunden werden muss. Zunächst ist eher eine gewisse Unübersichtlichkeit das Ergebnis der neuen paläographischen Befunde. Ausgewogener Überblick (mit tabellarischer Übersicht): Rhodes 2008; vgl. auch die Diskussion Rhodes, Osborne 2017 zu Nr. 166, 392–397.
96   Mattingly 1966 (2008); s. auch: Mattingly 1974 (1996).
97   Die chronologische Neubesinnung und die *three-bar-sigma controversy* werden von Kubala nicht berücksichtigt, der in der Jahrhundertmitte einen *change of language* beobachtet, da die Sprache der Dekrete nun *overtly imperialistic* geworden sei: Kubala 2013, 141. Die Diagnose des *shift of language* lässt sich aber deswegen so schwer verifizieren, weil aus der ersten Hälfte des 5. Jahrhunderts praktisch keine einschlägigen Texte erhalten sind (s. die Graphik bei Liddel 2010, 101). Ob die mit Gewaltandrohung unterstützten Ultimaten an Karystos oder Thasos (472/65 v. Chr.) in einer philanthropischen Sprache formuliert worden sind?
98   Papazarkadas 2009, 72. Vorsichtiger Rhodes 2008, 506.

Seebundurkunden (einschließlich des nur kopial überlieferten athenischen Dekrets mit Bestimmungen für Erythrai)[99] in der Mitte des fünften Jahrhunderts stehen und datiert sämtliche einschlägigen Urkunden mit Ausnahme der eindeutig datierten Aparchai-Listen in die Phase des „perikleischen" bzw. „kleonischen Imperialismus" (oder etwas später).

In diesen Zusammenhang ordnet sich die chronologische Gruppierung der Urkunden ein, die eine striktere und effizientere Ausbeutung der Alliierten sicherstellen sollten, etwa in den „Dreiklang" von Kleonymosdekret[100] (Bestimmung von Tributeinziehern in den Mitgliedpoleis; öffentliche Verlesung von Zahlungsrückständen in Athen; Beorderung von Kommissionen, die umgehend die Rückstände eintreiben; Einsetzung eines besonderen Gerichtshofs, der Klagen wegen Zahlungsrückständen behandelt [426 v. Chr.]), Thudipposdekret[101] (Anpassung der Bündnerbeiträge; wohl etwa Verdreifachung[102] des Gesamtaufkommens [425/4 v. Chr.]) und Kleiniasdekret[103] (Verpackung der Tributgelder am Erhebungsort unter Aufsicht athenischer *episkopoi*; Versiegelung der Sendung und Ausstellung von Nachweisdokumenten; Überprüfung der Richtigkeit aller Angaben am Bestimmungsort Athen; Strafandrohungen). Auch das Münz- und Standarddekret (*IG* I³ 1453) sieht Papazarkadas in diesem Kontext, hält aber auch eine spätere Datierung für möglich.[104] Auf diese Weise entstehen Zusammenballungen von früher chronologisch stärker gestreuten Urkunden (das Kleinias- bzw. das Münzdekret wurden vor der Neudatierungswelle häufig früher angesetzt; das Kleonymos- und das Thudipposdekret behalten ihren Platz), so dass der Eindruck einer Intensivierung des athenischen „Imperialismus" entsteht.

Nun erscheinen die neueren Datierungsvorschläge meist plausibel, auch wenn hier noch manches im Fluss ist und eine intensive Diskussion bevorsteht. Wie Papazarkadas betont hat, sind viele Urkunden chronologisch untereinander verbunden (wie zum Beispiel die Texte, die das Verhältnis Athens zu sizilischen Poleis im Vorfeld der Expedition von 415 v. Chr. betreffen), so dass eine vereinzelte Neudatierung weitere Urkunden „mit nach unten zieht."[105] Insofern wirkt die Bildung von „Clustern" thema-

---

99 Allerdings konjektural: Papazarkadas 2009, 78.
100 *IG* I³ 68; *ML* 68; *ATL* D 8; Osbourne, Rhodes 2017, 152; vgl. Papazarkadas 2009, 73.
101 *IG* I³ 71; *ML* 69; *ATL* A 9; Osbourne, Rhodes 2017, 153.
102 Wenn der Phoros mit 388 Talenten für 433/2 angesetzt (*IG* I³ 279; vgl. Pritchard 2015, 92) und von einer Erhöhung auf rund 1.200 Talente ausgegangen wird (vgl. Brun 1983, 24).
103 *IG* I³ 34; *ML* 46; *ATL* D 7; Osbourne, Rhodes 2017, 154.
104 Papazarkadas 2009, 72. Rhodes 2008, 503 sieht das Münz- und Standarddekret ebenfalls im zeitlichen Zusammenhang mit dem Thudippos- und Kleiniasdekret (und hält im Gegensatz zu Papazarkadas eine spätere Datierung für sehr unwahrscheinlich). Hildebrandt 2007 optiert mit Hinweis auf die harten Strafen für eine späte Datierung, argumentiert also auf der Linie der späten Wende zur ‚imperialistischen' Herrschaft. Damit wird die harte Behandlung der Lemnier, Karystier, Thasier etc. ausgeblendet.
105 Aus paläographischen Gründen, nämlich durch Vergleich der Schrifttypen des nunmehr spätdatierten Segesta-Dekrets mit anderen Inschriften, die bislang aufgrund des Sigma-Kriteriums früh-

tisch verwandter Texte durchaus überzeugend und sinnvoll. Die Frage ist allerdings, ob die Kontextualisierung im Sinne einer Verstärkung des attischen Imperialismus die beste Deutung ist. Wie oben gesehen, zeigt die athenische Politik im Vorfeld und im Zusammenhang der Begründung des Seebundes (z. B. der Angriff auf Paros 490/89 v. Chr.; die Festsetzung in Eion, auf Lemnos und Skyros nach der Versklavung oder Vertreibung der Bevölkerung und manche andere Aktion) Merkmale zynischer Brutalität. Im Vergleich dazu weisen Urkunden wie das Thudippos- oder das Kleiniasdekret bei allen Elementen der Ausbeutung durchaus Züge von Verrechtlichung und Berechenbarkeit der (durchaus repressiven) Politik auf. In einzelnen Fällen waren der Tonfall und zugesagte Maßnahmen in Dokumenten der „hochimperialistischen" Phase sogar großzügig und entgegenkommend, wie in dem Ehrendekret für die Bürger von Sigeion (*IG* I³ 17).[106] Es scheint daher durchaus sinnvoll, die fiskalischen Urkunden aus der Zeit des Peloponnesischen Krieges unter anderen Vorzeichen zu bewerten als eines ungebändigten imperialistischen Übermuts.

Dazu ist es angebracht, die neueren Ergebnisse der Forschungen zur Entwicklung der athenischen bzw. Seebundfinanzen vor dem und während des Peloponnesischen Krieges miteinzubeziehen. Bereits vor etwa zwanzig Jahren hat L. Samons[107] in einer grundlegenden und detaillierten Studie gezeigt, dass die Athener ihre finanzielle Lage zu Beginn des Krieges falsch bewertet hatten (eine alternative Interpretation ist, dass sie mit einem weitaus schnelleren Kriegsende gerechnet hatten) und bald nach 430 v. Chr. aus dem Missverhältnis von Einnahmen und Ausgaben die mittelfristige Zahlungsunfähigkeit absehbar war. Diese Berechnungen sind in einigen jüngeren Arbeiten erweitert und vertieft worden. D. Pritchard[108] hat unter Berücksichtigung der vorhandenen Daten bzw. geschätzten Größenordnungen für die Tributeinnahmen, die anderen Einnahmen aus dem Seebund (aus Zöllen, Verpachtungen, Beute),[109] die Überschüsse aus innerathenischen Einnahmen, Eisphorai und Kriegsanleihen, jährliche Durchschnittsausgaben während des Archidamischen Krieges[110] von 1.485

---

datiert worden waren, vergesellschaftet Tracy 2014 eine größere Zahl normativer Texte mit dem Segesta-Dekret chronologisch in der Zeit um 418 v. Chr. (insgesamt die Mehrzahl der unter den Nummern von *IG* I³ 17 bis 34 publizierten Texte). Der Befund muss noch historisch ausgewertet werden.

106 Der Text wurde früher 451/0 v. Chr. datiert, jetzt 418/7 oder 407/6; vgl. Papazarkadas 2009, 77. Eine gewisse, aus der Not geborene Konzilianz liest van Wijk 2016 auch aus den Quellen zur Einführung des epidaurischen Asklepioskults in Athen heraus.
107 Samons 2000; die Studie bildet eine wesentliche Grundlage für Eich 2006, 476–487.
108 Pritchard 2015, bes. 92–99; vgl. 162 für die Bibliographie der Vorarbeiten.
109 Für die aus Thukydides abgeleitete Kategorie des *non-tribute imperial income* und dessen Bezifferung s. Pritchard 2015, 92.
110 Für die Phasen des Nikiasfriedens, des Dekeleischen und des Ionischen Krieges sind die Quellenbelege schlechter. Es deutet sich an, dass die Ausgaben auf einem insgesamt hohen Niveau wohl etwas niedriger waren, zugleich aber die Einnahmesituation verschlechtert war.

Talenten oder annähernd neun Millionen Drachmen ermittelt.[111] Hinzuzunehmen sind noch quasi „private" Kriegsaufwendungen wie vor allem die Trierarchien, deren Durchschnittskosten pro Einzelliturgie Pritchard mit 4.436 Drachmen (V. Gabrielsen nimmt – mit mehr Belegstellen – 5.142 Drachmen[112] an) veranschlagt. Bei Flottengrößen von 100 bis 250 Schiffen je nach Kriegsverlauf (während des Archidamischen Krieges) ist demnach von einer zusätzlichen Belastung von 74 bis 185 Talenten pro Jahr für diesen Posten auszugehen.[113] Die Kriegskosten[114] pro Jahr lagen also in dieser Zeit bei mehr als zehn Millionen Drachmen oder, in besseren Jahren, nicht wesentlich darunter. Das ist deutlich mehr als in älteren Studien angenommen. Diese Korrektur erklärt sich zum einen daraus, dass Pritchard konsequent die *Einnahmen* Athens (und nicht die Belege über die Kosten einzelner Kriegszüge oder Berechnungen über die Heeres- oder Flottenkosten) zugrunde gelegt hat. Da die Athener über die regulären Einnahmen hinaus bedeutende Kredite (mitunter 2.000 Talente *per annum* und mehr) aufnehmen mussten, ergibt sich, dass die gesamten Einnahmen für den Krieg verbraucht wurden und diese daher die Kriegs*kosten* anzeigen. Zweitens hat Gabrielsen darauf aufmerksam gemacht, dass die „privaten" Kosten für die Flotte in den offiziellen Aufstellungen über die Kosten einzelner Feldzüge (wie gegen Samos 440/39 v. Chr.) nicht erscheinen. Da diese liturgischen Kosten faktisch aber steuerlichen Belastungen gleichkommen – mit dem einzigen Unterschied, dass sich keine staatliche Zahlstelle zwischen Bürger und Ausgabe schaltete –, sind sie ebenso gut öffentliche Ausgaben wie Zahlungen aus den diversen Staatskassen und entsprechend zu berücksichtigen.

In seiner monumentalen Studie über die Staatsfinanzen der griechischen Poleis hat L. Migeotte[115] auf der Basis der Zahlen von Chr. Flament[116] eigene Berechnungen über die Höhe der athenischen Kriegsausgaben angestellt, wobei er von einem ähnlichen Ansatz wie Pritchard ausgeht (unter Einrechnung der trierarchischen Kosten, aber, wenn ich recht sehe, ohne Berücksichtigung des *non-tribute imperial income* [Anm. 109]), so dass er auf die niedrigere Summe von 1.333,3 Talenten Jahresbelastung während des Archidamischen Krieges kommt.[117] Gerade angesichts der etwas unterschiedlichen Behandlung der Variablen ist die Gleichartigkeit der Dimensionen jedoch aussagekräftig, zumal Migeotte sie mit den Kosten für Kriegsgerät, dessen Her-

---

111   Vgl. die Tabelle Pritchard 2015, 97.
112   Gabrielsen 2008, 58.
113   Pritchard 2015, 97 f.
114   Nicht berücksichtigt sind in diesen Aufstellungen die erhöhten Diätenkosten in Athen, die durchaus, wie Rosivach 2011 plausibel gemacht hat, einen Kriegsbezug hatten. Die Kosten wurden wahrscheinlich aus innerathenischen Einnahmen bestritten, wären demnach zu den oben genannten Aufwendungen zu addieren.
115   Migeotte 2014.
116   Flament 2007, 144–153.
117   Migeotte 2014, 567.

stellung und Betrieb abgleicht.[118] Von besonderem Wert für die hier betrachtete Frage ist jedoch der Vergleich mit dem Zahlenmaterial, das für die Pentekontaëtie (genauer für die Zeit von 478/7–434/3) ermittelt werden kann, wenn auch häufig nur in approximativer Schätzung. Hier kommt Migeotte zu einem Jahresmittel von 555 Talenten oder ca. 3,3 Millionen Drachmen, etwas mehr als einem Drittel der Kosten, die im Archidamischen Krieg anfielen.[119]

Der dramatische Ausgabenanstieg erklärt das als „perikleischer" oder „kleonischer Imperialismus" bezeichnete Verhalten: Das Imperium sah seinem Bankrott entgegen und kämpfte dagegen an, etwa durch Verschärfung der Abrechnungskontrolle oder durch Erhöhung der Beiträge. Das Versiegeln und Beurkunden der Geldsendungen (Kleiniasdekret) richteten sich dabei ebenso gegen die Korruption der eigenen Funktionäre wie gegen diejenige der Alliierten.

In diesem Zusammenhang sei noch ein Blick auf eine der am meisten umstrittenen Staatsurkunden dieser Phase gestattet, das sogenannte attische Münzdekret.[120] In einer jüngeren Studie hat T. Figueira[121] bezweifelt, dass die in *IG* I³ 1453, E 10–15[122] bezeugte Vereinheitlichung von Maßen und Gewichten innerhalb des Seebunds einen praktischen Sinn hatte (weil er die Maße und Gewichte nicht primär für *„material things but conceptual categories"* erachtet).[123] Doch hat D. Lewis den Pragmatismus hinter solchen Bestimmungen sichtbar gemacht, indem er unter anderem zu Recht darauf hinweist, dass Athen im Zuge seiner Handelsregulierungen bestimmten Alliierten die Einfuhr präzise beschränkter Warenmengen wie Getreide oder Wein gestattete und dabei (wenigstens nach der Jahrhundertmitte) attische Maßangaben verwendete.[124] Solange jedoch die lokalen Maßeinheiten weiter benutzt wurden (wie es ja tatsächlich der Fall war), dürften durch den Zeitaufwand und die Ungenauigkeit der Umrechnung bedingte Reibungsverluste eine stetige Begleiterscheinung solcher Prozesse gewesen

---

118 Migeotte 2014, 552–571.
119 Migeotte 2014, 566.
120 *IG* I³ 1453; Osborne, Rhodes 2017, 155; Erxleben 1961, 131–137.
121 Figueira 2006. Figueira geht (aufgrund von m. E. relativ geringfügigen Textvarianten in einzelnen Fragmenten) davon aus, dass die überlieferten Fragmente unterschiedliche Beschlüsse mit verwandtem Inhalt repräsentieren und hält es für möglich, dass die letzte Fassung in das frühe vierte Jahrhundert gehört.
122 Mit D 7–14 und G 1–9, die einen Kompositext ergeben. Vgl. jetzt auch das neue Aphitisfragment: Figueira 2006, 11, Z. 35–39.
123 Figueira 2006, 34. Die Annahme ist allerdings nicht sinnvoll: Die Athener formulierten, dass niemand andere „Münzen oder Gewichte oder Maße" (E 12 f.) als die athenischen „verwenden" solle, und das ist ganz offensichtlich sehr konkret gemeint. Anders ist das unter antiken Handelsbedingungen auch kaum denkbar. Weiterhin hält Figueira es für plausibel (28), da sich das Verbot der eigenen Münzprägung explizit gegen „jedermann" (τις: E 11) richte, dass die Adressaten des Verbots nicht Staaten, sondern Privatleute gewesen seien. Dem widerspricht der ganze Duktus des Gesetzes und der (angesichts einer solchen Quisquilie) nicht erklärbare Aufwand.
124 Vgl. z. B. *IG* I³ 61 (Osborne, Rhodes 2017, 155), 34–41; *IG* I³ 62, 1–5: 426 v. Chr., wo die *medimnoi* attische *medimnoi* sind. Lewis 2008, 128 f.

sein.¹²⁵ Diese Überlegungen verleihen den ohnehin plausiblen Darlegungen von L. Kallet zusätzliche Überzeugungskraft, dass das Dekret im Vorgriff auf die Umstellung des Finanzierungsmodus der Bundeskasse (von *phoroi* auf die *heikoste* im Jahre 413) formuliert worden ist: Die Vereinheitlichung der Maßeinheiten und der Währung wäre als eine rationale, speziell auf diesen Schritt hin eingeleitete Maßnahme zu interpretieren.¹²⁶ Es lässt sich aber auch spekulieren, ob die die Münzen betreffenden Regelungen eine weitergehende Intention hatten als gemeinhin angenommen. In dem (älteren, an dieser Stelle stark beschädigten) Aphytis-Fragment *IG* I³ 1453, C 10 f. war offensichtlich die Regelung enthalten, dass von den aus allen Seebundpoleis eingesammelten Fremdwährungsstücken in der Attischen Münze umgehend die Hälfte als attisches Nominal ausgeprägt werden sollte. Nach älteren Ergänzungen¹²⁷ war im folgenden Text ausgedrückt, wann die zweite Hälfte des Materials umgeprägt und (ebenfalls) zurückgegeben werden sollte. Doch von diesen Bestimmungen sind keine eindeutigen Reste erhalten. Ebenso gut möglich ist es, dass die Athener sich die Entscheidung darüber vorbehielten, wann und ob sie die eingezogenen Gelder zurückerstatteten. Es fällt ferner auf, dass die Athener den Prägevorgang mit großem logistischen Aufwand zentralisieren wollten (wenn es nur um die Verwendung der attischen Nominale gegangen wäre, hätte doch die Ausstattung der Alliierten mit athenischen Stempeln ausgereicht). Es besteht durchaus die Möglichkeit, dass die Prägetätigkeit für die Bundesmitglieder dauerhaft an die athenische Münze delegiert werden sollte. Wenn dies zutrifft, war für die zentrale Münze des Seebundes eine Art primitive Zentralbankfunktion vorgesehen, mittels derer die Athener sich die Regulierung der (im Imperium) im Umlauf befindlichen Geldmenge und deren Zuteilung sowie die Bestimmung der metallurgische Zusammensetzung vorbehielten. Aus all dem ist nichts mehr geworden. Offensichtlich ist es den Athenern nie gelungen, die im Münzdekret vorgesehenen Maßnahmen umfassend durchzusetzen. Jedenfalls dokumentieren die Seebundurkunden dieser Epoche nicht den Höhepunkt einer Imperialismustendenz, sondern eher einen verzweifelten Staat am Rande des Scheiterns. K. Konuk kommentiert zu Recht: „Ces mesures d'interdiction et d'imposition ne me semblent pas émaner d'une cité au faîte de sa puissance et confiante en elle, elles sont plutôt un aveu de faiblesse (…)."¹²⁸

Die jüngere Forschung bringt also vor allem eine Neujustierung des chronologischen Rahmens: Die Durchsetzung des durch die Interessen der athenischen Regionalmacht bestimmten geo-ökonomischen Systems begann bereits im sechsten Jahr-

---

125   Vgl. bereits Martin 1985, 196–208. Die relativ frühe Datierung von *IG* I³ 61 und 62 (426) belegt m. E. jedoch nicht, wie D. Lewis annimmt, dass das „Münzdekret" zu dieser Zeit schon in Kraft gewesen sein muss. Es kann eine vorhergehende Phase gegeben haben, in der sich die Verwendung attischer Maße und Gewichte als das Normale einspielte.
126   Kallet 2001, 205–226; vgl. Konuk 2011, 54 f.; Pébarthe 2011, 115 und bereits Cavignac 1953, 1–7.
127   Erxleben 1961, 132 mit dem im Apparat verzeichneten Konjekturen.
128   Konuk 2011, 56.

hundert. Die faktische Strukturierung des Ägäisraums und seines Umfeldes zu einer Großregion des Zentrum-Peripherie-Typs (oder genauer: Zentrum – Binnenraum – Peripherie – Transperipherie) bildet unabhängig von den großen Zäsuren der Ereignisgeschichte die Matrix, in die sich die Aktionssequenzen des fünften und vierten Jahrhunderts einschreiben. Die Perserkriege waren in dieser Durchsetzungsgeschichte lediglich eine Etappe ohne kausalen Bezug zur geo-ökonomischen Strukturierung des Raums. Die Phase des späten athenischen „Hochimperialismus" war eigentlich eine Phase des beginnenden Zerfalls dieses Systems.

Verwendete Literatur

Acton, P., *Poiesis. Manufacturing in Classical Athens*, Oxford 2014.
Andreyev, V., „Außerathenische Quellen der Reichtumsbildung Athens im 5./4. Jh. v. u. Z.," *Jb. f. Wirtschaftsgeschichte* 2, 1990, 115–175.
Aperghis, G., „Athenian Mines, Coins and Triremes," *Historia* 62, 2013, 1–24.
Archibald, Z., „Moving Upcountry: Ancient Travel from Coastal Ports to Inland Harbours," in: K. Höghammer, B. Alroth, A. Lindhagen (Eds.), *Ancient Ports. The Geography of Connections (Proc. of an Int. Conf. at the Depart. of Archaeology and Ancient History, Uppsala University, 23–25 Sept. 2010)*, Uppsala 2016, 37–64.
Bats, M., „Le colonie di Massilia," in: M. Lombardo, F. Frisone (Eds.), *Colonie di colonie. Le fondazioni sub-coloniali greche tra colonizzazione e colonialismo (Atti del Convegno Internazionale. Lecce 22–24 giugno 2006)*, Galatina 2009, 203–208.
Bicknell, P., „The Date of Miltiades' Parian Expedition," *AC* 41, 1972, 225–227.
Bonnier, A., „Harbours and Hinterland Networks by the Corinthian Gulf, from the Archaic to the Early Hellenistic Period," in: K. Höghammer, B. Alroth, A. Lindhagen (Eds.), *Ancient Ports. The Geography of Connections (Proc. of an Int. Conf. at the Depart. Of Archaeology and Ancient History, Uppsala University, 23–25 Sept. 2010)*, Uppsala 2016, 65–94.
Bouzek, J., Domaradzka, L., „Greeks in Inner Thrace," *Eirene* 47, 2011, 45–60.
Braund, D., „Greater Olbia: Ethnic, Religious, Economic, and Political Interactions in the Region of Olbia, c. 600–100 BC," in: D. Braund, S. Kryzhitskiy (Eds.), *Classical Olbia and the Scythian World. From the Sixth Century BC to the Second Century AD*, Oxford 2007, 37–77.
Bravo, B., Chankowski, S., „Cités et emporia dans le commerce avec les barbares à la lumière du document dit à tort ,Inscription de Pistiros,'" *BCH* 123, 1999, 275–317.
Bresson, A., *L'économie de la Grèce des cités II. Les espaces de l'échange*, Paris 2008.
Brodersen, K., Günther, W., Schmitt, H., *Historische Griechische Inschriften in Übersetzung*, Bd. 1, Darmstadt 1992 (*HGIÜ* I).
Brun, P., *Eisphora – Syntaxis – Stratiotika. Recherches sur les finances militaires d'Athènes au IVe siècle av. J.-C.*, Paris 1983.
Chambers, M., Gallucci, R., Spanos, P., „Athens' Alliance with Egesta in the Year of Antiphon," *ZPE* 83, 1990, 38–60.
Chankowski-Sablé, V., „Le sanctuaire d'Apollon et le marché Délien: une lecture des prix dans les comptes des hièropes," in: *Prix et formation des prix dans les économies antiques (Entretiens d'Archéologie et d'Histoire Saint-Bertrand-de-Commignes)*, Saint-Bertrand-de-Commignes 1997, 73–89.

Cavignac, E., „L'édit dit de Klearkhos," *RN* 1953, 1–7.
Cook, J., „The Problem of Classical Ionia," *PCPhS* 187, 1961, 9–18.
Davies, J., „Corridors, Cleruchies, Commodities, and Coins: the Pre-history of the Athenian Empire," in: A. Slawisch (Ed.), *Handels- und Finanzgebaren in der Ägäis im 5. Jh. v. Chr.*, Istanbul 2013, 43–66.
Eich, A., *Die politische Ökonomie des antiken Griechenland*, Köln – Weimar – Wien 2006.
Erickson, B., „Island Archaeologies and the Economy of the Athenian Empire," in: A. Slawisch (Ed.), *Handels- und Finanzgebaren in der Ägäis im 5. Jh. v. Chr.*, Istanbul 2013, 67–83.
Erxleben, E., „Das Münzdekret des delisch-attischen Seebundes," *APF* 19, 1961, 91–139.
Figueira, T., *The Power of Money. Coinage and Politics in the Athenian Empire*, Philadelphia 1998.
Figueira, T., „Reconsidering the Athenian Coinage Decree," *AIIN* 52, 2006, 9–44.
Flament, Chr., *Une économie monetarisée: Athènes à l'époque classique (440–338). Contribution à l'étude du phénomène monétaire en Grèce ancienne*, Louvain 2007.
French, A., „Athenian Ambitions and the Delian Alliance," *Phoenix* 33, 1979, 134–141.
Gabrielsen, V., „Die Kosten der athenischen Flotte in klassischer Zeit," in: F. Burrer, H. Müller (Eds.), *Kriegskosten und Kriegsfinanzierung in der Antike*, Darmstadt 2008, 46–73.
Gailledrat, É., „New Perspectives on ‚emporia' in the Western Mediterranean: Greeks, Etruscans and Native Populations at the Mouth of the Lez (Hérault, France) during the Sixth–Fifth Centuries BC," *JMA* 28,1, 2015, 23–50.
Giangiulio, M., „‚Bricolage' coloniale. Fondazioni greche in Cirenaica," in: M. Lombardo, F. Frisone (Eds.), *Colonie di colonie. Le fondazioni sub-coloniali greche tra colonizzazione e colonialismo (Atti del Convegno Internazionale, Lecce 22–24 giugno 2006)*, Galatina 2009, 87–98.
Giuffrida, M., „Alle origini dell'imperialismo ateniese: i casi di Andro e Caristo," *Hormos* 8, 2006, 31–40.
Greaves, A., *The Land of Ionia. Society and Economy in the Archaic Period*, Oxford 2010.
Hildebrandt, F., „Zur Spätdatierung und den wirtschaftspolitischen Aspekten des Attischen Münzdekrets IG I³ 1453," *Thetis* 13/14, 2007, 91–100.
How, W., Wells, J., *A Commentary on Herodotus with Introduction and Appendices*, 2 vol., Oxford 1912.
Howgego, C., *Ancient History from Coins*, London 1995.
Igelbrink, C., *Die Kleruchien und Apoikien Athens im 6. und 5. Jahrhundert v. Chr. Rechtsformen und politische Funktionen der athenischen Gründungen*, Berlin 2015.
Jones, G., Little, J., „Coastal Settlement in Cyrenaica," *JRS* 61, 1971, 64–79.
Kallet, L., *Money and the Corrosion of Power in Thucydides. The Sicilian Expedition and its Aftermath*, Berkeley 2001, 205–226.
Kallet, L., „The Origins of the Athenian Economic ἀρχή," *JHS* 133, 2013, 43–60.
Konuk, K., „Des chouettes en Asie Mineure : quelques pistes de réflexion," in: T. Faucher, M.-C. Marcellesi, O. Picard (Eds.), *Nomisma. La circulation monétaire dans le monde grec antique*, Paris 2011, 53–66.
Kraay, C., „Hoards, Small Change and the Origin of Coinage," *JHS* 84, 1964, 77–91
Kroll, J., „What about Coinage?," in: J. Ma, N. Papazarkadas, R. Parker (Eds.), *Interpreting the Athenian Empire*, London 2009, 195–209.
Kubala, L., „The Distinctive Features and the Main Goals of Athenian Imperialism in the 5th Century BC," *Graeco-Latina Brunensia* 18, 2013, 131–148.
Lawall, M., „Patterns in the Production and Distribution of Transport Amphoras in the 5th Century BC: An Archaeological Perspective on Economic Change," in: A. Slawisch (Ed.), *Handels- und Finanzgebaren in der Ägäis im 5. Jh. v. Chr.*, Istanbul 2013, 103–120.

Lewis, D., „The Athenian Coinage Decree," in: P. Low (Ed.), *The Athenian Empire*, Edinburgh 2008, 118–131.

Leypunskaya, N., „Olbian – Scythian Trade: Exchange Issues in the Sixth to Fourth Centuries BC," in: D. Braund, S. Kryzhitskiy (Eds.), *Classical Olbia and the Scythian World. From the Sixth Century BC to the Second Century AD*, Oxford 2007.

Liddel, P., „Epigraphy, Legislation, and Power within the Athenian Empire," BICS 53,1, 2010, 99–128.

Martin, T., *Sovereignty and Coinage in Classical Greece*, Princeton 1985, 196–208.

Mattingly, H., „Periclean Imperialism," in: E. Badian (Ed.), *Ancient Society and Institutions. Studies Presented to V. Ehrenberg*, Oxford 1966, 193–223 (repr. with corrections in: P. Low (Ed.), *The Athenian Empire*, Edinburgh 2008, 81–110).

Mattingly, H., „The Language of Athenian Imperialism," *Epigraphica* 36, 1974, 33–56 (repr. in: Mattingly, H., *The Athenian Empire Restored: Epigraphic and Historical Studies*, Ann Arbor 1996, 361–385).

Meiggs, R., Lewis, D., *A Selection of Greek Historical Inscriptions to the End of the Fifth Century BC*, Oxford 1989 (revised edition) (*ML*).

Meritt, B, Wade-Gery, H., MacGregor, M., *The Athenian Tribute Lists*, Cambridge/MA – Princeton 1939–1953 (*ATL*).

Migeotte, L., *Les finances des cités grecques aux périodes classique et hellénistique*, Paris 2014.

Moreno, A., *Feeding the Democracy. The Athenian Grain Supply in the Fifth and Fourth Centuries BC*, Oxford 2012 (Pb; ursprünglich 2007).

Muller, A., „Les minerais, le marbre et le vin. Aux sources de la prospérité thasienne," *REG* 124,2, 2011, 179–192.

Naso, A., „Funde aus Milet XIX. Anfore commerciali arcaiche a Mileto. Rapporto preliminare," *AA* 2, 2005, 73–84.

O'Halloran, B., *The Political Economy of Classical Athens. A Naval Perspective*, Leiden – Boston 2019.

Osborne, R., Rhodes P., *Greek Historical Inscriptions 478–404 BC. Edited with Introduction, Translations, and Commentaries*, Oxford 2017.

Papazarkadas, N., „Epigraphy and the Athenian Empire: Reshuffling the Chronological Cards," in: J. Ma, N. Papazarkadas, R. Parker (Eds.), *Interpreting the Athenian Empire*, London 2009, 67–88.

Pébarthe, C., *Monnaie et marché à Athènes à l'époque classique*, Paris 2011.

Petzold, K.-E., „Die Gründung des Delisch–Attischen Seebundes: Element einer ‚imperialistischen' Politik Athens?," *Historia* 42, 1993, 418–443.

Picard, O., „Mines, monnaies et impérialisme: conflits autour du Pangée (478–413)," in: A.-M. Guimier-Sorbets, M. Chatzopoulos, Y. Morizot (Eds.), *Rois, cités, nécropoles. Institutions, rites et monuments en Macédoine*, Athènes 2009, 269–283.

Picard, O., „Un siècle de recherches archéologiques à Thasos: l'apport de la monnaie," *CRAI* 115,2, 2011, 1135–1159.

Pritchard, D. M., „The Symbiosis Between Democracy and War: the Case of Ancient Athens," in: D. Pritchard, *War, Democracy and Culture in Classical Athens*, Cambridge 2010, 1–62.

Pritchard, D., *Public Spending and Democracy in Classical Athens*, Austin 2015.

Raaflaub, K., „Learning from the Enemy: Athenian and Persian ‚Instruments of Empire'," in: J. Ma, N. Papazarkadas, R. Parker (Eds.), *Interpreting the Athenian Empire*, London 2009, 98–124.

Raaflaub, K., „‚Arche', ‚Reich' oder ‚athenischer Groß–Staat'? Zum Scheitern integrativer Staatsmodelle in der griechischen Poliswelt des 5. und frühen 4. Jahrhunderts v. Chr.," in: E. Baltrusch, H. Kopp, C. Wendt (Eds.), *Seemacht, Seeherrschaft und die Antike*, Stuttgart 2016, 103–132.

Rawlings, H., „Thucydides on the Purpose of the Delian League," *Phoenix* 31, 1977, 1–8.

Reger, G., *Regionalism and Change in the Economy of Independent Delos, 314–167 B.C.*, Berkeley 1994.

Rhodes, P., „After the Three–Bar Sigma Controversy: The History of Athenian Imperialism Reassessed," *CQ* 58,2, 2008, 501–506.

Rosivach, V., „State Pay as War Relief in Peloponnesian–War Athens," *G&R* 58, 2011, 176–183.

Ruschenbusch, E., „Das Machtpotential der Bündner im Ersten Attischen Seebund (Überlegungen zu Thukydides 1,99,2)," *ZPE* 53, 1983, 144–148.

Salviat, F., „Le roi Kersobleptès. Maronée, Apollonia, Pistiros et l'histoire d'Herodot," *BCH* 123, 1999, 259–273.

Salmon, N., *The Culture of Connectivity on Archaic and Classical Rhodes*, Diss. London 2019.

Samons, L., *Empire of the Owl*, Stuttgart 2000.

Samons, L., „Herodotus on the Kimonids: Peisistratid Allies in the Sixth Century," *Historia* 66,1, 2017, 21–44.

Schoenhammer, M., *Coinage and Empire: the Athenian Standards Decree of the 5th Cent. B.C.*, Diss. New York 1995.

Scott, L., „Miltiades' Expedition to Paros and ‚Other Islands'," *AHB* 6, 2002, 111–126.

Sears, M., *Athens, Thrace, and the Shaping of Athenian Leadership*, Cambridge 2013.

Skydsgaard, J., „The Greeks in Southern Russia. A Tale of Two Cities," in: P. Bilde et al. (Eds.), *Centre and Periphery in the Hellenistic World*, Aarhus 1996, 124–131.

Smarczyk, B., „Religion und Herrschaft: der Delisch–Attische Seebund," *Saeculum* 58,2, 2007, 205–228.

Stadter, P., „Herodotus and the Athenian Arche," *ASNP* 22,3, 1992, 781–809.

Steinbrecher, M., *Der delisch–attische Seebund und die athenisch–spartanischen Beziehungen in der kimonischen Ära (478/7–462/1)*, Stuttgart 1985.

Tod, M., *A Selection of Greek Historical Inscriptions. Vol 1: To the End of the Fifth Century BC*, Oxford ²1946 (reprint 1951) (*GHI²*).

Tracy, S., „Down Dating Athenian Decrees with Three-Bar Sigma: A Palaeographic Approach," *ZPE* 190, 2014, 105–115.

Trundle, M., „Coinage and the Economics of the Athenian Empire," in: J. Armstrong, L. Brice (Eds.), *Circum Mare: Themes in Ancient Warfare*, Leiden – Boston 2016, 65–79.

Tsetskhladze, G., „Secondary Colonisers in the Black Sea: Sinope and Panticapaeum," in: M. Lombardo, F. Frisone (Eds.), *Colonie di colonie. Le fondazioni sub–coloniali greche tra colonizzazione e colonialismo (Atti del Convegno Internazionale, Lecce 22–24 giugno 2006)*, Galatina 2009, 229–253.

Tzetkova, J., „Die Thrakische Chersones und die thrako-getischen Kontakte vor den Philaiden," *Boreas* 23/24, 2011, 23–34.

van Alfen, P., „Hatching Owls: Athenian Public Finance and the Regulation of Coin Production," in: F. de Callataÿ (Ed.), *Quantifying Monetary Supplies in Greco–Roman Times*, Bari 2011, 127–149.

van Wijk, R., „Negotiation and Reconciliation. A New Interpretation and the Athenian Introduction of the Asklepios Cult," *Klio* 98,1, 2016, 118–138.

Vinogradov, J., „La colonisation grecque du bosphore Cimmérien," in: P. Burgunder (Ed.), *Études pontiques. Histoire, historiographie et sites archéologiques du bassin de la mer Noire*, Lausanne 2012, 57–86.

Viviers, D., „Pisistratus' Settlement on the Thermaic Gulf: A Connection with the Eretrian Colonization," *JHS* 107, 1987, 193–195.

ARMIN EICH
Univ.-Prof. Dr., Lehrbereich Alte Geschichte am Historischen Seminar der Bergischen Universität Wuppertal

Von der Symmachie zur Homologie
Eine völkerrechtliche Perspektive auf Vertragsbeziehungen im delisch-attischen Seebund

PHILIPP SCHEIBELREITER

1. PROLOG

In der Reihe der gegen die Perser geschlossenen griechischen Symmachien[1] nimmt der 478/77 v. Chr. gegründete delisch-attische Seebund insofern eine Sonderstellung ein, als er erst in Anschluss an den Sieg der Griechen gegen Xerxes geschaffen wurde. Somit dient er zwar primär – wie seine unmittelbare Vorgängerorganisation, der so genannte „Hellenenbund" von 481 v. Chr. – der Verteidigung des griechischen Kernlands gegen die Perser, darüber hinaus aber auch einerseits der Stabilisierung des „Nachkriegszustandes", andererseits der kontrollierten Rückeroberung der persisch besetzten Gebiete.

Für die Entstehungsgeschichte des Seebunds sind drei wesentliche Entwicklungsstufen auszumachen[2], auf die hier nicht näher eingegangen werden kann[3]. Auf den Gründungsakt selbst spielt Thukydides an[4], unmittelbar berichtet davon die *Athenaion Politeia*[5]:

---

1 Athen, Eretria und Milet (Hdt. 5, 97); Athen, Plataiai und Sparta – Schlacht bei Marathon (490 v. Chr.); Hellenenbund 481 v. Chr.
2 1) Die in der Not der persischen Invasion 481 v. Chr. geschlossene antipersische Symmachie unter spartanischer Führung (Hdt. 7, 132, 2), 2) deren Erweiterung um befreite, vorwiegend ionische Gebiete Kleinasiens und Inselstaaten auf der so genannten „Konferenz von Samos" 479 v. Chr. (Hdt. 9, 106, 4) und endlich 3) der Hegemoniewechsel innerhalb des Hellenenbundes zugunsten Athens, der vor allem von den neuen Mitgliedern aus Abneigung gegen den spartanischen König Pausanias betrieben wurde und in der Seebundgründung gipfelt (Hdt. 8, 3; Th. 1, 95, 2; Arist. *Ath.* 23, 2–3; Plu. *Arist.* 23, 6; *Cim.* 6. 3–4; D. S. 11, 44, 6 u. 11, 47, 1).
3 Vgl. dazu etwa: Meyer 1924, 485–502; Larsen 1940; Brunt 1953; Wüst 1954/55; Bengtson 1960, 166–191; H. D. Meyer 1963; Hammond 1967; Kiechle 1967; Petzold 1993; Petzold 1994; Welwei 2000, 27–77; Dreher 2001, 84–87; Schubert 2003, 26–55; Scheibelreiter 2013, 11–62.
4 Th. 1, 95–96; 3, 10.2–6.
5 Arist. *Ath.* 23, 5.

Διὸ καὶ τοὺς φόρους οὗτος ἦν ὁ τάξας ταῖς πόλεσιν τοὺς πρώτους, ἔτει τρίτῳ μετὰ τὴν ἐν Σαλαμῖνι ναυμαχίαν, ἐπὶ Τιμοσθένους ἄρχοντος, καὶ τοὺς ὅρκους ὤμοσεν τοῖς Ἴωσιν, ὥστε τὸν αὐτὸν ἐχθρὸν εἶναι καὶ φίλον, ἐφ' οἷς καὶ τοὺς μύδρους ἐν τῷ πελάγει καθεῖσαν.

Deshalb war dieser (i. e. Aristeides) es, der den Städten die ersten Beiträge auferlegte, im dritten Jahr nach der Seeschlacht von Salamis, unter dem Archontat des Timosthenes, und die Eide schwor er den Ionern, dass derselbe Freund und Feind sein solle, zu deren Bekräftigung sie Metallklumpen im Meer versenkten.

Auch Plutarch[6] und Diodor[7] tradieren die Seebundgründung, die für die antik-griechische Welt eine neue Dimension zwischenstaatlicher Zusammenarbeit schaffen sollte. Um die gesteckten Ziele zu verwirklichen, bedurfte es besonderer Organisation. Dies zeigt bereits der Gründungsritus, das Versenken von Metallklumpen unter dem Murmeln von Flüchen, dessen Interpretation – als ewige Bindung der Kontrahierenden oder als Sympathiezauber – hier nicht zur Diskussion gestellt werden kann[8].

2. Der Seebund als Symmachie gleichrangiger Mitglieder

Die völkerrechtliche Grundlage der neu geschaffenen Allianz ist als *συμμαχία* zu qualifizieren, als deren folgenschwerste Bestimmung die Beitragsleistung der Bundesgenossen angesehen werden kann. Der Beitrag (*φόρος*), der auf Basis der Einschätzung der Seebundmitglieder (*τάξις*) berechnet und ursprünglich im kultischen und politischen Zentrum der Allianz, der Insel Delos, abgeliefert und verwahrt wurde[9], bedingte eine stärkere Abhängigkeit der Mitglieder von der ursprünglich gleichgeordneten Führungsmacht Athen: Anfänglich stand es den Mitgliedern frei, Schiffe zu stellen (wovon etwa größere Poleis wie Naxos, Thasos, Samos, Lesbos oder Chios auch Gebrauch machten). Anstelle dieser als beschwerlich empfundenen Pflicht war von Anfang an alternativ die Leistung eines monetären Beitrages vorgesehen. Da diese Möglichkeit verstärkt und auch nachträglich genutzt wurde, etablierte sich das monetäre Beitrags-

---

6   Plu. *Arist.* 25, 1: ὁ δὲ Ἀριστείδης ὤρκισε μὲν τοὺς Ἕλληνας καὶ ὤμοσεν ὑπὲρ τῶν Ἀθηναίων, μύδρους ἐμβαλὼν ἐπὶ ταῖς ἀραῖς εἰς τὴν θάλατταν. – Aristeides ließ die Griechen schwören und leistete selbst den Eid für die Athener, wobei er zur Bekräftigung der Flüche Metallklumpen ins Meer warf.
7   D. S. 11, 47, 1–3.
8   Vgl. dazu Scheibelreiter 2013, 73–85, wonach das Ritual als Sympathiezauber zu verstehen ist und nicht als Ausdruck ewiger Bindung, da deren Lösung unmöglich bedingt ist wie beim vergleichbaren Ritual in Hdt. 1, 165, 2–3, dem aber ein anderer Kontext zugrunde liegt; dagegen geht Scharff 2016, 89–93 wieder von einer „unmöglichen Bedingung" aus, dazu vgl. aber Scheibelreiter 2019a, 197. In jedem Fall ist die Vornahme dieses Ritus als zeremonielles Idiom geeignet, auch einer großen Zahl von Vertragspartnern oder Eidleistenden die Bedeutung der Abschlusshandlung begreifbar zu machen, vgl. dazu Knippschild 2002, 15.
9   Zur Bundeskassa und ihrer Verlegung von Delos nach Athen 454 v. Chr. vgl. Scheibelreiter 2013, 238–244.

system, und die Stellung von bemannten Schiffen mutierte zu einem Privileg weniger, mächtiger σύμμαχοι.

Das Beitragsmodell hatte auch Auswirkungen auf das Formular des Seebundes, also jene rudimentären vertraglichen Bestimmungen, die 478/77 v. Chr. beschworen und besichert worden sind: Mit Bikermann[10] ist anzunehmen, dass die – etwa für peloponnesischen Bund und Hellenbund gesicherte[11] – Hegemonieklausel, der Führungsmacht „zu folgen, wo immer sie hinführe" aufgrund der Beitragsbestimmung für den Seebund obsolet war[12]. Dem steht eine Vielzahl von typischen Symmachie-Klauseln gegenüber. In einer früheren Arbeit wurde versucht, aus diesem in literarischen und epigraphischen Quellen tradierten Reservoir völkervertragsrechtlicher Klauseln diejenigen herauszufiltern, welche sowohl inhaltlich wie auch aus chronologische Gründen Bestandteil des „Seebundvertrages" gewesen sein konnten. Dazu gehören – typisch für eine Symmachie des 5. Jh. v. Chr.[13] – etwa die Freund-Feindklausel („die gleichen Freunde und Feinde zu haben"), die Schutzklausel („einander nach Möglichkeit zu helfen") oder die Loyalitätsklausel („nicht abzufallen") sowie eine Bestimmung über den Beitrag und seine Zweckbindung[14].

3. Die Verschiebung des Gleichgewichts innerhalb des delisch-attischen Seebundes

Auch wenn die Synode in Delos eine strukturelle Gleichwertigkeit aller Mitglieder des Seebunds vorsah, so geht aus dessen Gründungsgeschichte bereits hervor, dass Athen als militärische Führungsmacht fungierte: Einerseits habe „Aristeides für die Athener geschworen", andererseits habe er „die anderen Griechen schwören lassen"[15]; auffällig ist weiters, dass einzig für das Seebundmitglied Athen keine Beitragspflicht belegt ist[16].

Dadurch war der auf Äquivalenz aller Mitglieder aufbauenden Allianz schon in ihren Anfangsgründen eine Ungleichheit immanent, die sich nach und nach verdichtete und in einer sukzessiven Umgestaltung des Seebunds manifestierte[17].

---

10 Bikerman 1950, 113.
11 Vgl. dazu Hdt. 6, 74, 1; dazu Kimmerle 2005, 43 A 164; Baltrusch 1994, 25.
12 Anderer Ansicht Baltrusch 1994, 58–59; vgl. dazu Scheibelreiter 2013, 175–179.
13 Vgl. auch Löbel 2014, 35 und Couvenhes 2016, 29–34, der neben Freund-Feindklausel, Beistands- und Schutzklausel auch Bestimmungen zur gemeinsam abgestimmten Kriegsführung für das 5. Jh. als typischen Bestandteil eines Symmachievertrags-Formulars anführt.
14 Vgl. dazu die Darstellung bei Scheibelreiter 2013, 249–253; zur möglichen Rekonstruktion eines von den Bündnern Athen geschworenen Gründungseides mit den genannten und weiteren Klauseln vgl. ebd. 250–251.
15 Plu. *Arist.* 24.
16 Anders nimmt etwa Powell 1988, 14 einen athenischen Beitrag an.
17 Es liegt jedoch fern, diesbezüglich von einem attischen Reich zu sprechen, auch scheint es nicht legitim, einen athenischen „Plan" anzunehmen, den Seebund in ein „Reich" umzuwandeln. Etwas

Bereits in dem ersten Jahrzehnt seines Bestehens setzt eine Austrittswelle aus dem Seebund ein. Thukydides nennt dafür zwei Hauptursachen[18] – die Belastung durch die Beiträge und das Verweigern militärischen Gehorsams[19]: Αἰτίαι δὲ ἄλλαι τε ἦσαν τῶν ἀποστάσεων καὶ μέγισται αἱ τῶν φόρων καὶ νεῶν ἔκδειαι καὶ λιποστράτιον εἴ τῳ ἐγένετο.– Es gab unterschiedliche Ursachen für das Abfallen und die gewichtigsten waren Rückstände an Abgaben und Schiffen und, wenn es jemals vorkam, militärischer Ungehorsam.

Mit der Weigerung, den φόρος zu entrichten, werden gleich mehrere Bestimmungen des Seebundvertrages verletzt[20], und es blieb zu erwarten, dass die Symmachie die Einhaltung des Vertrages nötigenfalls mit Gewalt durchsetzen würde[21].

So werden auch prominente und mit der Stellung von Schiffen privilegierte Mitglieder wie Naxos (470–468 v. Chr.), Thasos (nach 465 v. Chr.), Samos (439 v. Chr.) oder Lesbos (427 v. Chr.) nach teilweise langwierigen Auseinandersetzungen in den Seebund zurückgezwungen und dadurch die *balance of political powers* innerhalb der Allianz immer weiter verschoben.

zu eindimensional ist hier die von Giovannini 2007, 360–363 getroffene Kategorisierung, wonach der delisch-attische Seebund als Typ II einer Symmachie definiert wird, in welchem primär die Interessen der Hegemonialmacht Athen berücksichtigt worden seien und die Bundesgenossen gänzlich von Athen abhingen (dem zustimmend aber Couvenhes 2016, 44). Wenn manche Historiographen aus einer *ex post*-Perspektive diesbezüglich angestellte Vermutungen nähren, so darf dabei nicht außer Acht gelassen werden, wie negativ der Seebund in seiner Spätzeit, im peloponnesischen Krieg, empfunden werden musste und dargestellt wurde; vgl. so etwa schon Hdt. 8, 3 anlässlich des Hegemoniewechsels im Hellenenbund. Seiner Anlage nach darf man den Seebund jedoch durchaus als Militärallianz gleichrangiger Partner geplant interpretieren.

18 Als weitere Austrittsursachen (αἰτίαι ἄλλαι) kommen natürlich einschneidende Begebenheiten, wie sie Schuller 1974, 175 in der Ägyptenkatastrophe Athens und der Verlegung der Bundeskasse – beides etwa 454 v. Chr., vgl. zu einem vermuteten Zusammenhang Scheibelreiter 2013, 180–223 – sieht, in Frage. Baltrusch 1994, 60 bleibt bei einer freien Übersetzung des Thukydides-Textes, wenn er von „Leistungsverweigerung (der Bundesgenossen) und Unterdrückung (der Bundesgenossen durch Athen)" spricht, die zur Austrittsbewegung geführt haben.
19 Th. 1, 99, 1.
20 Einerseits die Loyalitätsklausel („nicht abzufallen" – μὴ ἀποστήσεσθαι), andererseits die Beitragsverpflichtung. An der Auflistung dieser „Gründe" für den Austritt lässt sich einmal mehr erkennen, wie eng Beitragsleistung und Heerfolge miteinander verbunden waren – einer Hegemonieklausel hat es damit im Seebund gar nicht bedurft, vgl. Scheibelreiter 2013, 249–253 mit Literatur.
21 Steinbrecher 1985, 97 hat versucht, Athen als einen *agent provocateur* zu zeichnen: Durch die aggressive Bundespolitik seien auch loyale Bundesgenossen zum Abfallen aus dem Bündnis gedrängt worden, was dann – nach außen hin auch rechtfertigbar – sanktioniert werden konnte. Auch dieser Ansatz setzt voraus, dass in der Nichtzahlung des Tributes – aus welcher politischen Motivation auch immer sie erfolgte – ein Vertragsbruch vorlag. Freilich führt Steinbrecher 1985, 98–100 weiter aus, dass das Abfallen der Bundesgenossen bereits bei Gründung des Seebundes intendiert gewesen sein müsse, da zwischen den Interessen der Bundesgenossen und Athens keine Übereinstimmung vorgelegen sei. Wie Steinbrecher dies beweisen möchte, macht er nicht klar. Vielleicht geht er wieder von jener vieldiskutierten Thukydides-Stelle (Th. 1, 96, 1) aus, die von einem „Vorwand" Athens spricht, als der die Perserkriege instrumentalisiert worden waren – vgl. dazu Scheibelreiter 2013, 237–248.

Diese Entwicklung tritt auch in der epigraphischen Evidenz deutlich zutage: Weisen die Dekrete für Erythrai (465 v. Chr.)[22], Samos (439 v. Chr.)[23] und Lesbos (426 v. Chr.)[24] noch als Vertragspartei aus „die Athener und die Verbündeten Athens" (Ἀθηναῖοι καὶ οἱ Ἀθηναίων σύμμαχοι), so bürgert sich parallel dazu bereits nach 450/449 v. Chr. die Bezeichnung „die Athener und die Poleis, über welche die Athener gebieten/herrschen" (Ἀθηναῖοι καὶ αἱ πόλεις ὧν Ἀθηναῖοι κράτουσιν/ἄρχουσιν) ein[25].

Pistorius möchte darin[26] „... zumindest im Ansatz das Verfahren (…) erkennen, das Formular gleichberechtigter Symmachieverträge (das dann allerdings auch bilaterale Geltung hatte) zur Durchsetzung und Stabilisierung der Hegemonialinteressen dem untergeordneten Vertragspartner als einseitige Verpflichtung aufzuerlegen."

Die nun sichtbar geänderte Rollenverteilung, das Ungleichgewicht zwischen den Vertragsparteien wird in der Sekundärliteratur[27] zumeist dadurch sichtbar, dass an die Stelle der Symmachie gleichrangiger Partner nun eine vertragliche Neuregelung getreten ist. Grundlage dafür ist ein Kapitulationsvertrag: eine ὁμολογία.

4. Völkerrechtliche Begrifflichkeit im altgriechischen Recht

Mit der Qualifizierung der Unterwerfungsdekrete als ὁμολογίαι wird bereits eine inhaltliche und formale Bewertung getroffen: Anhand der einseitigen Verpflichtung einer Vertragspartei wird auf das Vorliegen eines bestimmten Vertragstyps geschlossen. Dies macht es erforderlich, als Vorfrage abzuklären, inwiefern man im griechischen Völkerrecht der klassischen Zeit überhaupt von „Vertragstypen" sprechen kann.

Indizien für eine solche zumindest ansatzweise verwirklichte begriffliche Differenzierung weisen sowohl inschriftliche als auch literarischen Quellen aus[28]. So werden mit einer Bezeichnung eines Vertrages bestimmte typische Inhalte verbunden, die sich auf den Begründungsakt oder das diesen begleitende Ritual zurückführen lassen wie

---

22 IG I³ 14 (= StV II 134) 23–24. Zur Datierung des Dekrets vgl. Scheibelreiter 2013, 301–302 Anm. 9.
23 IG I³ 48 (= StV II 159) 19–20.
24 IG I³ 66 und 67.
25 Pistorius 1985, 15 mit Belegen.
26 Pistorius 1985, 44.
27 So hat bereits Weber 1908, 4 formuliert, dass die Bundesgenossen „nach ihrer Unterwerfung in ein durch Separatverträge geregeltes Untertanenverhältnis zur Bundeshauptstadt" traten. Der Terminus „Bundeshauptstadt" ist freilich zu modernistisch. Statt des Vertrags auf Gegenseitigkeit lägen nach Baltrusch 1994, 59–60 nun „Diktate in Form von Dekreten in den zuständigen athenischen Behörden" vor, „deren Erfüllung sich Athen einseitig beeiden ließ". Deutlich wird das an der einseitigen Festsetzung des φόρος durch Athen. Dreher 1995, 59–60 kontrastiert dies mit der durch das Kollektivorgan des zweiten attischen Bundes, das συνέδριον, festgelegten σύνταξις – im Chalkis-Dekret IG I³ 40 (= StV II 155), 25–27, 446/45 v. Chr. (vgl. dazu unten, Epilog). Die ausschließliche Kompetenz Athens zur Festlegung des φόρος ist natürlich auch eine Folge der vertragsrechtlichen Umgestaltung – vgl. dazu Scheibelreiter 2013, 185–188.
28 Vgl. dazu allgemein Baltrusch 2008, 32.

bei den σπονδαί oder ὅρκια[29]. Wie Baltrusch nachgewiesen hat, lässt sich in den Quellen auch in Bezug auf die Funktion oder den typischen Regelungsinhalt eine grundlegende Unterscheidung zwischen kriegsunterbrechenden Verträgen (σπονδαί) treffen, welche eine Bereinigungswirkung für die Beziehung kriegsführender Poleis haben und als solche Voraussetzung für darüber hinausgehende Freundschaftsverträge (φιλίαι) oder Bündnisse (συμμαχίαι) sind[30].

Trotz dieser unterschiedlichen Benennungen ist für das griechische Völkervertragsrecht des 5. Jh. v. Chr. keine abschließende Systematik festzustellen – „vielmehr laufen (…) verschiedene Achsen zusammen, personalisierte und interpolitische, historische und gegenwärtige, formale und inhaltliche."[31]

Die mangelnde systematische Erfassung lässt sich auch mit dem Fehlen einer abstrakten Völkerrechtswissenschaft in Verbindung bringen, mit dem Mangel an theoretischer Auseinandersetzung und Kategorisierung, welche erst mit der frühen Neuzeit einsetzen, auch unter dem Einfluss der Schule von Salamanca oder von Hugo Grotius' fundamentalem Werk „De iure belli ac pacis"[32]. Dieses Fehlen einer dogmatischen Aufbereitung des Rechts – wie es im Unterschied etwa zum römischen Recht ja auch für das griechische Privatrecht der Fall ist[33] – schließt aber die Existenz eines „(antiken) griechischen Völkerrechts" ebenso wenig aus[34] wie eine einschlägige Beurteilung von Lebenssachverhalten und Kategorienbildung aufgrund bestimmter juristischer Parameter.

In diesem Zusammenhang könnte man etwa anführen, dass Andokides in seiner dritten Rede den Unterschied zwischen σπονδαί und einer εἰρήνη zu definieren versucht, indem er diesen an der ungleichen Ausgangsposition der Parteien festmacht[35]. Andokides differenziert zwischen dem Friedensvertrag (εἰρήνη)[36], den gleichrangige Parteien eingehen, indem sie einander wechselseitig Zugeständnisse machen (πρὸς ἀλλήλους ὁμολογήσαντες), und den beeideten σπονδαί, die er als Diktate der siegreichen Macht gegenüber dem Unterlegenen ansieht. Dazu zitiert Andokides den Frie-

---

29 Dazu vgl. genauer Scheibelreiter 2013, 32–33.
30 So die grundlegende These von Baltrusch 1994.
31 Baltrusch 2008, 32; vgl. dazu auch Baltrusch 1994, 203–205.
32 Vgl. Scheibelreiter 2011, 154.
33 Vgl. dazu nur Thür 2018, 196. Die Behauptung einer der römischen vergleichbaren, griechischen Rechtswissenschaft, wie sie Barta 2005, 16–115 erstmals aufgestellt hat, findet trotz anregender Gedankenführung in den Quellen der athenischen Rechtspraxis wie Urkunden oder Gerichtsreden keine ausreichende Bestätigung; vielmehr hat die griechische (Rechts-)Philosophie großen Einfluss erst auf die Entwicklung römischen Rechts der späten Republik; vgl. dazu etwa die Überlegungen bei Scheibelreiter 2019b zu einem möglichen Beitrag der aristotelischen Philosophie für die Ausformulierung der *exceptio* des römischen Prozessrechts.
34 Vgl. dazu nur Ziegler 1994, 32–42.
35 And. 3, 11 in Verbindung mit dem Frieden Athens mit Sparta 404 v. Chr.
36 Es darf in diesem Zusammenhang nicht unerwähnt bleiben, dass gerade εἰρήνη ein relativ junger Begriff ist, welcher erst im 4. Jh. in literarischen und epigraphischen Quellen auftaucht; vgl. Bonk 1978, 74; Baltrusch 1994, 22 Anm. 106–107; Kimmerle 2005, 22 Anm. 69.

densvertrag Athens mit Sparta 404 v. Chr. und nennt die dort formulierten, typischen Unterwerfungsbedingungen[37]: Das Schleifen der Mauern (τὰ τείχη καθαιρεῖν), Ausliefern der Kriegsflotte (τὰς ναῦς παραδιδόναι) und Wiederaufnahme der Exilierten (τοὺς φεύγοντας καταδέχεσθαι).

Vergleicht man diese Darstellung nun mit dem Bericht, den Xenophon in den Hellenika gibt[38], so überrascht, dass dort von einer εἰρήνη zu den eben genannten Bedingungen zu lesen ist. Doch auch dieser Text ist problematisch, da nach Xenophon die kriegsbeendende εἰρήνη Bestimmungen wie die der Freund-Feindklausel und der Hegemonie-Klausel enthält, Vertragsklauseln, welche typischer Weise Bestandteil einer Symmachie waren[39]. Beide Probleme[40] machen deutlich, dass von den genannten Autoren eine „hochdifferenzierte juristische Klassifizierung antiker Vertragsformen[41]" nicht erwartet werden kann.

Anderes muss für Thukydides gelten, der konsequent mit einer völkerrechtlichen Begrifflichkeit operiert[42]. Das lässt darauf schließen, dass mit der Bezeichnung eines Vertrages bestimmte Inhalte verbunden oder eben gerade nicht verbunden wurden[43].

Auf Grundlage dieser Prämisse kann nun überprüft werden, wie die Unterwerfungsverträge, welche Athen mit abgefallenen Bundesgenossen schließt, bei Thukydides bezeichnet werden: Und tatsächlich erfolgt die Wiedereingliederung der mächtigen

---

37 And. 3, 11.
38 X. HG. 2, 2, 20.
39 Wahrscheinlich wird damit die Aufnahme Athens in den peloponnesischen Bund angedeutet, vgl. so schon StVII 155. Zum Problem vgl. den Kommentar von Krentz 1989, 188 sowie Scheibelreiter 2009, 149. Baltrusch 1994, 24 Anm. 111 gibt sich hier großzügig, wenn er sagt „… der Bündnisvertrag kann durchaus in den Friedensvertrag integriert gewesen sein" und ergänzt schließlich (185 Anm. 508), dass es sich formal um einen Kapitulationsvertrag (ὁμολογία) gehandelt habe, der um eine Symmachie ergänzt worden sei.
40 Andokides und Xenophon verwenden also für ein und denselben Vertrag von 404 v. Chr. unterschiedliche Begriffe: Während Xenophon diesen als εἰρήνη qualifiziert, bezeichnet Andokides den Frieden mit Sparta als σπονδαί und setzt diese in Gegensatz zur – seiner Darstellung nach für Athen weitaus günstigeren – εἰρήνη, vgl. dazu auch Herrmann 1971, 138–139; Baltrusch 1994, 100–101.
41 Baltrusch 2008, 32.
42 Nur ein einziges Mal scheint auch Thukydides einen terminologischen Fehler zu begehen, wenn er in Zusammenhang mit σπονδαί die Freund-Feindklausel anführt. Diese passt jedoch nicht in den Friedensvertrag zwischen Athen und Bürgerkriegsparteien auf Kerkyra, sondern nur in einen Bündnisvertrag, in eine Symmachie. Diese scheinbare Ungenauigkeit soll die sonst auch hinsichtlich völkerrechtlicher Begrifflichkeiten vorherrschende Präzision des Thukydides jedoch nicht in Abrede stellen, ganz im Gegenteil müsste vielmehr gelten: *exceptio firmat regulam*. Und es ist nicht einmal notwendig, hier einen Fehler des Historikers oder der Textüberlieferung – so etwa Hampl 1936, 160, der das Problem löst, indem er das Wort συμμαχία ergänzt – anzunehmen, da der Text sich sehr wohl so verstehen lässt, dass Thukydides zwischen den namentlich so bezeichneten und einer mittels ihrer prominenten Vertragsbestimmung umschriebenen Symmachie differenzierte, vgl. dazu Scheibelreiter 2011, 166–168.
43 Vgl. dazu die Ergebnisse bei Scheibelreiter 2011.

σύμμαχοι Thasos (nach 465 v. Chr.)[44], Samos (439 v. Chr.)[45] und Lesbos (427 v. Chr.)[46] nach ihrem Abfallen ebenso auf Basis einer ὁμολογία wie jene von Ägina (457 v. Chr.)[47], Chalkis und Eretria (446/45 v. Chr.)[48].

Und Thukydides gebraucht den Ausdruck auch für andere Kapitulationsverträge: Epidamnos gegenüber Kerkyra (435 v. Chr.)[49], Kythera (424 v. Chr.)[50] und Nisaia (424 v. Chr.)[51] gegenüber Athen, Amphipolis (424 v. Chr.)[52] gegenüber Sparta und Athen gegenüber Syrakus (413 v. Chr.)[53].

Die Bezeichnung ὁμολογία beschreibt ein „einseitiges Anerkennen von Forderungen bzw. Vorschlägen"[54] der Gegenseite: der Anerkennende nimmt also notwendiger Weise auf ein Gegenüber Bezug, das vertragliche Bedingungen formuliert[55]. Demnach eignet sich die ὁμολογία im völkerrechtlichen Kontext als „Kapitulationsvertrag", in dem der Verlierer einer kriegerischen Auseinandersetzung die vom Sieger diktierten Forderungen anerkennt. Als ein erstes Ergebnis kann folglich festgehalten werden, dass die ὁμολογία ein einseitiges Anerkennen der von der Siegermacht genannten Bedingungen und insofern (freilich untechnisch ausgedrückt) einen bestimmten Vertragstyp darstellt.[56].

Da ὁμολογία ein wichtiger Begriff des griechischen Vertragsrechts ist, soll zur näheren Charakterisierung dieses Vertrags zunächst kurz die ὁμολογία des Privatrechts beleuchtet werden (5.). In einem zweiten Schritt soll überprüft werden, inwiefern die dadurch für die ὁμολογία gewonnenen Parameter auf die Seebunddekrete, also auf die Verträge Athens mit unterworfenen Bundesgenossen passen (6., 7. und 8.).

5. Zur ὁμολογία im griechischen Recht

Wörtlich übersetzt bedeutet ὁμολογεῖν das „Gleichsprechen" einer Partei zu einer Bedingung der Gegenseite[57]. Ganz allgemein ist die Feststellung ὁμολογῶ („ich erkläre" / „ich bekenne") nicht nur ein gebräuchlicher Terminus, sondern gleichsam der

---

44   Th. 1, 101, 3.
45   Th. 1, 117, 3
46   Th. 3, 28, 1.
47   Th. 1, 108, 4.
48   Th. 1, 114, 3.
49   Th. 1, 29, 5.
50   Th. 4, 54, 2.
51   Th. 4, 69, 3; siehe dazu unten.
52   Th. 4, 105, 2; siehe dazu unten.
53   Th. 7, 82, 2.
54   Baltrusch 2008, 32; vgl. schon Baltrusch 1994, 203–204.
55   Vgl. dazu auch Platschek 2018, 36.
56   Bikermann 1950, 99–100.
57   Vgl. etwa Kussmaul 1969, 30; von Soden 1973, 10–11. Aus römischrechtlicher Perspektive werden etwa bei Beauchet 4 1897, 14–15; Lipsius 1912, 684–686; Mitteis – Wilcken 1912, 73 Anm.1; Vino-

zentrale Begriff der griechischen Urkundenpraxis[58], der in privatrechtlichem Kontext neuerdings wieder als möglicher Beleg für einen griechischen „Konsensualvertrag" herangezogen wird[59].

Die einseitige Anerkennung einer rechtsbegründenden Tatsache ist auch den Homologie-Urkunden des gräko-römischen Ägypten zu eigen: Regelmäßig wird dort mittels ὁμολογεῖν in der 1. Person (ὁμολογῶ, ὁμολογοῦμεν) oder in objektiver Stilisierung (ὁμολογεῖ) nicht der Verpflichtungswille einer Partei, künftig Leistungen zu erbringen, sondern die Bestätigung eines bereits vorliegenden Zustands festgehalten und damit für den Prozess beweisbar gemacht: So erklärt ein Darlehensnehmer den Erhalt von Darlehensvaluten, ein Pächter die Übernahme des Pachtobjektes etc.[60] Die aus diesem Rechtsgeschäft erwachsenden Rechtsfolgen ergeben sich nicht aus der Erklärung des Anerkennenden, sondern gehen dieser Erklärung notwendiger Weise voraus. Daraus folgt, dass die ὁμολογία in dem Großteil der papyrologischen Quellen hinsichtlich des in ihr verbrieften Inhalts bloß deklarative und keine konstitutive Bedeutung hat[61]. Es ist aber nicht von der Hand zu weisen, dass es auch einige Belege gibt, wo das Verb ὁμολογῶ mit einer künftig zu erbringenden Leistung verbunden wird. Dies stellt eine auf das bloße Anerkennen von Fakten rekurrierende Interpretation aller Homologie-Urkunden vor kaum lösbare Probleme: Wolff spricht in diesem Zusammenhang von der „Feststellung einer anderweit begründeten, zukünftigen Tatsache"[62]. Von Soden versucht den Beweis zu führen, dass auch diesen scheinbaren Ausnahmen reale Verfügungen zugrunde liegen müssen und begründet dies, indem er

gradoff 1922, 230 und neuerdings Platschek 2018 Assoziationen zum Verbalkontrakt geweckt, also einem bindenden mündlichen Leistungsversprechen wie der *sponsio/stipulatio*, welche durch ein „Frage und Antwort"-Schema begründet wurde. Hier erfolgte die Verpflichtung einseitig, der Versprechensempfänger (*stipulator*) formulierte eine Frage an den sich Verpflichtenden (*promissor*), zum Beispiel: „*Centum mihi dari spondesne* – Versprichst Du mir, dass mir 100 gegeben werden?" Wenn der *promissor* nun das Versprechen leistete („*spondeo* – Ich verspreche"), so war er einseitig zur Leistung verpflichtet. Und es verwundert nicht, dass der klassische römische Jurist Gaius, wenn er diese Form der Verpflichtungsbegründung als ein auch für Nichtrömer gültiges Rechtsgeschäft darstellt, die Worte *spondesne? – spondeo!* mit ὁμολογεῖς – ὁμολογῶ gleichsetzt und damit eine auch in griechischer Sprache abgeschlossene Stipulation für anwendbar erklärt; vgl. Gai. *Inst.* 3, 93 und dazu Plisecka 2011; Wacke 2013; Platschek 2018, 34–36.

58 Vgl. Wolff 1957, 37: „Die dogmatische Erfassung dieser Erklärung ist das zentrale Problem des griechischen Vertragsrechts"; weiters allgemein dazu Kussmaul 1969, 11 und die Untersuchung von von Soden 1973.
59 Vgl. dazu zuletzt etwa Cohen 2006; Phillips 2009; Gagliardi 2014. Platschek 2018, 34–39 stellt einen unmittelbaren Zusammenhang zum formellen Schuldversprechen, der *stipulatio* des römischen Rechts her, vgl. dazu sogleich.
60 Vgl. dazu Wolff 1957, 56–57.
61 Vgl. dazu grundlegend Wolff 1957, 53–61 und ferner von Soden 1973, 24–28; Platschek 2013, 246–249; Rupprecht 1994, 139.
62 Wolff 1957, 54.

einen untechnischen Gebrauch des Verbs ὁμολογεῖν unterstellt und eine schleichende Romanisierung des griechischen Formulars behauptet[63].

Die aus den hellenistischen und römischen Papyri gewonnen Ergebnisse für die Homologie-Urkunden können nun nicht eins zu eins auf das Recht des klassischen Athen umgelegt werden[64]. Allerdings ist für das attische Recht ein eigener Tatbestand, ein Homologie-Gesetz[65] belegt, welches vermuten lassen könnte, dass mittels ὁμολογία die Erbringung künftiger Leistungen verbindlich gemacht wurde[66]. Dieses besagt wörtlich, dass (D. 42, 12) … κυρίας εἶναι τὰς πρὸς ἀλλήλους ὁμολογίας, ἃ ἂν ἐναντίον ποιήσωνται μαρτύρων – gegenseitige Homologien maßgeblich sind, die in Gegenwart von Zeugen geleistet werden[67].

Daraus hat etwa Edward Cohen geschlossen, dass das ὁμολογεῖν als konstitutiver Akt zu verstehen sei, aus dem Rechte direkt begründet werden können[68]. Cohens Ergebnis geht insofern nicht fehl, als das Adjektiv κύριος („maßgeblich") die Rechtsverbindlichkeit eines Aktes bezeichnet. Was also homologiert wurde, ist „nicht mehr abänderbar"[69]. Phillips[70] vermutet hinter dem bei Hypereides 3, 13 überlieferten Gesetz ὅσα ἂν ἕτερος ἑτέρῳ ὁμολογήσῃ, κύρια εἶναι die Umschreibung eines Konsensualvertrags[71]. Demzufolge käme eine vertragliche Verpflichtung bereits durch die Willenseinigung der Parteien zustande. Doch dagegen lässt sich folgendes vorbringen:

(1) Bei Betrachtung der Belegstellen für das Homologiegesetz fällt ein wesentlicher Unterschied zum Konsensualvertrag auf: Beziehen bei diesem die Parteien die Ver-

---

63   Von Soden 1973, 116–122. Rupprecht 1975, 283–284 wiederum betont, dass viele zukünftig zu erbringenden Leistungen gar nicht in vermögensrechtlichen Transaktionen, sondern in bestimmten Handlungen oder Unterlassungen bestehen. Zur Entwicklung des Formulars mit dem untechnischen ὁμολογῶ ὀφείλειν oder ähnlichem vgl. auch Platschek 2013, 246–249.
64   Darin liegt auch einer der Kritikpunkte von Kussmaul 1969, 30–37.
65   Vgl. dazu Kussmaul 1969, 34–35; Thür 1977, 154–157; Jakab 1994, 195–197; Cohen 2006, 74–77; Jakab 2006, 86; Phillips 2009, 93–106; Gagliardi 2014, 178–179.
66   Belegt bei: D. 42, 12; 47, 77; 48, 11 u. 54; 56, 2; Din. 3, 4; Hyp. 3, 13; Isoc. 18, 24–25; Pl. Smp. 196c. Phillips 2009, 93 verweist ferner auf Pl. Cri. 52d–e und Pl. Lg. 920d; Arist. Rh. 1357b. Eine gute Quellenschau bietet Gagliardi 2014, 178–179.
67   Vgl. dazu schon Thür 1977, 155; Scafuro 2011, 115 Anm. 44. Die Gegenwart der Zeugen, wie sie etwa bei Ar. Ec. 448 für andere Rechtsgeschäfte formuliert wird, hat Beweisfunktion. Der Verweis darauf fehlt in den anderen Belegen für das umstrittene Gesetz.
68   So die These bei Cohen 2006; vgl. unmittelbar dagegen Jakab 2006.
69   Vgl. dazu Scheibelreiter 2019a, 40 mit Anm. 47 und 48 mit Literatur.
70   Phillips 2009, 93 unterscheidet anhand der Quellen vier mögliche Varianten des Gesetzeswortlauts: Eine „allgemeine" Bestimmung ohne nähere Definition, eine auf die Freiwilligkeit der Homologie abstellende Version, eine Variante, welche Abschlusszeugen vorschreibt und schließlich eine, welche auf die Rechtmäßigkeit des Inhalts – im Einklang mit den Gesetzen stehend – abziele. Anders vermutet Gagliardi 2014, 185, dass die Homologie in ihrem Bestand davon abhänge, dass kein Willensmangel einer Partei vorgelegen sei.
71   Phillips 2009, 106: „Therefore, according to the Roman and modern typology, this is a law of consensual contracts"; dagegen etwa Thür 2013, 6–7.

bindlichkeit eines Rechtes aus einem von beiden (mehreren) Parteien getragenen *consensus*, so erfolgt die Homologie einseitig[72].

(2) Ferner hat Thür – aufbauend auf Wolff[73] – das ὁμολογεῖν aus dem prozessualen Kontext heraus erklärt[74]: Mittels des ὁμολογεῖν werden im ersten Verfahrensabschnitt vor dem Archon (*anakrisis*) oder dem Schiedsrichter (*diaita*)[75] Tatsachen oder Rechtsverhältnisse festgestellt oder behauptet, die dann im zweiten Teil des Prozesses vor den Richtern als unverbrüchlich gelten sollen: Die Partei kann sich von dieser einmal getroffenen Behauptung im Sinne eines Neuerungsverbots nicht mehr distanzieren[76]. Die Stellungnahme zu einem Parteivorbringen war in diesem Verfahrensabschnitt verbindlich, da diese dann die Eckpfeiler der Hauptverhandlung darstellten[77]. Demnach könne die ὁμολογία nicht als Konsensualvertrag „im Sinne eines Zusammenklangs mehrerer auf Herstellung obligatorischer Bindungen gerichteter Willenserklärungen"[78] gedeutet werden[79]. Problematisch erscheinen nach dieser sehr eingängigen „Prozess"-These aber jene Belege für Homologien, welche außerhalb des gerichtlichen Vorverfahrens stehen, etwa jene des oben angesprochenen Homologiegesetzes: Dies lässt sich nur mühsam[80] in einen prozessualen Kontext stellen[81].

(3) Schließlich ließe sich die Homologie auch als „Nebenabrede", als *pactum* verstehen, dessen Abschluss, aber auch dessen Verletzung für sich genommen noch nicht

---

72 Vgl. dazu auch Wolff 1957, 56–57, der vermerkt, dass eine „beidseitige" Homologie wie in D. 42, 12 und Hyp. 3, 15 entweder der unjuristischen Begriffsverwendung entstammt oder auf römischrechtlichen Einfluss zurückzuführen ist. Anders will Gagliardi 2014, 181 aus dem im Homologiegesetz gebrauchten Plural ὁμολογίαι eine Wechselseitigkeit der Verpflichtung ableiten. Es ist aber nicht notwendig, hier eine Zweiseitigkeit zu konstruieren, vielmehr könnten mit den wechselseitigen Homologien tatsächlich zwei voneinander unabhängige, einseitige Anerkenntnisse gemeint sein, die in Gegenwart von Zeugen geschlossen wurden.
73 Wolff 1957, 53–61.
74 Thür gefolgt sind Carawan 2006, 350 Anm. 16 und Kästle 2012, 194 Anm. 158.
75 Thür 1977, 157–158; Thür 2007, 134–135.
76 So schon Partsch 1924, 273; Thür 1977, 156; Jakab 1994, 195–197; Jakab 2006, 86.
77 So regelt es das in D. 46, 10 genannte Gesetz; vgl. dazu Thür 1977, 156: „Gegenstand des (…) Gesetzes über die Homologie war demnach das vorweg abgegebene Zugeständnis zu einzelnen Prozessbehauptungen"; vgl. dazu auch Jakab 1994, 195–197: „Die Homologie begründet keine Verpflichtungen, sondern legt nur Äußerungen der Parteien in einem künftigen Prozess fest".
78 Wolff 1957, 61.
79 Vgl. dazu auch Wolff 1957, 44–46.
80 So zuletzt Platschek 2018, 36.
81 Vgl. dazu Hyp. 3, 13; D. 47, 77; D. 48, 11, 54; 52, 6; Pl. *Smp.* 196c. Nach Thür 1977, 156–157 besteht die Freiwilligkeit darin, dass das Anerkenntnis nicht unter dem Antwortzwang etwa der *anakrisis* herrscht, sondern eben aus eigenem Antrieb formuliert wurde, was den Erklärenden im folgenden Prozess in gleicher Weise binde, vgl. dazu auch Thür 1977, 157 Anm. 124; Thür 2013, 8–9. Damit erübrige sich die Diskussion eines „Willensmangels" bei Abgabe der Erklärung, wie sie Phillips 2009, 104 andeutet, wenn er das unfreiwillige ὁμολογεῖν im Sinne des römischrechtlichen *coactus tamen volui* auslegt. Zur Ehrenrettung von Phillips sei angemerkt, dass er sich insgesamt gegen die Aufnahme von ἑκών bzw. ἑκούσιος in das Homologiegesetz ausspricht; vgl. dazu auch Kussmaul 1969, 30–35; von Soden 1973, 3.

haftungsbegründend sind, welches aber Modalitäten einer andersartig getroffenen, rechtsgeschäftlichen Beziehung reglementiert. In diese Richtung etwa weist etwa die Verwendung des Begriffs ὁμολογεῖν in der Rede des Apollodoros gegen Kallippos[82].

Die Frage nach der Bedeutung des Homologiegesetzes für das griechische Vertragsrecht ist noch immer nicht vollständig geklärt, und das kann, ja, das muss hier auch nicht vertieft werden[83]. Vielmehr gilt es, den Blick auf die Bedeutung der ὁμολογία im Völkerrecht zu lenken und zu überprüfen, inwiefern sich die für das hellenistische und attische Privatrecht erarbeiteten Parameter für diesen Vertragstyp auch dort wiederfinden, wo Seebundmitglieder der Hegemonialmacht Athen „homologieren". Diese Parameter für die ὁμολογία sind jedenfalls, dass mit dem Begriff im griechischen Recht eine (1) einseitige Feststellung verbunden wird, welche (2) auf eine davor getroffene Aussage oder Tatsache Bezug nimmt, welche oftmals die andere Partei formuliert hat. In der Mehrzahl der Belege ist die Funktion einer ὁμολογία als deklarativ, ein bestehendes Recht bestätigend, und nicht konstitutiv für ein Rechtsverhältnis zu werten[84].

---

82   So belegt die Klageschrift (ἔγκλημα) aus der Rede des Apollodoros gegen Kallippos: Dort wird auf eine angebliche ὁμολογία des Pasion gegenüber Kallippos verwiesen (D. 52, 14): (…), ἐγκαλέσας βλάπτειν ἑαυτὸν ἀποδιδόντα Κηφεσιάδῃ τὸ ἀργύριον, ὃ κατέλιπε Λύκων ὁ Ἡρακλεώτης παρ' αὑτῷ, ἄνευ αὐτοῦ ὁμολογήσαντα μὴ ἀποδώσειν. (…) „Er erhob Anklage, dass dieser ihm schade, indem er dem Kephesiades das Geld gab, welches Lykon, der Herakleote bei ihm zurückgelassen hat, obwohl er versprochen habe, ohne ihn nichts auszuzahlen zu wollen". Pasion, der Vater des die Verteidigungsrede haltenden Apollodoros, hat entgegen der Vereinbarung (ὁμολογία gegenüber Kallippos), dass er das bei ihm hinterlegte Geld nicht ohne Mitwirkung des Kallippos auszahlen würde, gehandelt (und das Geld an Kephesiades, einen Geschäftspartner des Lykon ausbezahlt). Das ἔγκλημα macht deutlich, dass die behauptete Schädigung (βλάβη) des Kallipos nicht etwa im Bruch des Versprechens („nicht ohne Kallippos zu verfahren") besteht, sondern in der Auszahlungshandlung selbst: βλάπτειν ἑαυτὸν ἀποδιδόντα Κηφεσιάδῃ τὸ ἀργύριον. Der Vorwurf, damit gegen die ὁμολογία verstoßen zu haben, präzisiert nur die schädigende Handlung des Pasion; die Homologie ist hier als Nebenabrede zu verstehen. Der Bruch des Versprechens ist aber für sich genommen noch nicht haftungsbegründend; vgl. dazu Scheibelreiter 2018, 222.
83   Die maßgebliche These für die Prozess-Homologie von Thür hat ihre offene Flanke bei den freiwilligen Homologien, ebenso wie in papyrologischen Quellen die Lehre Wolffs hinsichtlich zukünftig zu erbringender Leistungen in Abhängigkeit vom Verb ὁμολογεῖν. Dennoch sind die Theorien vom griechischen Konsensualvertrag nicht haltbar. In der vorliegenden Studie sollte aber auch nur ein knapper Überblick über den Forschungsstand gegeben werden, um die völkerrechtlichen Quellen in diesen kontextualisieren zu können.
84   Vgl. Wolff 1957, 54; Kussmaul 1969, 35; von Soden 1973, 10; Wolff 1973, 78–80; Rupprecht 1994, 139; Jakab 2006, 86; Kästle 2012, 193 Anm. 53.

6. Die ὁμολογία als Kapitulationsvertrag: Th. 4, 69, 3 und 4, 105, 2

Als erster Beleg für Kapitulationsverträge bei Thukydides ist der Vertrag Athens mit Nisaia aus 424 v. Chr. zu nennen bei (Th. 4, 69,3)[85]:

…, ξυνέβησαν τοῖς Ἀθηναίοις ῥητοῦ μὲν ἕκαστον ἀργυρίου ἀπολυθῆναι ὅπλα παραδόντας, τοῖς δὲ Λακεδαιμονίοις, τῷ δὲ ἄρχοντι καὶ εἴ τις ἄλλος ἐνῆν, χρῆσθαι Ἀθηναίοις ὅ τι ἂν βούλωνται. ἐπὶ τούτοις ὁμολογήσαντες ἐξῆλθον.

Und sie kamen mit den Athenern überein, dass jeder für eine bestimmte Summe sich freikaufen könne und gaben die Waffen ab, sowie dass es den Athenern freistehe, mit den Lakedaimoniern, dem Anführer und wenn noch jemand anderer von diesen in der Stadt war, zu verfahren wie sie es wollten. Zu diesen Bedingungen homologierten sie und zogen ab.

Die Unterwerfungsbedingungen werden also gemeinsam vorformuliert: Dieser Akt der Verhandlung von Kapitulationsbedingungen wird mit ξυμβαίνειν umschrieben. Festsetzung einer Summe zum Freikaufen der Geiseln, Abliefern der Waffen und Auslieferung der spartanischen Besatzung. Auf dieser Grundlage (ἐπὶ τούτοις) kommt es zu einer ὁμολογία[86], einer Bestätigung dessen, was vorher ausgehandelt worden war[87].

Noch deutlicher wird dies angesichts des Vertrags zwischen Brasidas und der Stadt Amphipolis aus 424 v. Chr. (Th. 4, 105, 2)[88]:

Καὶ τὴν ξύμβασιν μετρίαν ἐποιεῖτο, κήρυγμα τόδε ἀνειπών, Ἀμφιπολιτῶν καὶ Ἀθηναίων τῶν ἐνόντων τὸν μὲν βουλόμενον ἐπὶ τοῖς ἑαυτοῦ τῆς ἴσης καὶ ὁμοίας μετέχοντα μένειν, τὸν δὲ μὴ ἐθέλοντα ἀπιέναι τὰ ἑαυτοῦ ἐκφερόμενον πέντε ἡμερῶν.

Und er konzipierte maßvolle Bedingungen, indem er folgende Bekanntmachung verkünden ließ, dass jeder der Amphipoliten und der in der Stadt befindlichen Athener, der es wollte, an ihrem Eigentum gleich und ganz teilhaftig bleiben solle, wenn das aber einer nicht wollte, dass dieser abziehen dürfe innerhalb von fünf Tagen und sein Eigentum wegbringen.

Dem Bericht des Historikers zufolge formuliert Brasidas Vertragsbedingungen[89], die er mittels κήρυγμα verkünden lässt[90]. Diese sind äußerst milde und lauten auf ein Bleiberecht aller, die es wollten bzw. gestatten den Auswanderungswilligen eine Fünftagesfrist zum Verlassen der Stadt mit all ihrer Habe. Wenn es nun kurz darauf heißt, dass

---

85 Vgl. dazu StVII 180; Müller 1997, 163.
86 So auch bei D. S. 12, 66, 4.
87 Balcer 1978.
88 Vgl. dazu StVII 182; Müller 1997, 163–164.
89 Vgl. Graves 1982, 270 übersetzt den Imperfekt ἐποιεῖτο mit „er war bereit, einen Vertrag zu formulieren". Das Pronomen τόδε leite daraufhin zu den Bedingungen desselben über.
90 Landmann 1976, 346 übersetzt κήρυγμα mit „Botschaft", Hornblower 1996, 336 mit „proclamation".

es zu einer ὁμολογία[91] kam (ἐγένετο ἡ ὁμολογία καὶ προσεδέξαντο ἐφ' οἷς ἐκήρυξε)[92], so entspricht dieser Vertrag wieder bloß einer Zustimmung zu vorher hier einseitig von dem Spartaner formulierten Bedingungen.

Diese beiden Beispiele belegen in aller Kürze, dass das für das griechische Privatrecht skizzierte, typische Modell einer einseitigen Zustimmung zu vorher formulierten Bedingungen im Sinne einer „Anerkennung" derselben auch im zwischenstaatlichen Bereich umgesetzt wurde. Das bedeutet – vielleicht ebenso wie im attischen Recht – nicht automatisch, dass der Vertragstyp der ὁμολογία im zwischenstaatlichen Bereich nicht auch andere „Einsatzgebiete" hatte als bloß Kapitulationsverträge[93]; in 19 von 25 Belegen bei Thukydides hat der Begriff aber diese Bedeutung[94]. Und dies trifft auch auf die Kapitulationsverträge Athens mit abtrünnigen Bundesgenossen zu.

7. Die Unterwerfungsverträge von Thasos, Samos, Ägina und Lesbos

Die Unterwerfung der mächtigen und privilegierten Bundesgenossen Thasos[95] und Samos[96] gipfeln in einer Homologie mit Athen. Die darin genannten Bedingungen entsprechen einem Muster, was darauf schließen lassen könnte, dass Thukydides tatsächlich Kenntnis vom Urkundentext gehabt hat[97]: Die aktive (Auslieferung der Flotte) und passive (Schleifen der Verteidigungsmauer) Entwaffnung sowie die Leistung von Reparationszahlungen und/oder Festsetzung eines monetären Beitrags[98]. So heißt es im Fall von Thasos nach Th. 1, 101, 3[99]:

---

91 So auch bei D. S. 12, 68, 3. Nach Müller 1997, 164 sei Thukydides hierfür eine Vertragsurkunde vorgelegen, welche er nur paraphrasiert.
92 Th. 4, 106, 2.
93 Vgl. so Th. 5, 21, 3 und 6, 10, 1–3 (Nikiasfrieden); Th. 8, 56, 1 (Athen und Tissaphernes); Th. 1, 107, 2 (Sparta und Phoker); Th. 2, 33, 3 (Korinth und Akarnanier mit Kraniern); Th. 4, 65, 2 (Athen und die Sizilier); Th. 2, 100, 3 (Gortyn, Atalanta und andere mit Amyntas v. Makedonien); Th. 4, 132, 1 (Athen und Perdikkas); Th. 5, 5, 1 (Sikelioten); Th. 8, 90, 22 (Samos und Sparta); Schol. zu Th. 5, 17, 2 (Theben und Plataiai); Th. 3, 66, 3. Mit Nörr 1989, 141 darf trotz der grundlegenden Formalstruktur der ὁμολογία ferner nicht von einem zu technischen Verständnis ausgegangen werden, wie es etwa der römischen *deditio* immanent ist.
94 Vgl. dazu die Liste bei Balcer 1978, 62 Anm. 15; diese Belege auszuwerten, muss einer umfassenderen Studie zur Homologie im Völkerrecht vorbehalten bleiben.
95 Vgl. dazu Scheibelreiter 2013, 319–322.
96 Vgl. dazu Scheibelreiter 2013, 323–326.
97 So Balcer 1978 59; Müller 1997, 142–169.
98 Vgl. dazu allgemein auch Kallet-Marx 1993, 68; Scheibelreiter 2013, 194–199; Zahrnt 2012, 611.
99 Nach Müller 1997, 148–149 referiert Thukydides hier den Kapitulationsvertrag anhand seiner wichtigsten Bestimmungen, wobei Müller die Präzision der Darstellung besonders hervorhebt (149 Anm. 291).

Θάσιοι δὲ τρίτῳ ἔτει πολιορκούμενοι ὡμολόγησαν Ἀθηναίοις τεῖχός τε καθέλοντες καὶ ναῦς παραδόντες, χρήματά τε ὅσα ἔδει ἀποδοῦναι αὐτίκα ταξάμενοι καὶ τὸ λοιπὸν φέρειν τήν τε ἤπειρον καὶ τὸ μέταλλον ἀφέντες.

Die Thasier stimmten den Athenern im dritten Jahr der Belagerung zu, dass sie die Mauer geschliffen haben, die Schiffe ausgeliefert, und das Geld, wieviel sie sofort und zukünftig leisten würden, festgesetzt, und dass sie vom Festland und dem Bergwerk ablassen.

Versteht man diese einzelnen Verhandlungspunkte als die Festlegung von Vertragspflichten, könnte man die ὁμολογία hier als Vereinbarung über künftig zu erbringende Leistungen auslegen: Die Thasier sollen, auf Grundlage des Vertrages, die Mauer schleifen lassen und Schiffe ausliefern etc. Betrachtet man den Text aber genauer, so fällt auf, dass die Unterwerfungsbedingungen in Abhängigkeit von dem Verb ὁμολογεῖν im Aorist Partizip stehen: καθέλοντες – παραδόντες – ταξάμενοι – ἀφέντες.

Nicht anders verhält es sich im Falle von Samos (Th. 1, 117, 3) 440/39 v. Chr.: … προσεχώρησαν ὁμολογίᾳ τεῖχός τε καθέλοντες καὶ ὁμήρους δόντες καὶ ναῦς παραδόντες καὶ χρήματα ἀναλωθέντα ταξάμενοι κατὰ χρόνους ἀποδοῦναι. Als Unterwerfungsbedingungen[100] werden genannt: Die Schleifung der Mauer, das Stellen von Geißeln, die Auslieferung der Schiffe und die Festsetzung eines Betrages, der in Zukunft zu leisten sein würde. Obwohl den Gesetzmäßigkeiten der griechischen Syntax folgend das Partizip das Verhältnis der Handlung zum übergeordneten Verb prinzipiell offen lässt, gilt es als eine der wenigen etablierten Regeln, dass das Partizip Aorist „gemäß seinem Aspekt des Vollzugs eine Handlung (oder einen Vorgang), die im Verhältnis zu der Handlung des übergeordneten Verbs als vorausgegangen erscheint", bezeichnet[101].

Während die Übersetzungen etwa von Landmann[102] oder Forster Smith[103] die im Aorist gehaltenen Bedingungen einfach als „Vertragsbestimmungen" wiedergeben[104]

---

100 Vgl. auch Müller 1997, 150.
101 Bornemann – Risch 1978, 227.
102 Vgl. Landmann 1976, 84: „Thasos aber mußte sich im dritten Jahr der Belagerung mit den Athenern verständigen: Es hatte die Mauer zu zerstören, seine Schiffe auszuliefern, an Geld so viel, wie die Schatzung bestimmte, sofort zu bezahlen und inskünftig beizusteuern und auf das Festland und das Bergwerk zu verzichten"; Landmann 1976, 92: „… mußten sie im neunten Monat die Tore öffnen und sich dazu verstehen, ihre Mauer einzureißen, Geiseln zu stellen, die Schiffe auszuliefern, und die aufgewendeten Kosten im Laufe der Zeit, ihrer Schatzung entsprechend, zurückzuzahlen".
103 Forster Smith 1928, 171: „And so the Thasians, who were in the third year of the siege, came to terms with the Athenians, pulling down their walls and delivering over their ships, agreeing to pay forthwith whatever sum of money should be required of them and to render tribute in the future, and, finally, giving up both the mainland and the mine (…)" Forster Smith 1928, 195: … and in the ninth month were reduced by siege and agreed to a capitulation, pulling down their walls, giving hostages, delivering their ships, and consenting to pay back by installments the money spent upon the siege."
104 So auch in der Literatur, vgl. H. D. Meyer 1961, 501, 505; Legon 1972, 153; Scheibelreiter 2013, 321 (Thasos), aber differenzierter 324 (Samos); vgl. auch Schuller 1981, 283.

und die Kommentare von Gomme[105] oder Hornblower[106] dies nicht weiter beachten, hat Classen die Frage gestellt, ob damit die Unterwerfungsbedingungen erst erfüllt werden mussten, damit der Vertrag seine Gültigkeit entfalten konnte. Steup hat 1919 in seiner Weiterführung des Kommentars von Classen einen anderen Lösungsweg vorgeschlagen, indem er auf vier weitere Belegstellen[107] verweist, welche ebenfalls ein Aorist-Partizip in Abhängigkeit vom Verb ὁμολογεῖν enthalten, wodurch Gleichzeitigkeit ausgedrückt werden soll[108]: „Da Thukydides ohne Frage bisweilen einem Indikativ Aorist zur Bezeichnung von Gleichzeitigem ein Partizip Aorist beigefügt hat, so empfiehlt es sich entschieden mehr, diesen Gebrauch auch für unsere fünf Stelle anzuerkennen (also zu übersetzen: „indem sie niederrissen, sich zur Niederreißung verpflichteten usw.), als mit Classen anzunehmen, daß die Vorstellung, daß die homologia, das völlige Einvernehmen, erst durch die Leistung des Verabredeten perfekt werde, für die Gestaltung des Ausdrucks maßgebend sei." Der ältere Kommentator lässt – allerdings nur aufgrund seines ersten Übersetzungsvorschlags: „indem sie niederrissen" Problembewusstsein erkennen[109].

Doch angesichts des oben zur ὁμολογία Ausgeführten ließe sich dies auch so verstehen, dass die unterlegene Partei die Niederlegung der Mauer oder Auslieferung der Flotte den Athenern nicht erst versprach, sondern diesen von den Athenern bereits oder gerade gesetzten Akt anerkannte: Die unterlegenen Samier bestätigten, dass die Mauern niedergelegt bleiben, die Schiffe ausgeliefert bleiben sollten und Geißeln gestellt wurden.

Dem könnte nun entgegnet werden, dass die Reparationszahlungen ja auch Element des Vertrages waren und dies als Versprechen zukünftiger Leistung (κατὰ χρόνους ἀποδοῦναι) zu verstehen sei. Doch dem ist nicht so: Die Samier erkennen bloß an, dass eine Schätzung erfolgt (ist), auf deren Grundlage diese Leistungen erbracht würden. Wie alle anderen von den Samiern bestätigten Vertragsbedingungen (τεῖχός καθέλοντες, ὁμήρους δόντες, ναῦς παραδόντες) steht diese Veranlagung im Partizip Aorist: χρήματα ἀναλωθέντα ταξάμενοι[110].

In der ὁμολογία selbst wurden nur die von Athen diktierten Unterwerfungsbedingungen bestätigt. Bezüglich der zukünftig zu erbringender Geldleistungen ist zu unterscheiden: So wird die Höhe dieser Leistungen veranschlagt (ταξάμενοι). Die Zahlung

---

105 Gomme 1945, 299–300 konzentriert sich auf inhaltliche Fragen des Vertrages.
106 Hornblower 1991, 158 erörtert nur die Höhe der von Thasos zu leistenden Zahlungen.
107 Th. 1, 108, 4; Th. 1, 115, 1; Th. 1, 117, 3; Th. 3, 90, 4.
108 Classen – Steup 1963, 270–271.
109 Die zweite Alternative („sich zur Niederreißung verpflichteten") hingegen ist da unpassend.
110 Aufgrund des medialen Gebrauchs des Verbs könnte vermutet werden, dass die Beiträge zwar einseitig festgesetzt werden sollten, aber dies unter Mitwirkung des Verpflichteten erfolgte. Im Unterschied dazu heißt es etwa in Zusammenhang mit der Unterwerfung der Mytilenaier (Th. 3, 50), dass „die Athener einseitig einen Beitrag nicht festsetzten" (φόρον οὐκ ἔταξαν) – hier ist das Verb τάττειν aktiv, vgl. dazu sogleich und allgemein Scheibelreiter 2013, 197–198.

selbst kann nicht bestätigt werden, da sie ja erst erfolgen soll. Deshalb sind die Infinitive, die diese Leistungen betreffen: ἀποδοῦναι, φέρειν (Thasos) und ἀποδοῦναι (Samos) auch nicht Bestimmungen des Vertrages selbst, sondern Element der gesondert vorgenommenen Satzung, der τάξις. Übereinstimmend wird in der Literatur ferner davon ausgegangen, dass die in Samos bestellten Geißeln diese Zahlungen besichern[111] sollen[112].

Für die Unterwerfungsverträge Athens mit Thasos und Samos kann also festgehalten werden, dass keine zukünftigen Leistungen versprochen werden, sondern die unterlegene Partei dem Sieger bestätigt, dass sie bestimmte Maßnahmen anerkenne. Folglich entsprechen die beiden Kapitulationsverträge mit Thasos und Samos dem für das attische Prozess- und Vertragsrecht vorgestellten Schema einer ὁμολογία: der „einseitigen Anerkennung einer Tatsache".

Für die Unterwerfung von Ägina (457 v. Chr.)[113] beschreibt Thukydides das nahezu gleiche Szenario wie für Thasos und Samos, und fasst zusammen, dass es eine ὁμολογία gegeben habe und die Ägineten die Mauern niederlegten (τείχη τε περιελόντες), die Schiffe auslieferten (ναῦς παραδόντες) und einen Beitrag festsetzen ließen (φόρον τε ταξάμενοι ἐς τὸν ἔπειτα χρόνον). Wieder ist aufgrund der im Aorist gehaltenen Partizipia anzunehmen, dass diese Konsequenzen für die abtrünnige Stadt nicht Folge der ὁμολογία waren, sondern darin nur bestätigt wurden.

Etwas anders liegt der Sachverhalt im Falle der Unterwerfung der Insel Lesbos (427 v. Chr.), die bei Thukydides einen breiten Raum einnimmt, weil er auch die Debatte in Athen hinsichtlich der Frage dokumentiert, wie gegen den abtrünnigen Bundesgenossen zu verfahren sei[114]. Nach Thukydides kommt es nach Einnahme der Stadt zu einer ὁμολογία der Mytilenaier mit dem athenischen Strategen Paches (Th. 3,28,2):

ποιοῦνται κοινῇ ὁμολογίαν πρός τε Πάχητα καὶ τὸ στρατόπεδον, ὥστε Ἀθηναίοις μὲν ἐξεῖναι βουλεῦσαι περὶ Μυτιληναίων ὁποῖον ἄν τι βούλωνται καὶ τὴν στρατιὰν ἐς τὴν πόλιν δέχεσθαι αὐτούς ...

Sie schlossen gemeinsam eine Homologie mit Paches und dem Heer, dass den Athenern freistünde, über die Mytilenaier zu beraten was immer sie wollten und dass sie das Heer in der Stadt aufnehmen würden, ...

---

111 Ein gutes Gegenbeispiel dafür, dass künftig zu erbringende Leistungen nicht mittels ὁμολογία zugesichert wurden, sondern dafür Sicherheiten bestellt wurden, bietet schließlich das den Athenern gegenüber abgegebene Versprechen der Chier aus 425 v. Chr.: Dort schließen die Athener mit den Chiern keine ὁμολογία, sondern erhalten „Treueversprechen und Sicherheiten" (πίστεις καὶ βεβαιότητα), dass die Inselpolis keinen Umsturz planen werde, vgl. Th. 4, 51; vgl. dazu Scheibelreiter 2013, 337–338. Allerdings mussten die Chier ihre neu errichtete Mauer (vgl. dazu Th. 3, 39, 2) umlegen.
112 Prandi 1978, 60; Quinn 1981, 16. Legon 1972 153–154 lässt dies jedoch offen.
113 Th. 1, 108, 4; zur Datierung vgl. auch Hornblower 1991, 173.
114 Zum Sachverhalt vgl. Scheibelreiter 2013, 326–337.

Auch diese ὁμολογία stellt einen Kapitulationsvertrag dar, mit der Besonderheit, dass der genaue Inhalt der Unterwerfung noch nicht festgelegt ist – dies soll erst in der athenischen Volksversammlung erfolgen[115].

Im Anschluss schildert Thukydides die mühevolle Entscheidungsfindung in Athen[116] und als deren Ergebnisse gleich zwei ψηφίσματα, ein „grausames"[117] und ein zweites, besonneneres[118].

Der Leser erfährt, dass Paches – wenn auch in Bezug auf das erste Abstimmungsergebnis, dem durch das gerade noch rechtzeitige in Mytilene eintreffende zweite ψήφισμα derogiert wird – die Entscheidung der Volksversammlung zur Grundlage seiner Vorgehensweise macht: Er liest das ψήφισμα (ἀναγιγνώσκειν τὸ ψήφισμα) und will es exekutieren (μέλλειν δράσειν τὰ δεδογμένα)[119]. Dieselbe Vorgehensweise ist nun auch für das zweite ψήφισμα anzunehmen, das wie folgt umgesetzt wird (Th. 3, 50):

καὶ Μυτιληναίων τείχη καθεῖλον καὶ ναῦς παρέλαβον. ὕστερον δὲ φόρον οὐκ ἔταξαν Λεσβίοις, κλήρους δὲ ποιήσαντες τῆς γῆς … παρέλαβον δὲ καὶ τὰ ἐν τῇ ἠπείρῳ πολίσματα οἱ Ἀθηναῖοι ὅσων Μυτιληναῖοι ἐκράτουν, καὶ ὑπήκουον ὕστερον Ἀθηναίων.

Und die Mauern der Mytilenaier legten sie um und die Schiffe übernahmen sie. Danach ordneten sie keinen Beitrag an[120], sondern machten das Land zu *kleroi* (…) Und die Athener übernahmen auch die am Festland gelegenen Befestigungen, alle welche die Mytilenaier beherrschten, und später waren diese auch Untertanen der Athener.

Paches schreitet gleich zur Tat, ohne erst die „Zustimmung" der Mytilenaier zu den Unterwerfungsbedingungen einzuholen. Diese werden vielmehr vor vollendete, in dem Volksbeschluss festgelegte Tatsachen gestellt. Von einer ὁμολογία ist nach Eintreffen des zweiten ψήφισμα nicht mehr die Rede[121]. Damit wird deutlich, dass Paches auf Grundlage der gleich nach Einnahme geschlossenen ὁμολογία aus Th. 3, 28, 2 handelt, deren generell formulierte Bedingungen nun durch den Volksbeschluss näher ausgeführt worden waren. Dabei haben die Mytilenaier in Th. 3, 28, 2 nicht etwa künftig zu erbringenden Leistungen zugestimmt: Vielmehr haben sie dem Paches zugestanden, alles anzuerkennen, „was die Athener über Mytilene beschließen würden"

---

115 Wenn Paches keinen der Athener fesseln oder versklaven oder töten darf, so ist das nur als Aufschieben der Exekution des noch nicht bekannten Volksbeschlusses zu verstehen.
116 Vgl. dazu Th. 3, 36–49; zu dem Agon zwischen Kleon und Diodotos vgl. Scheibelreiter 2013, 331 Anm. 115 und die dort zitierte Literatur.
117 Th. 3, 36, 2.
118 Th. 3, 36, 4.
119 Th. 3, 49, 4.
120 Der bisherige Beitrag hatte in Schiffen bestanden und nicht in Geld, weswegen die Übersetzung bei Hornblower 1991, 440 „afterwards they no longer exacted tributs from Lesbos" irreführend ist; vgl. dazu auch die bessere Übersetzung bei Kallet-Marx 1993, 100 u. 144–145.
121 Vielleicht fehlt der Vertrag deswegen in der Liste der Staatsverträge aus Thukydides bei Müller 1997, 142–169?

(βουλεῦσαι περὶ Μυτιληναίων ὁποῖον ἄν τι βούλωνται). Obwohl dieses Blankett nun mit den Bestimmungen des Dekrets näher bestimmt wird, ändert das nichts daran, dass die ὁμολογία bereits zu den von Paches formulierten Bedingungen zustande gekommen war, ihre Vollstreckung aber noch aufgeschoben werden musste. Auf diese Weise werden abstrakt die künftigen Entscheidungen Athens anerkannt – und die Niederlegung der Mauern und Auslieferung der Flotte somit gleichsam antizipiert[122]. Diese *de facto* erfolgte Gleichsetzung vom innerathenischen ψήφισμα mit der zwischenstaatlichen ὁμολογία ist etwa auch für das Chalkis-Dekret aus 446/45 v. Chr. belegt[123].

8. Epilog

Die Quellen legen nahe, dass der delisch-attische Seebund ursprünglich als Vertrag unter gleichrangigen Bundesgenossen konzipiert war und typische Bestimmungen enthielt, die einer Symmachie entsprachen wie die Freund-Feindklausel oder gegenseitige Beistandspflichten. Aufgrund der politischen Entwicklung kommt es im Laufe des 5. Jh. zu einer Verschiebung der Machtverhältnisse. Bundesgenossen, welche sich dem widersetzen oder den Seebund verlassen wollen, werden von Athen unterworfen. Regelmäßig geht diese Unterwerfung eines abtrünnigen Mitglieds mit einem Kapitulationsvertrag einher, welcher bei Thukydides als ὁμολογία bezeichnet wird.

Gemäß den Beobachtungen, die für das griechische Vertragsrecht – und zwar sowohl Athens als auch der hellenistisch-römischen Papyri – gemacht wurden, ist die ὁμολογία ein einseitiges Rechtsgeschäft und besteht im Anerkennen einer vorher formulierten Bedingung durch eine Partei. Diese Bedingungen beziehen sich oftmals auf Tatsachen oder bereits begründete Rechtsverhältnisse und wirken insofern nicht rechtsbegründend (konstitutiv), sondern bestätigend (deklarativ). Diese Interpretation, um nicht zu sagen dieser Typ einer ὁμολογία entspricht auch den der hier untersuchten Kapitulationsverträgen:

(1) Regelmäßig ist einmal davon zu lesen, dass die von Athen unterworfenen Poleis aktiv am Abschluss der Homologie beteiligt sind: Man liest ὡμολόγησαν (Thasos), προσεχώρησαν ὁμολογίᾳ (Samos), ὡμολόγησαν (Ägina), ποιοῦνται κοινῇ ὁμολογίαν (Lesbos). Auch die Nisaier bestätigen so das Verhandlungsergebnis mit Athen: ἐπὶ τούτοις ὁμολογήσαντες. Die unterlegene Partei bekennt sich in der ὁμολογία zu der von Athen neu geschaffenen Rechtslage bzw. Situation.

---

122 Ähnlich interpretieren Legon 1968, 207 die ὁμολογία als „a little better than unconditional surrender" und Nörr 1989, 141 als „Kapitulation auf Gnade oder Ungnade".
123 IG I³ 39, 47–52; vgl. dazu Balcer 1978, 55–65.

(2) In all den eben genannten Fällen der Unterwerfung athenischer Bundesgenossen – und die Beispiele lassen sich noch erweitern[124] – zielt die ὁμολογία nicht auf eine künftig zu erbringende Leistung ab, sondern bestätigt ein Verhandlungsergebnis oder einen bereits geschaffenen Zustand: Dies wird sprachlich durch eine Verbalform ausgedrückt, die nicht im Futur, sondern zumindest gleichzeitig (im Aorist) gehalten ist. Der auf diese Weise von der unterlegenen Partei anerkannte Vertragsinhalt ist somit auch nicht prospektiv – also in einem Infinitiv Futur – formuliert[125].

(3) Nicht unmittelbar den Vertragswortlaut geben jene Belege wieder, die zwar ausführen, dass eine ὁμολογία geschlossen wurde, aber die vermeintlichen Vertragsbedingungen im Aorist Partizip beiordnen: Dies könnte – bei aller gebotenen Vorsicht – darauf hindeuten, dass die ὁμολογία die Durchführung dieser Maßnahmen nur bestätigt: Die Auslieferung der Schiffe, das Schleifen der Mauern und die Festsetzung von Beiträgen erfolgt somit vor oder zumindest zeitgleich mit dem Vertrag. Thasos, Ägina oder Samos vereinbaren nicht die Unterwerfungsbedingungen, sondern stimmen ihrem Vollzug und dem dadurch geschaffenen Zustand nur noch zu.

(4) Einen bemerkenswerten Hinweis enthält die ὁμολογία, welche die Mytilenaier gegenüber Paches und dem Heer eingehen: So stimmen die Mytilenaier *ex ante* jeglichem Beratungsergebnis der Athener zu. Die Durchführung der in Athen beschlossenen Maßnahmen wird dann erst aufgrund des ψήφισμα der athenischen Volksversammlung möglich. Dieses ist also sofort Vertragsinhalt, da es das abstrakte ἐξεῖναι βουλεῦσαι περὶ Μυτιληναίων ὁποῖον ἄν τι βούλωνται spezifiziert, zu dem sich die Mytilenaier ja bekannt hatten.

(5) Dass diese ὁμολογίαι also nicht erst einen neuen Rechtszustand schaffen, sondern eine bereits geschaffene Situation legitimieren, erklärt sich im Vertragsrecht aus

---

124 Weitere Beispiele sind: Karystos 472 v. Chr., Th. 1, 98, 3: ξυνέβησαν καθ' ὁμολογίαν; Byzanz 439/38, Th. 1, 117, 3: ξυνέβησαν; mit Kentoripa wird 414 v. Chr. von Athen eine ὁμολογία geschlossen (Th. 6, 94, 2): προσαγόμενοι ὁμολογίᾳ. Die genauere Auswertung dieser Quellen muss einer größeren Untersuchung vorbehalten werden.

125 So etwa auch im Fall der Unterwerfung von Myle, Th. 3, 90, 3, das durch ὁμολογία zur Übergabe der Stadt gezwungen wurde: Hier steht die zu erbringende Leistung im Infinitiv Aorist und nicht im Futur: ἠνάγκασαν ὁμολογίᾳ τὴν ἀκρόπολιν παραδοῦναι καὶ ἐπὶ Μεσσήνην ξυστρατεῦσαι. Ebenfalls diesem Schema entspricht der Vertrag von Kerkyra und Epidamnos 435 v. Chr., Th. 1, 29 (StVII 160). Demnach wird bestätigt, dass „Neuankömmlinge in der Stadt" verkauft sein sollten, während Korinther in Fesseln gelegt behalten wurden: ὁμολογίᾳ ὥστε τοὺς μὲν ἐπήλυδας ἀποδόσθαι, Κορινθίους δὲ δήσαντας ἔχειν ἕως ἂν ἄλλο τι δόξῃ. Das Zustandekommen des Vertrages ist mit dem Verkauf der Neuankömmlinge und dem Zurückbehalten der Korinther in Fesseln bedingt, da das ὥστε + Infinitiv mit ἐφ' ᾧ (so Classen – Steup 1963, 99) oder mit ἐφ' ᾧτε (so Marchant 1978, 177) gleich zu setzen ist. Ebenso übersetzt Canfora 1983, 89, dass der Vertrag nur unter der Bedingung des Verkaufs der Fremden bzw. Behaltens der gefesselten Korinther geschlossen wurde: „... le loro truppe che assediavono Epidamno indussere gli assediati ad un accordo in base al quale essi avrebbero venduto come schiavi ai Corciresi gli stranieri quanto ai Corinzi, li avrebbero tenuti prigionieri fino a nuova deliberazione."

der Beweisfunktion einer Urkunde[126]. Zweifelsohne können die für das Privatrecht geltenden Parameter nicht unkritisch auf die ὁμολογία des Völkerrechts umgelegt werden. Eine wesentliche Komponente, die bisher außer Acht gelassen wurde, weisen aber beide auf, nämlich, dass durch die Schriftlegung der ὁμολογία das darin verbriefte Recht unbestreitbar wurde. Wenn nun also die unterworfenen Gemeinden ihre offensive und defensive Entwaffnung öffentlich bekannten und dies dokumentiert war[127], so konnte dem ebenso wenig widersprochen werden wie der in der ὁμολογία-Urkunde verbrieften Tatsache, dass der Darlehensnehmer Valuten bei sich hat und daher zurückgeben muss.

Ein einziges Beispiel für einen solchen inschriftlichen Befund könnte mit dem Dekret für Chalkis aus 446/445 v. Chr[128] angesprochen werden[129]. Auch für Euböa erläutert Thukydides (und beinahe wortgleich Philochoros[130]), dass die Insel mittels ὁμολογία von Athen unterworfen wurde (Th. 1, 114, 3)[131]. Die Inschrift IG I³ 40, die aus drei athenischen Anträgen in der Volksversammlung besteht[132], nimmt zumindest auf die für die unterworfene Gemeinde formulierten Unterwerfungsbedingungen Bezug[133]: Auf Grundlage der Kapitulation wird die Beziehung zu Athen neu definiert, erhalten ist daraus der Eid, welchen die Chalkidier schwören mussten – „to avoid more and severe sanctions"[134]. Auch wenn dieses Dekret also nicht dem Kapitulationsvertrag selbst entspricht, so gibt der Eid der Chalkidier Einblick in die im Vergleich zur Seebundgründung nun völlig veränderte Sprache Athens mit seinem „Bundesgenossen" (IG I³ 40, 21–32):

κατὰ τάδε Χαλκιδέας ὀμόσαι· οὐκ ἀπο[σ]τέ-
ει οὔτε μεχανεῖ οὐδεμιᾶι οὐδ ἔπει οὐδὲ
ἔργοι οὐδὲ τοι ἀφισταμένοι πείσομαι, κ-
αὶ ἐὰν ἀφιστεῖ τις κατερο Ἀθεναίοισι, κ-
αὶ τὸν φόρον ὑποτελο Ἀθεναίοισιν, ὁν

---

126 Das sichert in der ὁμολογία-Urkunde regelmäßig die so genannte κυρία-Klausel.
127 Vgl. dazu etwa auch in Zusammenhang mit der Dokumentierung von Geiseln Balcer 1978, 57 mit Anm. 11.
128 StV II 154 (IG I³ 39); StV II 155 (IG I³ 40).
129 Inschriftenfragmente liegen auch für den Unterwerfungsvertrag von Samos (IG I³ 48, 439/38 v. Chr.) und Mytilene (IG I³ 66, 427 v. Chr.) vor, sind aber weitaus fragmentarischer erhalten.
130 Philochoros FrGrHist 328 F 118 = Schol. in Ar. *Nu.* 213.
131 Καὶ Ἀθηναῖοι πάλιν ἐς Εὔβοιαν διαβάντες Περικλέους στρατηγοῦντος κατεστρέψαντο πᾶσαν, καὶ τὴν μὲν ἄλλην ὁμολογίᾳ κατεστήσαντο, Ἑστιαιᾶς δὲ ἐξοικίσαντες αὐτοὶ τὴν γῆν ἔσχον. – „Und die Athener zogen wieder nach Euböa hinauf und unterwarfen die ganze Insel unter der Strategie des Perikles, und den einen Teil richteten sie wieder ein auf Grundlage einer Homologie, Hestiaia aber entvölkerten sie und nahmen das Land ein".
132 Das sind die Anträge des Diognetos (1–39), des Antikles (40–69) und des Archestratos 70–79.
133 So StVII 73 in Bezug auf τὸν ὅρκον (Z. 3), ἐψηφισμένα (Z. 49) und τὸ ψήφισμα (Z 76); vgl. auch Smarczyk 2012, 516.
134 Vgl. dazu Smarczyk 2012, 516–517.

ἂν πείθο Ἀθεναίος, καὶ χσύμμαχος ἔσομα–
ι hοῖος ἂν δύνομαι ἄριστος καὶ δικαιότ–
ατος καὶ τοι δέμοι Ἀθεναίον βοεθέσ–
ο καὶ ἀμυνο, ἐάν τις ἀδικει τὸν δεμον τὸν
Ἀθεναίον, καὶ πείσομαι τοι δέμοι τοι Ἀθ–
εναίον. (…)

Zu diesen Bedingungen schwören Chalkidier: Nicht werde ich | abfallen von dem Volk der Athener weder durch eine List | noch durch irgendeinen Trick weder in Wort, noch | in Tat und nicht werde ich einem Abfallenden darin gehorchen u|nd wenn irgendwer abfällt, werde ich es den Athenern berichten. U|nd den Beitrag werde ich den Athenern entrichten, hinsichtlich dessen | ich den Athenern gehorche und ein Bundesgenosse wer-|de ich | sein möglichst gut und ge|recht und dem Volk der Athener werde ich hel-|fen und vergelten, wenn irgendwer dem Volk der | Athener Unrecht tut, und ich werde gehorchen dem Volk der Athener (…)

Die Unterschiede zu dem eingangs skizzierten Formular sind evident: Hier hat die Freund-Feindklausel keinen Platz mehr, die Loyalitätsklausel: „nicht abzufallen", gegen die konkret ein Abtrünniger verstoßen hatte, wird besonders betont und durch zusätzliche Tatbestandsvoraussetzungen abgesichert[135]. Ähnlich werden Bestimmungen, die eine bestmögliche Bundesgenossenschaft gegenüber Athen normieren wie die Schutzklausel und das darin enthaltene Maximalversprechen besonders akzentuiert. Die Beitragspflicht ist nur in den Dekreten für Chalkis und Eretria aus 446/445 v. Chr. belegt[136]. Der Wortlaut φόρον ὑποτελῶ τοῖς Ἀθηναίοις, ὃν ἂν πείθω Ἀθηναίους lässt die autoritäre Handhabung der Beitragsfestsetzung durch Athen erahnen[137], ganz im Gegensatz zu dem beidseitigen Festsetzungsverfahren aus der Frühzeit des Seebundes (τάξις). Diese einseitige Verpflichtung der Chalkidier in dem Eid, ihre neue Rechtsgrundlage für das Verhältnis zu Athen, indiziert nicht zuletzt, dass das nicht erhaltene Unterwerfungsdekret einer völlig anderen Vertragsumwelt entstammt als der Gründungsvertrag, und dass dem Eid eine ὁμολογία vorausgeht, wie sie auch die Bewohner von Thasos, Samos und Lesbos gegenüber Athen abgegeben hatten.

---

135 Baltrusch 1994, 62–64 ortet in der engeren Formulierung der Loyalitätsklausel auch ein geändertes Rechtsdenken im Laufe des 5. Jh., was sich in einem gesteigerten Regelungsbedürfnis auch diverser Ausnahmetatbestände niederschlägt.
136 StV II 154 (IG I³ 39); StV II 155 (IG I³ 40).
137 Deshalb wurde hier von der gängigen Übersetzung „… und ich werde den Tribut den Athenern entrichten, von dem ich die Athener überzeuge" für καὶ τὸν φόρον ὑποτελῶ τοῖς Ἀθηναίοις, ὃν ἂν πείθω Ἀθηναίοις – vgl. so etwa Koch 1991, 140 oder Scheibelreiter 2013, 198 – abgegangen, allerdings nur, um diese vielleicht nochmals zu überdenken. So suggeriert sie eine gemeinsame Willensbildung der Vertragsparteien; dem könnte man entgegenhalten, dass dies bewusst geschieht, um Athen in ein gutes Licht zu rücken. Aber auch sprachlich wäre zu überlegen, ob das Verb πείθω dann nicht im Futur stehen müsste. Schließlich wäre es zumindest auffällig, wenn das Verb πείθειν in den Zeilen 23 und 31 „gehorchen", in der Zeile 26 aber „überzeugen" heißt.

Verwendete Literatur

Balcer, J., *The Athenian Regulations for Chalkis, Studies in Athenian Imperial Law*, Wiesbaden 1978.
Baltrusch, E., *Symmachie und Spondai. Untersuchungen zum griechischen Völkerrecht der archaischen und klassischen Zeit (8–5. Jhdt. v. Chr.)*, Berlin 1994.
Baltrusch, E., *Außenpolitik, Bünde und Reichsbildung in der Antike*, München 2008.
Barta, H., „Die Entstehung der Rechtskategorie ‚Zufall'. Zur Entwicklung des haftungsrechtlichen Zurechnungsinstrumentariums im antiken Griechenland und dessen Bedeutung für die europäische Rechtsentwicklung," in: H. Barta, T. Mayer-Maly, F. Raber (Eds.), *Lebendige Rechtsgeschichte*, Wien 2005, 16–115.
Beauchet, L., *Histoire du droit privé de la République Athénienne 4*, Paris 1897.
Bengtson, H., *Griechische Geschichte*, München 1960.
Bengtson, H., *Die Staatsverträge des Altertums. Zweiter Band: Die Verträge der griechisch-römischen Welt von 700–338 v. Chr.*, München ²1975 (StVII).
Bikermann, E., „Bemerkungen über das Völkerrecht im klassischen Griechenland," *RIDA* 4, 1950, 99–127.
Bonk, P., *Defensiv- und Offensivklauseln in griechischen Symmachieverträgen*, Diss., Bonn 1978.
Bornemann, E., Risch, E., *Griechische Grammatik*, Frankfurt/M. 1978 (ND 2012).
Brunt, P. A., „The Hellenic League against Persia," *Historia* 2, 1953/54, 135–163.
Canfora, L., *Tucidide. La guerra del peloponneso, libro primo*, Milano 1983.
Carawan, E., „The Athenian Law of Agreement," *GRBS* 46, 2006, 339–374.
Classen, J., Steup J., *Thukydides. Erster Band*, Berlin 1963.
Cohen, E., „Consensual Contracts at Athens," in: H.-A. Rupprecht (Ed.), *Symposion 2003*, Wien 2006, 73–84.
Couvenhes, J.-C., „La symmachia comme pratique du droit international dans le monde grec," in: J.-C. Couvenhes, *La symmachia comme pratique du droit international dans le monde grec. D'Homère à l'époque hellénistique*, Paris 2016, 13–49.
Dreher, M., *Hegemon und Symmachoi. Untersuchungen zum zweiten Athenischen Seebund*, Berlin/New York 1995.
Dreher, M., *Athen und Sparta*, München 2001.
Forster Smith, C., *Thucydides. History of the Peloponnesian War*, Cambridge/MA/London 1928 (ND 1991).
Gagliardi, L., „La legge sulla ὁμολογία e i vizi della volontà nei contratti in diritto Ateniese," in: M. Gagarin, A. Lanni, G. Thür (Eds.), *Symposion 2013*, Wien 2014, 173–214.
Giovannini, A., *Les relations entre États dans la Grèce antique du temps d'Homère à l'intervention romaine (ca 700–200 av J.-C.)*, Stuttgart 2007.
Gomme, A. W., *A Historical Commentary on Thukydides 1*, Oxford 1945.
Graves, C. E., *Thukydides Book IV*, Bristol 1982.
Hammond, N., „The Origins and the Nature of the Athenian Alliance of 478/77 B. C.," *JHSt* 87, 1967, 41–61.
Hampl, F., „Thukydides III 75,1 und der terminus σπονδαί," *Philologus* 91, 1936, 153–160.
Herrmann, J., „Σπονδή und σπονδαί," in: Ders. (Ed.), *Studi in onore di E. Volterra III*, Mailand 1971, 135–142 (= G. Schiemann, *Johannes Hermann, Kleine Schriften zur Rechtsgeschichte*, München 1990, 22–29).
Hornblower, S., *A Commentary on Thucydides (I–III)*, Oxford 1991.
Hornblower, S., *A Commentary on Thucydides (VI–V 24)*, Oxford 1996.

Jakab, È., „Bemerkungen zur Vertrauenshaftung im altgriechischen Recht," in: G. Thür (Ed.), *Symposion 1994*, Wien 1994, 191–197.
Jakab, È., „Antwort auf E. Cohen," in: H.-A. Rupprecht (Ed.), *Symposion 2003*, Wien 2006, 85–91.
Kallet-Marx, L., *Money, Expense and Naval Power in Thucydides, History 1–5,24*, Oxford 1993.
Kästle, D., „Νόμος μεγίστη βοήθεια: Zur Gesetzesargumentation in der attischen Gerichtsrede," *ZRG-RA* 129, 2012, 161–205.
Kiechle, F., „Athens Politik nach der Abwehr der Perser," *HZ* 204, 1967, 265–304.
Kimmerle, R., *Völkerrechtliche Beziehungen Spartas in spätarchaischer und frühklassischer Zeit*, Münster 2005.
Knippschild, S., *Drum bietet zum Bunde die Hände. Rechtssymbolische Akte in zwischenstaatlichen Beziehungen im orientalischen und griechisch-römischen Altertum*, Stuttgart 2002.
Koch, C., *Volksbeschlüsse in Seebundangelegenheiten. Das Verfahrensrecht Athens im ersten attischen Seebund*, Frankfurt/Main/Bern/New York/Paris 1991.
Krentz, P., *Xenophon, Hellenika I–II, 3.10, edited with Introduction, Translation and Commentary*, Warminster 1989.
Kussmaul, P., *Synthekai. Beiträge zur Geschichte des attischen Obligationenrechts, Diss.*, Basel 1969.
Landmann, J. P., *Thukydides. Geschichte des peloponnesischen Krieges*, Zürich 1976.
Larsen, J., „The Constitution and Original Purpose of the Delian League," *HSCP* 51, 1940, 175–213.
Legon, R., „Megara and Mytilene," *Phoenix* 22, 1968, 200–225.
Legon, R., „Samos in the Delian League," *Historia* 21, 1972, 145–158.
Lipsius, J., *Das attische Recht und Rechtsverfahren. Mit Benutzung des Attischen Prozesses von M. H. E. Meier und G. F. Schöffmann, Band II*, Leipzig 1912.
Löbel, Y., *Die Poleis der bundesstaatlichen Gemeinwesen im antiken Griechenland. Untersuchungen zum Machtverhältnis zwischen Poleis und Zentralgewalten bis 167 v. Chr.*, Alessandria 2014.
Marchant, E., *Thucydides Book I, ch. 1–55*, Bristol 1978.
Meyer, E., *Geschichte der Antike III*, Leipzig 1924.
Meyer, H. D., „Abfall und Bestrafung der Bündner im delisch-attischen Seebund," *HZ* 191, 1961, 497–509.
Meyer, H. D., „Vorgeschichte und Gründung des delisch-attischen Seebundes," *Historia* 12, 1963, 405–446.
Mitteis, L., Wilcken, U., *Grundzüge und Chrestomathie der Papyruskunde. Zweiter Band: Juristischer Teil. Erste Hälfte*, Berlin 1912.
Müller, F., *Das Problem der Urkunden bei Thukydides. Die Frage der Überlieferungsabsicht durch den Autor (Palingenesia 63)*, Stuttgart 1997.
Nörr, D., *Aspekte des römischen Völkerrechts. Die Bronzetafel von Alcántara*, München 1989.
Partsch, J., „Juristische Literaturübersicht (1912–1923)," *AfP* 7, 1924, 258–287.
Petzold, K. E., „Die Gründung des delisch-attischen Seebundes I," *Historia* 42, 1993, 418–443.
Petzold, K. E., „Die Gründung des delisch-attischen Seebundes II," *Historia* 43, 1994, 1–31.
Phillips, D., „Hypereides 3 and the Athenian Law of Contracts," *TAPhA* 139, 2009, 89–122.
Pistorius, T., *Hegemoniestreben und Autonomiesicherung in der griechischen Vertragspolitik klassischer und hellenistischer Zeit*, Frankfurt am Main/Berlin/New York 1985.
Platschek, J., *Das Edikt de pecunia constituta. Die römische Erfüllungszusage und ihre Einbettung in den hellenistischen Kreditverkehr*, München 2013.
Platschek, J., „Die Stipulationen in Plautus' Pseudolus," in: H.-G. Nesselrath, J. Platschek (Eds.), *Menschen und Recht. Fallstudien zu Rechtsfragen und ihrer Bedeutung in der griechischen und römischen Komödie*, Tübingen 2018, 31–52.

Plisecka, A., „Die Zulassung fremder Sprachen bei der Stipulation im klassischen römischen Recht," ZRG-RA 128, 2011, 370–379.

Powell, A., *Athens and Sparta: Constructing Greece Political and Social History from 478 B.C.*, London 1988.

Prandi, L., „Il trattato fra Atene e Samo del 439/38 (IG I 50) e il problema della democrazia nell'isola doppo interviento ateniese," *Aevum* 52, 1978, 58–61.

Quinn, T., *Athens and Samos, Lesbos and Chios 478–404*, Manchester 1981.

Rupprecht, H. A., „Rezension: v. Soden 1973," in: ZRG-RA 92, 1975, 280–284.

Rupprecht, H. A., *Kleine Einführung in die Papyruskunde*, Darmstadt 1994 (ND 2005).

Scafuro, A., *Demosthenes Speeches 39–49*, Austin 2011.

Scharff, S., *Eid und Außenpolitik. Studien zur religiösen Fundierung der Akzeptanz zwischenstaatlicher Vereinbarungen im vorrömischen Griechenland*, Stuttgart 2016.

Scheibelreiter, P., „Parodie oder Fiktion? Zum Friedensvertrag zwischen Helioten und Seleniten bei Lukian, Verae Historiae 1, 20," in: N. Benke, F. S. Meissel (Eds.), *Antike – Recht – Geschichte. Symposion für Peter E. Pieler*, Wien/Frankfurt/M. 2009, 137–150.

Scheibelreiter, P., „Völkerrecht bei Thukydides. Rechtsquelle und völkerrechtliche Begrifflichkeit," in: E. Baltrusch, C. Wendt (Eds.), *Ein Besitz für immer? Geschichte, Polis und Völkerrecht bei Thukydides*, Baden-Baden 2011, 153–171.

Scheibelreiter, P., *Untersuchungen zur vertragsrechtlichen Struktur des delisch-attischen Seebundes*, Wien 2013.

Scheibelreiter, P., „*Nomos, enklema* und *factum*," in: G. Thür, U. Yiftach, R. Zelnick-Abramovitz (Eds.), *Symposion 2017*, Wien 2018, 211–250.

Scheibelreiter, P., „Rezension S. Scharff 2016," *Gymnasium* 126, 2019a, 196–198.

Scheibelreiter, P., „Aristoteles vor dem Prätor: Von der Ethik der Einrede," in: C. Jabloner, M. Potacs, P. Scheibelreiter, B. Spilker (Eds.), *Vienna InaugurationLectures. Antrittsvorlesungen an der Rechtswissenschaftlichen Fakultät der Universität Wien, Band 4*, Wien 2019b, 31–83.

Schubert, C., *Athen und Sparta in klassischer Zeit*, Stuttgart/Weimar 2003.

Schuller, W., „Die Einführung der Demokratie auf Samos im 5. Jhdt. v. Chr.," *Klio* 63, 1981, 281–288.

Smarczyk, B., „Thucydides and Epigraphy," in: A. Rengakos, A. Tsakmakis (Eds.), *Brill's Companion to Thucydides*, Boston/Leiden 2012, 496–522.

Freiherr von Soden, H., *Untersuchungen zur Homologie in den griechischen Papyri Ägyptens bis Diokletian*, Köln 1973.

Steinbrecher, M., *Der Delisch-attische Seebund und die athenisch-attischen Beziehungen in der Kimonischen Ära (478/77–462/61)*, Stuttgart 1985.

Thür, G., *Beweisführung vor den Schwurgerichtshöfen Athens. Die proklesis zur basanos*, Wien 1977.

Thür, G., „Das Prinzip der Fairness im attischen Prozess: Gedanken zu Echinos und Enklema," in: E. Cantarella (Ed.), *Symposion 2005*, Wien 2007, 131–150.

Thür, G., „The statute on homologein in Hyperides' Speech against Athenogenes," *Dike* 16, 2013, 1–10.

Thür, G., „Antikes Griechenland," in: U. Manthe (Ed.), *Die Rechtskulturen der Antike*, München ²2018, 191–238.

Vinogradoff, P., *Outlines of Historical Jurisprudence, Bd. 2: The Jurisprudence of the Greek City*, Oxford 1922.

Wacke, A., „Gallico aut germanico sermone stipulari? Zur Verwendbarkeit von Fremdsprachen nach römischem ius gentium," ZRG-RA 130, 2013, 234–272.

Weber, H., *Attisches Prozeßrecht in den attischen Seebundstaaten*, Paderborn 1908.

Welwei, K.-W., *Das klassische Athen*, Darmstadt 2000.

Wolff, H. J., „Die Grundlagen des griechischen Vertragsrechts," *ZRG-RA* 74, 1957, 26–72.
Wüst, F., „Amphiktyonie, Eidgenossenschaft, Symmachie," *Historia* 3, 1954/55, 129–152.
Zahrnt, M., „Macedonia and Thrace in Thucydides," in: A. Rengakos, A. Tsakmakis (Eds.), *Brill's Companion to Thucydides, Vol. II*, Leiden/Boston 2012, 589–614.
Ziegler, K.-H., *Völkerrechtsgeschichte*, München 1994

PHILIPP SCHEIBELREITER
Univ.-Prof. Dr., Institut für Römisches Recht und Antike Rechtsgeschichte, Universität Wien

Shipsheds, the 5th Century BC Athenian Naval Bases in Piraeus
Constructing a New Maritime Identity

PANAGIOTIS ATHANASOPOULOS

This paper aims at presenting the archaeological remains of the 5th century BC naval harbours of Athens and exploring the impact that this colossal building activity had in transforming Athens from a land to a sea oriented city-state and in reinforcing the novel establishment of democracy. By discussing some of the archaeological results of the recent excavations that took place in the harbours of Piraeus[1] we shall explore how the monumental naval bases in Piraeus, and their administrative organization in this particular democratic constitution, helped the Athenians to form a new identity of maritime character. This new identity partly reassigned social roles within the Athenian society and created a number of sophisticated dipoles such as land owners against seamen, democrats in opposition to aristocrats, and hoplites versus rowers.

Harbours have played a decisive role in Mediterranean history. Being built on the interface between land and sea, they constituted a reference point in many social and political events since the Bronze Age, related either with commerce or warfare. For Greek cities, sea domination was an essential political and economic stronghold throughout Classical times[2]. The key asset to achieve such maritime power was the formation of strong commercial and naval fleets. Harbours were carefully established to house such fleets, serve the needs of cities for maritime control, and protect the citizens from sea-borne attacks. Regardless of the constitution of each city – kingship, democracy, aristocracy or oligarchy – the development and protection of its military naval installations was fundamental. In many cases during the Classical period, naval

---

[1] The harbours of Piraeus were excavated by the Zea Harbour Project from 2002–2012. The ZHP was a collaboration between the Danish Institute at Athens and the Ephorate of Underwater Antiquities of the Greek Ministry of Culture, directed by Dr. B. Loven. For the detailed publication of that work please refer to Loven 2011; Loven, Schaldemose 2011 and Loven 2019.
[2] Theodoulou, Memos 2007, 253.

harbours were functioning under an autonomous administrative regime, restricted to citizens, involving severe punishments for attempts of sabotage or arson[3].

In the Greek world, there was also a clear tendency to separate the commercial harbours from those destined for warfare. Greek naval complexes were usually fortified within walls enhanced with watch towers, as indication of their importance for the Classical Greek city-states. Therefore, naval harbours were functioning under a very strict set of financial and political rules (which makes them a closed context of information easier to be studied and analysed). The basic elements comprising a naval harbour were the shipsheds (called *neosoikoi* in Greek) and the gear sheds. Shipsheds served as houses for the war vessels keeping them dry and protected when they were not operating in the sea. When they were not at sea, war vessels required dry storage to prevent their hulls from being consumed by wood-eating marine worms. And they also required covered shelter from the Mediterranean sun, which over time dried and shrank the hull timbers and in doing so caused leaks. Mediterranean winters could also cause damage, as rainwater caused timber swelling and fungal decay. Without protective measures, a fleet would be rendered useless in a relatively short period of time. The solution to prevent all this was the shipshed. In the Piraeus, shipsheds were long parallel arcade-like, structures consisting of keel protecting ramps that sloped up and away from the water's edge, and side-passages on each side of the ramp for hauling and maintenance crews. They were covered by a monumental superstructure made up of stone colonnades, walls and tiled roofs, all of which provided shade, ventilation and protection. Their length and height was sufficient to ensure that ships could be drawn completely out of the water[4].

Commercial ports had a different physiognomy, were by definition more open to people and ideas and thus, bore different building characteristics. Greek merchant ports (*emporeion* in Greek) increased in size and utility during the Classical Period and became the centre of commercial activity. In order to facilitate trade, commercial harbours held a number of wide quays and arcades. This specific harbour planning provided protected areas for storing products whilst allowing business to carry on[5].

It is necessary here to stress the significance of the sea in the ancient Greek world. The concept of the sea should not be looked at in an abstract sense but as a realm that holds its own values and characteristics among natural features. On the one hand, the sea was the means that facilitated commerce, colonization, and exchange, being an abiding source of income. Yet on the other hand, the sea could be perceived as a distant and ambiguous place standing on the verge of the metaphysical world[6]. Under this perspective one could attribute the same significance and the same characteristics to

---

3 Blackman 1982, 189.
4 Loven 2011, 2.
5 Casson 1971, 363–365.
6 Horden, Purcell 2000, 195; Lindenlauf 2003, 417, 424.

the structures related to it such as harbours and naval or commercial fleets. Therefore, harbours and navies are connected to a wider maritime context and often contribute to the formation or the development of that context and hence, absorb part of its importance.

Piraeus is located on a rocky, limestone peninsula, 8 km southwest of the city of Athens. Strabo refers to the Piraeus as an island opposite the coast (Geog. 1, 3, 18). Generally, Piraeus was and still is an infertile land that lacks any natural assets other than limestone and consists mainly of steep hills and rocky terrain. Nowadays, the area is heavily urbanized and overpopulated. However, it owes its decisive role in Greek history to the exceptional protection that his three natural, landlocked harbours offered to the Athenian state[7]. Supplementary to the three main harbours, on the southeast side of the peninsula there is Phaleron Bay. This wide open, almost 3 km in length, bay served as a primary port for Athens before the 5th century[8]. However, Phaleron is unprotected and lacks the natural defensive environment of the other three harbours. As a result, in antiquity these three natural harbours, Kantharos, Zea and Mounichia, became the centre of the Athenian commercial maritime activity and hosted the naval fleet of triremes during the Classical Period.

Kantharos lies on the western side of the peninsula and constitutes the biggest of the three harbours. The mouth of the harbour is approximately 300 meters wide. A smaller natural harbour is formed on the north side of Kantharos and extends out of the main port's limits. This port is mentioned in ancient sources as *Kophos Limen*, which can be translated as silent, still or deaf harbour probably because of the still and calm waters inside this natural cavity[9]. Zea harbour is located on the eastern side of the peninsula. The harbour is a relatively small mushroom shaped port almost entirely protected by land with a narrow, similarly protected, entrance. Zea port, as a naturally enclosed harbour, became the ideal home for the Athenian navy throughout the years of the Athenian thalassocracy.

Mounichia harbour is an oval shaped port northeast of Zea harbour at the lower foot of Mounichia Hill. The naturally landlocked Mounichia harbour was used predominantly as a naval base during the Classical period while the Mounichia Hill offered an auditing view to the Saronic Gulf[10].

The historical and archaeological significance of the area has already been stressed by travelers and scholars from the 19th century. Leake, Ulrich, Von Alten and Curtius among others, all published maps and reports of the ancient remains of Piraeus[11].

---

[7] Loven 2011, fig. 1.
[8] Garland 1987, 7–10.
[9] Day 1927, 441.
[10] Garland 1987, 7–10; Loven 2011, figs. 2–3.
[11] Leake 1841, 363–412; Curtius 1841, 1–49; Ulrichs 1843, 647–676, pl. 1; Von Alten 1881, 12, fig. 2–3, pl. II; Judeich 1931, 425–456, pl. III.

However, it was not until 1885 that the Greek archaeologist I. Dragatsis together with the German architect W. Dörpfeld decided to actually excavate and survey the shipshed remains at the east part of Zea. Their pioneering work in partially excavating and documenting 10 shipsheds set the standards and paved the way for the work conducted more than a century later by ZHP[12].

In the harbour of Zea, excavations have traced 3 different building phases. And they were identified as such due to their different construction characteristics and the variations in use. Dating the structural remains in Zea was a demanding task and it was predominantly based on how each structure overlaps and replaces the previous one. It has to be clear that in such a disturbed environment, ceramic finds cannot always provide safe chronological results[13]. However, excavations in the Zea harbour through the years 2004–2010 have come across closed deposits that have further contributed to dating the shipshed remains[14]. The initial phase, which is dated in the beginning of the 5th BC in reference to written sources, differentiates to what we define as shipshed to the fact that there is not a superstructure present. Those unroofed structures are defined as slipways. Slipways would be used to bring the vessels in and out of the water but they did not provide adequate protection. Therefore, the high cost of repairing the damaged triremes made the Athenians to quickly abandon this type of structure[15]. The next phase is introduced at some point in the 5th BC and replaces the slipways. In essence, the slipways were modified and roofed structures were built on top. At this stage, we already move to monumental buildings bearing all the characteristics of a shipshed. The foundations are still cut on bedrock, the width is expanded in order to fit the colonnade and tiled roofs are introduced. Later on, in the last quarter of the 4th BC the Athenian navy grew significantly in size and in fact the Athenians ran out of shore-line in their naval bases. So, the only way to accommodate twice as many ships on the same shoreline was to build double-unit shipsheds with two warships stored end-to-end. Those double-unit shipsheds represent the 3rd building phase of shipsheds and have 375–350 BC as *terminus post quem* based on a closed deposit found in the ramp of one of the shipsheds. The size of each building would have been enormous as they were approximately 80–90 meters long, had an interaxial width of 6,51 meters, the ridge of the roof towered some 8 meters above ground[16].

Accordingly, the other naval harbour of Athens in Mounichia, although smaller than the one in Zea, had very similar topographical and archaeological characteris-

---

12   Dragatsis 1885, 63–71, pl. 2; Loven 2011, 15–24; Loven 2019, 3.
13   Modern day Piraeus (ancient Kantharos) is the country's biggest commercial port and one of the busiest in the Mediterranean Sea whereas Zea and Mounichia are large modern marinas for leisure and fishing boats; the rapid urbanization that took place during the 20th century had a great impact on the archaeology.
14   Loven, Schaldemose 2011, 39–42.
15   Loven 2011, 67–72, fig. 111, pl. 3.
16   Loven 2011, 73–74, 152–153, 168–173, figs. 123, 167–172, 231, 238, 240–241, pls. 4, 5.

tics. Excavations brought to light a large area of shipsheds that extend for a distance of 33,6 meters from the modern harbour front and to a depth of 1,95 meters. The 6,2 meter wide shipsheds are monumental in size and construction with the side-walls being 1,6 meters wide and the individual column bases measuring to 1,6 by 1,6 meters. The analysis of the archaeological material retrieved from that area yielded important chronological information for it gives a *terminus post quem* of 520 to 480 BC for those shipsheds and provides evidence that these are the earliest archaeological remains of naval installations in Piraeus[17].

Fieldwork in Mounichia has also resulted in a detailed understanding of the massive fortifications surrounding the naval base. In antiquity, two moles with three integrated towers protected the harbour entrance. They had a dual function as breakwaters and fortification walls, and created a gate towards the sea. The better preserved entrance tower on the north side has an estimated diameter of ca. 13 meters and the total height of the tower and its foundations is about 9 meters above the seabed. Similarly monumental in size were the other two towers of the harbour and the sections of fortified moles interconnecting the towers[18].

The process that leads to the turn of Athens to the sea was dictated by some of the pivotal points of her 5th century history. The area of Piraeus has attracted the Athenians' interest already from the 6th BC. According to Herodotus (6, 116), it was the Phaleron bay that initially served as the harbour of Athens (because of its size and width). Later, in 511 BC Hippias (Arist. *Ath.* 19, 2) decided to fortify the hill of Mounichia and initiated a small scale harbour building program. At the beginning of the 5th BC, the Persians arrived outside the gates of Athens. The most effective defensive weapon the Athenians could deploy against the redundant Persian army was the trireme. A trireme would have been a three-banked oared ship, 40 meters long, with a crew of 200 men (170 of them rowers) and its primary weapon was a bronze ram, used for ramming enemy ships. It would have been very light, relatively narrow and therefore easy to manoeuvre in the water[19]. In 492 BC., the Athenians on Themistocles's advice started building up a trireme fleet and in order to support it they began to construct naval harbour installations in Piraeus[20]. In 483 BC, Themistocles became the elected Archon of Athens and at the same time, a rich vein of silver was discovered in Laurion mines near Athens. The total amount of income from the silver mines attained the astonishing number of approximately 1000 talents per year[21]. Before that, Athens' fiscal policy was based mainly on the income coming from taxes, fines, agriculture, and treasures of war. Themistocles convinced the Athenians that they ought to seek the future and the protection of the city on the sea and hence, they invested

17   Loven 2019, 154, 190, pls. 2.11, 6.1.
18   Loven 2020, forthcoming.
19   Basch 1987, 265–302.
20   Meiggs 1972, 234; Starr 1989, 36; Burke 1992, 203.
21   Austin, Vidal-Naquet 1977, 113.

the money from the silver mines to the Piraeus harbours and the Athenian fleet[22]. The revenues from Laurion coincided with Themistocles' financial needs to initiate his large naval program to repulse the Persian attack. The sudden turn to the sea for Athens, not only broke the previous economic model but created a new maritime one that received the citizens' appreciation[23]. Shortly after the Persian Wars had ended in 479 BC, Themistocles continued with his plan to fortify the naval installations. The Piraeus project was completed probably by 447/446 BC, but continued developing for several years, before and after the Peloponnesian War until we reach 330 BC when according to naval inventories the harbour complex of Piraeus could house 372 triremes (196 in Zea, 82 in Mounichia and 94 in Kantharos)[24]. The shipsheds covered an area of 110.000 square meters and comprised one of the largest roofed structures of antiquity.

The choice of Athens to turn to the sea and invest in the navy was conscious under the given historical circumstances. When Themistocles introduced his naval program, the objectives of the Athenian city-state changed drastically. Since Kleisthenes democratic reforms of 508/7 BC, Athens had developed a foreign policy based on two different parameters. The first was to create a centralized administrative structure strictly comprised of Athenian citizens; and secondly, to conceive methods to interfere with the political constitutions of other Greek city-states[25]. The turn to the sea generated a different set of priorities for Athens. Thucydides (1, 13, 1) states that an emerging maritime power, such as Athens, should focus on safeguarding the new large fleet. This would be ensured through uninterrupted availability of financial sources, technological progress in relation to the warships, and unlimited access to building materials, especially timber and marble[26]. Athens' population can be roughly estimated at 200–300.000 between the years 450–320 BC. Around 30.000 of the total population were registered at the municipality of Piraeus. The most significant profession in the Athenian naval establishment was that of the trireme rowers. More than 20.000 citizens manned the Athenian fleet during its peak. Around 50.000 men were engaged in the naval harbours, working on an everyday basis as shipwrights, carpenters, painters, rope and sail makers, and builders[27]. As the Old Oligarch (Ps.-Xen. Ath. 1, 3) says:

It is only just that the poorer classes and the common people of Athens should be better off than the men of birth and wealth, seeing that it is the people who man the fleet and have brought the city her power. The steersman, the boatman, the lieutenant, the lookout man at the prow, the shipwright, these are the people who supply the city with power rather than her heavy inflating and men of birth and quality.

---

22   Garland 1987, 15; Hornblower 1993, 90.
23   Kyriazis, Zouboulakis 2004, 119–120.
24   Garland 1987, 15–17, 21.
25   Meiggs 1972, 20.
26   Meiggs 1982, 25.
27   Garland 1987, 58–59, 96–98.

The new reality opposed to the known warfare system which involved mainly *hippeis* (horsemen) and hoplites; the hoplites force reached 12.000 men by the 5th century. The hoplite fighting technique was predominant in the Greek world almost since the 7th century BC[28]. The acquisition of the expensive hoplite armour was a privilege of the rich and free citizens. Hence, a complicated system of economic, social and political values grew around this kind of ancient warfare. This system remained almost unchanged with very little variations until the appearance of the Athenian navy as a means of public defence. Naval warfare evolved rapidly and introduced new skills[29]. Managing a huge naval force was a novel task for the Athenians but required no specific social preconditions for participating. The human needs of the fleet were enormous and Athens could not afford social discriminations in manning the navy. The new skills were the only prerequisite and the Athenian navy embraced all the people of Athens. The naval program would attract accession of the poorer classes for obvious economical and political reasons. Before the reforms, *thetes*, who were the poorest class, had limited public rights. With the innovations introduced, *thetes* would be granted full citizenship in order to be able to perform their military service and serve as rowers in the fleet[30].

With his naval program Themistocles introduced and replaced the old context of navy with a new "national" navy. Until then, the concept of navy had been based on aristocrats' funding, following the predominant military idea where the rights of warfare were the privilege of rich citizens. In contrast, the new "national" navy was funded by state resources, the construction of it was decided unanimously, and therefore it belonged to the city and the citizens[31]. However, obtaining such a fleet would have been a vast operation larger than anybody could predict at that time. The rich aristocratic class had to have an active role in this enterprise in relation to their social supremacy, which would keep them concerned but at the same time would not jeopardize the democratic regime. With the new institutions, aristocrats had to perform *leitourgiai* and therefore fulfil their obligations towards the state by spending money and time for their city's benefit. In the case of the *trierachy*, the most important institution in Classical Athens, noble men were responsible for supervising the shipbuilding operation, manning the triremes, and eventually deliver them on time to the state. However, the ships were built by state resources, ensuring that the aristocrats could only claim the sense of honour they sought and nothing further than that[32].

The first successful step towards social integration was made after the Persian Wars, when the Athenian navy rose to its expectations by defeating the Persian fleet.

---

28 Finley 1963, 42; Amouretti, Ruze 1990, 40.
29 Austin, Vidal-Naquet 1977, 135.
30 Kyriazis, Zouboulakis 2004, 120.
31 Gabrielsen 1994, 25–26.
32 Gabrielsen 1994, 6, 28, 43.

In the ensuing fifty-year period of peace, the dipole of monumentality and economics strengthened social cohesion and encouraged the *raison d'être* of the naval establishment. Naval supremacy proved to be financially beneficial both for the state and the community. Athens inflicted fear to its allies and enemies through her navy thus gathering important revenues. The Athenian monopoly over commerce provided vital products to society. In addition, naval harbours were renowned for their monumental buildings along with massive defensive walls. The new naval entity utilized the power of display by stressing intentionally the monumentality of naval installations[33]. Therefore, military structures would discourage anybody to question Athenian supremacy. The new maritime identity was consolidated through a series of symbols such as monumental buildings, both secular and religious, and several products of a new "national" art that flourished as a result of the wealth coming from maritime activities[34]. Furthermore, an institutional network was developed to support these maritime reforms (economically, socially, and politically) and frequent acts of warfare were taking place, with the intention to show off and impose the dominant idea of the new identity[35]. The temple building program by Pericles reflected the wealth Athens had collected as a maritime empire rather than a profound religious devotion. Moreover, the formation of a new identity did not involve only cultural features but it required political recognition. The existing democratic regime of 5th century Athens provided the constitutional framework for the initiation of the novel identity. In conjunction with the democratic constitution, naval harbours constituted an ad hoc closed context, perhaps the only genuine one, which embodied and reflected every aspect of the new maritime identity. As a result, by the mid 5th century Athens had acquired a respectful political power due to her naval policy and could demonstrate a blossoming cultural life. Athenians could now enjoy the benefits of this maritime turn and participate wittingly in the new reality.

At the same time, naval harbours became the symbol of the city-state which had a subliminal effect on the Athenian mentality[36]; citizens bonded with the new maritime state through these symbolic representations. Piraeus gradually transformed into a "world apart"[37], a place located off the city limits, where this new maritime entity developed into a separate organization. Harbours constructed their own *sui generis* characteristics outside the closed urban context of Athens. A 4th century decree highlights the intention of the *asty* to face up this new reality[38]. The Assembly decided to convene regularly in Piraeus in order to supervise the progress of its naval establishment[39]. This

---

33   Potts 2006, 145.
34   Morris 2005, 38.
35   Emerson 1960, 20.
36   Adcock, Mosley 1975, 152.
37   Reden 1995, 24.
38   IG I² 98, 16–22.
39   Jordan 1975, 25.

political reformism must have had a strong repercussion on the community, since it clearly represented an ascription of authorization to the harbours through the dominant political *arche* of Athens. The latter was also responsible for the inauguration of maritime law courts[40]. The traces of this practice can be detected in the pre-Classical period when the sea represented a far-away world of danger and disorder. Consequently, criminals would be sent away to sea and deprived from their right to set foot on land[41]. The maritime concept, added to the Athenian identity during the 5th century, altered the prevailing perceptions of the sea. Maritime courts continued to be performed in the naval city-state and were possibly held near a harbour dock or pier[42]. In addition, the democratic standards of Athens would inevitably suggest the presence of an auditorium. The attempt to reconstruct such maritime courts might commemorate scenes of a theatrical play. When the person was allowed to step on land again, in reality he would be setting his foot on the area that substantiated and protected the Athenian democracy. By being back on the dock of the naval harbour facing his fellow citizens, he imminently became part of the society again. Moreover, naval harbours held the strict administrative character needed to perform such duties, whereas commercial harbours bore a more cosmopolitan temperament incompetent for such a transcendence.

In 415 BC, the Peloponnesian War was coming to an end; Athens ought to organize the next military actions carefully. The decision to run a naval campaign against Syracuse triggered rousing debates among Athenians. Those in favour of the expedition believed that a successful outcome would change the dominant balances. In contrast, the opposition raised serious concerns on the utility of this vast expedition in such a critical period for the city-state. Nonetheless, the Athenian Assembly decided eventually to launch almost the entire naval force to Sicily. Syracuse was a Corinthian colony in south Italy and by the mid 5th century had evolved into a strong naval power allied with the Peloponnesians in the war against Athens. Sailing on full power against Syracuse was not merely an act of war; it was a display of naval supremacy and in fact, a democratic declaration. The comic poet Aristophanes (*Ach.* 545–554) describes the departure of the fleet for Sicily; the text that can hardly be characterized as comical, constitutes the epitome of everything the Athenian naval establishment represented at that time:

The city would at once have been full of shouting troops, fuss over trireme commanders, payment of wages, gilding of Pallases, roaring colonnades, measuring of rations; wineskins, oar-straps, bargaining for casks, garlic, olives, nets of onions, garlands, anchovies, flute-girls and black eyes; the dockyard would have been full of the noise of

---

40 Rhodes 1981, 645–646.
41 Driessen 2005, 131; Horden, Purcell 2000, 150; Lindenlauf 2003, 421.
42 Arist. *Ath.* 47, 3–4.

oar spars being planed, treenails being hammered, oars being fitted with their straps, flutes and boatswains' calls, whistles and piping" (translation by Blackman, 1982, 208).

Aristophanes' vivid images demonstrate the impact of these naval preparations on the community and the city. The latter would have probably been Piraeus, and not the civic *asty*, as indicated by the descriptions of commercial activities. Kantharos was Athens' centre of maritime trade and especially in periods of naval war, Piraeus – via its harbours – would have been a reference point for the city-state.

Launching a fleet of 200–300 triremes from three naval harbours would have been an impressive and noisy spectacle. Citizens of Athens gathered in the Piraeus, near the naval harbours to farewell the fleet and the crews. For them, the symbolism was obvious; they were sending off the essence of Athenian power rather than just a fleet of triremes. Hence, the safe return of the fleet was not an issue of war logistics; it was an issue of preserving their political identity and the system of values it represented. Harbours provided a monumental home for the naval force endorsed with a solid administrative structure. Athenians decided to watch the departure of the fleet on the quayside since the large naval complex would stand there as a reminder of their naval power even when the majority of the fleet would have been away.

Two years later the Sicilian expedition ended in failure for Athens. The Athenian navy suffered great losses both in men and vessels. What had started as a demonstration of power resulted in a catastrophe for Athens. As Thucydides (7, 71, 1–7) writes, Athenian men burst into tears as they were falling back from the naval engagement in Syracuse; crying was neither for the lost and captured men nor the sunken triremes. They were mourning considering the dark future lying ahead of them. This defeat would initiate rapid political and economical changes, "… for Athenians have attributed all their hopes to the navy" (Thuc. 7, 71, 2, translation by the author). The democratic regime was based on the navy whilst economic prosperity was safeguarded by the fleet. Therefore, the existence of Athens was in danger after this unsuccessful expedition. Athenian authorities understood the significance of sustaining stability with regard to the navy. During the formation of the new maritime state of Athens, citizens would turn subconsciously to harbours to liaise with the state and develop their identity. Naval harbours were statutory representations of this new maritime identity which the community could easily identify and attach upon.

Plutarch, in his work about Themistocles life states

> … but he fastened the city to the Piraeus, and the city to the sea … Therefore also the stand on the Pnyx, which had stood so as to look off towards the sea, was afterwards turned by the Thirty Tyrants so as to look inland, because they thought that maritime empire was the mother of democracy, and that oligarchy was less distasteful to tillers of the soil" (Plu. Them. 19, 2–4, translation by Reden 1995, 28).

Themistocles' intention of shifting the interest into maritime affairs strengthened Athenian democracy and created an extensive network of beneficiaries. Athenian democracy was subsequently connected to the naval establishment[43]. Even the Athenian Assembly embraced this new reality and indeed the *asty* shaped a new national identity oriented to the sea. Plutarch's text reveals that even the sacred assembly's stand on the foothills of the Acropolis was moved as to face the sea. Therefore, it is reasonable to believe that the enemies of Athens would attempt to strike the naval establishment. This applies not only to military rivals but more importantly to the opponents of the democratic regime. Since the naval power of Athens was the guarantor of the preservation of democracy, oligarchic opposition would have tried to undermine the effective function of the navy. In fact, the first decision of the oligarchic regime imposed by Sparta in Athens was to demolish the harbour installations of Piraeus. Their intention was to cut off the links between democracy and naval establishment; by destroying parts of the harbour walls they attempted to exclude Piraeus from the citizens' mentality. Since they believed that the maritime empire was the mother of democracy, they decided to demolish the Long Walls and the naval dockyards within three days in 404 BC[44]. Their priority was undoubtedly to deliver a decisive strike to the naval harbours and the democratic regime. The Thirty Tyrants deliberately aimed for the heart of the Athenian state. In order to eradicate democracy they had to avulse the constitution from the emerging naval tradition and exclude it as a structural component that contributed to the formation of identity. Therefore, they intended to destroy everything related to the naval harbours, the institution that yielded the essence of Athens. As soon as democracy was restored, Athenians initiated a large scale program of rebuilding the ruined walls and reorganizing the naval establishment in its previous context. Athens tried to reinstate democracy based on the same institutions responsible for commencing maritime supremacy.

When Romans invaded Athens in 86 BC, they demolished the entire remaining naval establishment. Although the ancient Greek world was characterized by sudden political changes and economic transformations, monumental constructions held more substantive functions which are difficult to ignore. The Romans were aware of that notion and thus proceeded in demolishing the monumental harbour installations of Athens. Unlike in other cities, in Athens they deliberately decided not to reuse the naval structures and thus let the harbours decline. On the other hand, excavations in Zea and Mounichia have not proven until now any intentional use of the Classical facilities by the Romans other than as quarries. Since Rome was emerging as successor of Athens in maritime affairs, their intention would have been to erase any remnants of the Athenian Empire. By destroying the harbours, let alone keeping the ruins in public display, the Romans made a statement; and as the symbol collapsed so did Athens as a maritime power.

---

43   Amit 1965, 464.
44   Reden 1995, 29.

Bibliography

Adcock, F., Mosley, D., *Diplomacy in Ancient Greece*, London 1975.
Von Alten, G., "Die Befestigungen der Hafenstadt Athens," in: E. Curtius, J. Kaupert (Eds.), *Erl. Text zu Karten von Attica; Heft I, Athen und Peiraieus*, 1881, 12, figs. 2–3.
Amit, M., *Athens and the Sea: a Study in Athenian Sea-Power*, Brussels 1965.
Amouretti, M., Ruze, F., *Les sociétés grecques et la guerre à l'époque classique*, Paris 1999.
Austin, M., Vidal-Naquet, P., *Economic and Social History of Ancient Greece*, London 1977.
Basch, L., *Le musée imaginaire de la marine antique*, Athens 1987.
Blackman, D., "Ancient Harbours in the Mediterranean, Part 2," *International Journal of Nautical Archaeology* 11 (3), 1982, 185–211.
Burke, M., "The Economy of Athens in the Classical Era: Some Adjustments to the Primitive Model," *TAPhA* 122, 1992, 199–226.
Casson, L., *Ships and Seamanship in the Ancient World*, Princeton 1971.
Curtius, E., *Commentatio de portubus Athenarum*, Berlin, 1841.
Day, J., "The Κωφός Λιμήν of the Piraeus," *American Journal of Archaeology* 31(4), 1927, 441–449.
Δραγάτσης, Ι.Χ., "Ἔκθεσις περὶ τῶν Πειραιεῖ Ἀνασκαφῶν," Πρακτικὰ Ἀρχαιολογικῆς Ἑταιρείας 1885, 1886, 63–71.
Driessen, H., "Mediterranean Port Cities: Cosmopolitanism Reconsidered," *History and Anthropology* 16 (1), 2005, 129–141.
Emerson, R., "Nationalism and Political Development," *The Journal of Politics* 22 (1), 1960, 3–28.
Finley, M., *The Ancient Greeks: an Introduction to their Life and Thought*, New York 1963.
Gabrielsen, V., *Financing the Athenian Fleet: Public Taxation and Social Relations*, Baltimore – London 1994.
Garland, R., *The Piraeus*, London 1987.
Godley, A., *Herodotus, Books 1–9*, vols. I–IV, London 1925.
Horden, P., Purcell, N., *The Corrupting Sea: a Study of Mediterranean History*, Oxford 2000.
Hornblower, S., *The Greek World 478–323 BC*, London 1993.
Jones, H., *Strabo, Geography, vol. IV, Books 13–14*, London 1929.
Jordan, B., *The Athenian Navy in the Classical Period: a Study of Athenian Naval Administration and Military Organization in the Fifth and Fourth Centuries B. C.*, Berkeley 1975.
Judeich, W., *Topographie von Athen*, München ²1931.
Leake, W., *The Topography of Athens. Volume I*, London ²1841.
Kilvert, I., *Plutarch, the Rise and Fall of Athens: Nine Greek Lives*, London 1960.
Kyriazis, N., Zouboulakis, M., "Democracy, Sea Power and Institutional Change: an Economic Analysis of the Athenian Naval Law," *European Journal of Law and Economics* 17, 2004, 117–32.
Lindenlauf, A., "The Sea as a Place of No Return in Ancient Greece," *World Archaeology* 35 (3), 2003, 416–433.
Loven, B., *The Ancient Harbours of Piraeus Volume I.1. The Zea Shipsheds and Slipways: Architecture and Topography*, Aarhus 2011.
Loven, B., Schaldemose, M., *The Ancient Harbours of Piraeus Volume I.2. The Zea Shipsheds and Slipways: Finds, Area 1 Shipshed Roof Reconstructions and Feature Catalogue*, Aarhus 2011.
Loven, B., Sapountzis, I., *The Ancient Harbours of Piraeus Volume II. Zea Harbour: the Group 1 and 2 Shipsheds and Slipways – Architecture, Topography and Finds*, Aarhus 2019.

Loven, B., Moeller, M., Sapountzis, I., *The Ancient Harbours of Piraeus Volume III. The Harbour and Coastal Fortifications of the Piraeus – Architecture, Topography and Finds*, Aarhus 2020 (forthcoming).

Marr, J., Rhodes, P., *The 'Old Oligarch': The Constitution of the Athenians Attributed to Xenophon*, Oxford 2008.

Meiggs, R., *The Athenian Empire*, Oxford 1972.

Meiggs, R., *Trees and Timber in the Ancient Mediterranean World*, Oxford 1982.

Morris, I., "The Athenian Empire (478–404 BC)," *Version 1.0, Princeton/Stanford Working Papers in Classics* 2005.

Potts, S., "Power Made Public: Athenian Displays of Power and Aegean Diplomacy in the Fifth and Fourth Century B. C.," in: J. Amelang, S. Beer (Eds.). *Public Power in Europe. Studies in Historical Transformations*, Piza 2006, 143–155.

Rhodes, P., *A Commentary on the Aristotelian Athenaion Politeia*, Oxford 1981.

Starr, C., *The Influence of Sea Power on Ancient History*, Oxford 1989.

Theodoulou, T., Memos, C., "A Voyage to Ancient Greek Harbours on Board, Limenoscope," *Water Science & Technology: Water Supply* 7 (1), 2007, 253–260.

Rackham, H., *Aristotle, vol. XX, Athenian Constitution, Eudemian Ethics. Virtues and Vices*, London 1935.

Von Reden, S., "The Piraeus – A World Apart," *Greece and Rome*, 2nd Ser., 42 (1), 1995, 24–37.

Ulrichs, H., "Topographie der Hafen von Athen," *Abhandlungen der Bayerischen Akademie* 3, 1843, 647–676.

Warner, R., *Thucydides, History of the Peloponnesian War*, London 1954.

Waterfield, R., *Plato Republic*, Oxford 1994

PANAGIOTIS ATHANASOPOULOS
Currently Carlsberg Fellow at the Danish Institute at Athens

Staat und Individuum in der griechischen Polis bis zur klassischen Zeit

MARTIN DREHER

Der vorliegende Beitrag führt einige meiner früheren Überlegungen zur Entstehung und Ausprägung der griechischen Polis weiter. Mit dem Thema habe ich mich, beginnend mit meiner Dissertation über „Sophistik und Polisentwicklung",[1] unter verschiedenen Gesichtspunkten immer wieder beschäftigt.

Dabei gehe ich davon aus, dass es das Verhältnis zwischen dem einzelnen und dem Gemeinwesen ist, welches sowohl das Wesen des Polis-Staates als auch die spezifischen Ausprägungen der griechischen Poleis, also die unterschiedlichen Staatsformen, und dann eben auch die darauf bezugnehmenden theoretischen Äußerungen, bestimmt. Für diese Themenstellung lässt es sich rechtfertigen, dass ich mich angesichts der vielfältigen Aspekte der Polisentwicklung in diesem Beitrag auf das Verhältnis zwischen Staat und Individuum beschränke. Dabei sollen beide Ebenen, sowohl die realhistorische Entwicklung als auch die Reflexionen der antiken Autoren, in den Blick genommen werden. Zwar ist angesichts des Oberthemas der hier versammelten Aufsätze das 5. Jahrhundert v. Chr. der Ausgangspunkt der Fragestellung; da jedoch die Verhältnisse der klassischen Zeit so stark von der vorausgehenden Zeit geprägt sind,[2] ist ein Rückgriff auf die archaische Zeit unumgänglich. Demgemäß wird hier der Zeitraum vom Beginn der griechischen Staatlichkeit, die ich um 700 v. Chr. ansetze, bis ins 5./4. Jahrhundert v. Chr., als die verschiedenen Staatsformen der Polis voll ausgeprägt waren und theoretisch reflektiert wurden, betrachtet. Aufgrund der Gesamtausrichtung des *Colloquium Atticum*, der aber auch die Quellenlage entspricht, steht die Polis Athen im Zentrum der folgenden Ausführungen. Diese sind in fünf Abschnitte gegliedert:

---

[1] Dreher 1983, 55 ff.: Kap. 3: „Verhältnis Individuum – Staat".
[2] Diesen Zusammenhang betont auch Seelentag 2014, 15 f. Anm. 9 mit Verweis auf Walter 1993 und Manville 1990; gleichzeitig äußert er Kritik an derjenigen Literatur, die in dieser Hinsicht defizitär bleibt.

„Die grundsätzliche Bedeutung des Individuums in der Polis" (I); „Begriff und Entstehung des Staates" (II); „Die Teilhabe der Bürger am Staat" (III); „Die Staatsformen" (IV); „Akzeptanz und Ablehnung des Staates" (V).

Beide hier im Mittelpunkt stehenden Begriffe, Individuum und Staat, bzw. ihre Bedeutung für die griechische Polis, sind nicht unproblematisch und in der modernen Forschung durchaus umstritten. Als Individuen, damit wollen wir beginnen, sind hier nicht sozial herausragende Menschen, „exceptional individuals",[3] wie z. B. Tyrannen oder Gesetzgeber gemeint, sondern sämtliche einzelnen Mitglieder eines Gemeinwesens. Da wir uns im Bereich von Politik und Recht bewegen, sind unter diesen Individuen in den meisten Fällen nur die erwachsenen Männer zu verstehen.[4]

1. Die grundsätzliche Bedeutung des Individuums in der Polis

Statt der Einzelpersonen hält ein Teil der Forschung die verwandtschaftlichen Gruppierungen, besonders Familien, und lokale bzw. soziale Verbände wie Phratrien, Phylen, Demen für die wichtigsten Elemente einer Polis: „Die Athener wie die meisten übrigen Griechen waren von Anfang an Zugehörige nicht als einzelne Individuen, sondern stets mit anderen zusammen, in den Phylen, Phratrien, Demen und den übrigen Assoziationen, die im Gegensatz zu den drei genannten nicht alle Bürger der Polis erfassten."[5] In dieser Aussage von Uwe Walter steckt allerdings ein Widerspruch: Wenn „die übrigen Assoziationen" (meint der Autor damit die *gene*, oder auch die Hetairien oder die erst später bezeugten Kollegien?) nicht alle Bürger einer Polis umfassten, konnten sie schon deswegen nicht konstitutiv für den Bürger-Status sein. Walter fährt fort und verschärft den Gegensatz noch: „Denn das Bürgerrecht bildete ... in den griechischen Poleis keinen abstrakten, dem Individuum anhaftenden Rechtstitel, sondern die in stetiger gemeinsamer *praxis* vollzogene Einbindung in einen dieser Verbände."[6]

Die ausschließende Entgegensetzung von Individuen und sozialen Verbänden halte ich für irreführend. Natürlich erfüllten die genannten Verbände wichtige Funktionen innerhalb der Polis. Sofern sie überhaupt schon vor der Staatswerdung der Polis (dazu unten) bestanden, spielten sie gewiss eine wichtige Rolle bei der Integration der Po-

---

3   So die Überschrift des Abschnitts bei Davies 2018, 60–63.
4   Das möchten nur diejenigen anders sehen, die dem kultischen Bereich, in dem Frauen eine ähnlich Bedeutung wie Männer besaßen, die entscheidende Rolle in der Polisentwicklung zuschreiben, worauf insbesondere Josine Blok besteht, s. u. Anm. 7.
5   Walter 1993, 218. Die herausragende Rolle solcher Assoziationen betont auch Ismard 2010.
6   Walter 1993, 218, der damit nicht zuletzt in den Spuren Christian Meiers wandelt. Meine Kritik betrifft vor allem diese Aussagen Walters sowie dann auch seinen nicht hinreichend präzisen Staatsbegriff (s. u.). Im Übrigen stimmt Walters Darstellung in vielen Punkten mit meiner zehn Jahre zuvor vorgelegten Analyse der Polisentwicklung überein (wie sich auch im Folgenden zeigen wird), ohne dass Walter dies bemerkt hätte.

lismitglieder in die neuen, staatlichen Formen und ermöglichten die Identifizierung derer, die als solche Polismitglieder gelten konnten.[7] In seinen Untersuchungen zu den frühen kretischen Poleis bezeichnet Gunnar Seelentag diese Elemente, die allerdings umfassender als die soeben genannten Verbände bestimmt sind, als „Integrationskreise".[8] Da in den homerischen Epen Phylen und Phratrien als gesellschaftliche Einheiten genannt sind, dürften sie in den meisten Poleis bereits in vorstaatlichen Verhältnissen vorhanden gewesen sein. Nach der Staatswerdung der Polis finden wir genau diese beiden Verbände im frühesten Dokument, das uns aus dem archaischen Athen überliefert ist, dem Tötungsgesetz Drakons. In diesem für den Gesamtstaat Athen gültigen Gesetz werden sowohl den Vorstehern der Phylen, den Phylobasileis, als auch den Phratrien Pflichten bzw. Rechte in den Prozessen wegen Tötung eines Menschen zugewiesen.[9] Beide, zweifellos auch bereits im vorstaatlichen Athen existierende Einheiten wurden also in die staatliche Organisation eingebunden.[10] Das blieb auch in der Folgezeit so, allerdings traten der gesamtstaatliche Gestaltungswille bzw. die Gestaltungsmöglichkeiten der Polis gegenüber den sozialen Einheiten deutlicher hervor. So wurde die Präsentation der Knaben in der Phratrie eine Bedingung für die Zuerkennung des dann, in der klassischen Zeit, formal ausgeprägten Bürgerrechts.[11] Und die Phylen wurden durch die Reformen des Kleisthenes völlig neu gestaltet, bildeten also eine Verfügungsmasse in der Hand der Polis.[12] Während dies auch für die athenischen Demen gilt, die durch Kleisthenes zu der kleinsten Verwaltungseinheit der Polis mit erblicher Mitgliedschaft gemacht geworden sind und nunmehr die Aufgabe hatten, alle männlichen Bürger in den Demenregistern aufzuzeichnen,[13] ist für sie in der früheren Zeit, namentlich beim Übergang in die Staatlichkeit, im Gegensatz zur oben zitierten Aussage von Walter keine solche Bedeutung erkennbar; vielmehr waren sie nach allgemeiner Auffassung vor Kleisthenes rein örtliche Siedlungsgemeinschaften, die etwa Dörfern entsprachen.

---

7   Das gilt auch für den gesamten kultischen Bereich. Ungerechtfertigt ist hingegen, diesem Bereich eine bestimmende Bedeutung bei der Polisentwicklung zuzuschreiben, wofür sich ein guter Teil der neueren Forschung einsetzt, vgl. zuletzt Blok 2018, 86 ff. Zu Recht kritisiert Hölkeskamp 2000 die dementsprechende Ausblendung des Politischen in zahlreichen Publikationen zur griechischen Frühzeit. S. auch u. Anm. 22. Außerdem ist in der jüngeren Forschung gegenüber der vorherrschenden „public religion perspective" zu Recht die Bedeutung des Einzelnen und der Individualität auch im religiösen Bereich betont worden, vgl. Rüpke 2013, bes. 3–9, und weitere Beiträge in diesem Sammelband.
8   Seelentag 2014, 17 ff.; ders. 2015, 269 ff. Ein von Seelentag angeführtes Beispiel eines solchen Integrationskreises sind die offiziellen Gemeinschaftsmahlzeiten (*andreia*) in den kretischen Poleis.
9   Meiggs, Lewis 86; Osborne, Rhodes 183A; Körner 6; HGIÜ I 145. Um welche genauen Funktionen es sich hierbei handelt, ist in der Forschung umstritten und muss hier nicht diskutiert werden.
10 Vgl. Davies 1997, 30 f.
11 Lys. *P. Oxy.* 2538 col. II 23 ff.
12 Arist. *Ath.* 21.
13 Arist. *Ath.* 42, 1.

Alle soeben genannten Funktionen der einschlägigen Assoziationen im Hinblick auf den Gesamtstaat ändern allerdings nichts daran, dass auch sie selbst zusammengesetzt waren aus den einzelnen Bürgern. Natürlich waren die Bürger eingebunden in diese Verbände, und soweit diese noch andere Daseinszwecke besaßen, wie etwa die Phratrien im kultischen Bereich, als soziale Wesen daran beteiligt.[14] Insofern die Assoziationen aber staatliche Aufgaben wahrnahmen, sorgten sie für die Beteiligung des einzelnen als eines Staatsbürgers an der Gesamtpolis. So wurden die Mitglieder des Rates der Fünfhundert (*bulé*) und viele Amtsträger demen- oder phylenweise bestimmt. Aber weder diese Auswahlverfahren noch die zuvor genannte soziale Einbindung berechtigen zu dem Schluss, dadurch werde die bürgerliche Individualität aufgehoben. Denn es blieb der einzelne Bürger, der dann Mitglied in der Bule wurde oder als Magistrat amtierte, und als solcher unterlag er keinem imperativen Mandat seines Demos oder seiner Phyle, sondern war individuell anderen, übergeordneten Gremien wie der Volksversammlung, den Gerichten oder speziellen Kontrollgremien wie den Euthynoi verantwortlich, die im Allgemeinen auf der Ebene der Gesamtpolis agierten.

Sofern also die hier angesprochenen Assoziationen als Untereinheiten der Polis fungierten, waren sie selbst auch Teil des Verhältnisses zwischen Staat und Individuum. Zumindest seit Kleisthenes formten diese Untereinheiten ein kompliziertes Geflecht, das eine *gleichmäßige* Partizipation der Bürgerschaft an der Polis garantieren sollte.[15] Aber auch jenseits der oben genannten Auswahlverfahren bleibt noch ein großer Bereich, in dem die Assoziationen keine oder eine völlig untergeordnete Rolle spielten, und in dem der Bürger sich ganz individuell an den Polisangelegenheiten beteiligen konnte. Das gilt vor allem anderen für die in der klassischen Zeit höchste und entscheidende Institution Athens, die Volksversammlung, zu welcher sich jeder Teilnehmer in persönlicher Entscheidung und einzeln begab, und ebenso für die andere wichtige Säule der Demokratie, die Gerichtshöfe (Dikasterien). In beiden zentralen, vom Volk besetzten Gremien stimmten die Bürger individuell und sogar ohne formale Beratung ab, so dass sich die Entscheidung des Gesamtgremiums aus den addierten Voten der Einzelmitglieder ergab. Auch zu Steuerzahlungen und Liturgieleistungen wurde der Bürger individuell veranlagt und herangezogen, und seine finanzielle Leistungsfähigkeit wurde gegebenenfalls mit anderen Bürgern verglichen. Dabei war für ihn die Gesamtpolis der wichtigste Bezugspunkt, die Untergliederungen der Polis fungierten, um es deutlich zu sagen, als Umsetzungsebenen der gesamtstaatlichen Aufgaben. In diesem Sinn definiert Aristoteles schon im ersten Satz der *Politik* (1252a5 f.) die Polis als die Gemeinschaft, „die von allen die beherrschendste ist (κυριωτάτη) und die alle anderen umschließt (περιέχουσα)". Sie setze sich aus kleineren Gemeinschaften zusammen, und zwar zunächst aus Mann und Frau sowie aus Herr und Sklave (1252a24–34). Als Zwischenstufe zwischen diesen

---

14   Vgl. etwa Ober 2008, 134–142: „Demes and tribes as social networks". Zu den Phratrien vgl. Lambert 1993.
15   So schon Arist. *Ath.* 21, 2.

und dem eigentlichen *telos*, der Polis, setzt der Philosoph die *kome*, das Dorf, ein, das jedoch lediglich als eine Art Ableger (*apoikia*) des Hauses, als Ansammlung mehrerer Häuser, verstanden wird (1252b15–18). Noch deutlicher wird er am Beginn des dritten Buches: „Da nun der Staat (*polis*) etwas Zusammengesetztes ist, … so ist es klar, dass zuerst nach dem Bürger (*polites*) gefragt werden muss. Denn der Staat besteht aus einer bestimmten Anzahl von Bürgern" (1274b38–41). Die von Walter (und anderen) so sehr in den Vordergrund gerückten „Assoziationen" wie Phylen, Phratrien und Demen spielen im aristotelischen Staatsaufbau keine Rolle. Alle in diesem grundlegenden Werk so geschätzten lebenswichtigen und lebenswerten gemeinschaftlichen Funktionen werden vielmehr der Polis als dem Idealziel des menschlichen Lebens zugeschrieben. Die aristotelische Analyse mag in den Augen der modernen Forschung nicht umfassend genug sein und ist auch oft genug kritisiert worden,[16] aber die zeitgenössische Hervorhebung zentraler politischer Strukturen kann deren Bedeutung nur bekräftigen.

Die athenische Gesellschaft war also, so können wir sagen, eine Bürgergesellschaft, deren Angehörige schon in der archaischen Zeit in der politischen Praxis als das auftraten und angesehen wurden, was erst die moderne Rechts- und Staatstheorie (seit Hegel) mit der Kategorie der Person definiert hat: als eine Gemeinschaft eigenständig und eigenverantwortlich handelnder Rechtssubjekte.[17] Ab dem Zeitpunkt, an dem die Polis ein staatliches Gebilde geworden ist (dazu sogleich), können wir ihre Mitglieder ohne weiteres auch ‚Staatsbürger' nennen.[18] Dies gilt, obwohl die neuere Forschung durchaus zu Recht immer wieder darauf verweist, dass die Kategorie des Bürgers in der archaischen Zeit noch nicht formal definiert und vom Status des Nichtbürgers abgegrenzt war.[19] Für die Zeitgenossen muss jedoch, zumindest weitgehend, Klarheit darüber bestanden haben, welche Männer und Frauen zu ihrer Gemeinschaft der Polismitglieder zählten und welche nicht, wer *polites* oder *politís* war und wer nicht.[20] Schon in der homerischen Gesellschaft, also in vorstaatlicher Zeit, gehörte die Herkunftsangabe zur Identität eines freien Mannes, und ein Fremder war bei seiner Ankunft in einer solchen Gemeinschaft als solcher unverkennbar. Eine wichtige Rolle für die Stärkung des Gemeinschaftsbewusstseins und der Identitätsfindung spielten, wie oben schon erwähnt, die unterhalb der Polis-Ebene angesiedelten Assoziationen, in denen sich die kulturellen und sozialen Traditionen der Gemeinschaft manifestierten. Daher ist die Forschung im Irrtum, wenn sie die eben referierte Aussage so formuliert, dass sich „der Staatsbürger" bzw. „das Bürgersein" erst im Laufe der archaischen Zeit herausgebildet habe.[21] Vielmehr ist „der Staatsbürger" als das subjektive Element, als Träger des Staa-

---

16   Die Beschränktheit des gesamten aristotelischen Modells kritisiert etwa Duplouy 2018, 3 ff.
17   Hegel, Rechtsphilosophie §§ 35 ff. 117; Dreher 1983, 46.
18   Hingegen verwendet z. B. Donlan 1997, 40, den Begriff der „citizen rights" missverständlich für die vorstaatlichen und die staatlichen Verhältnisse gleichermaßen.
19   Walter 1993, 21 f.; Seelentag 2014, 15.
20   Vgl. etwa Duplouy 2018, 33.
21   So etwa Walter 1993, 21.

tes, mit der Errichtung eines Staatswesens notwendigerweise begrifflich existent. Da beide Kategorien, Staat und Staatsbürger, sich zur Zeit ihrer Entstehung jedoch erst in einem frühen, rudimentären Stadium befanden, ist es wiederum richtig festzustellen, dass sich beide zusammengehörigen Phänomene weiterentwickelten, an Bedeutung gewannen, konkretere Formen annahmen. Ihre Institutionalisierung intensivierte sich im 7. und 6. Jahrhundert v. Chr. erheblich.[22]

In Athen tritt uns diese Kategorie des Staatsbürgers spätestens in den Berichten über die Reformen Solons entgegen, der durch die Aufhebung der Schuldknechtschaft und zahlreiche Maßnahmen zur Erhaltung und Stärkung der bäuerlichen *oikoi* den Rechtsstatus *aller* Athener als freier Polisbürger dauerhaft gesichert hat.[23] Als passive Staatsbürger waren alle Politen gleich, die Gesetze galten für jedermann gleichermaßen. An aktiven Rechten stand es jedem Bürger zu, in der Volksversammlung sein Stimmrecht auszuüben, wohl auch in der Heliaia, deren damalige Form wir nicht genau kennen, als Richter abzustimmen, sowie selbst eine Klage vor Gericht zu erheben, sogar gegen Amtsträger, die ihre Pflichten verletzten.[24] An der weitergehenden aktiven Regierung der Polis, insbesondere an der Übernahme von Ämtern, waren die Bürger hingegen nicht mehr gleichberechtigt beteiligt; vielmehr wurden ihre Zugangsrechte gestaffelt und abhängig gemacht von der Vermögensklasse, der sie jeweils angehörten.[25] Die intensivere aktive Beteiligung der Athener an der Verwaltung ihrer Polis, die das Kernstück der Reformen des Kleisthenes war, machte es dann erforderlich, den Status des dazu berechtigten (Voll-)Bürgers genauer zu bestimmen. Erstmals wurde nun formal festgelegt, wer zur Bürgerschaft gehörte, und das war eine Aufgabe der nunmehr zu Verwaltungseinheiten der Polis umgewandelten Demen, die entsprechende schriftliche Register anzulegen hatten.[26] Dabei wurden offenbar auch einige Bewohner Athens als Bürger eingetragen, welche zumindest von einem Teil der Athener nicht als ihrer Gemeinschaft zugehörig angesehen wurden; von Neubürgern spricht auch die aristotelische *Athenaion politeia* (21, 4). Das trug der Reform von antidemokratischer Sei-

---

22 Wenn hier der Institutionalisierung politischer Funktionen eine wichtige Rolle im Entwicklungsprozess der Polis zugeschrieben wird, so ist damit nicht der Anspruch erhoben, die Polisentwicklung umfassend, d.h. mit Berücksichtigung der wirtschaftlichen, sozialen und kulturellen Bereiche, erläutert zu haben (s. auch o. Anm. 4 und 7). Der Vorwurf Giangiulios 2004, 48, gegenüber Donlan und Raaflaub, die Polisentwicklung nur einseitig politisch-institutionell zu betrachten, geht daher ins Leere, ebenso die generelle Kritik von Duplouy 2018, 6 ff. (ähnlich Blok, zuletzt 2018, 82 f.), am „legal and institutional approach". Es versteht sich aber eigentlich von selbst, dass die Entwicklung der Polis von einem vorstaatlichen in ein staatliches Gemeinwesen nur mit (im modernen Sinn) politischen Begriffen erfasst werden kann.
23 Zur Bedeutung der persönlichen Freiheit in dieser Phase vgl. Raaflaub 2004, 45 ff.
24 Arist. *Pol.* 1275a6–33 unterscheidet einen eingeschränkten und einen uneingeschränkten Status des Staatsbürgers (*polites*). Letzteren definiert er als denjenigen, „welcher das Recht hat, an einer beratenden oder richtenden Institution teilzunehmen" (1275b18–19).
25 Zu den Quellen für Solon vgl. Leão, Rhodes 2015 (eine neue Edition der solonischen Fragmente wird von Winfried Schmitz vorbereitet); allgemein Schubert 2012.
26 Arist. *Ath.* 21.

te den Vorwurf ein, sozial niedrigstehende Menschen, sogar Sklaven, aufgenommen und so die Menge, den Pöbel, gestärkt zu haben, der in der Folgezeit die Herrschaft in Athen ausgeübt habe.[27] In Wahrheit war die Bevölkerung Athens im Laufe des 6. Jahrhunderts wohl so angewachsen und durch Zu- und Wegzüge so vermischt worden, dass die oben angenommene, früher selbstverständliche Einstufung der Einwohner als Athener oder Fremde nicht mehr in allen Fällen möglich war. Angesichts der für eine griechische Polis außerordentlich hohen Bevölkerungszahl Athens war eine formalisierte Festlegung der Zugehörigkeit zur Bürgerschaft die einzige Möglichkeit, diesbezüglich Klarheit zu schaffen. Dass ein solcher Neubeginn nicht zur Zufriedenheit aller Beteiligten ausfallen konnte, liegt auf der Hand. Den Endpunkt dieser Formalisierung des Bürgerrechts in Athen bildete dann das sogenannte Bürgerrechtsgesetz des Perikles aus dem Jahr 451 v. Chr., mit dem festgeschrieben wurde, dass einen Anspruch auf das athenische Bürgerrecht nur diejenigen hatten, die von einem athenischen Vater und einer athenischen Mutter abstammten.[28]

Dass die athenische Polis im Wesentlichen ein Personen- oder Bürgerverband gewesen ist, gilt also schon für die archaische Zeit, und darin weiß ich mich einig mit anderen Historikern, die zu Recht die Bedeutung des Individuums auch im politischen Denken der archaischen Zeit hervorheben, ohne allerdings diese Entsprechung zwischen politisch-sozialer Realität und politischem Bewusstsein ausreichend zu thematisieren. In seinem Aufsatz „Individualisierung und politisches Bewusstsein im archaischen Griechenland" zieht Peter Spahn das Fazit: „Die zunehmende – auch sozial sich ausweitende – Individualisierung (hat) die Politisierung erst ermöglicht und befördert. Daher ist es unerlässlich, in der Geschichte des politischen Denkens der Griechen nicht nur auf das Gemeinschaftliche zu achten, sondern auch auf das Individuelle und Eigenständige."[29] Tanja Itgenshorst bekräftigt das mit den Worten: „Insofern ist das politische Denken im archaischen Griechenland seit seiner Entstehung durch den Bezug auf die Gemeinschaft, in charakteristischer Weise aber auch durch Individualität geprägt."[30] Das Zitat entstammt ihrer Habilitationsschrift „Denker und Gemeinschaft. Polis und politisches Denken im archaischen Griechenland", in der Itgenshorst die auffällige Individualität, ja intellektuelle Unabhängigkeit der archaischen Denker heraushebt.

---

27 Arist. *Pol.* 1275b34–1276a8.
28 Arist. *Ath.* 26,4; vgl. allgemein, nicht auf Athen bezogen, Arist. *Pol.* 1275b22–26.
29 Spahn 1993, 362 f.
30 Itgenshorst 2014, 129.

2. Begriff und Entstehung des Staates

Wie eingangs festgestellt, ist nicht nur die Rolle des Individuums, sondern auch der Begriff ‚Staat' in der modernen Forschung ein umstrittener Gegenstand.

Ein Teil der Forschung lehnt die Verwendung des Staatsbegriffs für die griechischen Poleis oder sogar für alle vormodernen Gemeinwesen grundsätzlich ab.[31] Alle Argumente, die zugunsten dieser Position vorgebracht wurden, sind meines Erachtens überzeugend widerlegt worden.[32] Ich selbst halte von Anfang an den Begriff des Staates nicht nur für angemessen, sondern sogar für notwendig zum Verständnis der Polisentwicklung bzw. der antiken Gemeinwesen. Nur mit diesem Begriff können wir den großen Sprung beschreiben und verstehen, mit dem die griechischen Poleis aus der vorstaatlichen zur staatlichen Form gelangt sind. Allerdings wird auch dieser Begriff sehr unterschiedlich definiert und bildet nur dann eine wirklich anwendbare Kategorie, wenn er trennscharf und widerspruchsfrei bestimmt wird. Seit meiner diesbezüglichen Kritik an der älteren Literatur[33] wird dieser Anforderung zwar in höherem Maße als früher, aber kaum wirklich hinreichend Genüge getan. Grundlegend bleibt meines Erachtens die sogenannte Drei-Elemente-Lehre in der klassischen Formulierung von Georg Jellinek, wonach der Staat aus Staatsgebiet, Staatsvolk und Staatsgewalt bestehe. Das entscheidende und noch einiger Präzisierungen bedürftige Element ist dabei die Staatsgewalt, die als allgemeine, über das gesamte Staatsvolk ausgeübte Gewalt unterschieden sein muss von der auf einen persönlichen Bereich beschränkten Gewalt.[34]

Eine solche Staatsgewalt lässt sich in den Epen Homers und Hesiods noch nicht nachweisen. Die sogenannte homerische Gesellschaft, d. h. die griechische Poliswelt bis zum Ende des 8. Jahrhunderts v. Chr. muss daher als eine vorstaatliche Gemeinschaft eingestuft werden.[35] Der oben im ersten, auf das Individuum bezogenen Teil bereits angesprochene Übergang zur Staatlichkeit vollzog sich in Athen und anderen griechischen Poleis um oder nach 700 v. Chr. Er lässt sich daran ablesen, dass die in der Polis maßgeblichen Personen nunmehr Ämter innehatten, die als Institutionen nicht unmittelbar mit der sozialen Stellung ihrer Inhaber verknüpft sind. Vielmehr

---

31 Pointiert vertreten diese Position etwa Berent 1994, darauf beruhend ders. 2000; Winterling 2014; Vertreter anderer Fächer nennt Walter 1998, 15 ff.
32 Vgl. etwa Walter 1993; dens. 1998; Hansen 2002; Anderson 2009; Lundgreen 2014b. Ders. hat eine noch unveröffentlichte Habilitationsschrift mit dem Titel: „Staatlichkeit in der frühgriechischen Welt" verfasst. Eher neutral, aber mit Kritik an Berent, Faraguna 2000.
33 Dreher 1983, 9 f.
34 Dazu Dreher 1983, 9 f.; Donlan 1997, 40 f.; Walter 1998, 19 ff.
35 Vgl. Dreher 1983, 31 ff.; Ulf 1990; Walter 1993; De Angelis 2016, 146, und andere. Donlan 1997 (und in früheren Publikationen) kommt im Ergebnis meinen Vorstellungen recht nah, lässt es jedoch an präziser Begrifflichkeit mangeln, gerade bei seiner Konstruktion des Übergangs in die Staatlichkeit (vgl. auch o. Anm. 18). Verschiedentlich wird bei der Definition einer vorstaatlichen Gesellschaft auf anthropologische und soziologische Theorien zurückgegriffen, die in den 1960er und 1970er Jahren entwickelt wurden, wie etwa diejenigen von Fried 1967 oder Service 1977.

werden sie den Kandidaten in formalen Verfahren[36] zugestanden und sind zeitlich begrenzt. Das wiederum setzt eine Instanz voraus, die über die Ämterbesetzung entscheidet, und das ist ein Rat, ein Gremium, das aus einer festgelegten Anzahl von Personen besteht. Die Griechen haben für dieses Gremium unterschiedliche Termini verwendet, der allgemeinste ist *bule* (Rat), in Sparta hieß er *gerusia* (Ältestenrat), in Athen wahrscheinlich von Beginn an Areopag (Rat auf dem Ares-Hügel). Es versteht sich von selbst, dass diese ersten Institutionen noch kein umfassendes Gewaltmonopol ausübten, wie es bekanntlich erst den modernen Staaten gelungen ist.[37] Dennoch haben sie Entscheidungen getroffen, die für die Gesamtheit der Polismitglieder verbindlich waren, und haben diese zumindest ansatzweise auch durchgesetzt, insbesondere als Sanktionierung von Vergehen gegen die von ihnen aufgestellten Regeln bzw. Gesetze.

Der staatliche Charakter der Polis war anfangs selbstverständlich noch rudimentär. Es ist richtig, dass sich die Staatlichkeit in der Folgezeit weiterentwickelte, dass die einzelnen staatlichen Elemente wie Ämter und Gremien gestärkt und vermehrt wurden, dass diese umfassender auf die gesellschaftlichen Bereiche zugriffen, kurz dass die Staatlichkeit zunehmend intensiviert wurde.[38] Dennoch geht es nicht an, diese Intensivierung der Staatlichkeit dergestalt absolut zu setzen, dass auch die Entstehung des Staates selbst zu einer fließenden Bewegung, zu einer allmählichen Entwicklung

---

36   Der Begriff des Verfahrens steht im Zentrum der beiden Beiträge von Grote 2016, welche versuchen, Luhmanns Theorie der „Legitimation durch Verfahren" auf die archaische Zeit „anzuwenden". Grotes ‚Verfahren mit dem Verfahren' führt einerseits zu der akzeptablen Aussage, dass die homerische Volksversammlung noch nicht als ein formalisiertes Verfahren ablief, sondern ein solches erst im weiteren Verlauf der Polisentwicklung aufkam. Andererseits führt seine Fixierung auf die Systemtheorie Grote zu einer völlig subjektlosen Geschichtsdeutung, in welcher sich die üblichen inhaltsleeren Abstrakta dieser Theorie wie System, Komplexität, Verfahren usw. gegenseitig bedingen, ohne dass sie auf die wirklichen Motive, Gründe und Interessen handelnder Menschen bezogen würden. Überflüssig zu sagen, dass der Staatsbegriff, wie er hier diskutiert wird, in dieser geschlossenen Weltsicht keinen Platz hat. Die im Vorstehenden angedeutete Kritik soll an einer anderen Stelle ausführlicher vorgebracht werden.
37   Insofern trifft die Kritik etwa von Giangiulio 2004, 32–34, zu, dass die Vertreter der Auffassung, die Polis sei eine „stateless community", die griechischen Gemeinwesen an einer auf den heutigen Staat zugeschnittenen Definition messen würden. Dass Giangiulio seinerseits der Meinung ist, es könne keinen abstrakten, vom heutigen Staatszustand gelösten Staatsbegriff geben, bildet das entscheidende Defizit seiner Überlegungen. Daher gesteht er einerseits der Polis nur „elementi riconducibili a forme di statualità limitata e non moderna nella sua natura" zu (47), sucht sein Heil aber andererseits in einer idealisierenden Gleichsetzung von Gesellschaft und Staat, die hinter deren begriffliche Differenzierung zurückfällt (und im Übrigen auch schon in der idealisierenden Forschung des 19./20. Jahrhunderts gern postuliert wurde).
38   Vgl. Walter 1998, 24 ff., zu den Abstufungen von Staatlichkeit in- und außerhalb der griechischen Poleis. Auf diesen Abstufungen beruht allerdings auch die fragwürdige begriffliche Unterscheidung von „semistates" und „protostates", z. B. von Runciman 1982. Giangiulio 2004, 36–40 arbeitet heraus, dass auch im Staatsbegriff von Max Weber eine Entwicklung hin zu seiner vollen Ausprägung in der Moderne zu erkennen sei.

verwässert wird, von der kein Anfang mehr erkennbar ist.[39] Denn die Errichtung einer allgemeinen Gewalt, die wie gesagt den Kern des Staates ausmacht, kann nicht schleichend, unbewusst und unbemerkt vonstatten gehen. Sie erfordert vielmehr bewusste, interessengeleitete Beschlüsse und Maßnahmen wie vor allem die Konstituierung eines Rates, dessen Mitglieder sich nun nicht mehr, wie bei Homer, sozusagen naturwüchsig zusammenfinden, sondern die nach bestimmten Regeln ausgewählt werden und deren Zahl und Amtsdauer festgelegt werden müssen, so wie es für die 30 Geronten im frühen Sparta der Fall war.[40] Es ist daher begrifflich notwendig, dass die griechischen Poleis jeweils in einem ganz bestimmten Moment ihrer Entwicklung den, um es deutlich zu sagen, Sprung in die Staatlichkeit vollzogen haben, auch wenn wir diesen Zeitpunkt in keinem einzigen konkreten Fall präzise bestimmen können, weil es die Quellenlage eben nicht ermöglicht.

Die Staatswerdung erforderte also bewusstes, zielgerichtetes Handeln, und die einzige soziale Schicht, aus der solche Handlungsträger kommen konnten, war die Oberschicht, waren die reicheren Grundbesitzer der griechischen Gemeinwesen.[41] Und wie diese Elite schon immer auf ihre soziale Stellung und die Tradition ihrer Familien stolz war, so betonte sie auch fürderhin ihre vornehme Abstammung, wie die „Eupatriden" in Athen, oder als die „aristoi", die Besten, ihre Überlegenheit über die sozial niedriger stehenden Politen. Selbstverständlich hatten diese Männer auch schon in der vorstaatlichen Zeit die Führung der Gemeinschaft inne, sie begegnen uns etwa als die *basileis* bei Homer und Hesiod.[42] Aber nunmehr institutionalisierten sie diese Führung, verlangten von allen Gesellschaftsmitgliedern Gehorsam, beanspruchten eine allgemeine Geltung ihrer Gebote und maßen sich bei dagegen gerichteten Verstößen verbindliche, eben gerichtliche Sanktionierungen an. Indem sie also ihre Macht in eine Herrschaft transformierten, um in den Begriffen Max Webers zu sprechen, schufen sie den Staat.

Diese Transformation konnte nur gelingen, weil auf der anderen Seite die Mehrheit der Gesellschaft, der Demos, diese Herrschaft akzeptierte, an der die Menge der Bürger allenfalls passiv beteiligt war, nämlich durch Kundgebung ihrer Stimmung in der Volksversammlung, früher oder später auch durch die Wahl der Amtsträger und durch formale Zustimmung zu deren Vorschlägen.[43]

---

39 Diese Unbestimmtheit, die die handelnden Subjekte verschweigt und deshalb einen teleologischen Automatismus insinuiert, ist jedoch, soweit ich sehe, ein einheitliches Kennzeichen der gesamten Forschung, auch derjenigen, welche inzwischen die Staatswerdung der Polis akzeptiert; vgl. z. B. Walter 1998, 21: „Entscheidend ist, dass *sich* die Funktionen in einem gewissen Maße *verfestigten* und zu Ämtern *wurden*, …" (Hervorh. M. D.). Zu Grote 2016, s. Anm. 36.
40 Dazu Dreher 2006.
41 Dreher 1983, 45 ff.
42 Treffend werden sie mit der anthropologischen Begrifflichkeit als ‚big men' oder ‚Häuptlinge' bezeichnet, vgl. Service 1977, 39 f.; Dreher 1983, 37 ff.; Ulf 1990 *passim*.
43 Zur Rolle des Volkes in der Polisentwicklung, insbesondere zur zunehmenden Partizipation des Demos an den staatlichen Institutionen im Laufe der archaischen Zeit, vgl. Maffi 2019. Zu Sparta vgl. Dreher 2006. Die zahlreichen Versuche, dem Demos oder Plethos schon seit der homerischen

Soweit die Oberschicht sich trotz aller Konkurrenz grundsätzlich darin einig war, die Führung der Polis kollektiv in der Hand zu behalten, und soweit ehrgeizige Einzelne in die Standesdisziplin eingebunden werden konnten, sei es mit der Aussicht, durch die Ämterrotation zeitweise selbst regieren zu können, sei es durch Sanktionsdrohungen,[44] war die Staatsform, sozusagen von Natur aus, eine Aristokratie oder Oligarchie, was im Gegensatz zum vorherigen Punkt von der Forschung im Allgemeinen anerkannt wird.[45]

Der Versuch einzelner Aristokraten, die Herrschaft zu monopolisieren, führte in vielen Städten zur Tyrannis, einer monarchischen Herrschaftsform, die jedoch vom Königtum unterschieden werden sollte.[46] Die Machtposition der Tyrannen wurde aus den Reihen der Oberschicht verschiedentlich geschmäht und auch, zumindest von den Teilen des Adels, die nicht mit den Tyrannen im Bund standen, bekämpft.[47] Wie sich das Volk dazu gestellt hat, ist oft unbekannt, vereinzelt hören wir von einer Unterstützung der Tyrannen, im Allgemeinen aber scheint der Demos passiv geblieben zu sein und diese monarchische Herrschaftsform hingenommen haben.

3. Die Teilhabe der Bürger am Staat

Erste Regungen des Demos gegen die alleinige Herrschaft der Oberschicht entwickelten sich aufgrund der sozialen Krise des vorsolonischen Athens. Es ist sogar von einem Aufstand oder Bürgerkrieg (*stasis*) des Volkes gegen die Vornehmen die Rede.[48] Durch die dem Schlichter Solon zugeschriebenen Reformen wurde das Verhältnis der beiden Bestandteile unseres Themas sprunghaft vorangetrieben. Die Bedeutung der Reformen für die Seite des Individuums, das nunmehr, soweit es als Athener galt, den gesicherten Status eines bürgerlichen Rechtssubjektes erhielt, wurde bereits oben im ersten Teil hervorgehoben. Für die andere Seite, den Staat, können wir eine weitere Stufe der ebenfalls schon genannten Intensivierung der Staatlichkeit festhalten. Solon hat nämlich für zentrale Institutionen der Polis feste Regelungen getroffen und vielleicht sogar gesetzlich verankert, und zwar sowohl für die Gremien, die politische Entscheidungen getroffen haben, also die Volksversammlung und, wenn es sich denn

---

Zeit eine mitentscheidende Rolle bei der Lenkung der Polis zuzuschreiben, überzeugen mich nicht.

44 Als Beispiel für beide Seiten der Medaille kann das Gesetz von Dreros gelten, Meiggs, Lewis 2; Gagarin, Perlman Dr 1.
45 Für Sparta vgl. Dreher 2006; für Kreta Seelentag 2015; für Sizilien De Angelis 2016, 174 (dessen nach dem Vorbild Andersons erfolgte Einstufung der Tyrannis als ebenfalls oligarchische Herrschaft teile ich allerdings nicht).
46 Ein Plädoyer für diese Unterscheidung ist Dreher 2017.
47 Vgl. z. B. die zeitgenössischen Texte von Alkaios oder im Corpus Theognideum.
48 Arist. *Ath.* 5, 1–2.

um ein historisches Gremium handelt, den Rat der 400, deren Zusammenwirken geregelt werden musste, als auch für das Rechtswesen. Die Popularklage, eine der solonischen Neuerungen, verband beide Bereiche miteinander, falls die Heliaia, an die die Klage zu richten war, mit der Volksversammlung gleichzusetzen ist. Falls die andere Forschungsmeinung zutrifft, dass nämlich die Heliaia in den Grundzügen bereits den späteren Dikasterien entsprochen habe, haben die solonischen Reformen eine noch differenziertere Organisation des Gerichtswesens mit sich gebracht. Auf jeden Fall aber wurde durch die umfangreiche Gesetzgebung Solons auf verschiedenen Gebieten, vor allem für den wirtschaftlichen, aber auch den personenrechtlichen oder den erbrechtlichen Bereich, ein Netz staatlicher Vorschriften in bisher unbekannter Dichte geknüpft.[49] Der erhöhte Regelungsbedarf entstand vermutlich durch die weitere Bevölkerungszunahme in der vorsolonischen Zeit, die zu vermehrten Konflikten innerhalb der Bürgerschaft geführt hatte. Der grundsätzliche soziale Konflikt zwischen den armen und den reichen Athenern, der in den Quellen geschildert wird, ist daher nur als die Spitze eines Eisbergs anzusehen.

In den solonischen Gesetzen wird zum ersten Mal greifbar, wie der Staat, hier in seiner Funktion als Gesetzgeber, die individuelle Rechtsstellung seiner Bürger stärkte. Oberster Grundsatz aller Maßnahmen war die Sicherung der einzelnen Oikoi als der kleinsten wirtschaftlichen und sozialen Einheiten. Auf ihren Inhabern und deren Familien sollte, wie wir oben schon gesehen haben, die Existenz der Polis und der soziale Frieden weiterhin gebaut werden. Da die Mehrheit der Athener Kleinbauern war, dienten die meisten Maßnahmen Solons dem Erhalt und der Sicherung von deren Landbesitz. Zu diesem Zweck griff der Staat beispielsweise in das Erbrecht ein, indem durch das Erbtochtergesetz der Verbleib des Landgutes in der Familie gewährleistet werden sollte. Gleichzeitig gestand er den Bürgern, die kinderlos blieben, die freie testamentarische Verfügung über ihr Erbe zu und bekannte sich damit zur Anerkennung des Bürgers als Rechtsperson, der innerhalb der staatlich gesetzten Grenzen über sich und sein Eigentum verfügen durfte.[50]

Mit der Möglichkeit für jeden Bürger, sich an ein Gericht zu wenden, wenn ihm Unrecht geschehen war, und sogar auch zu klagen, wenn einem anderen Unrecht geschehen war, war es auch möglich, gegen die Entscheidungen von Amtsträgern vorzugehen. Auch durch das Rechtsinstitut der Ephesis konnte, zumindest in späterer Zeit, die Entscheidung eines Amtsträgers oder politischen Gremiums unwirksam gemacht werden, indem die betroffene Partei das Urteil eines Dikasterions einforderte.[51] Da Solon die Ephesis eingeführt hat, könnte sie, obwohl wir für diese Zeit keine direkten

---

49   Vgl. die Quellensammlung von Leão, Rhodes 2015.
50   Vgl. zu diesem Passus Dreher 2012, 25.
51   Zur Popularklage und zur Ephesis vgl. Arist. *Ath.* 9,1; Plu. *Sol.* 18, 2–7 = Leão, Rhodes 2015, Fr. 39–40. Die Bedeutung von Ephesis ist in der Forschung umstritten, vgl. dazu zuletzt Pelloso 2016 mit der Erwiderung von Dreher 2016a.

Belege haben, bereits eine ähnliche Funktion erfüllt haben.[52] Wenn also der athenische Staat jedem Bürger die Möglichkeit gab, gegen Entscheidungen seiner Funktionäre vorzugehen, dann räumte er damit implizit ein, dass ein prinzipieller Gegensatz zwischen dem Staat, der das Gewaltmonopol beansprucht, und dem Bürger, der diesem unterworfen wird, vorhanden ist. Indem ein Bürger sich ungerecht behandelt fühlt und eventuell eine solche Klage erwägt oder erhebt, ist diesem der besagte Gegensatz auch subjektiv bewusst.

Dass die Gerichte, die über solche Klagen entschieden, in irgendeiner Weise, die wir nicht genau kennen, wohl schon in solonischer Zeit aus der Bürgerschaft besetzt wurden, milderte aus Sicht des Bürgers diesen Gegensatz ab, da er selbst zumindest potenziell an der Verwaltung des Staates beteiligt war. Umgekehrt trat der Gegensatz in der Zeit der Tyrannis wieder besonders deutlich hervor, da dem Willen des Tyrannen, der die Staatsgewalt monopolisierte, die gesamte Polis unterworfen war.[53] Der gewaltsame Charakter des Staates war in dieser Herrschaftsform nicht zuletzt deshalb besonders offensichtlich, weil einige Tyrannen sich mit persönlichen Leibwachen und Söldnertruppen umgaben, die sie vor allem gegen ihre innenpolitischen Gegner sichern sollten.

Nach dem Sturz der Tyrannis wurden in Athen durch die Reformen des Kleisthenes 508/7 v. Chr. die Grundlagen für eine umfangreiche tatsächliche Mitwirkung zumindest großer Teile des Demos an der Staatsverwaltung gelegt. Die Maßnahmen gelten daher vielen Forschern zu Recht als Beginn der athenischen Demokratie.[54] Je mehr die Bürger auf dieser Grundlage und aufgrund der folgenden politischen Entwicklungen aktiv an der Polisregierung mitwirkten, und je mehr Entscheidungsbefugnisse die mit Bürgern aller Schätzungsklassen besetzten Gremien übernahmen, je demokratischer also die athenische Polis wurde, desto mehr wurde der Gegensatz zwischen Staat und Individuum abgemildert. Verschwunden ist er gleichwohl auch in der entwickelten Demokratie nicht. Denn erstens bildeten die Bürger, die Entscheidungen trafen, insgesamt immer nur eine Minderheit der Gesamtbürgerzahl, selbst wenn gut 6.000 Politen in der Volksversammlung abstimmten, so dass Aristoteles davon sprechen kann, dass die Bürger in der Demokratie *abwechselnd* regieren und regiert werden.[55] Zweitens bleibt aber für die Bürger ein Gegensatz zum Staat, oder zumindest eine unterscheid-

---

52 Dies würde in noch höherem Maße zutreffen, wenn Ephesis die einfache Bedeutung von Berufung hätte. Dieser sehr verbreiteten Forschungsmeinung schließe ich mich jedoch nicht an, vgl. Dreher 2017.
53 Zum Gegensatz von Freiheit und Tyrannis vgl. Raaflaub 2004, 91 ff.
54 So schon Hdt. 6, 131, 1, der auch die damit gewonnene Gleichheit aller Athener lobt (5, 78). Die verschiedenen antiken und modernen Ansichten zum Beginn der athenischen Demokratie werden in dem Band von Raaflaub, Ober, Wallace 2007 von jeweiligen Vertretern präsentiert. Das Thema wird hier jedoch nicht näher erörtert.
55 Arist. *Pol.* 1317a40–b1: „Grundlage der demokratischen Verfassung ist die Freiheit. … Zur Freiheit gehört aber erstens, dass man abwechselnd regiert wird und regiert."

bare Identität, selbst dann bestehen, wenn sie *gleichzeitig*, in ein und derselben Person, Entscheidungsträger und Untertanen sind.[56]

4. Die Staatsformen

Offenbar wurde es erst aufgrund der Beseitigung des Oberschichtenstaates durch die kleisthenischen Reformen, und noch nicht einmal sofort, sondern erst nach einigen Jahrzehnten demokratischer Praxis, also aufgrund der Erfahrung mit verschiedenen Verfassungsformen, möglich, den Staat als abstrakte Herrschaft, die sich je nach Anzahl der Regierenden in mehreren Formen manifestieren kann, zu verstehen. Nach verbreiteter Ansicht haben die Griechen allerdings keinen eigenen Begriff entwickelt, der unserem Staatsbegriff entsprechen würde,[57] und nicht zuletzt diese Gegebenheit veranlasst einige Forschern wiederum dazu, die Existenz des Staates selbst für die entwickelte athenische Demokratie des 5. Jahrhunderts v. Chr. zu bestreiten.[58] Letztere Schlussfolgerung wäre jedoch selbst dann nicht gerechtfertigt, wenn ihre Voraussetzung zuträfe, dass nämlich kein Staatsbegriff bestanden habe. Denn die Existenz eines Gegenstandes hängt nicht davon ab, dass die Zeitgenossen einen Begriff dafür entwickeln.[59] Nun ist es zwar richtig, dass die Griechen das abstrakte Gebilde, das wir ‚Staat' nennen, mit verschiedenen Formulierungen zum Ausdruck gebracht haben, Anderson nennt den ethnischen Plural wie *hoi Athenaioi*, oder auch *ho demos*. Von diesen bezeichnet das Ethnikon selbstverständlich immer einen ganz bestimmten Staat, der damit von anderen unterschieden wird, und *demos* kann nur für demokratische Poleis stehen, deren Verfassungsform damit hervorgehoben wird. Demgegenüber ist es der Begriff *he polis*, der durchaus in universalem Gebrauch den Staat an sich bezeichnen kann, und der deshalb nicht, mit Anderson, als mit den anderen genannten Formulierungen austauschbar verstanden werden darf.[60] Es mag vielleicht irritierend sein, dass *polis* selbstverständlich auch andere Bedeutungen haben kann, von der Burg (der Akropolis) über die Stadt bis zur Gemeinschaft ohne staatlichen Charakter (etwa bei Homer, s. o.), aber das ändert nichts daran, dass die Bedeutung ‚Staat' eindeutig vorhanden ist und dass *polis* daher

---

56 Vgl. Anderson 2009, 1: „Even if all those who performed state functions were simultaneously constituents of polis ‚society', the state was nevertheless perceived to function as an autonomous agency …". Diese begriffliche Unterscheidung wird von denjenigen, die weder in den heutigen noch in den antiken Demokratien Anzeichen von Herrschaft wahrhaben wollen, durch den Verweis auf die hochgeschätzten Werte Partizipation und Konsens ersetzt, z. B. Giangiulio 2004, 45 f.
57 Verweise bei Anderson 2009, 1, 5.
58 Verweise dazu bei Anderson 2009, 5.
59 Contra z. B. Faraguna 2000, 221.
60 Anderson 2009, 17 f., mit der Schlussfolgerung: „So even if the Greeks had no single exact equivalent of the word, they did in fact have several different ways of expressing the idea we would nowadays call ‚the state.'"

zu Recht oft mit ‚Staat' (oder ‚Stadtstaat') übersetzt werden kann.[61] Allerdings müssen wir, wie bei anderen Wörtern auch, jeweils den Kontext berücksichtigen, um die korrekte Bedeutung des griechischen Wortes zu erfassen. Mit diesem haben wir also einen griechischen Begriff für den Staat, allerdings keinen, der exklusiv nur diese Bedeutung hätte. Eine Parallele dazu ist der lateinische Begriff der *res publica*, bei dem allerdings viel seltener bezweifelt wird, dass er den (römischen) Staat bezeichnet.[62]

Die einleitend zu diesem Abschnitt angesprochene bewusste Differenzierung des griechischen Staates in seine verschiedenen Verfassungsformen tritt uns in unterschiedlichen Quellengattungen des 5. Jahrhunderts v. Chr. entgegen. Als erste für uns greifbare Unterscheidung von drei Verfassungsformen gelten folgende Verse des Dichters Pindar, die um 475 v. Chr. verfasst wurden: „Bei jeder Form ragt der gerade sprechende Mann hervor: bei der Alleinherrschaft, dann wenn das ungestüme Volk herrscht und wenn die Weisen die Polis verwalten."[63] Auch wenn Pindar noch nicht die abstrahierenden Begriffe benutzt, die bald zum Kernbestand der ‚klassischen' Staatstheorie werden sollten, also Monarchie, Oligarchie (oder Aristokratie) und Demokratie, so sind doch unzweifelhaft ebendiese drei Staatsformen umschrieben. In ähnlicher Weise setzt der Tragödiendichter Aischylos die Form der Demokratie voraus, wenn er in seinem wahrscheinlich 463 v. Chr. entstandenen Stück „Die Schutzflehenden" (Hiketiden) die beiden Bestandteile τὸ δῆμιον („das Volk") und κρατύνεις („Du herrschst") miteinander kombiniert.[64] Hansen hat aufgrund dieser beiden Quellen und weiterer Indizien dafür plädiert, dass der Begriff *demokratia* schon in der ersten Hälfte des 5. Jahrhunderts in Gebrauch gewesen sein müsse, auch wenn er nicht direkt überliefert ist.[65] Bekanntlich ist es dann erst die berühmte Verfassungsdebatte bei Herodot aus den 430er Jahren, die nicht nur zum ersten Mal die drei Staatsformen Demokratie (auch Isonomie genannt), Oligarchie und Monarchie (auch Tyrannis genannt) einander gegenüberstellt, sondern dabei auch die Vorzüge und Nachteile der jeweiligen Verfassung präsentiert.[66]

In der Zeit vor dieser gedanklichen Trennung zwischen dem Staat an sich und seinen verschiedenen Verfassungsformen hat man politische Macht und Herrschaft vermutlich stärker als eine persönliche Eigenschaft ihrer Inhaber aufgefasst. Direkte Belege dafür haben wir aber allenfalls für die frühe, vorstaatliche Zeit, wofür auf die obigen Ausführungen zu den homerischen *basileis* verwiesen werden kann. Diese Vorstellung

---

61   Vgl. Hansen 1997: „Πόλις as a generic term for state", *passim*. Zu den verschiedenen Bedeutungen des Wortes vgl. auch Hansen 2000. Speziell zum Verhältnis von antiker und moderner Terminologie vgl. Hansen 1998.
62   Zur Diskussion über Rom vgl. Lundgreen 2014a.
63   Pi. *P.* 2, 86–88: ἐν πάντα δὲ νόμον εὐθύγλωσσος ἀνὴρ προφέρει, παρὰ τυραννίδι, χὠπόταν ὁ λάβρος στρατός, χὤταν πόλιν οἱ σοφοὶ τηρέωντι.
64   A. *Supp.* 370–372, 604; vgl. Musti 1995, 19 ff.
65   Hansen 1995, 70 f.
66   Hdt. 3, 80–83.

dürfte sich in der Frühzeit der Polisstaaten nicht grundsätzlich geändert haben, insbesondere die Tyrannis wurde, das können wir auch bei in den späteren Autoren der klassischen Zeit noch sehen, als persönliche Herrschaft über die gesamte Polis aufgefasst.[67]

Die Neuordnung des athenischen Staatswesens durch Kleisthenes bedeutete also auch, gerade weil sie auf eine Tyrannis folgte, eine „Entpersönlichung" der Herrschaft. Die staatlichen Aufgaben wurden im Zug der Phylenreform auf Gremien verteilt, die mehrere Ebenen der Polisgliederung bildeten: Demen, (Trittyen), Phylen, (Gesamt-) Polis. Auf jeder Ebene agierten Amtsträger, gerade auf der Ebene der Gesamtpolis meist als Kollegien, und auf jeder Ebene traten Gremien zusammen, zu denen entweder alle Polisbürger Zugang besaßen (Demen-, Phylen- und Volksversammlungen) oder die nur aus einem Teil der Bürger bestanden (Areopag, Bule, Dikasterien). Mit den Reformen verbunden war eine intensivere Einbindung der Politen in die staatliche Organisation. Von der einen Seite her konnte der Staat nunmehr leichter direkt auf jeden einzelnen Bürger zugreifen, der in den Demenlisten erfasst war und gegebenenfalls zum Kriegsdienst, zu Steuerzahlungen und zu Liturgien, später auch zum Diaitetendienst herangezogen wurde. Von der anderen Seite her konnten sich die Politen nunmehr intensiver direkt an den Staatsgeschäften beteiligen, indem sie als aktive Bürger Ämter oder Sonderaufgaben (z. B. als Gesandte) übernahmen und in den Gremien an politischen und gerichtlichen Entscheidungen mitwirkten. Allerdings war diese Mitwirkung auch in der athenischen Demokratie nicht unbegrenzt. Zu Recht sind in einem vor wenigen Jahren erschienenen gleichnamigen Sammelband die „Grenzen der politischen Partizipation" ausgelotet worden.[68]

Eines der wichtigsten demokratischen Rechte der Athener war die Redefreiheit, die *isegoríe*, die Herodot (5, 78) als ein Synonym für das gesamte neue kleisthenische System verwendet. Das bedeutet, dass „jeder, der will" (*ho bulómenos*) und der dazu als Bürger berechtigt war, in den politischen Gremien, besonders in der Volksversammlung, seine Meinung kundtun und seine Vorschläge einbringen durfte. Wir nehmen zwar an, dass dieses Recht tatsächlich immer wieder auch von „einfachen" Athenern, vom sogenannten Mann aus dem Volk, wahrgenommen wurde, nicht zuletzt, weil in den inschriftlich überlieferten Dekreten die Namen der Antragsteller des entsprechenden Beschlusses anderweitig unbekannt sind,[69] aber in der Regel war es offenbar eine überschaubare Zahl von Männern, die sich besonders stark engagierten und versuchten, meinungsbildend zu wirken; wir würden sie heute Politiker nennen, die Athener nannten sie *rhétores*, Redner, in der nach-perikleischen Zeit auch Demagogen.[70]

Gerade für diese, die regelmäßig auftretenden Redner, konnte es nützlich sein, sich spezifische rhetorische Kenntnisse anzueignen, um in der Konkurrenz um die Mei-

---

67 Vgl. Dreher 2017.
68 Blösel u. a. 2014.
69 Vgl. Hansen 1995, 276 ff.
70 Vgl. Hansen 1995, 278 ff.

nungsbildung ihrer Mitbürger Vorteile zu erlangen. Solche Kenntnisse wurden in systematischer Weise von Spezialisten entwickelt, die sich der *techne rhetoriké*, der Redekunst, widmeten und sowohl schriftliche als auch mündliche Lehrformen der Rhetorik entwickelten. Die Vermittlung rhetorischer Fertigkeiten, die in der Volksversammlung und vor Gericht einsetzbar waren, war auch das zentrale Anliegen einiger der sogenannten Sophisten, soweit sie sich der Lehrtätigkeit widmeten.[71] Da die Redekunst als „technische" Fertigkeit losgelöst von einer moralischen Ausrichtung gelehrt werden kann, galt sie als ambivalent, konnte also für moralisch gute Zwecke, zum Wohle aller, oder für schlechte Zwecke, für den individuellen Nutzen zum Schaden der Gemeinschaft, praktiziert werden, wie jüngst noch einmal Jan Dreßler in seiner Dissertation dargelegt hat.[72] Die genannte Ambivalenz von der positiv oder negativ eingesetzten Rhetorik wird auch von den Sophisten selbst eingeräumt, jedoch nur, um zu beteuern, dass sie selbst für eine gerechte beziehungsweise rechtmäßige Verwendung der Rhetorik einträten und als Lehrer nicht dafür haftbar gemacht werden dürften, wenn ihre Schüler sie zu gegenteiligen Zwecken nützen sollten. Diese Position legt Platon jedenfalls dem Gorgias, einem der prominentesten und bestbezahlten Sophisten, in dem nach ebendiesem benannten Dialog in den Mund: „Fähig ist freilich der Redner, gegen alle und über alles so zu reden, dass er glaubwürdiger ist beim Volk … sondern in gerechter Weise soll er die Rhetorik verwenden (ἀλλὰ δικαίως καὶ τῇ ῥητορικῇ χρῆσθαι)… Und wenn einer, so meine ich, Redner geworden ist und aufgrund dieser Kraft und Kunst ungerecht handelt (ἀδικῇ), so darf man nicht seinen Lehrer hassen und aus der Stadt vertreiben. Denn jener hat sie ihm zum gerechten Gebrauch vermittelt, er aber verwendet sie im entgegengesetzten Sinn".[73]

5. Akzeptanz und Ablehnung des Staates

Die eben skizzierte Ausrichtung der Rhetorik auf die „guten", allgemein anerkannten Regeln ist natürlich ein Verweis auf die grundsätzliche und für die Polis unabdingbare Haltung der Bürgerschaft, die Polisgemeinschaft als übergeordnete und wertsetzen-

---

71 Schon in der Antike war nicht allgemeingültig definiert, wer als Sophist zu gelten hatte. Heute fasst man als Sophisten eine Gruppe von Autoren, auch anonymen, zusammen, die einige Gemeinsamkeiten aufweisen, ohne dass jeder von ihnen sämtlichen für sophistisch gehaltenen Kriterien entspräche. Man gerät daher in einen Widerspruch, wenn man einerseits die Gemeinsamkeiten postuliert, sich andererseits aber gleichzeitig nur auf ein einziges Kriterium zur Definition eines Sophisten festlegt, wie es viele Forscher tun, welche eine bezahlte Lehrtätigkeit als dieses Kriterium ansehen, so zuletzt wieder, trotz seiner sonstigen Skepsis gegenüber einfachen Definitionen, Meister 2010, 17. Von den namentlich bekannten Personen gehören jedoch mindestens Antiphon, Kallikles und Kritias nicht zu den bezahlten Lehrern.
72 Dreßler 2014.
73 Pl. *Grg.* 457a–c. Vgl. Dreher 1983, 57 ff.

de Einrichtung zu akzeptieren. Eine solche Einbindung der Bürger in die Strukturen der Polis impliziert aber auch den Aspekt, dass jeder einzelne sichtbar und spürbar allen Normen, Gesetzen und Institutionen des Staates unterworfen war, sprich sich dem Gewalt- oder Zwangscharakter des Staates unterzuordnen hatte. Ausdrückliche Begründungen oder Rechtfertigungen für die Akzeptanz der Staatsgewalt, für die Unterordnung der Eigeninteressen unter das „Gemeinwohl" (auf den Spuren der solonischen Eunomia) sind aus dem 5. Jahrhundert nicht sehr zahlreich überliefert. Anzuführen wären die in ein historisierendes Gewand gekleideten, den Beginn dieses Unterordnungs-Verhältnisses rekonstruierenden Staatsentstehungs-Lehren der eben schon vorgestellten Sophisten, darunter an erster Stelle der so genannte Mythos des Protagoras: Nachdem die Menschen, so erzählt der Sophist, mit göttlicher Hilfe aus ihrem natürlichen Urzustand herausgeführt worden waren und eine ausreichende materielle Ausstattung erhalten hatten, schlossen sie sich in Siedlungen zusammen. Ein dauerhaftes menschliches Zusammenleben aber wurde erst dadurch ermöglicht, dass „Zeus ... den Hermes abschickt, um den Menschen gegenseitige Achtung (αἰδῶς) und Recht (δίκη) zu bringen, damit sie der Poleis Ordnungen und Bande seien (πόλεων κόσμοι τε καὶ δεσμοί), der Freundschaft Vermittler".[74] Dass die staatliche Ordnung für den einzelnen auch eine Fessel ist, ihm also Beschränkungen abverlangt, wird hier und von anderen Autoren nicht bestritten.[75] Aber diese Beschränkungen werden als notwendig gerechtfertigt, bzw. durch die Vorteile, die die gesamtgesellschaftliche Ordnung für jeden mit sich bringt, mehr als aufgewogen angesehen.

Das bewusste Eingehen dieses allgemeinen Zwangsverhältnisses wird bejahend vorausgesetzt in der theoretischen Konstruktion des in der modernen Rechtsphilosophie so genannten Gesellschaftsvertrags, den man mindestens ansatzweise auch bei Autoren des 5. Jahrhunderts v. Chr. findet. Klaus Meister hat sich dafür ausgesprochen, dass der Sophist Hippias von Elis als Begründer der Vertragstheorie gelten müsse. Denn diesen lässt Xenophon auf die Frage des Sokrates nach dem Wesen und dem Ursprung der staatlichen Gesetze antworten: „Was die Bürger gemeinsam beschlossen und schriftlich niedergelegt haben, darüber, was man tun und wovon man sich fernhalten muss".[76] Die Einordnung als Gesellschaftsvertrag ist allerdings recht gewagt angesichts dessen, dass es sich um eine sehr allgemeine, eher banale Aussage handelt, deren Quellenwert innerhalb der Memorabilien zudem als gering erscheinen muss.[77] Ist schon in dem Satz des Hippias keine ausdrückliche Vertrags-Terminologie verwendet, so ist ein Gesellschaftsvertrag in noch stärkerem Maß implizit vorausgesetzt denn explizit formuliert bei Antiphon, in dem wahrscheinlich dem Euripides zuzuweisen-

---

74 Pl. *Prt.* 322c1–3, vgl. Dreher 1983, 11 ff.
75 Zu nennen sind hier der Anonymus Iamblichi (dazu Dreher 1983, 61 ff.) sowie der *Epitaphios* und der *Palamedes* des Gorgias (Dreher 1983, 58 f.).
76 X. *Mem.* 4, 4, 13, Übers. P. Jaerisch, zitiert von Meister 2010, 116.
77 Vgl. Dreher 1983, 153 Anm. 94.

den Fragment des Satyrspiels „Sisyphos", bei Kallikles im platonischen „Gorgias" sowie beim Anonymus Iamblichi.[78]

Auf die Tragödien kommen wir gleich zurück, verwiesen sei für die staatsbejahende Haltung zumindest summarisch noch auf die bedeutenden Historiker des 5. Jahrhunderts, Herodot und Thukydides, die an zahlreichen Stellen ihrer Darstellung erkennen lassen, dass sie die Respektierung einer gesetzlich fundierten, wohlgeordneten Polisverfassung für geboten und den Einsatz, durchaus auch den Einsatz des Lebens des einzelnen Bürgers für die Polisgemeinschaft für einen sehr hohen Wert halten. Das bekannteste und eindrücklichste praktische Beispiel für die Unterwerfung eines Bürgers unter die Gesetze und die Rechtsprechung des Staates hat natürlich Sokrates gegeben, der diesen Anspruch bis zur Maxime gesteigert hat, man müsse die staatlichen Entscheidungen selbst dann akzeptieren, wenn einem dadurch Unrecht geschehe.[79]

Gegen die staatstreue, auch sich selbst beschränkende Unterordnung des einzelnen unter die allgemeine Herrschaft begehrten schon relativ früh, noch im 5. Jahrhundert, einige athenische Intellektuelle auf. Findet sich bei allen Sophisten die starke Betonung der individuellen Persönlichkeit, die Bedeutung von deren allgemeiner Erziehung, insbesondere zur Argumentations- und Kritikfähigkeit sowie ihrer moralischen Eigenverantwortung,[80] so fordern einige Autoren, die in der modernen Forschung ebenfalls der sophistischen Bewegung zugerechnet werden, die Ausdehnung der individuellen Freiheit ins Grenzenlose, wenn nötig auch auf Kosten der Mitmenschen. Extremer Exponent dieser Richtung ist die Figur des Kallikles, eines Gesprächspartners des Sokrates im platonischen „Gorgias", der uns als historische Person nahezu unbekannt bleibt.[81] Kallikles will die fundamentale These des Sokrates, Unrechtleiden sei besser als Unrechttun, in ihr Gegenteil verkehren, denn anstatt dem menschlichen Gesetz, wie es Sokrates fordert, solle man besser der Natur folgen, nach der eben Unrechttun besser sei als Unrechtleiden. Nur ein Knecht nehme Unrecht hin, ein freier Mann hingegen wehre sich dagegen und verlasse sich auf seine eigene Kraft statt auf die Hilfe des Staates. Entgegen allen Vorschriften stehe dem fähigeren, besseren Menschen die *pleonexia*, das Mehr-Haben (als andere) zu, bis dahin, dass ein besonders durchsetzungsstarker Mann alle Fesseln durchbricht, sich über die anderen erhebt und sich vom Untertanen (δοῦλος) zum Despoten (δεσπότης) aufschwingt.[82]

Auch wenn die Theorie vom (Natur-)Recht des Stärkeren (τὸ τῆς φύσεως δίκαιον, 484b1) in dieser Schärfe nur von dem platonischen Kallikles formuliert wurde, so finden sich doch zumindest einige Anklänge daran in den ebenfalls als sophistisch gelten-

---

78   Den betreffenden Passagen entnimmt Meister 2010, 116–120, allzu forsch die Konstruktion des Gesellschaftsvertrags. Dabei geht Meister auch zu wenig auf das Verhältnis Individuum – Staat ein.
79   Vgl. u. a. Pl. *Grg.* 509c–d; Pl. *Ap.* 30d; *Cri.* 54b–c; X. *Mem.* 4, 8, 9.
80   Zur moralischen Eigenverantwortlichkeit vgl. die Parabel von Herakles am Scheideweg, die von Xenophon (*Mem.* 2, 1, 20–34) dem Sophisten Prodikos zugeschrieben wird.
81   Zu seiner Historizität und seinen Thesen vgl. Meister 2010, 211 ff.
82   Pl. *Grg.* 482c–484a; vgl. Dreher 1983, 73 ff.

den Fragmenten von Antiphon, Thrasymachos und dem Anonymus Iamblichi sowie auch Andeutungen bei weiteren Autoren, nicht zuletzt bei Euripides.[83] Platon selbst ordnet Kallikles einer grundsätzlich ähnlichen politischen Richtung zu wie Alkibiades, und in der modernen Forschung wird darauf hingewiesen, dass die Theorie des Kallikles eine gewisse Entsprechung im persönlichen Verhalten und in der Realpolitik des Alkibiades habe, dem immer wieder ein rücksichtsloser Durchsetzungswille bescheinigt wird.[84]

Die Durchsetzungs-Theorie des platonischen Kallikles, die in der Verherrlichung einer individuellen Despotie gipfelt, führt nahe an eine Gewaltherrschaft, eine Tyrannis heran, auch wenn ihm dieser Terminus von Platon nicht in den Mund gelegt wird.[85] Vergessen wir nicht, dass zwar nicht mehr in Athen, aber in Sizilien und an manchen anderen Orten, in der ersten Hälfte des 5. Jahrhunderts reale Tyrannenherrschaften bestanden,[86] und dass sich hervorragende griechische Poeten wie Pindar bereitfanden, die Persönlichkeit, die Taten und den Glanz dieser Herrschergestalten in hochtrabenden Versen zu besingen bzw. ihnen durch ihre Präsenz an den Tyrannen-Höfen eine kulturelle Aura zu verschaffen.[87] Die Gleichsetzung der individuellen Machtposition des Tyrannen mit der Staatsgewalt und die Durchsetzung der persönlichen Interessen des Gewalthabers mit den Mitteln des Gemeinwesens, was später von Platon und Aristoteles als dem Gemeinwohl widersprechend so scharf kritisiert wurde,[88] übte auch im Lauf des 5. Jahrhunderts auf einige Zeitgenossen noch eine hohe Attraktivität aus.

Die Ambivalenz des Verhältnisses zwischen Staat und Individuum spiegelt sich, eine solche These sei hier gewagt, auch in der Gattungs-Aufteilung des athenischen Dramas wider: Die Tragödien bringen zwar auch ausdrucksstarke Individuen auf die Bühne; es sind bekanntlich mythische Figuren wie Ödipus, Agamemnon, Orest u. a.; ebenso Frauen wie Antigone, Elektra, Klytämnestra u. a. Aber auch wenn diese Figuren in Konflikte mit den Normen der Gemeinschaft geraten, was im Allgemeinen den Kern einer Tragödie ausmacht, und die Dichter durchaus die innere Zerrissenheit ihrer Protagonisten ausmalen, legt die Tragödie mit ihrem ernsten, nachdenklichen Grundtenor den Akzent letztlich doch auf die Respektierung der Polis-Normen, den Zusammenhalt der Polis-Gemeinschaft durch gelebten Bürgersinn,[89] auf die Überwindung subjektiver Freveltaten durch die Wiederherstellung der Polis-Ordnung: der

---

83 Von Euripides vgl. das Sisyphos-Fragment, DK 88 B 25, das inzwischen überwiegend dem Tragiker und nicht mehr Kritias zugeordnet wird, sowie den *Kyklops*, dazu Meister 2010, 115 f. Im Übrigen vgl. Dreher 1983, 73.
84 Vgl. zu Alkibiades den Beitrag von Herbert Heftner in diesem Band.
85 Beide Termini, Despotie und Tyrannis, gehen etwa auch bei Aristoteles, *Pol.* 1278b30–1279b17, ineinander über.
86 Mit den Dionysii von Syrakus stand Platon selbst bekanntlich in persönlichem Kontakt.
87 Vgl. z. B. Itgenshorst 2014, 217 f.
88 Vgl. z. B. Arist. *Pol.* 1279a32–b7.
89 Vgl. exemplarisch S. *Ant.* 358 ff.

Königsmord an Agamemnon z. B. gefährdet die Grundlagen des Staates; die Tragödie verleiht der Hoffnung auf den Sieg des Rechts Ausdruck.[90] In umgekehrter Akzentuierung legt zwar auch die Komödie die Interessen der Gesamtheit z. B. am Frieden oder an einheitlichen religiösen Kulten als unhinterfragbare Werte oder Ziele zugrunde, stellt aber den Spott bzw. die Kritik an Einzelpersonen, und zwar häufig an realen, historischen Figuren wie Perikles, Kleon, Sokrates u. a., oder an fiktiven zeitgenössischen Personen, in den Vordergrund.

Der Gedanke der Individualität wurde im 5. Jahrhundert so stark, dass man sich sogar den hier als Gegenpart zum Individuum betrachteten Staat, die gesamte Polis, als ein einziges Individuum vorgestellt, ihn also personalisiert hat. Der Demos, die Bürgerschaft als Verkörperung des Staates, tritt in den „Rittern" des Aristophanes, aufgeführt 424 v. Chr., literarisch-metaphorisch als Einzelperson in Gestalt eines korrupten und gefräßigen älteren Herrn auf.[91] Die Personifizierung des Staates lässt einem unwillkürlich den „Leviathan" von Thomas Hobbes in den Sinn kommen. In der Einleitung zu diesem Werk wird der Staat als „artificial man" bezeichnet, und als gewaltiger Herrscher erscheint er auf dem berühmten Titelbild der Head-Edition.[92] Obwohl diese Darstellung mehr an den übermächtigen Despoten des Kallikles als an den demo-kratischen Souverän Athens erinnert, plädiert Hobbes bekanntlich für ein durchstrukturiertes Gemeinwesen, das am besten von einem absoluten Monarchen regiert wird.

Das Bild des Monarchen wird jedoch von Thukydides, dem Historiker des 5. Jahrhunderts v. Chr., gerade auch zu bestimmten Aussagen über die aktuelle demokratische athenische Staatsform benutzt. Dies geschieht einerseits mit Blick auf die athenische Innenpolitik, in welcher der von Thukydides idealisierte Perikles sich am Beginn des Peloponnesischen Krieges eine so dominante Stellung verschafft hatte, dass sie den Historiker zu seiner berühmten Formulierung veranlasst, Athen sei „nur dem Namen nach eine Demokratie, in Wirklichkeit aber die Herrschaft des ersten Mannes" (ἐγίγνετό τε λόγῳ μὲν δημοκρατία, ἔργῳ δὲ ὑπὸ τοῦ πρώτου ἀνδρὸς ἀρχή, Th. 2, 65, 9). Andererseits zeugte auch die Außenpolitik des demokratischen Athens mit seiner zunehmend drückenden Herrschaft über die Mitglieder des Seebunds von einem solchen, auf Gewalt beruhenden Machtbewusstsein, dass Thukydides die Metapher der Tyrannis nicht scheut und die schärfsten Gegner der Athener, die Korinther, in einer Rede zweimal den Vorwurf, Athen sei eine *polis týrannos*, ein tyrannischer Staat, er-

---

90 A. *Ch.* 54–62; zu A. *Ch.* 639–651 bemerkt Lesky 1972, 304, der Dichter plädiere für die „Bewahrung (sc. der Werte) in einer von Gottes Weisheit machtvoll gelenkten Welt".
91 Später wird der Demos als Person auch bildlich dargestellt, so im Anti-Tyrannis-Gesetz der Athener aus dem Jahr 336 v. Chr.: Rhodes, Osborne 2003, 79; *HGIÜ* II 258. Im Inschriftenrelief wird der Demos als bärtiger Mann präsentiert, der von der ebenfalls personifizierten Demokratia bekränzt wird. Paus. 1, 3, 3 berichtet von einem Wandgemälde des Euphranor, auf dem Theseus ebenfalls mit Demos und Demokratia dargestellt sei. Vgl. Anderson 2009, 15.
92 Vgl. Anderson 2009, 10.

heben lässt (Th. 1, 122, 3; 124, 3). Sogar die einflussreichsten demokratischen Politiker selbst sollen sich zu dieser Charakterisierung ihrer Polis bekannt haben: „Die Herrschaft, die ihr innehabt, ist wie eine Tyrannis" sagt Perikles öffentlich zu den Athenern (2, 63, 2), und sein Nachfolger Kleon macht aus dem Vergleich sogar eine Gleichsetzung: „ihr habt die Herrschaft als eine Tyrannis inne" (3, 37, 2).[93]

Bleiben wir zum Abschluss bei Thukydides und Perikles. Nachdem wir den Texten, die eine Befürwortung des Staates erkennen lassen, die Ansichten gegenübergestellt haben, welche die Befreiung des Individuums von den staatlichen Fesseln postulieren, finden wir eine vermittelnde Position, die den Gegensatz zwischen Staat und Individuum zu überbrücken versucht, wiederum bei dem athenischen Historiker. In der berühmten Gefallenenrede nach dem ersten Jahr des Peloponnesischen Krieges rechtfertigt Perikles die Kriegsopfer damit, dass es sich lohne, sich für die athenische Demokratie einzusetzen, sogar mit dem Leben, wie es die eben zu Grabe getragenen Gefallenen getan hätten: „Frei verhalten wir uns als Bürger gegenüber dem Gemeinwesen ... Wie ungezwungen wir aber auch unsere persönlichen Dinge regeln, so hüten wir uns doch im öffentlichen Leben, allein aus Furcht, vor Rechtsbruch – in Gehorsam gegen Amtsträger und Gesetze, ...".[94] Die von Perikles idealisierte demokratische Polis garantiert, so der Zusammenhang der Rede, die Freiheit des Individuums, das sich seinerseits der Staatsgewalt unterordnet.

Verwendete Literatur

Anderson, G., „The Personality of the Greek State," in: *JHS* 129, 2009, 1–22.
Berent, M., *The Stateless Polis. Towards a Re-Evaluation of the Classical Greek Political Community*, Diss. Cambridge 1994.
Ders., „Anthropology and the Classics: War, Violence, and the Stateless Polis," *CQ* 50, 2000, 257–289.
Blösel, W., Schmitz, W., Seelentag, G., Timmer, J., *Grenzen politischer Partizipation im klassischen Griechenland*, Stuttgart 2014.
Blok, J., „Finding Ways into Archaic Greek Citizenship," in: A. Duplouy, R. Brok (Eds.), *Defining Citizenship in Archaic Greece*, Oxford 2018, 79–101.
Davies, J. K., „The ‚Origins of the Greek *Polis*'. Where should we be looking?," in: L. G. Mitchell, P. J. Rhodes (Eds.), *The Development of the Polis in Archaic Greece*, London – New York 1997, 24–38.
Ders., „State Formation in Early Iron Age Greece. The Operative Forces," in: A. Duplouy, R. Brok (Eds.), *Defining Citizenship in Archaic Greece*, Oxford 2018, 51–78.
De Angelis, F., *Archaic and Classical Greek Sicily. A Social and Economic History*, Oxford 2016.
Donlan, W., „The Relations of Power in the Pre-State and Early State Polities," in: L. G. Mitchell, P. J. Rhodes (Eds.), *The Development of the Polis in Archaic Greece*, London – New York 1997, 39–48.

---

93 Dazu genauer Dreher 2016b, 98.
94 Th. 2, 37, 2–3, übersetzt nach H. Vretska, W. Rinner.

Dreher, M., *Sophistik und Polisentwicklung*, Frankfurt/M. 1983.
Ders., „Die Primitivität der frühen spartanischen Verfassung," in: A. Luther, M. Meier, L. Thommen (Eds.), *Das frühe Sparta*, Stuttgart 2006, 43–62.
Ders., *Athen und Sparta*, München ²2012.
Ders., „Jenseits von Berufung und Überweisung. Antwort auf Carlo Pelloso," in: D. Leão, G. Thür (Eds.), *Symposion 2015*, Wien 2016, 49–53 (= 2016a).
Ders., „Turannis in the Work of Thucydides," in: C. R. Thauer, C. Wendt (Eds.), *Thucydides and Political Order. Concepts of Order and the History of the Peloponnesian War*, New York 2016, 87–109 (= 2016b).
Ders., „Die griechische Tyrannis als monarchische Herrschaftsform," in: S. Rebenich (Ed.), *Monarchische Herrschaft im Altertum*, Berlin 2017, 167–187.
Dreßler, J., *Wortverdreher, Sonderlinge, Gottlose. Kritik an Philosophie und Rhetorik im klassischen Athen*, Berlin 2014.
Duplouy, A., „Pathways to Archaic Citizenship," in: A. Duplouy, R. Brock (Eds.), *Defining Citizenship in Archaic Greece*, Oxford 2018, 1–49.
Faraguna, M., „Individuo, stato e comunità. Studi recenti sulla polis," *Dike* 3, 2000, 217–229.
Fried, M. H., *The Evolution of Political Society. An Essay in Political Anthropology*, New York 1967.
Gagarin, M., Perlman, P. (Eds.), *The Laws of Ancient Crete c. 650–400 BCE*, Oxford 2016.
Giangiulio, M., „Stato e stualità nella *polis*: riflessioni storiografiche e metodologiche," in: S. Cataldi (Ed.), *Poleis e Politeiai. Esperienze politiche, tradizioni letterarie, progetti costituzionali*, Alessandria 2004, 31–53.
Grote, O., „Die homerische agorê und die Herausbildung politischer Rollen und Verfahren in archaischer Zeit," *Gymnasium* 123, 2016, 247–279.
Ders., „Die Genese der griechischen Polis als Ausdifferenzierung von Systemen," *Gymnasium* 123, 2016, 467–489.
Hansen, M. H., *Die Athenische Demokratie im Zeitalter des Demosthenes. Struktur, Prinzipien und Selbstverständnis*, Deutsch von W. Schuller, Berlin 1995 (Orig. 1991).
Ders., „Πόλις as a Generic Term for State," in: Heine Nielsen, T. (Ed.), *Yet More Studies in the Ancient Greek Polis*, Stuttgart 1997, 9–15.
Ders., *Polis and City-State. An Ancient Concept and its Modern Equivalent*, Copenhagen 1998.
Ders., „A Survey of the Use of the Word *polis* in Archaic and Classical Sources," in: P. Flensted-Jensen (Ed.), *Further Studies in the Ancient Greek Polis*, Stuttgart 2000, 173–215.
Ders., „Was the Polis a State or a Stateless Society?," in: Heine Nielsen, T. (Ed.), *Even more Studies in the Ancient Greek* Polis, Stuttgart 2002, 17–48.
HGIÜ = Brodersen, K., Günther, W., Schmitt, H. H. (Eds.), *Historische griechische Inschriften in Übersetzung*, 3 Bde., Darmstadt 1992–1999.
Hölkeskamp, K.-J., „Von den ‚Dunklen Jahrhunderten' in das ‚Zeitalter der Experimente'. Kritische Bemerkungen zur neueren Forschung zum frühen Griechenland," *Gymnasium* 107, 2000, 321–330.
Ismard, P., *La cité des réseaux. Athènes et ses associations, VIe – Ier siècle av. J.-C.*, Paris 2010.
Itgenshorst, T., *Denker und Gemeinschaft. Polis und politisches Denken im archaischen Griechenland*, Paderborn 2014.
Körner, R., *Inschriftliche Gesetzestexte der frühen griechischen Polis*, Ed. v. K. Hallof, Köln u. a. 1993.
Lambert, S. D., *The Phratries of Attica*, Ann Arbor 1993.
Leão, D., Rhodes, P. J. (Eds.), *The Laws of Solon: A New Edition with Introduction, Translation and Commentary*, London 2015.
Lesky, A., *Die tragische Dichtung der Hellenen*, Göttingen ³1972.

Lundgreen, C. (Ed.), *Staatlichkeit in Rom? Diskurse und Praxis (in) der römischen Republik*, Stuttgart 2014 (= 2014a).

Ders., „Staatsdiskurse in Rom? Staatlichkeit als analytische Kategorie für die römische Republik," in: Ders. (Ed.), *Staatlichkeit in Rom? Diskurse und Praxis (in) der römischen Republik*, Stuttgart 2014, 15–61 (= 2014b).

Maffi, A., „Il *demos* e le istituzioni della *polis* arcaica," in: R. Fiori (Ed.), *Re e popolo. Istituzioni acaiche tra storia e comparazione*, Göttingen 2019, 139–194.

Manville, P. B., *The Origins of Citizenship in Ancient Athens*, Princeton – New York 1990.

Meiggs, R., Lewis, D. (Eds.), *A Selection of Greek Historical Inscriptions. To the End of the Fifth Century B. C.*, revised edition Oxford 1988.

Meister, K., „Aller Dinge Maß ist der Mensch". *Die Lehren der Sophisten*, München 2010.

Musti, D., *Demokratía. Origini di un'idea*, Rom – Bari 1995.

Ober, J., *Democracy and Knowledge*, Princeton 2008.

Osborne, R., Rhodes, P. J. (Eds.): *Greek Historical Inscriptions 478–404 BC*, second impression, Oxford 2017.

Pelloso, C., „Ephesis eis to dikasterion: Remarks and Speculations on the Legal Nature of the Solonian Reform," in: D. Leão, G. Thür (Eds.), Symposion 2015, Wien 2016, 33–48.

Raaflaub, K. A., *The Discovery of Freedom in Ancient Greece*, Chicago 2004.

Raaflaub, K. A., Ober, J., Wallace, R. W., *Origins of Democracy in Ancient Greece*, Berkeley u. a. 2007.

Rhodes, P. J., Osborne, R. (Eds.), *Greek Historical Inscriptions 404–323 BC*, Oxford 2003.

Runciman, G., „Origins of States: the Case of Archaic Greece," *CSSH* 24, 1982, 351–77.

Rüpke, J., „Individualization and Individuation as Concepts for Historical Research," in: Ders. (Ed.), *The Individual in the Religions of the Ancient Mediterranean*, Oxford 2013, 3–38.

Schubert, C., *Solon*, Tübingen 2012.

Seelentag, G., „Bürger sein im Bürgerstaat. Soziopolitische Integration im klassischen Kreta," in: W. Blösel, W. Schmitz, G. Seelentag, J. Timmer, *Grenzen politischer Partizipation im klassischen Griechenland*, Stuttgart 2014, 13–46.

Ders., *Das archaische Kreta. Institutionalisierung im frühen Griechenland*, Berlin – Boston 2015.

Service, E., *Ursprünge des Staates und der Zivilisation. Der Prozess der kulturellen Evolution*, Übers. v. H. Fliessbach, Frankfurt/M. 1977 (Orig. 1975).

Spahn, P., „Individualisierung und politisches Bewußtsein im archaischen Griechenland," in: K. Raaflaub, E. Müller-Luckner (Eds.), *Anfänge politischen Denkens in der Antike*, München 1993, 343–363.

Ulf. C., *Die homerische Gesellschaft. Materialien zur analytischen Beschreibung und historischen Lokalisierung*, München 1990.

Walter, U., *An der Polis teilhaben. Bürgerstaat und Zugehörigkeit im Archaischen Griechenland*, Stuttgart 1993.

Ders., „Der Begriff des Staates in der griechischen und römischen Geschichte," in: T. Hantos, G. A. Lehmann (Eds.), *Althistorisches Kolloquium für Jochen Bleicken*, Stuttgart 1998, 9–27.

Winterling, A., „'Staat' in der griechisch-römischen Antike?," in: C. Lundgreen (Ed.), *Staatlichkeit in Rom? Diskurse und Praxis (in) der römischen Republik*, Stuttgart 2014, 249–256

MARTIN DREHER
Univ.-Prof. Dr., Institut für Gesellschaftswissenschaften, Bereich Geschichte,
Otto-von-Guericke-Universität Magdeburg

Der Phidiasprozess in der Überlieferung der Scholien[1]

CHARLOTTE SCHUBERT

Hat Perikles den Peloponnesischen Krieg absichtlich herbeigeführt? Aristophanes spielt in zwei Komödien (*Pax* 605 ff., *Ach.* 528) darauf an, dass Perikles aus persönlichen Motiven (Angst vor einem Prozess, Probleme im Umkreis der Aspasia) genau dies getan habe. Die Meinungen in der antiken Historiographie dazu werden bei Plutarch skizziert und offenbar haben sich in der ihm vorliegenden Literatur die meisten dieser Version angeschlossen.[2] Es spricht also vieles dafür, dass die antike Überlieferung – mit Ausnahme des Thukydides – die Verantwortlichkeit des Perikles für die bewusste Herbeiführung des Peloponnesischen Krieges hoch einschätzte. Als Hauptgrund wird seine Angst angeführt, das Schicksal des Phidias zu erleiden, dem aufgrund einer Anklage wegen Unterschlagung in Athen der Prozess gemacht worden war. Auch der Atthidograph Philochoros hat diesen historischen Kontext berichtet, ebenso wie andere, auf die sich dann auch Plutarch in seiner Perikles-Vita beziehen konnte. Nun ist die Atthis des Philochoros bekanntlich nicht erhalten, jedoch wird er für den hier beschriebenen Kontext bei Scholiasten zitiert, die die Verse des Aristophanes in seiner Komödie *Pax* kommentieren. Dort hat Aristophanes (*Pax* v. 605 ff.) darüber gewitzelt, dass Perikles aus Angst vor dem Schicksal des Phidias den Funken des Megarischen Psephismas geworfen und so die Flamme des Krieges entzündet habe.[3]

---

[1] Für die Hilfe bei der Durchsicht und Entschlüsselung der Passage des Scholions 606 a.α, die zu der Entdeckung des bisher übersehenen Verweises im Codex Venetus Marcianus 474 geführt hat, möchte ich meiner Leipziger Kollegin F. Kolovou sehr herzlich danken.

[2] Ausführlich von mir in „Das Datum des Phidias-Prozesses, die Aufstellung der Athena Parthenos und der Ausbruch des Peloponnesischen Krieges bei Philochoros", in *Mnemosyne* 2016 dargelegt (DOI: 10.1163/1568525X-12342047), online abrufbar: https://brill.com/view/journals/mnem/69/6/article-p909_1.xml).

[3] Olson 1996, 5: „Aristophanes' Peace is preserved in ten manuscripts, the oldest and most complete of which are the tenth-century Ravennas 429 (R) and the eleventh-century Venetus Marcianus 474 (V). A third manuscript, Venetus Marcianus 475 (G) is almost certainly a direct copy of V and can therefore be eliminated from consideration. The seven remaining manuscripts of the play, along with the Aldine edition of 1498, appear to be descended from a single lost manuscript, hereafter β."

Der Umgang mit den Texten der Scholia ist sehr unterschiedlich gehandhabt worden. Im Hinblick auf die Frage, welche Aussagen zu historischen Kontexten in ihnen enthalten sind, wenn, wie hier, ein historiographisches Werk explizit genannt wird, ist festzustellen, dass gern unterhinterfragt ein Originalzitat aus den Scholien extrahiert wird bzw. der Text der Scholia wie ein Steinbruch für die Extraktion von Fragmenten behandelt wird.[4] Auch die Edition der Fragmente der griechischen Historiker von Felix Jacoby druckt die verschiedenen Scholia zu *Pax* 605–6 wie einen zusammenhängenden Text als Fragment 121 unter der Nr. 328 (Philochoros) ab und so wird der Scholientext in der Regel wie ein Fragment aus der Atthis des Philochoros als Beleg für eine Aussage des Philochoros zu der Datierung des Phidiasprozesses zitiert. Dass Jacoby jedoch in seinem Kommentar zu dem Text größte Skepsis geäußert hat und den von ihm als Fragment 121 abgedruckten Text keineswegs als ein originales Zitat oder einen einheitlichen Text verstanden wissen wollte,[5] wird in der Regel nicht berücksichtigt.

Noch weniger wird berücksichtigt, dass die Scholien eine sehr spezielle Art der literarischen Ausdrucksform darstellen, die sowohl im Hinblick auf ihre Form als auch ihre Überlieferung ausgesprochen divers sind.

Die heute maßgebliche Edition der Aristophanesscholien zum *Pax* von D. Holwerda ordnet die zu den Versen 605–606 gehörenden Scholien in zwei Spalten an, so dass ersichtlich wird, dass es sich um mindestens zwei verschiedene Textteile in diesen Scholien handelt. So werden die Teile des Scholions als 605 α, 606 a. α und 605 β, 606 β nummeriert und schon durch die nummerische Zuordnung in ihrer Unterschiedlichkeit gekennzeichnet:[6]

Aristophanes, *Pax* 605–11:[7]

πρῶτα μὲν γὰρ αὐτῆς ἦρξε Φειδίας πράξας κακῶς·	605
εἶτα Περικλῆς φοβηθεὶς μὴ μετάσχοι τῆς τύχης,	606
τὰς φύσεις ὑμῶν δεδοικὼς καὶ τὸν αὐτοδὰξ τρόπον,	607
πρὶν παθεῖν τι δεινὸν αὐτός, ἐξέφλεξε τὴν πόλιν	608

---

4   Lehmann 2008, 200 ff. und so noch jüngst Cullen Davison 2009, 1, 623–628 und 2, 693–698. In der gesamten archäologischen Literatur wird, ausgehend von dieser Vorstellung, dass es sich hier um ein Originalzitat aus der Atthis des Philochoros handelt, dieses Datum der Fertigstellung kaum noch thematisiert, sondern unhinterfragt als sicher belegt dargestellt: so Alzinger 1997, 14; Hurwit 1998, 169; Nick 2002, 160 mit Anm. 1032; Strocka 2004, 647; Bol 2004, 159; Hurwit 2005, 140; Lapatin 2005, 262 f.; Taraporewalla 2011, 42; McWilliam 2011, 218.
5   Jacoby, Komm. ad loc (3. Teil b Vol. II, 392).
6   Text bei Holwerda 1982, 95–97.
7   Ar. *Pax* 605–11; Olson 1998; „Ihr den ersten Stoß gegeben hat der arme Phidias./ Darauf Perikles – weil ihm bangte vor des Freundes Mißgeschick,/ [Weil er eurer Treiben kannte, eure bissige Natur-,] / Nur um sich zu sichern, steckt' er selber unsre Stadt in Brand, / Warf hinein den kleinen Funken: das megarische Edikt, / Blies sie an, des Krieges Flamme, dass in Hellas allem Volk / Nah und fern vor Rauch die Augen überliefen, hier wie dort." (ÜS Seeger, Newiger).

ἐμβαλὼν σπινθῆρα μικρὸν Μεγαρικοῦ ψηφίσματος	609
κἀξεφύσησεν τοσοῦτον πόλεμον ὥστε τῷ καπνῷ	610
πάντας Ἕλληνας δακρῦσαι, τούς τ' ἐκεῖ τούς τ' ἐνθάδε.	611

Schol. Ar. *Pax* 605–606, Text und Anordnung nach Holwerda 1982, 95–97; Übersetzung nach Lendle 1955, 284–303.

605. α. <Φειδίας Γ:> Φιλόχορος ἐπὶ Πυθοδώρου ἄρχοντος ταῦτά φησι· „καὶ τὸ ἄγαλμα τὸ χρυσοῦν τῆς Ἀθηνᾶς ἐστάθη εἰς τὸν νεὼν τὸν μέγαν ἔχον χρυσίου σταθμὸν ταλάντων μδ' Περικλέους ἐπιστατοῦντος, Φειδίου δὲ ποιήσαντος. καὶ Φειδίας ὁ ποιήσας δόξας παραλογίζεσθαι τὸν ἐλέφαντα τὸν εἰς τὰς φολίδας ἐκρίθη. καὶ φυγὼν εἰς Ἦλιν ἐργολαβῆσαι τὸ ἄγαλμα τοῦ Διὸς τὸ ἐν Ὀλυμπίᾳ λέγεται, τοῦτο δὲ ἐξεργασάμενος ἀποθανεῖν ὑπὸ Ἠλείων" ἐπὶ Σκυθοδώρου, ὅς ἐστιν ἀπὸ τούτου ἕβδομος, περὶ Μεγαρέων εἰπών· ὅτι „καὶ αὐτοὶ κατεβόων Ἀθηναίων παρὰ Λακεδαιμονίοις ἀδίκως λέγοντες εἴργεσθαι ἀγορᾶς καὶ λιμένων τῶν παρ' Ἀθηναίοις. οἱ γὰρ Ἀθηναῖοι ταῦτα ἐψηφίσαντο Περικλέους εἰπόντος τὴν γῆν αὐτοὺς αἰτιώμενοι τὴν ἱερὰν τοῖς θεοῖς ἀπεργάζεσθαι". RVΓ

605.α. Philochoros sagt unter dem Jahre des Archonten Pythodoros folgendes: Und das goldene Bild der Athena wurde in dem großen Tempel aufgestellt, mit einem Goldwert von 44 Talenten; Perikles war Epistat, Phidias hat es geschaffen. Und Phidias, der es geschaffen hat, geriet in den Verdacht, das Elfenbein für die Schuppen falsch berechnet zu haben und wurde angeklagt. Und er soll dann nach Elis in die Verbannung gegangen sein, das Bild des Zeus in Olympia geschaffen haben und, nachdem er dieses vollendet hatte, durch die Eleer zu Tode gekommen sein. Unter dem Jahr des Archonten Skythodoros, der der siebte nach diesem ist: Nach dem Beschluß über die Megarer klagten diese selbst die Athener bei den Lakedaimoniern an, indem sie behaupteten, dass sie zu Unrecht vom Markt und von den Hafen im athenischen Gebiet zurückgehalten wurden. Das hatten nämlich die Athener auf Antrag des Perikles beschlossen mit der Beschuldigung, sie bearbeiteten das den Göttern heilige Land.

605.β. ὁ Φειδίας, ὡς Φιλόχορός φησιν, ἐπὶ Πυθοδώρου ἄρχοντος τὸ ἄγαλμα τῆς Ἀθηνᾶς κατασκευάσας ὑφείλετο τὸ χρυσίον ἐκ τῶν δρακόντων τῆς χρυσελεφαντίνης Ἀθηνᾶς· ἐφ' ᾧ καταγνωσθεὶς ἐζημιώθη φυγῇ. γενόμενος δὲ εἰς Ἦλιν καὶ ἐργολαβήσας παρὰ τῶν Ἠλείων τὸ ἄγαλμα τοῦ Διὸς τοῦ Ὀλυμπίου καὶ καταγνωσθεὶς ὑπ' αὐτῶν ὡς νοσφισάμενος ἀνῃρέθη. VΓ

605. β. Als der bekannte Künstler Phidias, wie Philochoros unter dem Jahre des Archonten Pythodoros sagt, das Bild der Athena herrichtete, stahl er das Gold von den Schlangen der goldelfenbeinernen Athena; dafür wurde er verurteilt und mit der Verbannung bestraft. Er kam dann nach Elis, schuf im Auftrage der Eleer das Bild des Olympischen Zeus, wurde von ihnen wegen Unterschlagung schuldig gesprochen und hingerichtet.

| 606a.α λέγουσί τινες, ὡς Φειδίου τοῦ ἀγαλματοποιοῦ δόξαντος παραλογίζεσθαι τὴν πόλιν καὶ φυγαδευθέντος ὁ Περικλῆς φοβηθεὶς διὰ τὸ ἐπιστατῆσαι τῇ κατασκευῇ τοῦ ἀγάλματος καὶ συνεγνωκέναι τῇ κλοπῇ ἔγραψε τὸ κατὰ Μεγαρέων πινάκιον καὶ τὸν πόλεμον ἐπήνεγκεν, RVΓ ἵνα ἀπησχολημένοις Ἀθηναίοις εἰς τὸν πόλεμον μὴ δῷ τὰς εὐθύνας, ἐγκαλέσας Μεγαρεῦσιν ὡς τὴν ἱερὰν ὀργάδα ταῖν θεαῖν ἐργασαμένοις. ἄλογος δὲ φαίνεται ἡ VΓ κατὰ V Περικλέους ὑπόνοια ἑπτὰ ἔτεσι πρότερον τῆς τοῦ πολέμου ἀρχῆς τῶν περὶ Φειδίαν γενομένων. VΓ | 606a.α Es überliefern nun aber einige: als auf den Bildhauer Phidias der Verdacht fiel, der Stadt falsche Abrechnungen gegeben zu haben, sei Perikles in Angst geraten, weil er bei der Herstellung des Bildes Epistat war und von dem Diebstahl wußte. Deswegen habe er den Beschluß über die Megarer geschrieben und den Krieg angezettelt, damit er den sich voller Unruhe zum Kriege rüstenden Athenern keine Rechenschaft abzulegen brauche. Und so habe er den Megarern vorgeworfen, sie bearbeiteten das den beiden Göttinnen heilige Land. Dieser Verdacht gegenüber Perikles scheint unbegründet zu sein, da sich die Ereignisse um Phidias sieben Jahre vor Beginn des Krieges abspielten. | 606. β <εἶτα Περικλῆς φοβηθεὶς:> εἶτα ὁ Περικλῆς δεδιὼς μὴ τῆς τύχης κοινωνήσῃ αὐτῷ, τουτέστιν εὐλαβούμενος μὴ καὶ αὐτὸς ζημιωθῇ φυγῇ – ἐδόκει γὰρ ὁ Περικλῆς συνεγνωκέναι τῇ κλοπῇ, ἐπεὶ καὶ ἐργεπιστατεῖν ὑπὸ τῶν Ἀθηναίων κεχειροτόνηται – φοβηθεὶς οὖν αὐτοῦ διελεγχθῆναι τὰς κλοπὰς ἐκίνησε τὸν πελοποννησιακὸν πόλεμον ἐλπίσας ταραχῆς γενομένης καὶ περὶ τὸν πόλεμον ἀπασχοληθέντων Ἀθηναίων εὐθύνας μὴ †κατασχεῖν†.VΓ | 606. β Dann fürchtete Perikles, dass er mit ihm das gleiche Schicksal erleide, d. h. er trug Bedenken, dass er auch selbst mit der Verbannung bestraft würde. Perikles schien nämlich von dem Diebstahl zu wissen, da er von den Athenern als Epistat eingesetzt worden war. Da er nun befürchtete, dass seine (d. i. des Phidias) Diebstähle zur Sprache kämen, erregte er den Peloponnesischen Krieg in der Hoffnung, dass er, wenn Aufregung entstünde und die Athener sich voller Unruhe für den Krieg rüsteten, keine Rechenschaft abzulegen brauche. |

Siglen
R Codex Ravennas
V Codex Venetus Marcianus 474
Γ Codex Laurentianus Plut. 31.15

Betrachtet man die Anordnung der Scholien in den verschiedenen Handschriften, so ergibt sich ein noch deutlich differenzierteres Bild:
Im ältesten erhaltenen Codex, dem Ravennas 137 (heute 429) aus dem 10. oder 11. Jahrhundert, Folio 101 recto[8], ist nur ein Teil der heute zu den Versen bekannten Scholia enthalten:

---

8   Abbildung aus der Faksimile-Ausgabe: *Aristophanis comoediae undecim cum scholiis: Codex Ravennas 137, 4, A*, ed. J. van Leeuwen, Lugduni Batavorum 1904.

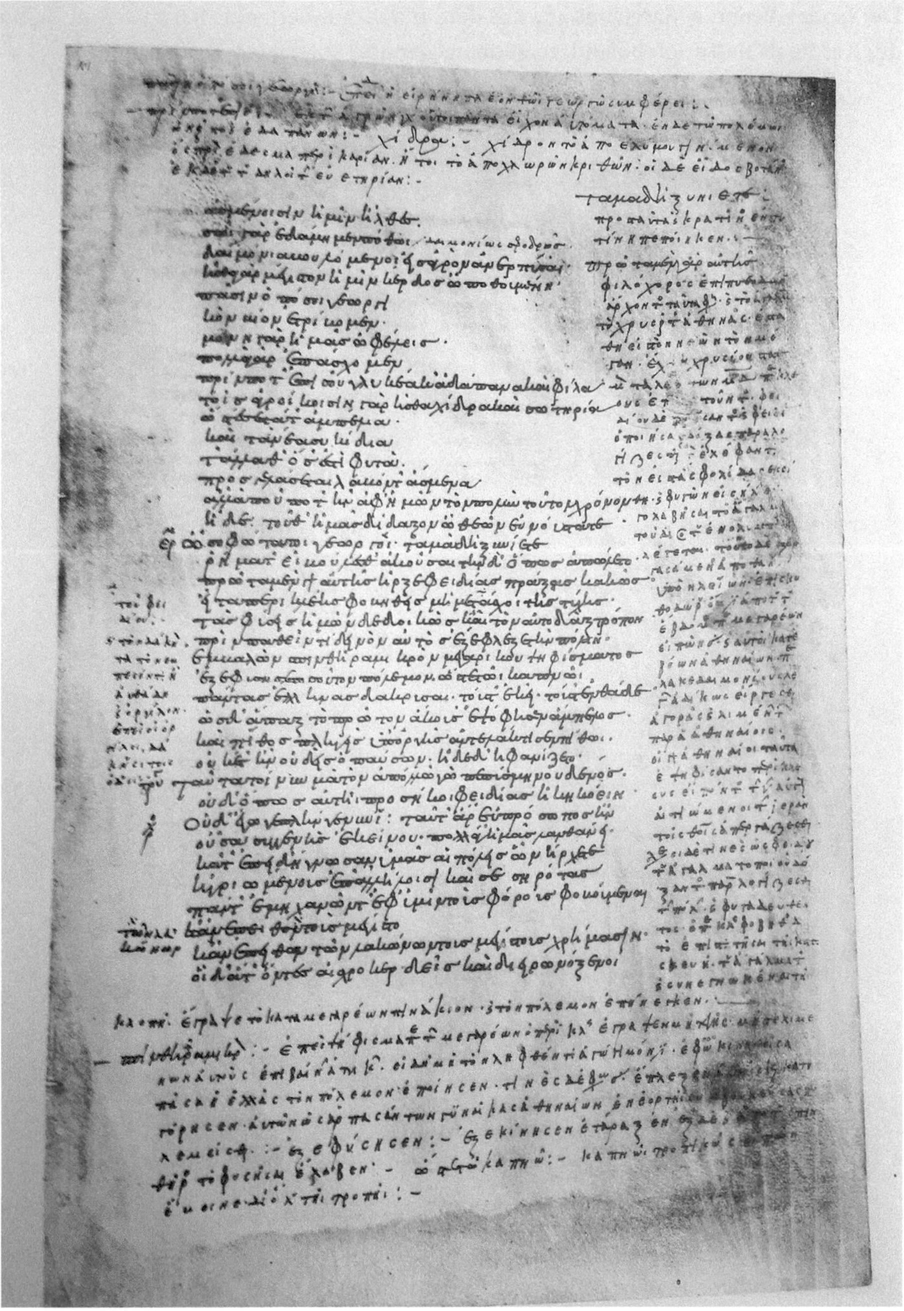

Der Codex Venetus Marcianus 474 aus dem 11. Jahrhundert, der sich später im Besitz des Kardinals Bessarion befand, zeigt demgegenüber folgenden Textbestand:

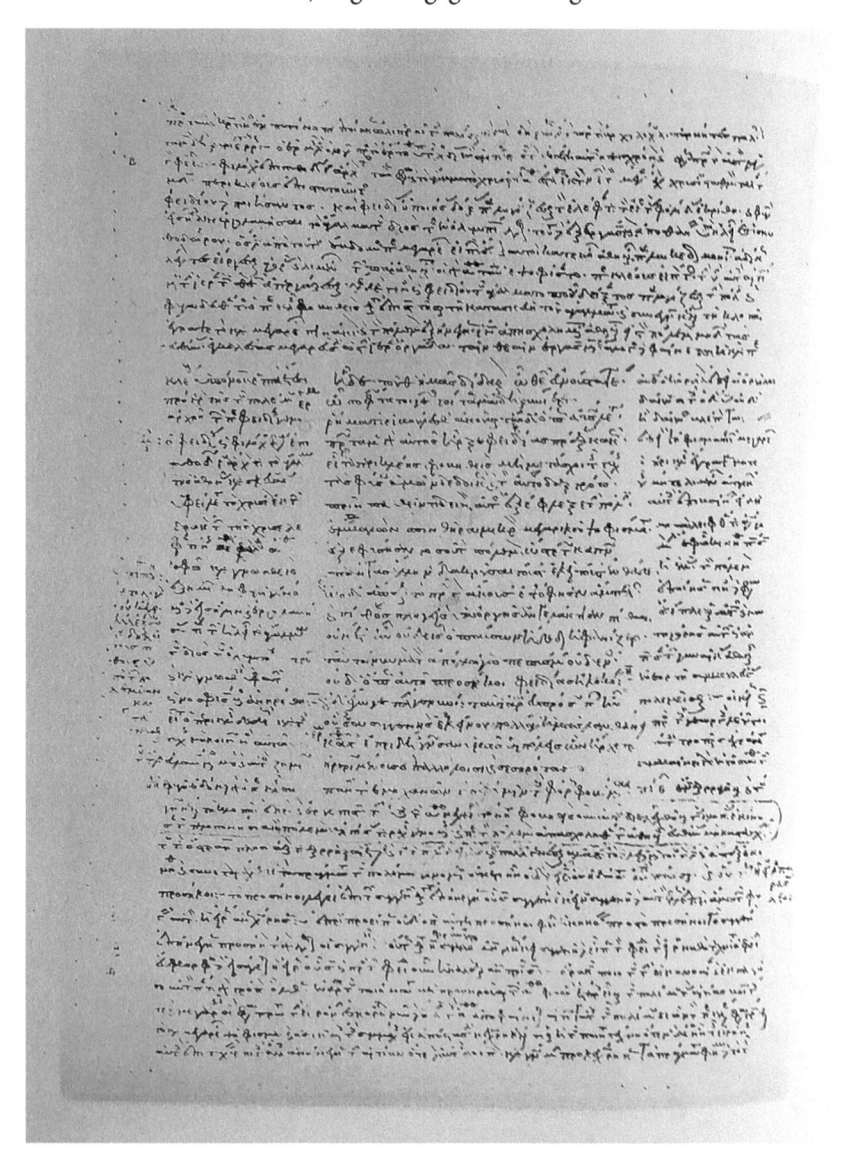

Der ausführliche Vergleich, den Adolph Roemer 1902 publizierte,[9] hat gezeigt, dass die beiden Codices auf eine Version der Aristophanes-Scholien zurückgehen, die von demjenigen, der die Texte für den Codex Ravennas zusammengestellt hat, einer drastischen Umredaktion unterzogen worden ist (s. u.).

9   Roemer 1902, 33, 43.

Der Phidiasprozess in der Überlieferung der Scholien   149

Besonders deutlich wird dies im Vergleich zu den Versionen im Codex Laurentianus Plut. 31.15 und zur Ausgabe der Aldina:[10]

10 Codex Laurentianus Plut.31.15 (14. Jahrhundert): http://teca.bmlonline.it/ImageViewer/servlet/ ImageViewer?idr=TECA0000621032&keyworks=Plut.31.15 – page/327/mode/1up; Ausgabe der

Aldina; Aristophanes, *Comoediae novem*, Venedig 1498 (urn:nbn:de:bvb:12-bsb00045673–3), https://api.digitale-sammlungen.de/iiif/presentation/v2/bsb00045673/canvas/622/view.

Der Phidiasprozess in der Überlieferung der Scholien　　　　　151

1. Anordnung und Auswahl der Scholien

Vergleicht man die Anordnung der Scholien, so zeigen sich folgende Anordnungen und Unterschiede:
Anordnung der Scholien zu Aristophanes, Pax 605-609 im Codex Ravennas:

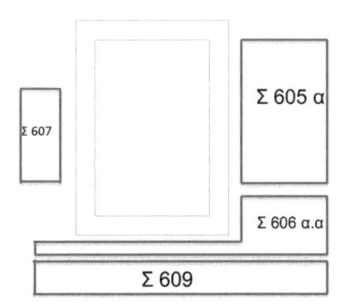

Anordnung der Scholien zu Aristophanes, Pax 605-606 im Codex Venetus Marcianus 474:

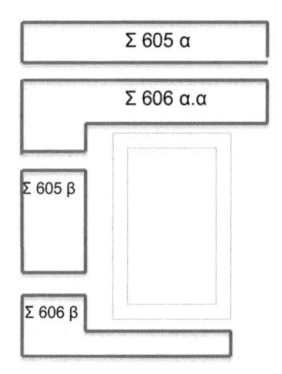

Anordnung der Scholien zu Aristophanes, Pax 605-606 im Codex Laurentianus Plut.31.15:

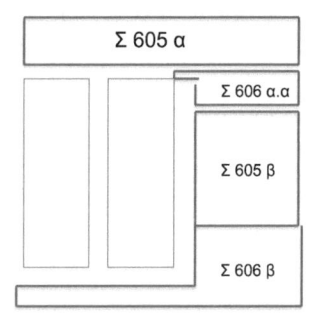

Der Inhalt der verschiedenen Textteile der Scholien weist deutlich darauf hin, dass die Scholien ganz unterschiedliche Positionen und Argumente wiedergeben. Ebenso wie sich Σ 605 a/606 a.α einerseits und andererseits Σ 605–6 β inhaltlich deutlich widersprechen,[11] gibt auch die Anordnung der Texte eindeutig zu erkennen, dass hier zwei unterschiedliche Positionen sequentiell wiedergegeben werden sollen: 605 α und 606 a.α sind charakterisiert durch eigene Kommentare wie λέγεται (Holwerda 96, 11), ὅς ἐστιν ἀπὸ τούτου ἕβδομος (Holwerda 96, 13–14), λέγουσί τινες (Holwerda 96,1) und ἄλογος δὲ φαίνεται (Holwerda 97,1).[12] Ähnliche Äußerungen zu Philochoros lassen sich in anderen Scholien finden.[13] Ganz offensichtlich wird hier der Versuch des Scholiasten, Perikles von der persönlichen Verantwortung für den Kriegsausbruch zu exkulpieren, indem er sich über eine Siebenjahresdifferenz auslässt, die den Phidias-Prozess und das Megarische Psephisma vom Kriegsausbruch trennt.[14] Es geht dem Scholiasten gar nicht um die Frage, wann der Phidias-Prozess stattgefunden hat, sondern darum, ob Perikles das Megarische Psephisma und damit den Kriegsausbruch aus persönlichen Gründen herbeigeführt hat.

Demgegenüber bleibt der Verfasser von Σ 605–6 β bei der Auffassung, dass ausgehend von dem Prozess gegen Phidias (Σ 605 β) Perikles den Peloponnesischen Krieg anzettelte (Σ 606 β).

Wie schon die Äußerung des Plutarch in seiner Perikles-Vita anzeigt, so gab es bereits in der Antike eine entsprechende Diskussion über die Bewertung der Vorwürfe gegen Perikles und daher dürfte der Inhalt dieser Scholien auch auf einen antiken Kommentarbestand zurückgehen. Doch zeigen die Scholien darüberhinausgehend noch eine weitere Ebene in der Entwicklung der Überlieferung an, die sich unschwer aus den Codices erkennen lässt.

Der Vergleich der Aristophanesscholien, die im Codex Ravennas 137 (heute unter der Nummer 429 geführt) erhalten sind, mit denjenigen aus dem Codex Venetus Marcianus 474, den A. Roemer durchgeführt hat,[15] zeigt, dass der Scholiast des Codex Ravennas meist nur die Anfänge der jeweiligen Einträge und Lemmata ausgeschrieben hat, die im Codex Marcianus in einer deutlich ausführlicheren Fassung zu finden sind (vgl. Schol. zu *Nu.* 559, V. 375. 157. 675. 787. 592. 1533). Bei zwei oder mehr Erklärungen bzw. Positionen, wie dies für *Pax* auch bei Σ 605–6 der Fall ist, hat Roemer festgestellt, dass der Ravennas jeweils nur eine einzige bringt (vgl. Schol. zu V. 787. *Ra.* 308. *Nu.* 1051). Selbst wenn der Codex Ravennas einmal einen längeren Auszug hat, dann ist dort meist etwas getilgt

---

11 Ausf. dazu in meinem in Anm.2 genannten Aufsatz.
12 Schol. Ar. *Pax* 605.α. (= Holwerda 96, 11 und 96, 13–14) und 606a.α (= Holwerda 96, 1). Jacoby versteht λέγεται als Bezug auf das Werk des Philochoros (Anm. 5 in Jacoby, Komm. ad loc. (3. Teil b Vol. II, 392), wenngleich unvollständig, und sieht in ἐπὶ ... dann eine Wiederholung. Dies basiert allerdings auf der Konjektur von Skythodorus zu Pythodoros, die selbst wiederum auf lediglich angenommenen Voraussetzungen basiert (s. dazu meinem in Anm.2 genannten Aufsatz).
13 Vergleichbar ist Schol. Ar. *Ec.* 193–6 = Philochoros F 148 = Nr. 178 Harding 2003.
14 Ausf. dazu in meinem in Anm.2 genannten Aufsatz.
15 Roemer 1902, 30 f.

Der Phidiasprozess in der Überlieferung der Scholien   153

oder sind Zitate auch paraphrasiert (vgl. Schol. zu *V.* 1239. 1219. 1345. 462). Diese Arbeitsweise, die von Roemer vor allem anhand der Wespen, Frösche und Wolken ausführlich belegt worden ist, lässt sich auch aus dem Vergleich der Scholien zu *Pax* 605–6 erkennen.[16] Die von Roemer gezogenen Schlüsse sind nach wie vor einleuchtend:[17]
– im Ravennas hat ein Librarius zum Zwecke der Kürzung eine Umredaktion vorgenommen,
– dadurch sind im Ravennas für den zugrundeliegenden Text, der auch dem Codex Venetus Marcianus 474 vorlag, deutliche Veränderungen vorgenommen worden,
– der Ravennas ist der Hauptvertreter dieser selbständigen Umredaktion.

Aus den Ergebnissen von Roemer kann man durchaus den Schluss ableiten, dass der Librarius des Codex Venetus Marcianus anders gearbeitet hat und viel mehr auf die vollständige Repräsentation seines vorliegenden Quellenmaterials bedacht war als derjenige des Codex Ravennas.

Eine weitere Bestätigung findet dies in einer bisher übersehenen Anmerkung im Codex Venetus Marcianus:[18] In dem letzten Satz von 606 a.α findet sich nach πολέμου und vor ἀρχῆς eine Abkürzung aus den Buchstaben ε ρ μ, die eine Abkürzung für Ἑρμογένης sein könnte:

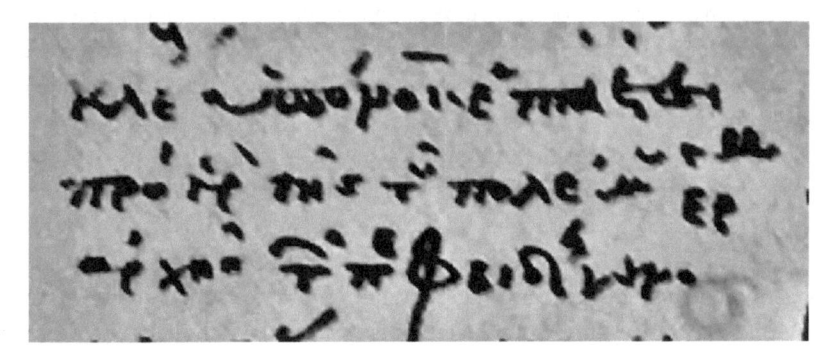

Da die Spitze <, die über dem ε steht, als ein Verweis-Zeichen zu verstehen sein könnte, vermute ich, dass hier in irgendeiner Weise auf einen Text des Hermogenes Bezug genommen wird. In der Tat hat Hermogenes gerade zu dem in den Scholien diskutierten Kontext (Perikles' Rechtfertigung für die Weigerung der Aufhebung des Megarischen Psephismas gegenüber den Lakedaimoniern: Hermog. Περὶ εὑρέσεως 4, 13 = 205–207 Rabe) eine ausführliche Erläuterung geschrieben. Die Erläuterung des Hermogenes

---

16   Ausf. in meinem in Anm.2 genannten Aufsatz.
17   Roemer 1902, 32 f.
18   Weder im app. crit. bei Holwerda noch in den anderen Editionen der Scholien zu Ar. *Pax* bisher erwähnt.

dreht sich darum, dass die Athener unter der Führung des Perikles niemandem, weder den Persern, noch den Poteideiaten oder den Aigineten und auch nicht den Megarern nachgegeben haben (vgl. auch Hermog. Περὶ εὑρέσεως 3, 5 = 141–146 Rabe). Angesichts der großen Beliebtheit und Reputation, deren sich das rhetorische Werk des Hermogenes in dieser Zeit unter den Byzantinern erfreute,[19] ist dies eine naheliegende Erklärung für die Einfügung eines Verweises. Der Verweis an dieser Stelle, an der es explizit um einen Diskurs innerhalb der Überlieferung geht, zeigt – auch wenn die Überlegung, dass es ein Verweis auf Hermogenes und nicht vielleicht ein Verweis auf eine andere Glosse ist, natürlich nicht mit letzter Sicherheit belegt werden kann – an, dass der Redaktor des Codex Venetus Marcianus hier selbst Einträge hinzugefügt hat bzw. mit einer eigenen Verweisstruktur den gegensätzlichen Argumentationsgang der Texte zu dem Phidias-Prozess erweitert hat.

Die späteren Scholien im Codex Laurentianus und auch in der Aldina weichen in Details von dem Codex Venetus Marcianus ab, aber nicht mehr in der grundsätzlichen Zusammenstellung des Quellenmaterials der Kommentierung. Aldus Manutius schreibt zur ersten Ausgabe der Aldina (1498):[20] „Accipe igitur nouem Aristophanis fabulas. Nam decimam Lysistraten ideo praetermisimus, quia uix dimidiata haberi a nobis potuit. Sint satis hae nouem cum optimis et antiquis (ut vides) commentariis." Der Herausgeber Marcus Musurus erläutert dies so:[21] Τὰ δ ὑπομνήματα ταυτὶ καὶ πόνου πολλοῦ, καὶ χρόνου ἐδεῖτο μακροῦ, εἴ τις αὐτὰ πρὸς τὸ βέλτιον ἐγχειροίη μεθαρμόσασθαι σχῆμα. ὧν θατέρου μὲν ἐπεκρατήσαμεν καίτοι κρείττονος ἢ φέρειν. περὶ στενὸν δέ μοι κομιδῇ τὰ τοῦ χρόνου συνέβη. οὐ γὰρ μόνον τὰς ἐξηγήσεις συνείρειν ἠργολαβήσαμεν πεφυρμένας τέως ὡς ἴστε που καὶ αὐτοί, ἀλλὰ καὶ τυπωθείας ἤδη ἐπετετράμμεθα διορθοῦν.

Dies zeigt, dass sowohl Aldus Manutius als auch Marcus Musurus den Scholien eine besondere Aufmerksamkeit gewidmet haben: Dementsprechend sind sie auch reichhaltig, füllen z. T. auch einmal eine ganze Seite bzw. verdrängen – wie hier zu *Pax* 605 ff. – fast den Text der Komödie des Aristophanes. Die Gestaltung des Layouts zeigt dieses Bemühen ebenfalls: Alle Einträge sind mit Lemma versehen und beginnen mit einem Großbuchstaben. Im Wesentlichen entsprechen die Scholientexte der Aldina dem Codex Laurentianus Plut. 31.15.[22] Das hat Zacher zu der Schlussfolgerung geführt, dass Musurus eine „Zwillingshandschrift" zum Codex Laurentianus vorgelegen haben muss, jedoch wohl nicht der Codex selbst, da die Ausgabe der Aldina Lücken enthält, die der Laurentianus nicht hat, und auch den o. g. Verweis nicht aufführt. Umgekehrt enthält die Ausgabe der Aldina auch Einträge, wie die Glosse im Codex Ravennas zu *Pax* 926, die im Laurentianus fehlen,[23] aber darüberhinaus auch metrische Scholien

---

19   Hunger I, 1978, 76 ff.
20   Zacher 1888, 560 f.
21   Vgl. dazu Wilson 2016, Ap. II. zu Musurus und Aristophanes sowie ders. 2017, 167 ff.
22   Zacher 1888, 724.
23   Zacher 1888, 725.

aus Triklinios und Heliodor, die den Anspruch des Musurus belegen, eigene Sammel- und Textarbeit durchgeführt zu haben. Auch die Lücke im *Pax* des Laurentianus (Pax 948–1011) hat Musurus gefüllt.[24]

2. Epistemische Qualität

Die Bearbeitungen der den Scholien zugrundeliegenden Texte, sei es durch Kürzung (Ravennas) oder durch Ergänzung (Codex Venetus Marcianus) oder durch druckgraphische Gestaltung und Auffüllung (Aldina), ist nicht unbedeutend oder zu vernachlässigen, sondern verweist vielmehr im Gegenteil auf eine eigene Arbeit am und mit dem Text: So wird in den Scholien ein neuer Text präsentiert, der einerseits im Hinblick auf Argument und Anlass gestaltet ist. Andererseits wird durch die äußere Anordnung dem Text der Komödie nicht nur ein Rahmen gegeben, sondern dieser Rahmen lenkt auch die Aufmerksamkeit des Lesers. In der Ausgabe der Aldina wird dies so weit getrieben, dass der Rahmentext den eigentlichen Text der Komödie fast verdrängt und optisch zum Haupttext wird.

Es bleibt die Frage, inwieweit diese Differenzierungen auf die Antike zurückgehen, insbesondere, ob die unterschiedlichen Formen der Anordnungen und Verweise bereits in der Antike vorgenommen wurden. Die Diskussion darüber ist auch heute noch nicht abgeschlossen: Wie MacNamee gezeigt hat, so ist das letzte Wort noch nicht gesprochen worden, da zwar einige Papyri mit Marginalien und Interlinearglossen aus der Antike erhalten sind,[25] insbesondere auch Codices mit längeren Annotationen aus der Spätantike,[26] aber diese zahlenmäßig zu wenige sind, um die Entwicklungsstufen für den Übergang zu der kommentierenden Form der Texte in einer rahmenden Anordnung belegen zu können.

Festzuhalten bleibt in jedem Fall, dass in dieser Entwicklung ein Bestreben zum Ausdruck kommt, eine zweite Wissensebene oder vielmehr einen zweiten Text zu präsentieren, der regelrecht ‚ausgestellt' wird. Der Diskurs, der in der Präsentation unterschiedlicher Kommentierungen und Meinungen ‚ausgestellt' wird, tritt wie eine Inszenierung der Diskussion über den Text der Komödie auf. Diesen Gedanken etwas weiterführend kann man hier sogar von einer Doppelung sprechen: Der Text der Komödie wird durch einen zweiten Text regelrecht inszeniert, wobei man die Verse der Komödie wie den Ablauf auf der Bühne und die Texte in den Scholien wie diejenigen der Zuschauer, die einen lebhaften Diskurs über diesen Text führen, betrachten kann.

Gleichzeitig wird in der raumgreifenden Anordnung von Kommentar, Erläuterung und Verweisen eine Erweiterung des antiken Textes vorgenommen, die ihn mit sprach-

---

24 Zacher 1888, 714.
25 MacNamee 2010, 526 f. mit Table 2 (3. Jh. v. Chr. – 3. Jh. n. Chr.).
26 MacNamee 2010, 527 mit Table 3 (3. Jh. n. Chr. – 6. Jh. n. Chr.).

lichen, metrischen und historiographischen Ergänzungen auch räumlich zu einer neuen Einheit formt, in der man durchaus eine neue Wissensordnung erkennen kann.

3. Fazit

Die Scholien zu Ar. *Pax* 605 f. beziehen sich auf einen antiken, historischen Kontext: den Phidias-Prozess und die Verantwortlichkeit des Perikles für den Ausbruch des Peloponnesischen Kriegs. Die Inhalte der Texte sind Teil der antiken Überlieferung und stammen aus der antiken Kommentarliteratur. Aber durch die Anordnung, Umformung und die Verweisstruktur ist die textuelle Repräsentation erweitert und in einem wesentlichen Teil auf den mittelalterlichen Diskurs zurückzuführen.

Form und Inhalt hier zu trennen ist nicht gerechtfertigt. Man sollte also nicht von einem Fragment des Philochoros sprechen, sondern in den Scholien eine bis zur Aldina reichende Repräsentation eines fast 2000-jährigen Diskurses sehen.

Verwendete Literatur

Handschriften/Editionen

Digital
Codex Laurentianus:
   http://teca.bmlonline.it/ImageViewer/servlet/ImageViewer?idr=TECA0000621032&key works=Plut.31.15 – page/327/mode/1up.
Aldina, *Aristophanes, Comoediae novem*, Venedig 1498 (urn:nbn:de:bsb:12-bsb00045673-3).

Faksimile-Ausgaben
Codex Ravennas: *Aristophanis comoediae undecim cum scholiis*: Codex Ravennas 137, 4, A, hrsg. v. J. van Leeuwen, Lugduni Batavorum 1904.
Codex Venetus Marcianus 474: Facsimile of the Codex Venetus Marcianus 474, hrsg. v. Allen, T., White, J., Boston 1902.

Scholia/Fragmente
Jacoby, F., *Die Fragmente der Griechischen Historiker* (FGrHist) 3: Geschichte von Städten und Völkern (Horographie und Ethnographie). B: Autoren über einzelne Städte (Länder), Leiden 1993, Nr. 297–607.
Holwerda, D. (Ed.), *Scholia vetera et recentiora in Aristophanis Pacem*, Groningen 1982, in: W. Koster, N. Wilson, J. Mervyn, D. Holwerda, J. Hangard (Eds.), *Scholia in Aristophanem Pars II: Fasc.2*, 1978–1996.

Literatur

Alzinger, W., „Zeus Olympios und Athena Parthenos," in: G. Schwarz, M. Lehner, G. Erath (Eds.), *Komos. Festschrift für Thuri Lorenz zum 65. Geburtstag*, Wien 1997, 13–14.
Bol, P. (Ed.), *Geschichte der griechischen Bildhauerkunst. Klassische Plastik*, Mainz 2004.
Cullen Davison, C., *Pheidias. The Sculptures & Ancient Sources* (Bulletin of the Institute of Classical Studies Suppl. 105), 3 Vols, London 2009.
Harding, P. *The Story of Athens. The Fragments of the Local Chronicles of Attika*, London 2008.
Hunger, H., *Die hochsprachliche profane Literatur der Byzantiner*, Bd. 1, München 1978.
Hurwit, J., *The Athenian Acropolis. History, Mythology, and Archaeology from the Neolithic Era to the Present*, Cambridge 1998.
Hurwit, J., „The Parthenon and the Temple of Zeus at Olympia," in: J. Barringer, J. Hurwit (Eds.), *Periklean Athens and its Legacy: Problems and Perspectives*, Austin 2005, 135–145.
Lapatin, K., „The Statue of Athena and Other Treasures," in: J. Neils (Ed.), *The Parthenon. From Antiquity to the Present*, Cambridge 2005, 261–291.
Lehmann, G., *Perikles. Staatsmann und Stratege im Klassischen Athen. Eine Biographie*, München 2008.
Lendle, O., „Philochoros über den Prozess des Phidias," *Hermes* 83, 1955, 284–303.
McNamee, K., „Very Small Scripts," *ASPap* 2010, 521–40.
McWilliam, J., Puttock, S., Stevenson, T., Taraporewalla, R. (Eds.), *The Statue of Zeus at Olympia. New Approaches*, Newcastle 2011.
Nick, G., *Die Athena Parthenos. Studien zum griechischen Kulturbild und seiner Rezeption*, Mainz 2002.
Olson, D., „Manuscript Indications of Change of Speaker in Aristophanes' Peace," *ICS* 21, 1996, 5–34.
Roemer, A., *Studien zu Aristophanes und den alten Erklärern desselben*, Leipzig 1902.
Schubert, C., „Das Datum des Phidias-Prozesses, die Aufstellung der Athena Parthenos und der Ausbruch des Peloponnesischen Krieges bei Philochoros," *Mnemosyne* 69, 2016, 909–930 DOI: 10.1163/1568525X-12342047.
Seeger, L., *Aristophanes. Komödien. Mit einer Einl. von Hans-Joachim Newiger*, München 1990.
Strocka, V., „Pheidias," in: R. Vollkommer (Ed.), *Künstlerlexikon der Antike* II, München – Leipzig 2004, 210–236.
Taraporewalla, R., „Size Matters. The Statue of Zeus at Olympia and Competitive Emulation," in: J. McWilliam et al., *The Statue of Zeus at Olympia. New Approaches*, Newcastle 2011, 33–50.
Wilson, N., *The Greek Classics*, Cambridge – London 2016.
Wilson, N., *From Byzantium to Italy: Greek Studies in the Italian Renaissance*, London – New York 2017.
Zacher, K., „Die Handschriften und Classen der *Aristophanes*-Scholien: Mitteilungen und Untersuchungen," *Jahrbücher für classische Philologie*, Suppl. 16, Leipzig 1888, 11–52.

CHARLOTTE SCHUBERT
Univ.-Prof. Dr., Lehrstuhl für Alte Geschichte, Historisches Seminar, Universität Leipzig

Alkibiades
Verhinderter Retter Athens oder Selbstdarsteller ohne Substanz?

HERBERT HEFTNER

1. Einleitung:
Alkibiades als kontroversielle Figur bei Zeitgenossen und Nachwelt

Der athenische Staatsmann und Feldherr Alkibiades stellt ohne Zweifel die umstrittenste Figur unter den führenden Persönlichkeiten des Peloponnesischen Krieges dar. Seine charismatische Persönlichkeit und seine von dramatischen Schicksalswenden und politischen Positionswechseln geprägte Laufbahn haben schon den Zeitgenossen Anlass gegeben, ihn teils zu einer mit überragenden Fähigkeiten begabten Retterfigur hochzustilisieren, teils als einen prinzipienlosen Selbstling, Verräter und generell als eine für seine Heimatpolis Athen verderbliche Gestalt zu verdammen.

Als Beispiel für die Rettervorstellung seien hier die im Zusammenhang mit Alkibiades' Rückkehr nach Athen im Jahre 408[1] gebotenen Stimmungsbilder angeführt: Nach dem Zeugnis Xenophons vertrauten ihm die Athener damals die Führung ihrer Streitkräfte an, weil sie überzeugt waren, dass „er allein imstande sei, der Stadt ihre frühere Machtstellung zu retten."[2] Im gleichen Sinne äußert sich Diodorus Siculus, wenn er feststellt, dass die Athener 410 allein wegen der Hoffnungen, die sie in Alkibiades' Führung setzten, den Gedanken an einen Kompromissfrieden von sich wiesen,[3] und dass dieses hohe Maß an Vertrauen durch sein persönliches Erscheinen zwei Jahre später ins fast Ungemessene gesteigert wurde:

---

[1] Zur Datierung s. die zusammenfassende Diskussion bei Bleckmann 1998, 293–298 (dort auch die ältere Literatur); zur Problematik der chronologischen Rekonstruktion der Ereignisse der Jahre 410–406 generell vgl. Krentz 1989, 11–13.

[2] X. *HG* 1, 4, 20: … ἀναρρηθεὶς ἁπάντων ἡγεμὼν αὐτοκράτωρ, ὡς οἷός τε ὢν σῶσαι τὴν προτέραν τῆς πόλεως δύναμιν.

[3] D. S. 13, 53, 4: πολλὰς καὶ μεγάλας ἐλπίδας ἔχοντες ἐν τῷ τὸν Ἀλκιβιάδην ἀφηγεῖσθαι τῶν ἰδίων δυνάμεων, ταχέως ᾤοντο τὴν ἡγεμονίαν ἀνακτήσασθαι.

Fast alle hatten sie einen derart positiven Eindruck von ihm gewonnen, dass sie glaubten, es sei mit seiner Rückkehr zugleich die Gewähr für einen glücklichen Ausgang ihrer Unternehmungen in die Stadt eingezogen.[4]

Das sind freilich Wertungen, die die öffentliche Meinung der breiten Bevölkerung Athens referieren und die ihre Begründung eher in der Massenstimmung als in einer kritischen Urteilsfindung hatten; aber auch ein so nüchterner Zeitgenosse wie der Historiker Thukydides, der dem Wirken des Alkibiades keineswegs unkritisch gegenüberstand, scheint implizit die Auffassung zu vertreten, dass Alkibiades die Fähigkeiten gehabt hätte, den Peloponnesischen Krieg zu einem für Athen positiven Ende zu führen, und dass seine Ersetzung durch andere, weniger begabte, Strategen der Hauptgrund für Athens vernichtende Niederlage gewesen sei.[5]

Den mehr oder minder positiven Einschätzungen des Alkibiades stehen Urteile gegenüber, die ihn nicht nur moralisch und politisch als einen notorischen Verletzer aller für einen griechischen Polisbürger verbindlichen Normen brandmarken, sondern ihn auch direkt für den katastrophalen Ausgang des Krieges verantwortlich machten.

Beide Kritikpunkte finden sich in der unter dem Namen des Andokides überlieferten Rede ‚Gegen Alkibiades' ([And.] or. 4), bei der es sich aller Wahrscheinlichkeit nach um ein aus den ersten Jahren des 4. Jh. stammendes politisches Pamphlet handelt.[6] Der Verfasser bietet eine fundamentale und durch zahlreiche Beispiele illustrierte Kritik an Alkibiades' Lebenshaltung, in der sich moralische Verdammungsurteile mit dem Versuch verbinden, Alkibiades als grundsätzlichen Widersacher der auf Bürger-Gleichberechtigung und Gesetzestreue beruhenden Ordnung des demokratischen Athens zu erweisen.[7] Die Tatsache, dass ein solcher Mann dennoch über lange Zeit hinweg das Vertrauen und die Zuneigung vieler Bürger genossen hat, wird von dem Redner nicht geleugnet; sie gibt ihm jedoch Anlass, Alkibiades' Beliebtheit gleichsam als Beweis für die mangelnde Urteilsfähigkeit der demokratischen Volksmassen hinzustellen: Alkibiades nütze diese Schwäche „… indem er die Sprache des Demagogen redet und zugleich die Taten eines Tyrannen setzt; er hat erkannt, dass ihr nur auf die Bezeichnung achtet, euch aber nicht darum kümmert, welche Sache dahintersteckt".[8]

---

4   D.S. 13, 68, 4–6; s.v.a. das Resümee in § 6 καθόλου δὲ τηλικαύτην ὑπόληψιν εἶχον ὑπὲρ αὐτοῦ σχεδὸν ἅπαντες, ὥσθ' ἅμα τῇ κείνου καθόδῳ καὶ τὴν τῶν πραγμάτων εὐτυχίαν εἰς τὴν πόλιν ἥκειν διελάμβανον.
5   Th. 6, 15, 4; dazu die Interpretation von Bleckmann 2006, 57 mit der älteren Literatur. Hornblower 2008, 340 f. möchte dieses thukydideische Urteil ganz konkret auf die Vorgänge um Alkibiades' Absetzung nach der Niederlage von Notion beziehen.
6   S. Cobetto Ghiggia 1995, 69–120 und Heftner 2001a, anders Gazzano 1999, XXVIII–LVI.
7   [And.] 4, 10–32.
8   [And.] 4, 27: τοὺς μὲν λόγους δημαγωγοῦ τὰ δ' ἔργα τυράννου παρέχων, καταμαθὼν ὑμᾶς τοῦ μὲν ὀνόματος φροντίζοντας, τοῦ δὲ πράγματος ἀμελοῦντας.

Die zweite Hauptstoßrichtung der Alkibiadeskritik, seine angebliche Urheberschaft am katastrophalen Ausgang des Peloponnesischen Krieges, wird in der pseudo-andokideischen Schrift, dem fiktiven Datum der Rede entsprechend, nur in Form einer Vorhersage ins Spiel gebracht,[9] explizit und in scharfer Form ausgesprochen findet sie sich in einer im Jahre 395 von Lysias gegen den Sohn des Alkibiades geschriebenen gerichtlichen Anklagerede. Lysias verweist auf den von Alkibiades während seiner Verbannung begangenen Landesverrat, stellt dessen Kommandoführung während des Dekeleischen Krieges als reinen Misserfolg dar und versucht, Alkibiades' Auftritt im athenischen Lager vor Aigospotamoi zu einem erneuten Verratsversuch umzudeuten.[10] Konsequenterweise kommt er zu dem Schluss, dass alle Übel, die den Athenern in den Jahren 405–403 widerfahren waren, einzig dem Alkibiades anzulasten seien:

> Wenn jemand um die in der Seeschlacht Gefallenen trauert oder sich schämt wegen derjenigen, die von den Feinden versklavt wurden oder sich über die Niederreißung unserer Mauern empört; wenn einer die Lakedaimonier hasst oder den Dreißig zürnt, dann muss er den Vater dieses Mannes [d. h. den Alkibiades] für denjenigen halten, der an all diesen Dingen Schuld trägt.[11]

Die sich in diesen Zeugnissen niederschlagende Kontroverse um die Einschätzung von Alkibiades' Persönlichkeit und seiner Verdienste hat die Debatte der Zeitgenossen und die zeitnahe Publizistik geprägt. Bei den Geschichtsschreibern des 4. Jh. ist sie dann ganz klar zu Alkibiades' Gunsten entschieden worden und die daraus resultierende Tendenz zur Hochbewertung ist dann auch für die historiographische und biographische Überlieferung der Folgezeit maßgeblich geworden.

Die Verfasser der beiden uns aus der Antike erhaltenen Alkibiadesbiographien, Cornelius Nepos und Plutarch, schildern ihren Helden als eine faszinierende Persönlichkeit und als einen Staatsmann von höchstem Rang, dessen Charakterfehler und politischen Irrwege zwar nicht verschwiegen werden, aber durch überragende Fähigkeiten bei weitem aufgewogen zu sein scheinen.

Diese vom Grundton der Bewunderung getragene Betrachtungsweise hat dann bis in die moderne altertumswissenschaftliche Forschung hinein ihre Wirkung getan.[12]

---

9   [And.] 4, 24.
10 Lys. 14, 35–38.
11 Lys. 14, 39: εἴ τις ὑμῶν ἢ τοὺς τεθνεῶτας ἐν <τῇ> ναυμαχίᾳ ἐλεεῖ, ἢ ὑπὲρ τῶν δουλευσάντων τοῖς πολεμίοις αἰσχύνεται, ἢ τῶν τειχῶν καθῃρημένων ἀγανακτεῖ, ἢ Λακεδαιμονίους μισεῖ, ἢ τοῖς τριάκοντα ὀργίζεται, τούτων ἁπάντων χρὴ τὸν τούτου πατέρα αἴτιον ἡγεῖσθαι, …; vgl. ebd. § 16 f. Dass die Vorstellung von Alkibiades als Verderber seiner Heimatstadt damals weit verbreitet gewesen sein muss, wird durch die dagegen gerichteten Verteidigungsbemühungen des Isokrates (16, 16–21) bestätigt. Bezeichnenderweise wird dort Alkibiades' Verhalten nach seiner zweiten Absetzung vom Strategenamt mit Schweigen übergangen.
12 Das markanteste Beispiel der Hochstilisierung des Alkibiades zu einem Musterexemplar in der Galerie jener historischen Figuren, „die wir als dämonisch empfinden, weil sie irgendwie im Guten und im Bösen die Grenzen menschlichen Daseins sprengen", bietet wohl die Biographie von Fritz

Erst in den letzten Jahrzehnten sind in der Forschung Stimmen laut geworden, die für eine wesentlich skeptischere Einschätzung der Fähigkeiten und Möglichkeiten des Alkibiades plädierten.[13]

Angesichts dieser sich von der Antike bis in die Gegenwart ziehenden Kette kontroversieller Urteile scheint es angebracht, einige besonders signifikante Episoden in Alkibiades' Karriere näher in den Blick zu fassen und dabei nach möglichen Gründen für die Faszination zu suchen, die er auf seine Zeitgenossen ausgeübt hat. Zugleich haben wir dabei die Frage zu stellen, ob sich in Alkibiades' Handlungsweise und in seiner Selbstpräsentation konstante Züge erkennen lassen, die uns einen Hinweis auf die Grundsätze seines taktischen Vorgehens und vielleicht auch auf die hinter seinem politischen Wirken stehenden Zielsetzungen geben können.

2. Die Peloponnespolitik von 420–418 und das Sizilienprojekt von 415 als Indizien für den strategischen Ansatz von Alkibiades' Politik und Heerführung

Den Ausgangspunkt unserer Überlegungen sollen Alkibiades' Aktivitäten in den Jahren nach dem Abschluss des Nikiasfriedens bilden, als er sich als führender Vertreter einer entschieden antispartanischen Politik profilierte und die von seinem politischen Antipoden Nikias vertretene Politik der Annäherung zwischen Sparta und Athen zu sabotieren versuchte.

Dabei setzte Alkibiades nicht auf eine Wiederauflage des mit vollem Einsatz geführten ‚großen Krieges', sondern auf die Verbindung eines beschränkten Einsatzes athenischer Militärmacht mit einer umfassend angelegten diplomatischen Offensive, all dies mit dem Ziel, in der Peloponnes eine Allianz auf die Beine zu stellen, die auch mit nur geringer athenischer Beteiligung stark genug sein würde, den Spartanern im Kampf entgegenzutreten. Dieses Projekt erlitt 418 mit der Niederlage der Verbündeten bei Mantineia einen nicht wieder auszugleichenden Rückschlag; das von den Athenern aufgebaute Bündnissystem zerbrach und die Vormachtstellung der Spartaner auf der Peloponnes wurde fester denn je wieder aufgerichtet.[14]

Taeger (Taeger ²1943, dort auf S. 227 die zitierte Passage). Weitere Urteile dieser Art sind zusammengestellt bei Bloedow 1973, 1 f. und Bloedow 1991, 191–193.

13   S. etwa Bloedow 1973 und 1991 sowie Bengtson 1983, 180–183; vgl. die ausgewogene Bewertung bei Rhodes 2011, 104–106. Auch der Autor des vorliegenden Aufsatzes ist im Zuge seiner Beschäftigung mit Alkibiades' Person zu einer kritischen Einschätzung der tatsächlichen Fähigkeiten und Möglichkeiten des großen Selbstdarstellers gelangt (Heftner 2011, 194–207 sowie ebd. 226 Anm. 1–12).

14   Die Hauptquelle ist Th. 5, 43–48. 52, 2–74; für mit reichen Quellenangaben versehene Gesamtdarstellungen s. Busolt 1904, 1217–1255 und Kagan 1981, 60–137. S. auch die korrespondierenden Partien im Thukydideskommentar von Hornblower 2008, 99–122 und 139–194.

Es ist nun sehr interessant und aufschlussreich, dass Alkibiades sich durch dieses unerfreuliche Ergebnis nicht hat hindern lassen, die Peloponnes-Politik der Jahre 419 und 418 als Erfolg zu verbuchen. Nach dem Zeugnis des Thukydides hat er sich im Jahre 415 in der Rückschau gerühmt, er habe seinerzeit ohne große Gefahr und Kosten für Athen die Spartaner so sehr in Bedrängnis gebracht, dass an dem Schlachttag von Mantineia für sie alles auf dem Spiel gestanden sei:

> Die stärksten Mächte der Peloponnes habe ich vereinigt und, ohne dass euch daraus große Risiken und Kosten entstanden wären, bewirkt, dass die Lakedaimonier bei Mantineia an einem Tag ums Ganze kämpfen mussten; und daher fühlen sie sich, auch nachdem sie die Schlacht siegreich bestanden haben, noch immer nicht wirklich sicher. Und das hat meine ‚jugendliche Torheit', so widernatürlich euch das auch scheinen mag, der Macht der Peloponnesier gegenüber durch den Einsatz der rechten Worte und mit einer Leidenschaft, die überzeugend wirkte, durchgesetzt.[15]

Man kann dies natürlich als den Versuch verstehen, ein gescheitertes Projekt im Nachhinein schön zu reden, und demgemäß das von Alkibiades vorgetragene Argument als sachlich unfundierten rhetorischen Trick abtun. In diesem Sinne äußert sich z. B. Simon Hornblower in seinem Thukydideskommentar, wo er Alkibiades' Präsentation des Mantineia-Feldzuges im Hinblick auf die Tatsache, dass diese Aktivitäten mit einer Niederlage der von Alkibiades geschmiedeten Koalition und der völligen Wiederherstellung der Spartanermacht endeten, als „almost insolently unconvincing" bewerten möchte.[16]

Dem kann man entgegenhalten, dass die auf die Schlacht von Mantineia folgende Entwicklung zumindest das von Alkibiades vorgebrachte Argument, seine Peloponnes-Politik habe für die Athener nur geringe Risiken mit sich gebracht, bestätigt hat. In der Rückschau der Athener von 415 erschien die Schlacht von Mantineia sicherlich als ein militärisch-politischer Rückschlag, aber nicht als eine mit schwerwiegenden Folgen für ihre Polis verbundene Katastrophe. Dies galt umso mehr, nachdem ein we-

---

15 Thuk 6, 16, 6–17, 1: Πελοποννήσου γὰρ τὰ δυνατώτατα ξυστήσας ἄνευ μεγάλου ὑμῖν κινδύνου καὶ δαπάνης Λακεδαιμονίους ἐς μίαν ἡμέραν κατέστησα ἐν Μαντινείᾳ περὶ τῶν ἁπάντων ἀγωνίσασθαι· ἐξ οὗ καὶ περιγενόμενοι τῇ μάχῃ οὐδέπω καὶ νῦν βεβαίως θαρσοῦσιν. Καὶ ταῦτα ἡ ἐμὴ νεότης καὶ ἄνοια παρὰ φύσιν δοκοῦσα εἶναι ἐς τὴν Πελοποννησίων δύναμιν λόγοις τε πρέπουσιν ὡμίλησε καὶ ὀργῇ πίστιν παρασχομένη ἔπεισεν. Im gleichen Sinne die Apologie des Alkibiades bei Isoc. 16, 15.
16 S. Hornblower 2008, 347: „The claim about the Battle of Mantineia is almost insolently unconvincing, as the immediately following concession about the actual Spartan Victory at Mantineia in 418 makes clear." Ähnlich, aber nicht ganz so verdammend, Dover in Gomme, Andrewes, Dover 1970, 248 f. Wenn Dover dort davon ausgeht, dass dies auch der Einschätzung des Thukydides entsprochen habe, so lässt sich demgegenüber einwenden, dass Thukydides in seiner Darstellung des Mantineia-Feldzugs die Führungsfehler der Spartaner stark betont, s. etwa seine Einschätzung, dass sie bei Mantineia den Sieg der Qualität ihrer Soldaten, nicht ihrer Kriegskunst, zu verdanken hatten (Th. 5, 72, 2). Man wird daher nicht davon ausgehen können, dass er die antispartanische Bündnispolitik des Alkibiades als von vornherein aussichtslos einschätzte.

sentlicher Teil der von den Spartanern in Folge dieser Schlacht gewonnenen Vorteile durch den im Sommer 417 erfolgten politischen Umschwung in Argos wieder zunichte gemacht worden war.[17] Der offen zutage liegende Kontrast zwischen der trotz des Rückschlages unangefochtenen Machtstellung des attischen Seereiches und der von Alkibiades zu Recht betonten Tatsache, dass für die Spartaner bei Mantineia der Bestand ihrer Hegemonie als solcher auf dem Spiel gestanden hatte, dürfte den zugunsten seiner Peloponnes-Politik vorgebrachten Argumenten in den Augen der Zuhörer Glaubwürdigkeit verliehen haben.

So gesehen, erweist sich das von Alkibiades zur Rechtfertigung seiner antispartanischen Bündnispolitik gebrauchte Argument durchaus als wirkungsvoll; m. E. steckt aber in der von ihm vorgebrachten Deutung seines Vorgehens mehr als bloße Apologie, nämlich ein Hinweis auf einen generellen strategisch-politischen Ansatz, den Alkibiades auch in anderen Fällen zur Leitschnur seines Handelns gemacht hat. Dessen Kern lag in der Bereitschaft, sich auf gewagte Unternehmungen einzulassen, dabei aber das Risiko zu minimieren, indem man den eigenen Einsatz klein hielt und stattdessen durch Überredungskunst und Manipulation Unterstützung von dritter Seite her zu mobilisieren trachtete. Dazu trat die größtmögliche Flexibilität in der Zielsetzung, die es ermöglichte, einerseits jede sich bietende Chance wahrzunehmen, andererseits aber auch von bereits ins Werk gesetzten Unternehmungen abzustehen, wenn die Aussichten sich verschlechterten.

Betrachten wir vor dem Hintergrund dieser Überlegungen das ambitionierteste aller von Alkibiades jemals betriebenen Projekte, die Sizilienunternehmung des Jahres 415, so scheint dort auf den ersten Blick von Risikominimierung keine Rede zu sein – bekanntlich haben die Athener bei dieser Expedition den größten Teil ihrer Flotte eingesetzt und verloren. Fassen wir aber Alkibiades' Rolle und die von ihm vertretene Version des Sizilienprojekts näher ins Auge, so erscheinen die Dinge in einem anderen Licht. Zwar hätte die Sizilienfahrt auch in der von ihm geplanten Form eine größere Expedition dargestellt, wäre aber weit von jener alle bisherigen Maßstäbe sprengenden Dimension entfernt gewesen, in der sie dann – aufgrund der von Alkibiades' Gegenspieler Nikias erhobenen Forderungen – realisiert worden ist.[18] Wie Alkibiades, wenn das Kommando allein in seinen Händen gelegen wäre,[19] in Sizilien vorzugehen

---

17 Th. 5, 82, 2–5; dazu Busolt 1904, 1263–1265; Kagan 1981, 139–142 und Hornblower 2008, 209–212.
18 Nach dem Zeugnis des Thukydides (6, 8, 2) wurde ursprünglich nur die Entsendung von sechzig Schiffen ins Auge gefasst, und erst in der Folge aufgrund der von Nikias erhobenen Einwände die Ausweitung der Expedition auf weit über hundert Schiffe und der Einsatz eines starken Hoplitenheeres beschlossen.
19 Wenn die fragmentarische erhaltene Inschrift IG I³ 93 auf den ersten im Jahre 415 gefassten Beschluss zur Entsendung einer Expedition nach Sizilien zu beziehen ist (so die ältere Forschung, s. jedoch Kallet 2001, 184–193; vgl. Hornblower 2008, 312–314), hätten wir einen Beleg dafür, dass im Vorfeld der Entscheidung zur Sizilienexpedition die Möglichkeit erwogen wurde, einen einzelnen Strategen an die Spitze der Expeditionsstreitmacht zu stellen. Im Hinblick auf Alkibiades' Einsatz

gedachte, lässt sich aus dem Plan erkennen, den er seinen Feldherrnkollegen Nikias und Lamachos bei der letzten Besprechung kurz vor Ankunft auf der Insel präsentiert hat: Man solle, erklärte er dort, in einer diplomatischen Offensive eine möglichst große Mehrheit unter den Griechenstädten Siziliens wie auch unter den indigenen Sikelern für die Sache Athens zu gewinnen suchen und ein umfassendes Bündnis schmieden, das dann als Basis für das Vorgehen gegen die erklärten Athengegner Selinus und Syrakus dienen könne.[20]

Im Grunde haben wir hier das selbe Prinzip vor uns wie 419 und 418 auf der Peloponnes: Alkibiades hoffte, durch Einsatz seiner persönlichen Überzeugungskraft eine breite Allianz zu schmieden, deren Kräfte dann, durch eine mäßige Athenerstreitmacht verstärkt, als Instrument einer von ihm selbst im Sinne Athens gelenkten Kriegführung dienen sollten.

3. Die politisch-strategische Grundkonzeption des Alkibiades: Minimierung von Aufwand und Risiko sowie Hinzuziehung externer Helfer

Wir sehen an den angeführten Beispielen, dass Alkibiades dort, wo ihm die Umstände die Möglichkeit dazu gaben, in seinen Plänen mehr auf die Wirkung von Diplomatie und die Gewinnung von Bundesgenossen als auf den direkten Waffeneinsatz setzte und dass er, wie bereits gesagt, von einem solchen Vorgehen vor allem auch die Minimierung des eigenen Einsatzes und damit des von Athen zu tragenden Risikos erhoffte.

Eine derart bedachtsame Vorgehensweise wirkt überraschend bei einem Mann, der in den Augen seiner Zeitgenossen geradezu die Verkörperung von Rücksichtslosigkeit und tollkühnem Wagemut dargestellt hat. Aber das weit verbreitete Bild von Alkibiades als einem bedenkenlosen Draufgänger war mehr von seinem turbulenten Privatleben[21] und von seiner Selbstdarstellung bestimmt als von der tatsächlichen Substanz

---

      für das Zustandekommen der Expedition darf man mit hoher Wahrscheinlichkeit davon ausgehen, dass er allgemein als der offensichtliche Kandidat für diese Position angesehen wurde.

20 Th. 6, 48; vgl. 6, 17, 3–4, wo Alkibiades während der der Expedition vorausgehenden Debatte seine Überzeugung zum Ausdruck bringt, dass die Sikelioten sich seinen Überredungskünsten gegenüber als zugänglich erweisen würden. Bemerkenswert ist die Tatsache, dass Alkibiades in der Besprechung der Feldherrn in Rhegion an diesem Konzept festhielt, obwohl die in der Zwischenzeit über die Stimmungslage in Sizilien eingelaufenen Nachrichten nur geringe Erfolgsaussichten verhießen und sein Mitstratege Lamachos eine den Umständen besser angepasste alternative Strategie anzubieten hatte (Th. 6, 49). Dies lässt eine gewisse Inflexibilität erkennen, die uns gerade bei einem Mann wie Alkibiades überrascht. Sie zeigt, wie sehr es ihm darauf ankam, alle seine Unternehmungen so anzulegen, dass er Gelegenheit hatte, sich selbst in den Vordergrund spielen zu können.

21 Zu den dem Alkibiades zugeschriebenen privaten Exzessen s. Heftner 2011, 43 f. und 81–84 (dazu ebd. 212 Anm. 5–9 und 216 Anm. 68–72); vgl. Wohl 1999 *passim*, bes. 351–354 und 366–370. Zu Alkibiades' ästhetischer Selbststilisierung, die in mehrfacher Hinsicht die Grenzen des für männ-

seines politischen Planens und Wirkens; es kann der komplexen Persönlichkeit dieses neben Theramenes wohl vielschichtigsten unter den Staatsmännern des späten 5. Jh. nicht gerecht werden.

Sicherlich hat Alkibiades, als ihn nach 415 die Umstände und eigene Fehlentscheidungen in das Leben eines um seine Existenz kämpfenden Flüchtlings hineintrieben, immer wieder die höchsten Risken auf sich genommen – genauer gesagt: auf sich nehmen müssen –, und er hat damals im Spannungsfeld zwischen Spartanern, Persern, athenischen Oligarchen und Demokraten eine Reihe hochriskanter politischer Balanceakte vollführt.[22] Aber diese Hasardspiele sind als Reaktionen auf extreme Herausforderungen zu betrachten; wo sich ein Spielraum dafür bot, hat Alkibiades auch in jenen Jahren vorsichtige Zurückhaltung walten lassen, so im Herbst 411, als er sich nicht beeilte, seine Flottenabteilung den im Kampf stehenden Strategenkollegen zuzuführen, sondern zuerst die Entwicklung in Athen abwartete,[23] und 408, als er vor der Heimkehr nach Athen zuerst aus der Entfernung die dortige Stimmungslage auszuloten versuchte.[24]

Wir sehen, dass sich auch in jener turbulenten Phase seines Lebens der in Alkibiades' Planen und Handeln stets präsente Offensivgeist, wo immer es ging, mit einem nüchternen Kalkül der Chancen und dem Streben nach Risikoabsicherung für den Fall des Scheiterns mischt.

Es kann im Hinblick darauf als signifikant gelten, dass in Xenophons „Hellenika" Alkibiades bei seinem letzten aktiven Auftritt als der besonnene Warner erscheint, der die an den Aigospotamoi in exponierter Position stehenden Athener mahnt, einen besser gesicherten Ankerplatz aufzusuchen, während er sich im Parallelbericht des Diodorus Siculus in der gleichen Situation als Retter in der Not präsentiert und den Athenern anbietet, ihnen dank seiner Beziehungen zu den lokalen Herrschern ein nach Tausenden zählendes Hilfsheer zuzuführen.[25] Es ist gut möglich, dass Alkibiades in Wirklichkeit beides gesagt hat, jedenfalls lassen sich in den ihm in diesen beiden Berichten zugeschriebenen Ratschlägen und Verheißungen genau die Elemente wieder finden, die wir als Grundzüge von Alkibiades' strategischem Planen erkannt haben:

---

    liche Athener Schicklichen überschritt, aber gerade deshalb auf die Zeitgenossen eine stilprägende Faszination ausübte, vgl. Shapiro 2009 *passim*.

22 So etwa, wenn er im Winter 412/411 einerseits dem Tissaphernes eine rein an persischen Interessen orientierte Politik anriet (Th. 8, 46, 1–4), andererseits den athenischen Oligarchen einzureden versuchte, es bedürfe nur eines Umsturzes der athenischen Verfassung, um die Unterstützung des Großkönigs zu gewinnen (Th. 8, 48, 1); dazu Heftner 2011, 133–139. Nach seinem Anschluss an die Demokraten des auf Samos gebildeten „Gegenstaates" hat er zwischen diesen und Tissaphernes in ähnlicher Weise agiert.

23 Th. 8, 108, 1–3; D. S. 13, 41, 4–42, 3; dazu Heftner 2011, 149 f.

24 X. *HG* 1, 4, 11 f.; zur Bedeutung dieser Information im Kontext von Xenophons Darstellung s. Due 1991, 42.

25 Kritik an der Position der Athenerflotte: X. *HG* 2, 1, 25; Versprechen eines thrakischen Hilfsheeres: D. S. 13, 105, 3 f.

das Bemühen, Risken in vertretbaren Grenzen zu halten und das stete Bestreben, die eigenen Kräfte durch Hinzuziehung externer Helfer zu ergänzen.

Der letztgenannte Punkt, die Nutzbarmachung externer Ressourcen im Interesse der eigenen Politik, verdient noch nähere Beachtung, denn Alkibiades hat diese Strategie auch für den Kampf um seine Position in der athenischen Innenpolitik wirksam zu machen versucht. Christian Mann hat treffend herausgearbeitet, dass er es in einer in der athenischen Demokratie bis dahin beispiellosen Weise verstanden hat, persönliche Nahebeziehungen zu politischen Führungsfiguren anderer Poleis zur Durchsetzung seiner Ziele zu nützen, und dies nicht nur beim Schmieden der von ihm konzipierten Bündniskonstellationen, sondern ganz gezielt auch zur Stärkung seines Ansehens in Athen.[26] In diesem Sinne hat er seine polisübergreifenden Beziehungen und die daraus resultierende Fähigkeit, Bündnispartner für die Sache Athens zu gewinnen, schon zu Beginn seiner Laufbahn als sein persönliches Markenzeichen und gewissermaßen als Alleinstellungsmerkmal im Konkurrenzkampf um Macht und Einfluss in der Heimatpolis betrachtet.

Wir dürfen es als bezeichnend ansehen, dass er nach dem Zeugnis des Thukydides in den späten 420er Jahren zunächst versucht hat, sich als Spartafreund und diplomatischer Vermittler zwischen den Spartanern und seiner Heimatstadt zu profilieren, dann aber, als die Lakedaimonier seinem Liebeswerben nicht genügend Gehör schenkten, auf eine scharf antispartanische Linie umschwenkte.[27] Die diplomatischen Aktivitäten, die er im Interesse dieses neuen Kurses dann entfaltet hat und die dabei erzielten Bündnisschlüsse hat er, wie schon erwähnt, zur Unterstützung seines Anspruches auf die Führungsrolle bei der Sizilienexpedition geltend gemacht.[28]

Die deutlichste Demonstration der Korrelation von polisübergreifender Netzwerkbildung und innenpolitischem Statusgewinn in Alkibiades' Laufbahn war wohl sein Auftritt bei den olympischen Spielen 416, als er sich die Ausstattung seiner Siegesfeier von einigen bundesgenössischen Poleis (oder wohl eher von wohlhabenden Freunden aus der dortigen Bürgerschaft[29]) sponsern ließ.[30] Schon im Hinblick auf Alkibiades' Bemühen, seinen olympischen Auftritt insgesamt als einen Gewinn für die gesamte

---

26 Mann 2007, 210–216.
27 Th. 5, 43, 2 f. Allerdings hat Alkibiades nach Thukydides' Zeugnis die argivische Allianz nicht nur aus persönlichen, sondern auch aus sachlichen Gründen gegenüber einer spartanischen bevorzugt (zu Recht betont von Hornblower 2008, 101).
28 Th. 6, 16, 6–17, 1; vgl. o. im Text.
29 So die wohl zutreffende Vermutung von Mann 2007, 215 und Gribble 2012, 58 (s. ebd. 59 zu den möglichen Motiven der bundesgenössischen Sponsoren des Alkibiades).
30 Die pseudo-andokideische Rede gegen Alkibiades ([And.] 4, 30) und Plutarch, *Alc.* 12, 1 nennen als Sponsoren von Alkibiades' Olympia-Auftritt Ephesos, Chios und Lesbos. Ath. 534d nennt ebenfalls diese drei Poleis und macht darüber hinaus noch Kyzikos namhaft. S. dazu Gribble 2012, 57 f., der die Nachrichten für historisch hält und gute Gründe für die Annahme bringt, dass Alkibiades 416 nicht nur aus diesen Seebundsstädten, sondern auch aus Argos Unterstützung erhielt.

Bürgergemeinschaft darzustellen,[31] dürfen wir vermuten, dass er sich von dieser Demonstration seines Einflusses in der Bundesgenossenwelt nicht nur eine Befriedigung persönlicher Eitelkeit, sondern auch eine Stärkung seiner Stellung in der athenischen Innenpolitik erhofft hat.[32] Dies wiederum musste im Gegenzug in den Augen der Auswärtigen seine Attraktivität als potentieller Vermittler ihrer Anliegen erhöhen.

Wir erkennen hierin ein Muster, dem Alkibiades, wenn es die Situation erlaubte, auch späterhin noch gefolgt ist, nämlich das Bemühen, die Verknüpfung zwischen auswärtigen Verbindungen und innerathenischem Status in beide Richtungen hin zur Stärkung des eigenen Einflusses wirksam werden zu lassen. Ein schönes Beispiel dafür bietet sein Vorgehen während des Umsturzes von 411, als er sein Nahverhältnis zum persischen Satrapen Tissaphernes vor der Versammlung der athenischen Seeleute und Soldaten auf Samos als Argument vorbrachte, um sich von ihnen zum Strategen wählen zu lassen, während er danach dem Tissaphernes gegenüber die so errungene Stellung als Beleg für seinen Einfluss bei den Athenern geltend machte.[33] Das Wesen dieser Doppelstrategie bringt Thukydides pointiert auf den Punkt, wenn er im Anschluss an die Darstellung von Alkibiades damaligen Aktivitäten resümierend feststellt: „So gelang es dem Alkibiades, durch den Tissaphernes die Athener zu beeindrucken, durch jene aber den Tissaphernes".[34]

4. Das Erfolgsgeheimnis des Alkibiades: persönliche Überzeugungskraft und die Fähigkeit zur Anpassung an die Erwartungen anderer

All dies lässt deutlich erkennen, in welchem Maße Alkibiades seine politischen und militärischen Pläne fast stets auf der Hoffnung aufbaute, durch Diplomatie und Verhandlungsgeschick von verschiedener Seite her Unterstützung für seine Pläne mobilisieren zu können. Ein solches Vorgehen setzte naturgemäß ein phänomenales Maß an Überzeugungskraft voraus, zugleich aber auch die Fähigkeit, diese in einer an das Naturell und die Erwartungshaltung ganz unterschiedlicher Ansprechpartner ange-

---

31　Th. 6, 16, 2–3; Isoc. 16, 32–34. M. E. dürfen wir in diesen Autorenstellen wohl einen Reflex einer von Alkibiades selbst, und wahrscheinlich mehr als einmal, vorgebrachten Rechtfertigung seines Olympia-Auftrittes erkennen.

32　Für die diesbezüglichen Wirkungen von Alkibiades' Olympia-Auftritt s. Gribble 2012, 69–71.

33　Th. 8, 81, 2–82, 3.

34　Th. 8, 82, 3: ξυνέβαινε δὲ τῷ Ἀλκιβιάδῃ τῷ μὲν Τισσαφέρνει τοὺς Ἀθηναίους φοβεῖν, ἐκείνοις δὲ τὸν Τισσαφέρνην. Es sei jedoch festgehalten, dass Alkibiades, was den Tissaphernes betraf, keinen vollen Erfolg verzeichnen konnte: Der Satrap fand sich zwar dazu bereit, die von ihm an die Peloponnesier geleisteten Hilfsgelder zu reduzieren, zu jener aktiven Unterstützung der demokratischen Athenerflotte, die Alkibiades in der Versammlung auf Samos versprochen hatte (Th. 8, 83, 3) hat er sich aber weder damals noch später jemals bewegen lassen; vgl. Heftner 2011, 145.

passten Weise zum Einsatz zu bringen. Über diese Qualitäten hat Alkibiades zweifellos in höchstem Maße verfügt. Aus den Zeugnissen seines Lebens geht klar hervor, dass er auf seine Umgebung eine Faszination ausübte, die Volksmengen und Heeresversammlungen ebenso wirksam in den Bann zu schlagen imstande war wie einzelne Machthaber.[35] Die Grundlage dafür lag wohl nicht nur in geschickt angebrachter Rhetorik und Schauspielerkunst – obwohl diese Elemente gewiss nicht gefehlt haben –, sondern auch und vor allem in der Wirkung seiner Persönlichkeit. Von früher Jugend bis zum Lebensende ist von Alkibiades' Person eine aktivitäts- und erfolgsheischende Dynamik ausgegangen, die auf seine ganze Umgebung ausstrahlte und ihn in den Augen empfänglicher Zeitgenossen als überlebensgroße Figur erscheinen ließ, als einen Mann des Schicksals, der in seinem Tatendrang Unglaubliches zu bewerkstelligen imstande sei.[36]

Diese gleichsam naturgegebene Faszination war die unverzichtbare Grundlage für Alkibiades' Erfolge im Manipulieren seiner jeweiligen Umgebung, aber sie verband sich mit einer sehr bewusst eingesetzten Technik der Menschenbehandlung. In der Überlieferung finden wir immer wieder den Hinweis darauf, dass Alkibiades sich in einem staunenswerten Maße an die Mentalitäten und Bedürfnisse seiner jeweiligen Zuhörer anzupassen verstand, und auch die äußeren Fakten seines Lebens bieten Beweise für diese Kunst. Sein Auftreten als Volksheld in Athen, sein Sich-einfügen in das raue Leben der Spartaner und sein Erfolg am Hofe persischer Satrapen waren gleichermaßen Ausflüsse einer Wandlungsfähigkeit, die einen Selbstdarsteller von hohen Graden erahnen lässt.

Eine treffende, wenn auch negativ gefärbte, Charakteristik gibt Plutarch in seiner Schrift „Wie man den Schmeichler vom Freund unterscheiden kann":

> In Athen widmete er sich dem Vergnügen und der Pferdezucht, und gab sich in seinem Lebensstil geistreich und kultiviert, in Lakedaimon schnitt er sich die Haare kurz, trug einen schäbigen Mantel und wusch sich mit kaltem Wasser, in Thrakien zeigte er sich als Krieger und fester Trinker, nachdem er aber zu Tissaphernes gekommen war, praktizierte

---

35 Es sei hier nur auf Thukydides' Urteil verwiesen, dass bei der auf der Versammlung der demokratisch gesinnten Samos-Streitkräfte geführten Debatte über ein mögliches bewaffnetes Vorgehen gegen Athen „kein anderer imstande gewesen wäre, den Volkshaufen im Zaum zu halten" (Th. 8, 86, 5: ἄλλος μὲν οὐδ' ἂν εἷς ἱκανὸς ἐγένετο κατασχεῖν τὸν ὄχλον). Wir haben keinen Grund, an der Aufrichtigkeit dieser Aussage zu zweifeln, s. Hornblower 2008, 1002.

36 Vgl. die eingangs angeführten Urteile, daneben etwa auch das von Aristophanes in den Fröschen dem Bühnen-Aischylos in den Mund gelegte Bild von Alkibiades als dem Löwenjungen, das man in der Polis nicht aufziehen solle, dem man sich aber, wenn es doch heranwuchs, fügen müsse (Ar. Ra. 1431f.: οὐ χρὴ λέοντος σκύμνον ἐν πόλει τρέφειν / ἢν δ' ἐκτραφῇ τις, τοῖς τρόποις ὑπηρετεῖν.). Beachtenswert ist in diesem Zusammenhang auch Th. 6, 17, 1, wo Alkibiades sich selbst die Gabe des ὀργῇ πίστιν παρέχεσθαι zuspricht (s. o. S. 163 mit Anm. 15).

er Schwelgerei, Verweichlichung und Großsprecherei. Er betrieb Demagogie und versuchte, alle für sich zu gewinnen, indem er sie nachahmte und sich ihnen anglich.[37]

In dieser Fähigkeit, sich anzupassen und die Erwartungshaltungen des jeweiligen Ansprechpartners zu bedienen, dürfen wir eines der wichtigsten Instrumente von Alkibiades' Taktik als Diplomat und Demagoge erkennen. Die virtuose Handhabung dieses Instruments verschaffte ihm Gehör und Einfluss weit über den Kreis seiner Heimatpolis hinaus, zugleich aber wurde die Notwendigkeit, die Erwartungen der jeweiligen Ansprechpartner zu bedienen, zu einer Belastung, die ihn hinderte, in seinem Planen und Handeln frei nach der eigenen Einschätzung der Gegebenheiten zu agieren. Immer wieder sah er sich gezwungen, mit hochgespannten Hoffnungen und Versprechungen zu operieren, deren Realisierung über das Maß des Möglichen hinausging, und die zu jener Bedachtnahme auf Chancenkalkül und Risikobegrenzung, die wir im Vorangehenden als Hauptcharakteristikum von Alkibiades' Strategie erkannt haben, in einem kaum auflösbaren Widerspruch standen. So gesehen, ist ihm der von ihm selbst gepflegte Mythos vom das Unmögliche verwirklichenden Übermenschen zu einem Lebensfluch geworden, der ihm zwar oftmals dazu verhalf, politischen Einfluss auszuüben und Führungspositionen zu erringen, ihn aber zugleich stets dazu zwang, Erfolge zu präsentieren, die den vollmundigen Verheißungen wenigstens annähernd gerecht wurden. Plutarch hat dieses Dilemma in seiner Alkibiadesbiographie treffend charakterisiert:

> Wenn jemals einer, so scheint Alkibiades durch seinen eigenen Ruhm zu Fall gekommen zu sein. Da aufgr ᾿ d seiner Erfolge der Ruf seiner Kühnheit wie auch seiner Verstandesgaben groß war, kam, wenn eine Leistung hinter den Erwartungen zurückblieb, sogleich der Argwohn auf, er habe sich nicht recht bemüht, weil man ein Nichtkönnen bei ihm gar nicht glauben wollte: denn wenn er sich nur voll einsetze, könne ihm gar nichts fehlschlagen.[38]

---

[37] Plu. *Mor.* 52e: Ἀθήνῃσι μὲν σκώπτων καὶ ἱπποτροφῶν καὶ μετ' εὐτραπελίας ζῶν καὶ χάριτος, ἐν δὲ Λακεδαίμονι, κειρόμενος ἐν χρῷ καὶ τριβωνοφορῶν καὶ ψυχρολουτῶν, ἐν δὲ Θράκῃ πολεμῶν καὶ πίνων, ἐπεὶ δὲ πρὸς Τισσαφέρνην ἀφίκετο, τρυφῇ καὶ ἁβρότητι καὶ ἀλαζονείᾳ χρώμενος, ἐδημαγώγει καὶ καθωμίλει τῷ συναφομοιοῦν καὶ συνοικειοῦν ἑαυτὸν ἅπασιν; vgl. Plu. *Alc.* 23, 4 f. Ähnlich und noch ausführlicher Satyros bei Ath. 534b.

[38] Plu. *Alc.* 35, 3: ἔοικε δ' εἴ τις ἄλλος, ὑπὸ τῆς αὑτοῦ δόξης καταλυθῆναι καὶ Ἀλκιβιάδης. μεγάλη γὰρ οὖσα καὶ τόλμης καὶ συνέσεως γέμουσα ἀφ' ὧν κατώρθωσεν, ὕποπτον αὐτοῦ τὸ ἐλλεῖπον, ὡς οὐ σπουδάσαντος, ἀπιστίᾳ τοῦ μὴ δυνηθῆναι παρεῖχε· σπουδάσαντα γὰρ οὐδὲν ἂν διαφυγεῖν.

5. Eine fatale Begleiterscheinung von Alkibiades' Selbstdarstellungskunst: das Dilemma der überhöhten Erwartungen

Im Spannungsfeld zwischen den von ihm selbst erweckten großen Erwartungen und der Begrenztheit der realen Möglichkeiten ist Alkibiades im Verlaufe seiner Karriere mehr als einmal in schwere Bedrängnis geraten, wenn sich seine Versprechungen als unrealisierbar erwiesen.

In der Frühphase seiner Laufbahn ist es ihm, wie wir schon sahen, noch gelungen, das enttäuschende Resultat seiner peloponnesischen Bündnispolitik argumentativ zu überspielen, in den Krisenjahren 411 und 410 haben die unter seiner Beteiligung errungenen militärischen Erfolge[39] die Tatsache überdeckt, dass sein Versprechen, die Unterstützung der Perser für Athens Sache zu gewinnen, uneingelöst geblieben war,[40] aber an zwei für ihn und Athen schicksalshaften Wendepunkten seiner Laufbahn hat ihn das Bewusstsein, den Erwartungen des athenischen Demos nicht entsprochen zu haben, auf einen Weg geführt, der sich als verhängnisvoll erweisen sollte:

Der erste Fall war seine Flucht nach der Abberufung vom Sizilienkommando. Mit der Aussicht auf einen Gerichtsprozess wegen des Vorwurfes der Gottlosigkeit konfrontiert, hat Alkibiades, obwohl er vor der Ausfahrt willens gewesen war, sich einem solchen Verfahren zu stellen, es nunmehr vorgezogen, sein Heil in der Flucht und im Übertritt auf die Seite des Landesfeindes zu suchen.[41] Man kann den Grund für seinen Sinneswandel in dem Umstand suchen, dass er bei einem vor der Ausfahrt durchgeführten Prozess die nach Sizilien bestimmten Hopliten und Seeleute in Athen zur Hand gehabt hätte, während er nunmehr dem durch die Enthüllungen der Hermenfrevelaffäre aufgeputschten Volksgericht ohne die Unterstützung dieser Gruppe entgegentreten hätte müssen.[42] Das mag eine Rolle gespielt haben, aber es ist trotzdem signifikant, dass er auf die Rückberufungsbotschaft hin anscheinend sogleich den Übertritt auf die Seite des Landesfeindes ins Auge fasste[43] und damit alles preisgab, was er in seiner Heimatpolis bisher erreicht hatte. Meines Erachtens liegt das bestimmende Motiv für Alkibiades' Flucht nicht so sehr im Unvermögen, sich gegen die Götterfrevels-Vorwür-

---

39 S. dazu Heftner 2011, 151–160 sowie ebd. 222 mit Anm. 51–60.
40 Die Apologeten des Alkibiades haben versucht, diese Tatsache mit dem Hinweis zu bemänteln, dass er zumindest den Einsatz der persisch-phönizischen Flotte an der Seite der Spartaner verhindert habe (Isoc. 16, 20). Dem steht die Feststellung des Thukydides (8, 87, 4–88) gegenüber, dass der auf persischer Seite kommandierende Tissaphernes von vornherein nicht die Absicht gehabt habe, die Flotte zum Einsatz zu bringen; s. dazu Kagan 1987, 212 f.
41 S. dazu Heftner 2011 114–120 mit Belegen ebd. 219, Anm. 114–115.
42 Dass Alkibiades bei seiner Forderung nach einem noch vor der Ausfahrt durchzuführenden Prozess auf die Unterstützung der für die Expedition bestimmten Mannschaften bauen konnte, bestätigen Thukydides (6, 29, 3) und Plutarch (*Alc.* 19, 3 f.; wahrscheinlich nach Thukydides s. Verdegem 2010, 245).
43 Das zeigt der von ihm noch vor der eigentlichen Flucht an den Athenfreunden in Messina geübte Verrat (Th. 6, 74, 1; Plu. *Alc.* 22, 1; zum Verhältnis der beiden Berichte s. Verdegem 2010, 258).

fe zu verteidigen, sondern in der Scheu, vor dem Demos die Verantwortung für den bislang unbefriedigenden Gang des Sizilienunternehmens zu übernehmen. Im Zuge der der Expedition vorausgehenden Debatte hatten die Befürworter der Kriegsfahrt – und Alkibiades sicher nicht zum mindesten – die Hoffnung auf große Eroberungen im Westen genährt.[44] Demgegenüber musste der bisherige Verlauf des Unternehmens als eine Enttäuschung erscheinen,[45] und vor allen war offenkundig geworden, dass die von Alkibiades während der Debatte gemachte Verheißung, die meisten Poleis Siziliens würden sich leicht für Athens Sache gewinnen lassen, wenn man sie mit schönen Worten ködere, weit von der Wahrheit entfernt war. Es hatte sich gezeigt, dass ein Erfolg der Expedition, wenn er überhaupt noch im Bereich des Möglichen lag, nicht mit dem auf Diplomatie und Überredung setzenden Kriegsplan des Alkibiades, sondern allenfalls mit der von seinem Mitstrategen Lamachos vertretenen Strategie des direkten Angriffs zu erzielen sein würde.[46]

Unter diesen Umständen muss Alkibiades sich darüber im Klaren gewesen sein, dass sich vielleicht das Sizilien-Unternehmen als solches rechtfertigen ließ, nicht aber die von ihm diesbezüglich vor der Ausfahrt propagierte Konzeption, und dass die Enttäuschung über das Ausbleiben der Wunder, die man sich von seiner Führung versprochen hatte, in voller Wucht auf ihn zurückfallen würde. Dass er aus dieser Erkenntnis die denkbar radikalste Konsequenz zog, macht deutlich, wie sehr er sich der Tatsache bewusst war, dass seine Überzeugungskraft ihre Wirkung nur so lange entfalten konnte, wie sich der Nimbus seiner Einzigartigkeit und überragenden Fähigkeiten aufrecht halten ließ.

Vor einem ähnlichen Dilemma stand Alkibiades im Jahre 407, als die Athener ihm wiederum ihr Vertrauen entzogen hatten. Rechtlich war seine Stellung besser als 415, da diesmal kein Gerichtsverfahren gegen ihn eingeleitet, sondern er nur vom Strategenamt abgewählt worden war,[47] aber auch jetzt bildete ein massiver Vertrauensver-

---

44 In der Darstellung des Thukydides trägt sich Alkibiades im Vorfeld der Siziliendebatte mit der Hoffnung, nicht nur Sizilien, sondern auch Karthago zu erobern (6, 15, 2), und er bestätigt diese Vorstellung weitgespannter Eroberungspläne in der Rede, die er nach seiner Flucht in Sparta hält (6, 90, 1 f.). Hinsichtlich der letztgenannten Stelle hat Kagan 1981, 255 die Auffassung vertreten, dass Alkibiades den Spartanern gegenüber die athenischen Intentionen absichtlich in übertriebener Weise darstellte, um die Notwendigkeit einer bewaffneten Intervention zu unterstreichen. Das mag zutreffen, aber umso mehr werden wir es ihm zutrauen dürfen, dass er diese rhetorische Übertreibung bereits 416/415 gegenüber dem athenischen Demos zur Anwendung gebracht und die Sizilienexpedition nur als ersten Schritt zu einer weitausgreifenden Expansion im Westmittelmeer dargestellt hat.
45 S. Heftner 2011, 110.
46 Lamachos' Kriegsplan: Th. 6, 49; zur Bewertung von Lamachos' Vorschlag s. Kagan 1981, 214–217; dass auch Thukydides, obwohl er sich mit expliziten Aussagen zurückhält, in seiner Präsentation der drei alternativen Kriegspläne eine gewisse Präferenz für Lamachos erkennen lässt, zeigt Hornblower 2008, 423 f.
47 Zur Abwahl von Strategenamt s. Bleckmann 1998, 497–503 und Hamel 1998, 210–212, die davon ausgehen, dass Alkibiades nicht vorzeitig abberufen, sondern lediglich nicht mehr zum Strategen

lust seitens der athenischen Mitbürger den Hintergrund, und Alkibiades' Reaktion fiel auch jetzt in frappierendem Maße radikal aus.

Er überließ das Kommando der Flotte dem vom Demos zu seiner Ablöse bestimmten Strategen Konon und fuhr mit einer Triere von Samos ab – nicht nach Athen zur Rechenschaftsablegung, sondern zur Chersones, wo er sich während seines Hellespontkommandos eine kleine private Feudalherrschaft als Zufluchtsort aufgebaut hatte.[48] Zum zweiten Mal in seinem Leben hatte Alkibiades angesichts einer gegen ihn gerichteten Kampagne es nicht gewagt, sich dem Urteil der Mitbürger zu stellen,[49] sondern lieber sein Heil in der Flucht gesucht.

Dass er nach den bitteren Erfahrungen des ersten Exils wiederum das Muster von 415 wiederholte, muss, rein von der innenpolitischen Situation her betrachtet, eigentlich verwunderlich anmuten. Ebenso erstaunlich aber erscheint die Tatsache, dass es seinen Gegnern diesmal nicht gelang, eine gerichtliche Verurteilung *in absentia* durchzusetzen[50] – das deutet darauf hin, dass er immer noch über eine starke und offen in seinem Interesse agierende Anhängerschaft in Athen verfügt haben muss.[51] In die gleiche Richtung weist die für den Winter 406/405 bezeugte Debatte um seine mögliche Wiedereinsetzung, die uns in Aristophanes' „Fröschen" als das beherrschende Thema des damaligen innenpolitischen Diskurses präsentiert wird.[52]

Wenn Alkibiades trotz dieser für ihn nicht ungünstigen Konstellation damals darauf verzichtet hat, durch einen persönlichen Auftritt vor dem Demos die Stimmung vollends zu seinen Gunsten zu wenden, so liegt die einleuchtendste Erklärung dafür in der Annahme, dass er sich über das letztendlich nicht auflösbare Dilemma, das sich aus der an seine Person geknüpften überhöhten Erwartungshaltung der Bürgerschaft ergab, durchaus im Klaren war. Was die Athener von seiner Führung erhofften, waren schnelle spektakuläre Erfolge und die siegreiche Beendigung des Krieges; diese Wünsche aber konnten angesichts der im Feldzug des Jahres 408/407 gemachten Er-

---

    wiedergewählt wurde, wobei es nach Bleckmann um die Strategie von 407/406, für Hamel um jene des Amtsjahres 406/405 ging. Für die alternative Möglichkeit einer vorzeitigen Abberufung des Alkibiades s. Kagan 1987, 322 mit Anm. 120.

48 X. *HG* 1, 5, 17; D. S. 13, 74, 2 (vgl. 74, 4) und Nep. *Alc.* 7, 4; Plu. *Alc.* 36, 5.

49 Die negative Optik dieses Vermeidungsverhaltens betont, sicher nicht ohne Grund, der alkibiadeskritische Sprecher in Lys. 14, 38.

50 Eine Handhabe dafür hätte nicht nur Alkibiades' Flucht ins Exil geboten, sondern auch die Tatsache, dass in der vor seiner Abwahl geführten öffentlichen Debatte Vorwürfe (X. *HG* 1, 5, 16; Plu. *Alc.* 36, 1–3; Plu. *Lys.* 5, 3; D. S. 13, 73, 6; Nep. *Alc.* 7, 2) gegen ihn erhoben worden waren, die durchaus justiziabel gewesen wären; dies gilt vor allem für den Vorwurf, die gegnerische Seite begünstigt zu haben (D. S. und Nep. a. O.).

51 Heftner 2011, 178; vgl. Rhodes 2011, 91, der ebenfalls damit rechnet, dass die athenischen Alkibiadesfreunde allfälligen Anklageversuchen mit Erfolg entgegengearbeitet haben.

52 Ar. *Ra.* 1422–1425; dazu treffend Dover 1993, 371: „It is striking that in spite of that [der Absetzung und Selbst-Exilierung], and in spite of the fact that in 406 the naval victory of Arginusai was won without him, the question whether or not to recall him and re-elect him to high office is still a major issue in 405 …"

fahrungen kaum mehr als realisierbar gelten: Seit das Perserreich sich eindeutig auf ihre Seite geschlagen und ihnen seine reichen finanziellen Ressourcen zur Verfügung gestellt hatte,[53] konnten es sich die Spartaner leisten, den Krieg in die Länge zu ziehen und das Risiko einer Schlacht zu vermeiden; für die finanziell schwer bedrängten[54] Athener hingegen musste ein solcher Abnützungskrieg auf die Dauer fatal enden.

So gesehen lag Alkibiades' Rückzug vom Kriegsgeschehen durchaus auf der Linie jener auf Chancenabwägung und gegebenenfalls auch Risikovermeidung ausgerichteten Strategie, die wir bei der Betrachtung seiner früheren Aktivitäten als für ihn typisch erkannt haben. Dass er dann, als der Krieg am Vorabend der Schlacht von Aigospotamoi gewissermaßen vor seine Haustür kam, doch nochmals versucht hat, sich in entscheidender Position ins Geschehen einzuschalten, steht dazu nicht im Widerspruch: Es entsprach dem mit der oben zitierten Grundhaltung durchaus vereinbaren Streben, sich auftuende Chancen kurzentschlossen wahrzunehmen und bei ihrer Weiterverfolgung dann, so gut es ging, zu improvisieren.

6. Zur Bewertung von Alkibiades' Rolle im Peloponnesischen Krieg

Wir haben nun einige entscheidende Etappen in Alkibiades' Leben im Hinblick auf darin zu erkennende Grundhaltungen betrachtet und dabei festgestellt, dass sich in seiner Tätigkeit eine erstaunliche Diskrepanz zwischen dem von ihm selbst gepflegten Image des Unmögliches wahr machenden Übermenschen einerseits, seiner auf die Risikobegrenzung und die Wahrnehmung realisierbarer Chancen abzielenden Vorgehensweise andererseits feststellen lässt. Die sich daraus ergebenden Spannungen ließen sich bewältigen, so lange er nur irgendwelche Erfolge geltend machen konnte; war dies aber nicht mehr der Fall, hat Alkibiades durch seine Weigerung, dem athenischen Demos gegenüber zu treten, selbst zu erkennen gegeben, dass seine Stellung in der Heimatpolis auf keinen tragfähigen Fundamenten ruhte.

Es bleibt nun noch die Frage zu stellen, wie wir Alkibiades' Einfluss auf den Gang des Peloponnesischen Krieges zu bewerten haben. Um hier einer Antwort näher zu kommen, wollen wir drei entscheidende Episoden seines Lebens, die wir bereits mehrfach gestreift haben, nochmals kurz in den Blick nehmen: die Sizilienexpedition, den Umsturz von 411 und sein Agieren nach der Rückkehr 408.

---

53 X. *HG* 1, 4, 2 f. 5, 1–7; Plu. *Lys.* 4, 1–7. Vgl Plu. *Alc.* 35, 5; D. S. 13, 70, 1–4; dazu Lewis 1977, 133–136 und Kagan 1987, 294–307, 380–382 mit weiteren Belegen.
54 Einen deutlichen Einblick in die kritische Finanzlage der Athener geben die Nachrichten über die im Sommer 406 zur Finanzierung des athenischen Flottenaufgebots ergriffenen Notstandsmaßnahmen, s. Schol. Ar. *Ra.* 720 (darin Hellanikos, FGrHist. 323a F26 und Philochoros FGrHist. 328 F141); dazu Kagan 1987, 338.

Was die Sizilienfahrt betrifft, so haben wir schon gesehen, dass Alkibiades' ursprünglicher Plan sich in der Praxis nicht umsetzen ließ, dass er aber dennoch daran festzuhalten versuchte. Es ist daher sehr wahrscheinlich, dass die Sizilienfahrt auch unter seiner Führung gescheitert wäre; allerdings wird man es ihm zutrauen dürfen, dass er die Zelte rechtzeitig abgebrochen und so den Untergang der gesamten Expeditionsstreitmacht verhindert hätte. Auf diese Weise hätte das Unternehmen nicht mit einer Katastrophe, aber doch mit einer fühlbaren Erschütterung der imperialen Macht Athens geendet. Zugleich hätte der Fehlschlag wohl das Aus für Alkibiades' politischen Einfluss bedeutet. Aus einer solchen Konstellation hätte unter Umständen eine Abkehr von der antispartanischen Konfrontationspolitik der frühen 410er Jahre und der Anlauf zu einem neuen Versuch des Interessensausgleichs zwischen den Großmächten resultieren können, denn wir haben Hinweise darauf, dass damals auch in Sparta noch kompromissbereite Kräfte am Werk waren.[55] So gesehen hätte Alkibiades mit einer nach seinem Konzept durchgeführten Sizilienexpedition jene Richtungsentscheidung der athenischen Außenpolitik herbeigeführt, die der Ostrakismos von 416 nicht bewirkt hatte – eine Entscheidung freilich, die ganz und gar nicht in seinem Sinne ausgefallen wäre.

Die Aktionen, die Alkibiades im Umsturzjahr 411 setzte, können zweifellos als Meisterstück der von ihm geübten Kunst der Überredung und Manipulation angesehen werden. Er sah sich damals vor die Notwendigkeit gestellt, zu gleicher Zeit drei in ihrer Interessenlage sehr unterschiedliche Parteien in seinem Sinne zu beeinflussen: die demokratischen Athener Truppen auf Samos, die kompromissbereiten gemäßigten Oligarchen in Athen und schließlich den Satrapen Tissaphernes.[56] Es war ein Balanceakt, bei dem Alkibiades versucht hat, sich als Schlüsselfigur zwischen diesen drei Kräften zu präsentieren, als den Mann, der dank seines in alle Richtungen wirkenden Einflusses einen Ausgleich und eine wirksame Kooperation zwischen diesen Kräften herbeiführen könnte. Nach dem Urteil eines kompetenten Zeitgenossen hat er dabei zumindest teilweise Erfolg gehabt: Thukydides rechnet es ihm als Verdienst an, dass sich sowohl unter den Oligarchen in Athen als auch unter den Demokraten auf Samos kompromissbereite Elemente durchsetzten, die eine Politik der Wiederversöhnung anstrebten. Der Historiker geht so weit, Alkibiades' damaligen Einsatz für Eintracht

---

55 Dafür spricht vor allem, dass die Spartaner sich im Jahre 414 nur sehr zögerlich bereit fanden, in Griechenland den Krieg gegen Athen zu eröffnen; s. Busolt 1904, 1328. Kagan 1987, 289 mit Anm. 2 verweist in diesem Zusammenhang auf die Erwähnung von den Athenern abgelehnter spartanischer Vorschläge zur schiedsgerichtlichen Beilegung der zwischen den beiden Poleis bestehenden Streitpunkte in Th. 7, 18, 3; er vermutet, dass sich hinter diesen Vorschlägen die Aktivitäten friedensfreundlicher Kreise in Sparta erkennen lassen.
56 Für Alkibiades' Rolle auf Samos und am Satrapenhof im Sommer 411 s. Th. 8, 81–82. 86–89; dazu Heftner 2001b, 251–259 und Heftner 2011, 141–148.

und Wiederversöhnung als den ersten wirklichen Dienst zu bezeichnen, den der große Abenteurer seiner Heimatstadt bis dahin geleistet habe.[57]

Dieser hohen Einschätzung von Alkibiades' damaliger Tätigkeit wird man im Wesentlichen zustimmen können. Auch wenn die von Alkibiades auf Samos und in seinen nach Athen gesandten Botschaften verkündete Politik des Ausgleichs zwischen Flotte und Mutterstadt bereits von jenen Demokratenführern, die ihn nach Samos berufen hatten, vorweggenommen worden war,[58] war es doch das Gewicht seiner Persönlichkeit, das dieser Politik die Kraft der Durchsetzbarkeit gab. In seiner Verbindung von Massenpopularität, aristokratischer Distinguiertheit, staatsmännischem und militärischem Prestige war Alkibiades die gegebene Galionsfigur für eine Politik, die auf den Zusammenschluss demokratischer und gemäßigt-oligarchischer Kriegsbefürworter gegen das als „landesverräterisch" abgestempelte Regime der Vierhundert abzielte.[59] Thrasybulos und die anderen Versöhnungswilligen unter den Demokratenführern konnten mit Recht davon ausgehen, dass die nach Athen gesandte Botschaft, die inhaltlich ganz ihrem eigenen Programm entsprach, größere Wirkung entfalten würde, wenn sie im Namen des Alkibiades gesendet wurde, der offensichtlich auch in jenen aristokratisch-elitären Kreisen, die in Athen das Regime der Vierhundert installiert hatten, hohes Prestige genoss.[60]

All dies berechtigt zu der Feststellung, dass Alkibiades im Jahre 411 beim Zustandekommen jener politischen Wende, die zum Sturz der Vierhundert und zum Ausgleich zwischen der Mutterstadt und der Flotte führte, tatsächlich eine Schlüsselrolle gespielt hat. Er hat diese Politik wenn schon nicht ermöglicht, so doch in einem ganz entscheidenden Maße gefördert und sich beiden Seiten als glaubhafte Integrationsfigur präsentiert. Das Umsturzjahr 411 und die folgende Übergangsperiode stellen somit – viel eher als die Zeit der Sizilienexpedition – jenen Abschnitt des Peloponnesischen Krieges dar, in dem das Wirken des Alkibiades tatsächlich eine entscheidende Wirkung für den weiteren Verlauf der Ereignisse erlangt hat.

Nach Ansicht mancher Forscher hätte es auch bei einer späteren Gelegenheit noch in seiner Macht gelegen, dem Krieg eine definitive Wendung zu geben. Karl Julius Beloch zufolge hätte es Alkibiades bei seiner Rückkehr nach Athen 408 in der Hand ge-

---

57   Th. 8, 86, 4; zum Verständnis des Textes s. S. Hornblower 2008, 1001 f.
58   Th. 8, 76, 6; dazu Heftner 2001b, 225–228.
59   Vgl. Heftner 2001b, 256.
60   Man beachte in diesem Zusammenhang Thukydides' Feststellung, die jungen Oligarchen, die im Vorfeld des Umsturzes den Demagogen Androkles ermordeten, hätten dies dem Alkibiades zum Gefallen getan (Th. 8, 65, 2), sowie den Umstand, dass es im Herbst 411 der prononciert elitär-aristokratisch gesinnte Kritias war, der den Antrag auf Alkibiades' Rückberufung stellte; dazu Heftner 2013, 275 f. und 281 f. Nach der bei Diodorus Siculus bewahrten Überlieferung haben die athenischen Oberschichten (oder zumindest ein nennenswerter Teil dieser Gruppe) Alkibiades bei seiner Rückkehr 408 als ein in ihrem Sinne verwendbares politisches Gegengewicht gegen die Ansprüche der Volksmassen betrachtet (D. S. 13, 68, 4: οἱ μὲν ὑπερέχοντες τῶν Ἀθηναίων μόγις ἐνόμιζον εὑρηκέναι δυνατὸν ἄνδρα τὸν φανερῶς καὶ θρασέως ἀντιτάξασθαι τῷ δήμῳ δυνάμενον).

habt, „die bestehende Verfassung über den Haufen zu werfen, um in Athen dieselbe Stellung einzunehmen, die er bisher auf der Flotte gehabt hatte." Indem er diese Gelegenheit nicht wahrnahm, habe er, nach Belochs Meinung „zum eigenen Verhängnis und zum Verhängnis Athens", die große Chance ausgeschlagen, sein eigenes Geschick und das Kriegsglück zu wenden.[61]

Bei nüchterner Betrachtung darf man feststellen, dass solche Spekulationen wenig Wahrscheinlichkeit für sich haben. Sehr zweifelhaft ist schon die dabei vorausgesetzte Annahme, Alkibiades hätte sich zum Autokraten aufschwingen können. Die Sympathien, die er bei den Soldaten und der Bürgerschaft genoss, waren wohl nicht hinreichend tief verwurzelt, um die Belastung eines demokratiewidrigen Staatsstreiches aushalten zu können. Aber selbst wenn es ihm gelungen wäre, die Macht in Athen gewaltsam an sich zu reißen, hätte er als Herrscher Athens den Krieg auch nicht anders führen können als er ihn als gewählter Stratege tatsächlich geführt hat, ohne einen durchschlagenden Erfolg erzielen zu können. Die Alternative einer auf einen Ausgleich mit Sparta abzielenden Friedenspolitik wäre gerade für ihn angesichts seines gespannten Verhältnisses zu den Spartanern nicht leicht zu realisieren gewesen, hätte ihn außerdem den Kernschichten seiner eigenen Anhänger entfremdet.

Unter diesen Voraussetzungen erweist sich die Vorstellung, dass Alkibiades nach seiner Rückkehr 408 eine realistische Chance gehabt hätte, dem Krieg eine für Athen siegreiche oder wenigstens erträgliche Wendung zu geben, schon von ihren Voraussetzungen her als wenig plausibel, auf der anderen Seite wird man auch nicht sagen können, dass die Maßnahmen, die er als Befehlshaber in Ionien setzte, die Position Athens entscheidend verschlechtert hätten. Die von ihm zu verantwortende Niederlage von Notion war eine Schlappe von nur episodenhafter Bedeutung; der bestimmende Faktor lag zu dieser Zeit in der durch das Zusammenwirken zwischen dem Perserprinzen Kyros und dem Spartaner Lysander geschaffenen Konstellation, die für jeden athenischen Befehlshaber eine kaum bewältigbare Herausforderung dargestellt hätte.

Als der Mann, der möglicherweise die entscheidende Niederlage der Athener verhindert hätte, erscheint Alkibiades in der Schilderung seines Interventionsversuches im athenischen Lager an den Aigospotamoi. Wir haben schon gesehen, dass er in der Überlieferung teilweise als bloßer Warner vor der Schwäche der athenischen Position, teilweise als selbsternannter Kandidat für eine Feldherrnstelle und Verkünder großspuriger Kriegspläne dargestellt ist. Wenn er in der zweitgenannten dieser Versionen das Versprechen abgibt, er würde die Spartaner, wenn sie sich keiner Seeschlacht stellen wollten, mit seinem thrakischen Hilfsheer von der Landseite her in die Zan-

---

61 Beloch 1914, 414 f. Auch der Alkibiades-Biograph Jean Hatzfeld, gewöhnlich ein nüchterner Beobachter, ergeht sich im Zusammenhang mit der damals gegebenen Situation in Spekulationen über die Frage, ob Alkibiades damals durch die Übernahme einer dauerhaften Autokratenstellung im Inneren die Hegemonie Athens nach Außen hin sicherstellen und vielleicht der Geschichte des antiken Mittelmeerraumes eine andere Wendung hätte geben können (Hatzfeld 1951, 356).

ge nehmen,[62] so handelt es sich dabei, wie die Forschung gezeigt hat, um ein kaum realisierbares Versprechen,[63] das Alkibiades wohl nur vorgebracht hat, um sich den Athenern als unentbehrlicher Helfer präsentieren zu können.[64] Was er wirklich getan hätte, wenn das Athenerheer vor Aigospotamoi sich seiner Führung anvertraut hätte, können wir nicht sagen; es ist gut vorstellbar, dass er überhaupt keinen fertigen Plan hatte, sondern darauf hoffte, dass sich aus der Situation heraus die Gelegenheit ergeben würde, einen effektiven Schlag gegen den Feind zu führen. Dass er auf diese Weise einen Sieg errungen hätte, lässt sich nicht ausschließen, scheint aber, aufs Ganze gesehen, eher zweifelhaft: Man darf annehmen, dass der spartanische Befehlshaber Lysander einem Alkibiades gegenüber vorsichtig agiert hätte, und in einer Pattsituation wären nicht nur die größeren Ressourcen des Perserreiches entscheidend ins Gewicht gefallen, sondern es wären auch im Athenerlager bei Ausbleiben eines schnellen Erfolges alle gegen Alkibiades' Person bestehenden Vorbehalte rasch wieder wirksam geworden und hätten gefährliche Zwietracht in die Reihen der Athener hineingetragen.

Die Aussichten auf eine durch Alkibiades' Führung bewirkte Schicksalswende standen also auch hier bei der letzten sich in diesem Krieg bietenden Gelegenheit nicht gut. Aber der Umstand, dass nach seiner Abweisung durch die Strategen die Schlacht durch die Nachlässigkeit ebendieser Feldherrn verloren ging,[65] gab seinem Auftritt in der Rückschau den Charakter einer vergebenen letzten Chance und ließ ihn in den Augen vieler als den Mann erscheinen, der, wenn man ihn nur gelassen hätte, das Kriegsglück noch in letzter Minute zugunsten der Athener hätte wenden können. Wie eingangs erwähnt, ist dieses Bild vom verhinderten Retter dann für die geschichtliche Überlieferung bis in die Zeit der modernen Forschung hinein prägend geworden.

62 D. S. 13, 105, 3; vgl. Plu. *Alc.* 37, 2 f.
63 Treffend herausgearbeitet von Bleckmann 1998, 597–601. Auch Kagan 1987, 389 f. geht davon aus, dass Alkibiades kaum imstande gewesen wäre, binnen kurzer Frist ein zur Ausführung seines Planes geeignetes Thrakerheer zu mobilisieren.
64 So zu Recht Kagan 1987, 389 f. Wenn Bleckmann 1998, 601 die Unrealisierbarkeit von Alkibiades' Plan zum Anlass nimmt, an der Zuverlässigkeit von Diodors Bericht zu zweifeln, so darf dagegen eingewendet werden, dass Alkibiades 412/411 sowohl den Oligarchen als auch den Demokraten gegenüber mit Versprechungen und Projekten operiert hatte, die weit über das Maß dessen, was er wirklich zu leisten imstande war, hinausgingen. Es wäre nur konsequent, wenn er vor Aigospotamoi dasselbe versucht hätte, um sich die Chance auf die Übernahme einer Führungsrolle in den Reihen der Athener zu sichern. Die Rolle des bloßen Warners, die ihm Xenophon zuschreibt, hätte jedenfalls nicht ausgereicht, sich den Athenern für eine solche Position zu empfehlen, zumal der Rückzug der Athenerflotte von Aigospotamoi nach Sestos das Inkaufnehmen eines schweren strategischen Nachteils bedeutet hätte (vgl. Heftner 2011, 180 f.).
65 Zu den Vorgängen um die Schlacht von Aigospotamoi s. Kagan 1987, 390–394 und Bleckmann 1998, 115–128 mit weiterer Literatur.

7. Schlussbetrachtung:
Alkibiades' posthumer Ruhm als paradoxes Ergebnis seines realen Scheiterns

Im Hinblick auf die Vielschichtigkeit und Widersprüchlichkeit von Alkibiades' Person wie auch auf die seinen Lebensweg prägenden Wechselfälle mag es nun passend erscheinen, dass das Resümee, mit dem wir die von uns ins Auge gefassten Streiflichter über seine Rolle im Peloponnesischen Krieg zu schließen haben, einen leicht paradoxen Anstrich trägt. Wir dürfen feststellen, dass Alkibiades mit jener Strategie der Selbstüberhöhung und des Erweckens unrealistischer Erwartungen, die ihm zu Lebzeiten zum Verhängnis ausschlug, posthum doch noch erfolgreich gewesen ist. Was er im Leben bei seinen Mitbürgern niemals auf Dauer erreichen konnte, die Anerkennung als der Retter, dem Athen sich in seiner Notlage anzuvertrauen habe – in der geschichtlichen Rückerinnerung späterer Generationen ist sie ihm mehrheitlich zuteil geworden.

Je nach Neigung mag man darin eine Art „poetischer Gerechtigkeit" erkennen oder aber einen Beleg dafür, dass die Zunft der Historiker sich mitunter recht gerne der von einem selbststilisierten Übermenschentum ausgehenden Faszination hinzugeben pflegt. Wenn sich uns demgegenüber aus der Betrachtung von Alkibiades' Wirken gute Gründe ergeben haben, seine Bedeutung für den Verlauf des Peloponnesischen Krieges eher mit Skepsis zu betrachten, so soll dies nicht heißen, dass er der Aufmerksamkeit des Historikers nicht würdig gewesen wäre. Historische Bedeutung ist ihm gewiss zuzugestehen, aber sie liegt nicht in seinem Einfluss auf den Gang der Ereignisse, sondern darin, dass er mit seiner Zerrissenheit zwischen Tradition und Freidenkertum, zwischen Polisbindung und individuellem Geltungsanspruch das Wesen seiner Epoche eindrucksvoll verkörpert hat. Nicht als Ausnahmeerscheinung unter seinen Zeitgenossen, sondern als eine vielfach ins Überlebensgroße gesteigerte Repräsentativfigur einer glanzvollen, unruhigen und widersprüchlichen Epoche dürfen wir ihn im Gedächtnis behalten.[66]

Verwendete Literatur

[Vorbemerkung: Die im Folgenden angeführten Werke sind in den Anmerkungen, so nicht in der Bibliographie anderes vermerkt ist, mit Autorennamen und Erscheinungsjahr zitiert.]

Beloch, K. J., *Griechische Geschichte*, Bd. II, 1: *Bis auf die sophistische Bewegung und den Peloponnesischen Krieg*, Strassburg ²1914.
Bengtson, H., *Griechische Staatsmänner des 5. und 4. Jh. v. Chr.*, München 1983.

---

66 Vgl. Heftner 2011, 204–207.

Bleckmann, B. *Athens Weg in die Niederlage. Die letzten Jahre des Peloponnesischen Krieges*, Stuttgart u. a. 1998.
Bleckmann, B., Alkibiades und die Athener im Urteil des Thukydides, *HZ* 282, 2006, 561–582.
Bloedow, E. F., *Alkibiades Reexamined*, Wiesbaden u. a. 1973.
Bloedow, E. F., ‚An Alexander in the wrong place'. Alcibiades, ‚the ablest of all the sons of Athens'?, *SCO* 41, 1991, 191–216.
Busolt, G., *Griechische Geschichte III 2: Der Peloponnesische Krieg*, Gotha 1904
Cobetto Ghiggia, P. [ed. + komm.], *[Andocide]. Contro Alcibiade*, Pisa 1995.
Dover, K. J. [ed. + komm.], *Aristophanes' Frogs*, Oxford 1993.
Due, B., The Return of Alcibiades in Xenophon's Hellenica I.IV,8–23, *C&M* 42, 1991, 39–53
Gazzano, F. [ed. + komm.], *Pseudo-Andocide, Contro Alcibiade*, Genua 1999.
Gomme, A. W., ANDREWES, A., DOVER, K. J., *A Historical Commentary on Thucydides vol. IV: Book V 25 – VII*, Oxford 1970.
Gribble, D., Alcibiades at the Olympics: Performance, Politics and Civic Ideology, *CQ* 62, 2012, 45–71.
Hamel, D., *Athenian Generals. Military Authority in the Classical Period*, Leiden u. a. 1998.
Hatzfeld, J., *Alcibiade. Étude sur l'histoire d'Athènes à la fin du Ve siècle*, Paris 1951.
Heftner, H., Die pseudo-andokideische Rede ‚Gegen Alkibiades' ([And.] 4) – ein authentischer Beitrag zu einer Ostrakophoriedebatte des Jahres 415 v. Chr.?, *Philologus* 145, 2001, 39–56 (zit.: Heftner 2001a).
Heftner, H., *Der oligarchische Umsturz des Jahres 411 v. Chr. und die Herrschaft der Vierhundert in Athen. Quellenkritische und historische Untersuchungen*, Frankfurt/M. u. a. 2001 (zit.: Heftner 2001b).
Heftner, H., *Alkibiades. Staatsmann und Feldherr*, Darmstadt 2011.
Heftner, H., Die politische Haltung des Kritias im Jahre 411, in: P. Mauritsch, C. Ulf (Eds.), *Kultur(en)–Formen des Alltäglichen in der Antike. Festschrift Ingomar Weiler zum 75. Geburtstag*, Graz 2013, 269–285.
Hornblower, S., *A Commentary on Thucydides, vol. III: bks 5.25–8.109*, Oxford 2008.
Kagan, D., *The Peace of Nicias and the Sicilian Expedition*, Ithaca u. a. 1981.
Kagan, D., *The Fall of the Athenian Empire*, Ithaca u. a. 1987.
Kallet, L., *Money and the Corrosion of Power in Thucydides. The Sicilian Expedition and its Aftermath*, Berkeley 2001.
Krentz, P. [ed. + komm.], *Xenophon. Hellenika I–II.3.10*, Warminster 1989.
Lewis, D., *Sparta and Persia*, Leiden 1977.
Mann, C., *Die Demagogen und das Volk*, Berlin 2007.
Rhodes, P. J., *Alcibiades: Athenian Playboy, General and Traitor*, Barnsely, South Yorkshire 2011.
Shapiro, H. A., Alcibiades. The Politics of Personal Style, in: O. Palagia (Ed.), *Art in Athens During the Peloponnesian War*, Cambridge 2009, 237–263.
Taeger, F., *Alkibiades*, München 1943.
Verdegem, S., *Plutarch's Life of Alcibiades. Story, Text and Moralism*, Löwen 2010.
Wohl, V., The Eros of Alcibiades, *ClassAnt* 18, 1999, 349–385

HERBERT HEFTNER
Ao. Univ.-Prof. Dr., Institut für Alte Geschichte und Altertumskunde,
Papyrologie und Epigraphik der Universität Wien

Die Hopliten in den beiden oligarchischen Umstürzen in Athen und eine mögliche Neuordnung der Zensusklassen am Ende des 5. Jahrhunderts v. Chr.

WOLFGANG BLÖSEL

Die beiden oligarchischen Umstürze der Jahre 411 und 404/3 erschütterten die athenische Demokratie bis ins Mark. Die Athener erinnerten sich deshalb nur mit größter Abscheu an diese Cliquenherrschaften einiger weniger, die wohl als Aristokraten anzusprechen sind. Deren Terrorregimes, die vor Mord an den politischen Widersachern nicht zurückschreckten, wurden bezeichnenderweise in den späteren Urkunden als Tyrannis verteufelt.[1]

In diesem Beitrag soll ein Phänomen aufgegriffen werden, das für beide Umstürze charakteristisch und deshalb auch schon intensiv in der Forschung behandelt worden ist: Beide oligarchischen Regimes wurden jeweils von Gruppen abgelöst, die sich erklärtermaßen auf die Hopliten stützten; dies ist umso verwunderlicher, als es gerade die Hopliten waren, welche die jeweils herrschende oligarchische Clique in ihrer Propaganda ausschließlich als Vollbürger anerkannt hatte. Die Frage, ob diese Hoplitenpoliteia ernsthaft verfochten wurde und die athenischen Hopliten tatsächlich eine Verfassung anstrebten, die die Theten ausschloss, ist in der Forschung heftig umstritten.[2] In diesem Beitrag sollen einige Argumente zugunsten dieser These vorgebracht werden; zudem soll in dessen zweitem Teil in der möglichen Umstellung des Zensusklassensystems eine teilweise Umsetzung der Interessen der steuerpflichtigen Hopliten sogar in der restaurierten Demokratie wahrscheinlich gemacht werden.

Thukydides und Xenophon betonen, dass die Machthaber eine Bürgerzahl von jeweils Fünftausend (beim Umsturz des Jahres 411) bzw. Dreitausend (beim Putsch des

---

1   Vgl. Heftner 2001, 119–122; Shear 2011, 318.
2   Dies bestreiten de Ste. Croix 1956; McCoy 1970, 105–129; Gallucci 1986; Sancho Rocher 2004, 85 f.; Hurni 2010, 119–131 und David 2014. – Für historisch halten dies hingegen Harris 1990; Heftner 2001, 279–312; Shear 2011, 51–69, bes. 68 f.; mit Nachdruck Marcaccini 2013; Caire 2016, 114–116, 327 f.; Simonton 2017, 46 f.

Jahres 404) nur genannt hätten, um ihre Kritiker zu beschwichtigen und einen Übergang von einer Cliquenherrschaft zu halbwegs verfassungsmäßigen Zuständen wieder in Aussicht zu stellen.[3] Doch die Hopliten des Jahres 411 verharrten keineswegs in Passivität, sondern betrieben selbst den Sturz der Vierhundert, nachdem sie erkannt hatten, dass die Vierhundert mittels der neuerrichteten Festung von Eetioneia die Heimatstadt notfalls den Spartanern ausliefern würden (Th. 8, 90, 3 f.). Anfangs ließen sich die Hopliten noch von den Vierhundert und ihrem Angebot begütigen, den geschäftsführenden Rat unter den nun tatsächlich benannten 5000 Vollbürgern rotieren zu lassen (Th. 8, 86, 3). Nachdem aber ganz Athen vom Verlust der Insel Euboia, des wichtigsten Getreidelieferanten, an die Spartaner erschüttert wurde, schien den Hopliten jegliches Bündnis mit den spartafreundlichen Vierhundert unhaltbar.[4] So wurde auf dem angestammten Platz, der Pnyx, erstmals wieder eine Volksversammlung abgehalten, in der laut Thukydides (8, 97, 1) die Vierhundert abgesetzt wurden und die Macht den Fünftausend übergeben wurde. Wie schon bei der Sitzung der Ekklesia auf dem Hügel Kolonos, als die Herrschaft der Vierhundert installiert wurde, wurde auch nach deren Absetzung das Verbot der Beamtenbesoldung nochmals eingeschärft[5].

Welche Rolle die beiden Verfassungen (eine für die Zeit des Krieges, eine für die Zukunft danach) spielen, die in der aristotelischen *Athēnaíōn politeía* (30 f.) für die Herrschaft der Vierhundert überliefert sind, bleibt unklar, da ihre Authentizität hochumstritten ist.[6] Sie sollen hier nicht im Detail besprochen werden; für die Abschätzung der sozialen Zusammensetzung der Fünftausend ist aber die Bestimmung der sog. Zukunftsverfassung von Belang, wonach das unentschuldigte Fernbleiben aus der Ratsversammlung, die mindestens alle fünf Tage tagen sollte, eine Strafe von einer Drachme für den Bouleuten nach sich ziehen sollte.[7] Offenbar waren darin als Bürger und Bouleuten nur die reicheren Hopliten im Blick, die es sich leisten konnten, ihren Hof zusammengerechnet ein Fünftel des Jahres ohne ihre Aufsicht und Mitarbeit zu lassen.

Als nicht weniger tatkräftig als die Hopliten von 411 erwiesen sich die des Jahres 403, die, so mindestens Theramenes' Forderung gegenüber Kritias, aus denjenigen bestehen sollten, „die dem Staat mit Pferd oder Rüstung dienen können".[8] Sie setzten die Dreißig Tyrannen ab, nachdem diese eine Schlacht gegen die Demokraten unter Thrasyboulos um den Hügel Munychia verloren hatten, und wählten ihrerseits ein Gremium von Zehn, das die Geschäfte führen sollte.[9] Entgegen der Vorstellung der meisten

---

3   Th. 8, 66, 1; 86, 3; 92, 11; X. *HG* 2, 3, 18.
4   Th. 8, 96; Arist. *Ath*. 33,1.
5   Th. 8, 67, 3; 97, 1.
6   Vgl. deren Analyse von Heftner 2001, 177–210; Shear 2011, 41–51 mit älterer, ausschließlich englischsprachiger Literatur sowie Tuci 2013, 174–182; Canevaro, Esu 2018, 122, 125 f.
7   Arist. *Ath*. 30, 6.
8   X. *HG* 2, 3, 48.
9   X. *HG* 2, 4, 19; 23.

Hopliten der Dreitausend führten jedoch die Zehn mit zahlreicher Unterstützung von Reitern und Hopliten den Kampf auch gegen die Demokraten weiter, der schließlich unter Vermittlung der Spartaner mit einer Versöhnung endete, während der neugegründete Staat der Oligarchen in Eleusis bestehen blieb.[10]

Aus der wichtigen Rolle der Hopliten jeweils am Ende der beiden oligarchischen Regime hat die ältere Forschung, insbesondere Hignett[11], geschlossen, dass es unter den Hopliten, die in den Quellen zuweilen unter dem Begriff der „Gemäßigten" firmieren, sogar das Konzept einer Hoplitenpoliteia gegeben habe. So habe die Verfassung der Fünftausend, die unmittelbar auf die Herrschaft der Vierhundert folgte, sämtliche athenischen Bürger unterhalb des Hoplitenzensus nicht nur von allen Ämtern, sondern überhaupt von der Teilnahme an der Volksversammlung ausgeschlossen.

Welche Verfassung die Hopliten nach der Entmachtung der Dreißig Tyrannen im Jahr 403 für eine kurze Zeit in der Stadt Athen verfochten, ist mangels Quellenangaben unklar; doch die klare Frontstellung gegenüber den Demokraten im Piräus spricht für einen Ausschluss der Theten vom Bürgerrecht.[12]

Die zentrale Stütze für die These sowohl von der Wirkmächtigkeit wie auch Langlebigkeit der Gruppe der „Gemäßigten" und der von ihr propagierten Hoplitenpoliteia ist die Figur des Theramenes: Dieser gehört zwar unter den Vierhundert zu den Meinungsführern und war sogar Stratege in diesem Regime.[13] Doch als entschiedener Gegner einer von den Hardlinern verfochtenen Kapitulation Athens gegenüber den Spartanern stachelte er die athenischen Hopliten zur Schleifung der Festung Eetoneia an und betrieb offensichtlich mit dem Sturz der Vierhundert die Übertragung der Herrschaft auf die Fünftausend.[14] Mit der 410 wiederhergestellten Demokratie söhnte er sich offenbar wiederum so gut aus, dass er von 410 bis 408 das Strategenamt bekleidete; er gehörte sogar zu den Anklägern der Strategen im Arginusenprozess.[15] Doch dann war sich Theramenes nicht zu schade, sich unter die Dreißig Tyrannen einzureihen, auch wenn er unter diesen unverdrossen forderte, die oligarchische Herrschaft auf eine breitere Basis zu stellen und die Hopliten und Reiter als Versammlung der Dreitausend einzuberufen. Laut Xenophon, dessen apologetische Tendenz unverkennbar ist, bezahlte Theramenes diese Forderung mit seiner Verurteilung und Hinrichtung.[16]

---

10 X. HG 2, 4, 24–28; 43.
11 Hignett 1952, 273 f., 278 f., 375–378.
12 X. HG 2, 4, 24–27; 36–38; Arist. Ath. 38, 2 f. – Hingegen bezweifelt Funke 1980, 1–26, bes. 23 f., nachdrücklich, dass man aus den Abgrenzungen der verschiedenen politischen Gruppierungen gegeneinander nach der Restauration der Demokratie auf gegensätzliche verfassungsrechtliche Konzepte schließen könne.
13 Th. 8, 68, 4; 89–92; Lys. 12, 65.
14 Th. 8, 97; D. S. 13, 38, 2.
15 X. HG 1, 1, 122–22; 1, 6, 35; 1, 7, 4–8; 17; 31; D. S. 13, 47, 6–8; 49–51; 64, 2 f.; 66 f.; 98, 3; 101, 2; 7.
16 X. HG 2, 3, 15–56; D. S. 14, 4, 5–5, 4. Vgl. Bleckmann 1998, 334–386, 548–569; Heftner 2001, 393 Index s. v. Theramenes sowie ausführlich Hurni 2010 passim.

Gerade aber der mehrmalige Seitenwechsel des Theramenes wie auch der seines Verbündeten im Jahre 411, Aristokrates, sowie die adlige Herkunft beider hat die neuere Forschung[17] zur Auffassung geführt, die schon Thukydides (8, 89, 2 f.) explizit für die von ihnen angeführte Gruppe formuliert hat: Jeder von ihnen habe nur aus reinem Opportunismus und Ehrgeiz die Hoplitenpoliteia gefordert und sich eigentlich zum Führer des Volkes aufwerfen wollen. So wenig anscheinend deren Propagandisten ihre Macht dauerhaft mit einer Primärversammlung von 5000 Bürgern teilen wollten, so wenig scheinen die Hopliten selbst eine solche Verfassung angestrebt zu haben. Denn Thukydides (8, 92, 11) behauptet, dass die Parole von der Verfassung der Fünftausend zur Mobilisierung der athenischen Bevölkerung im Kampf gegen die Vierhundert allein dazu benutzt worden sei, um denjenigen, die eigentlich die Demokratie zurückwünschten, die Angst zu nehmen, sie könnten sich mit einer solch offenen Forderung ins Unglück stürzen, falls es die Fünftausend doch als handlungsfähige Gruppe gebe.[18] Aus dieser hintersinnigen Vermutung des Thukydides und dem reibungslosen Übergang der beiden kurzlebigen Hoplitenverfassungen der Jahre 411 und 403 in die restaurierte Demokratie schlossen zahlreiche Forschungen[19], dass die Hopliten die in vergangenen Jahrzehnten erfahrenen Vorteile der athenischen Demokratie so hochschätzten, dass sie einzig die vollständige Rückkehr zu ihr anstrebten.

Diese These soll hier in Frage gestellt werden. Denn deren Basis ist keineswegs fest. Zum einen führt Thukydides (8, 92, 10 f.) keinen Beleg für seine bloß allgemeine Vermutung an, da die Motivation derjenigen Hopliten, die die Festung von Eetoneia einrissen und damit zum Sturz der Vierhundert beitragen wollten, für ihn zum Handlungszeitpunkt kaum verifizierbar war. Thukydides' Vermutung scheint eher einer späteren Apologie der Fünftausend gegenüber den Demokraten entsprungen zu sein, die den Hopliten vorwarfen, dass sie damals Theramenes und seiner Gruppe zugearbeitet hätten. Zum zweiten bedurften die Hopliten keineswegs eines Anführers wie Theramenes, um eine Hoplitenoligarchie zu entwerfen. Denn es gab sie im Griechenland des 5. Jahrhundert v. Chr. an vielen Orten, so in den achäischen Städten Megara und Sikyon, am bekanntesten jedoch in der Nachbarstadt Athens, Theben.[20] Zudem besagt der Eigennutz, aus dem heraus Theramenes und Aristokrates diese Verfassungsform womöglich propagiert haben, nichts über deren Akzeptanz unter den Begünstigten.

---

17 De Ste. Croix 1956, 9 f.; Nippel 1980, 78; Gallucci 1986, *passim*; Bleckmann 1998, 371; Sancho Rocher 2004, 83–85; David 2014, 29 u. ö.
18 Rhodes 1972, 121 vermutet mit einiger Plausibilität, dass Thukydides dies nur aus der späteren vollständigen Restauration der demokratischen Verfassung rückprojizierend erschlossen habe. Vgl. auch Bleckmann 1998, 369 f.
19 Nippel 1980, 79–81; Gallucci 1986, 137–144; Hanson 1996, 303; Sancho Rocher 2004, 93.
20 Vgl. Gehrke 1985, 13 f., 106–109, 146 f. mit Belegen und Literatur. Zur Zensusoligarchie in Theben vgl. *Hell.Oxy.* 19, 2 und Arist. *Pol.* 1278a25.

Schließlich wurde die Verfassung der Fünftausend im Jahr 411 auch in die Praxis umgesetzt. In der Forschung finden sich nachdrückliche Stimmen[21], dass in der von Thukydides (8, 97, 1) genannten Volksversammlung alle athenischen Bürger einschließlich der Theten die Macht auf die Fünftausend übertragen hätten, was bedeuten würde, dass ausschließlich die Fünftausend das passive Wahlrecht zu den Ämtern als Privileg besessen hätten.[22] Doch worin hätte dann der Unterschied zur vorherigen und späteren Demokratie gelegen, die doch ebenfalls erklärtermaßen die Theten von jeglichen Ämtern ausschloss? Die aristotelische *Athēnaíōn politeía* (7, 4) belegt doch klar, dass dieser Ausschluss der Theten, obgleich *de facto* im 4. Jahrhundert immer weniger beachtet, niemals *de iure* aufgehoben wurde.[23] Worin hätte weiter der besondere Vorzug der Verfassung der Fünftausend gelegen, die Thukydides[24], da eine maßvolle Mischung von Oligarchie und Demokratie, als beste Staatsordnung zu seinen Lebzeiten lobt?

Wichtiger als eine Lösung der Frage, wie lange und in welcher Form eine zweifellos nur kurzlebige Hoplitenpoliteia in die Praxis umgesetzt wurde, sind meines Erachtens die Anhaltspunkte dafür, dass die Hopliten auch nach der Aufgabe dieser Hoplitenverfassung und der Restaurierung der Demokratie keineswegs ihre Gruppenidentität gänzlich zugunsten einer demokratischen Gesinnung aufgegeben hatten und zu „Democratic Timocrats" geworden waren, wie Hanson sie mit einer *contradictio in adiecto* nennt.[25] Nicht ohne Grund hat Thukydides mit seinem Lobpreis der Verfassung der Fünftausend als einer „maßvollen Mischung" die Interessen der Wenigen und der Vielen in den Blick genommen, die er offensichtlich als gegensätzlich verstanden hat.[26]

Um Mutmaßungen über die Gruppenidentität der durch die jeweiligen Verfassungen von 411 und 403 begünstigten Fünftausend oder Dreitausend anstellen zu können, ist deren jeweilige soziale Zusammensetzung in den Blick zu nehmen. Es kann sich bei den Begünstigten nicht, wie oft in der Literatur vermutet, um gerade nur diejenigen Athener gehandelt haben, die als Hopliten ins Feld ziehen konnten. Denn allein für das Jahr 431 sind mehr als 20.000 Hopliten anzunehmen, die wohl bis zur Hälfte der Bürger ausmachten.[27] Als nach der Restauration der Demokratie 403 Phormisios den schließlich von der Volksversammlung abgelehnten Antrag stellte, man solle 5000 Athener, die keinen Grundbesitz hatten, von der Staatsverwaltung ausschließen, sprach Lysias erfolgreich dagegen unter Verweis darauf, dass man dann auch „viele Reiter, Schwerbewaffnete und Bogenschützen" verlieren würde. Mithin reichte die Schicht der Ho-

---

21 Vgl. Sancho Rocher 2004, 85 f.; David 2014, 16 sowie den ausführlichen Forschungsüberblick bei Heftner 2001, 279–312.
22 Nippel 1980, 79 f.
23 Vgl. Blösel 2014, 73–78 gegen Schmitz 1995.
24 Th. 8, 97, 2: μετρία γὰρ ἥ τε ἐς τοὺς ὀλίγους καὶ τοὺς πολλοὺς ξύγκρασις ἐγένετο.
25 Hanson 1996, 302–307.
26 Vgl. Leppin 1999, 181.
27 Vgl. Valdés Guía, Gallego 2010, 260 f. mit Anm. 21 mit antiken Belegen und weiterer Literatur.

pliten sehr weit im sozialen Spektrum hinab.[28] Ihr Unterschied in der militärischen Funktion zu den Leichtbewaffneten wie auch den Ruderern auf den Kriegsschiffen wurde öffentlich in vielerlei Weise herausgestellt: In Athen wurde ein *katálogos* sowohl der Reiter wie auch der Hoplitenkämpfer geführt, nicht aber einer der Ruderer. Auf den Gefallenenlisten wurden die Leichtbewaffneten deutlich getrennt von den Hopliten aufgeführt; darin fanden die im Kampf umgekommenen Ruderer keinerlei Erwähnung.[29]

Und doch kann trotz ihrer oftmals inszenierten Auszeichnung nicht die Gesamtheit der athenischen Hopliten als Vollbürger der gemäßigt oligarchischen Verfassungsentwürfe von 411 und 403 intendiert gewesen sein,[30] sondern lediglich ein Teil davon. Ebendies verdeutlicht Thukydides, wenn er als propagierten Verfassungsentwurf des Kreises um den Umstürzler Peisander als Qualifikation für die 5000 Vollbürger nennt, dass sie „sowohl mit ihrem Vermögen auch mit ihrem Körper dem Staat dienen können" sollten.[31] Diese Oligarchen hatten – neuerlich nach Ausweis des Thukydides – dafür diejenigen Reichen in Athen im Blick, die sich durch hohe Steuerzahlungen belastet fühlten.[32] Wie Valdés Guía und Gallego mit einiger Plausibilität vermuten, könnte es sich bei der sowohl durch den Hoplitendienst als auch die Abgabenleistung definierten Gruppe der Fünftausend um diejenigen Bürger handeln, die seit dem Jahr 428 die Kriegssteuer (*eisphorá*) zahlen mussten.[33]

Doch dieser kleine Kreis von 5000 Bürgern, der offenbar nur höchstens ein Siebtel aller bisherigen Stimmberechtigten ausmachte, erschien den gemäßigten Oligarchen nach dem Sturz der Vierhundert doch zu eng, um eine ausreichend breite Basis und damit Stabilität für dieses Regime zu gewinnen. Deshalb wurden laut Thukydides in die Fünftausend „auch alle diejenigen, die Waffen aufbieten konnten", einbezogen.[34] Eine Passage aus der pseudo-lysianischen Rede „Für Polystratos" legt nahe, dass damals weit mehr als 5.000, nämlich 9.000 Bürger den Hoplitenzensus erreichten.[35] Noch in seiner Verteidigungsrede gegenüber den Dreißig Tyrannen hat Theramenes offen-

---

28   Lys. 34, 4 und D. H. *Lys.* 34. Vgl. van Wees 2006, 373.
29   Th. 2, 13, 6–8; 3, 87, 3; 6, 43, 1; vgl. ausführlich Raaflaub 1996, 155–157 und Bleckmann 1998, 374 f. mit Anm. 55.
30   Dies vermutet van Wees 2006, 374.
31   Für 411 vgl. Th. 8, 65, 3: οἳ ἂν μάλιστα τοῖς τε χρήμασι καὶ τοῖς σώμασιν ὠφελεῖν οἷοί τε ὦσιν, ähnlich Arist. *Ath.* 29,5: τοῖς δυνατωτάτοις καὶ τοῖς σώμασιν καὶ τοῖς χρήμασιν λῃτουργεῖν.
32   Th. 8, 48, 1 bezeichnet diejenigen, die sich von Alkibiades zum Umsturz anstiften ließen, als οἱ δυνατώτατοι τῶν πολιτῶν (...), οἵπερ καὶ ταλαιπωροῦνται μάλιστα; derselben Personengruppe schreibt Th. 8, 64, 3 die Absicht zu, ἐσφέρειν αὐτοὺς ἐκ τῶν ἰδίων οἴκων προθύμως χρήματα καὶ ἤν τι ἄλλο δέῃ, ὡς οὐκέτι ἄλλοις ἢ σφίσιν αὐτοῖς ταλαιπωροῦντας. Dies betonen Nippel 1980, 87 f.; Heftner 2001, 40 f.; 2011, 147 und Simonton 2017, 46 Anm. 196.
33   Vgl. Valdés Guía, Gallego 2010, 263.
34   Th. 8, 97, 1: εἶναι δὲ αὐτῶν ὁπόσοι καὶ ὅπλα παρέχονται. Vgl. Simonton 2017, 46.
35   Ps.-Lys. 20, 13; zudem Heftner 1999 und 2001, 148–152; Hurni 2010, 76 f.; Tuci 2013, 131 f.; Caire 2016, 111 f.

bar die Verbreiterung der Bürgerbasis auf alle Hopliten gefordert.³⁶ Doch mit seiner Hinrichtung scheint dieses Modell erst einmal verschwunden zu sein, da sich der *numerus clausus* von 3.000 Vollbürgern bei Xenophon durchgehend findet.³⁷ Die Verringerung der Privilegiertenzahl von 5.000 im Jahr 411 auf 3.000 im Jahr 404/3 mag dem offenbar hohen Blutzoll unter den Reichen während des Dekeleisch-ionischen Krieges geschuldet gewesen sein und damit auch der folgerichtigen deutlichen Abnahme der *eisphorá*-Pflichtigen Rechnung getragen haben.³⁸

Wenn also beide oligarchischen Verfassungen nach dem Sturz der herrschenden Clique der Vierhundert bzw. der Dreißig Tyrannen keineswegs sämtliche Hopliten umfassen sollten, sondern mit einem Bruchteil der bisherigen Bürgerschaft sich höchst exklusiv gaben, stellt sich die Frage, warum sie beide gleichermaßen problemlos nach kurzer Zeit in der allbekannten Demokratie wieder aufgingen.

Ein wichtiger Faktor dafür war zweifellos der außenpolitische Druck: Denn im Jahr 411 waren die Vollbürger für die Fortführung des Krieges auf die Flotte angewiesen, deren Ruderer, zumeist Theten, sie sich nicht durch den dauerhaften Entzug der Bürgerrechte entfremden durften. Die athenischen Flottensiege bei Kynosema und Abydos noch im Herbst 411 sowie bei Kyzikos 410 sollten dies bestätigen. Auch im Jahr 403 zwang die offensichtliche Parteinahme des spartanischen Königs Pausanias für die Demokraten im Piräus und die Frontstellung gegenüber dem Oligarchenstaat in Eleusis die Hopliten in der Stadt zur Versöhnung mit den Demokraten. Wenn die Hopliten Athen nicht unter direkte spartanische Herrschaft fallenlassen wollten, mussten sie sich über kurz oder lang mit den Demokraten zusammenschließen.

Dieser außenpolitische Druck erklärt jedoch nicht, warum die sozialen Gruppen, die die beiden oligarchischen Umstürze zumindest zeitweise getragen haben und von diesen begünstigt waren, nach der vollständigen Restauration der Demokratie seit dem Jahr 403 offenbar keine weiteren Angriffe mehr darauf unternommen haben, sondern sich mit dieser egalitären Verfassungsform, die bisher ihrem sozialen Vorrang kaum politischen Ausdruck zu verleihen bereit gewesen war, arrangiert haben. Schmitz spricht von einer „latente[n] Unzufriedenheit", die dennoch „bei einem Teil der Oberschicht" weiterbestanden habe.³⁹

Immerhin scheinen die Demokraten den Reichen in Athen in einem durchaus zentralen Punkt, der die juristische Aufarbeitung der Verfassung der Dreitausend be-

---

36 X. *HG* 2, 3, 48: τοῖς δυναμένοις καὶ μεθ' ἵππων καὶ μετ' ἀσπίδων ὠφελεῖν διὰ τούτων τὴν πολιτείαν. Vgl. Hurni 2010, 74, 316 Anm. 1. – Nippel 1980, 86 hat jedoch große Zweifel an der Authentizität dieses Vorschlages.
37 X. *HG* 2, 3, 18–20; 51; 2, 4, 2; 23. Vgl. Heftner 2011, 144.
38 Dies vermuten schon Valdés Guía, Gallego 2010, 272 Anm. 75. Dafür sollten sie sich allerdings nicht auf die bei Arist. *Pol.* 1303a8 f. genannte Abnahme von „Vornehmen (*gnórimoi*) im Krieg gegen Sparta" stützen, da sich diese Passage auf den Ersten Peloponnesischen Krieg von 457 bis 446/5 bezieht.
39 Schmitz 1988, 208.

traf, entgegengekommen zu sein: In der maßgeblich vom Spartanerkönig Pausanias durchgesetzten Versöhnungsvereinbarung von 403 zwischen den Demokraten im Piräus und den Dreitausend in der „Stadt" wurde den letzteren zugestanden, dass deren Amtsträger sich in einem Prozess vor denjenigen Bürgern verteidigen sollen, „die steuerpflichtigen Besitz (*tímēma*) aufweisen".[40]

Gerade für das 5. Jahrhundert sind die Quelleninformationen über diejenigen Athener, die „Steuern" zu zahlen hatten, sehr gering. Unter „Steuern" fallen im klassischen Athen die enkyklischen Liturgien, die Finanzierung und das Einüben von Chören (Choregie), die Versorgung eines Gymnasions (Gymnasiarchie) – um nur die wichtigsten zu nennen –, und die außergewöhnlichen wie die Finanzierung und Ausrüstung von Kriegsschiffen (Trierarchie) sowie die Kriegssteuer (*eisphorá*). Ob die Gruppe derer, die die Liturgien erbrachten, mit der Gruppe der *eisphorá*-Zahler identisch war, bleibt wegen widersprüchlicher Quellen ungeklärt.[41]

Weit stärker noch als die Liturgien wurde offenbar im 5. Jahrhundert die Kriegssteuer (*eisphorá*) als Belastung empfunden, die vermutlich ab dem Jahr 428 vor allem von den reichsten Athenern erhoben wurde.[42] Während die Choregie, Trierarchie oder eine andere Liturgie den Reichen trotz ihrem Zwangscharakter die Möglichkeit bot, durch eine besondere prächtige Ausgestaltung des Chores, der Triere oder der Bewirtung während eines Festes vor der gesamten athenischen Öffentlichkeit an sozialem Ansehen zu gewinnen, wurde die Kriegssteuer als bloßer Geldbetrag abgeführt, ohne dass diese „Wohltat an der Polis" zur Schau gestellt werden konnte.[43]

Auf welcher Bemessungsgrundlage die Kriegssteuer erhoben wurde, ist für das 5. Jahrhundert unklar. Die Mehrzahl der Forscher vermutet aufgrund des Zeugnisses des Pollux (8, 129 f.), das für die drei ersten solonischen Zensusklassen jeweils eine Besteuerung nach dem *tímēma* bezeugt und weiter unten noch intensiver zu besprechen sein wird, dass schon von Beginn an die „Fünfhundertscheffler" (*pentakosiomédimnoi*), die „Reiter" (*hippeîs*) und die Zeugiten die *eisphorá* zu zahlen hatten.[44] Allerdings fehlt uns jeglicher Hinweis darauf, zu welcher Zeit in dieser Weise nach dem jährlichen Ernteertrag die Kriegssteuer bemessen wurde. Außerdem ist davon auszugehen, dass die Zuweisung zu den einzelnen Zensusklassen nach der Selbstveranlagung, d. h. der eigenen Schätzung des Ernteertrages, erfolgte.[45] Christ bezieht Pollux' Angaben nicht auf das

---

40   Arist. *Ath.* 39, 6: εὐθύνας δὲ δοῦναι (...) τοὺς δ' ἐν τῷ ἄστει ἐν τοῖς τὰ τιμήματα παρεχομένοις. So übersetzen Chambers 1990, 319 ad loc. und Rhodes ²1993, 470 f. ad loc.; vgl. Christ 2007, 58 Anm. 24.
41   Für die Mitte des 4. Jh. behauptet Isoc. 15, 145 eine solche Identität, wenige Jahr zuvor geht D. 20, 28 von weit mehr *eisphorá*-Zahlern als Liturgiepflichtigen aus. Vgl. Hansen 1995, 114 f.
42   Ar. *Eq.* 923–926; *V.* 31–45; Lys. 22, 13; 27, 20; X. *Vect.* 6, 1; *Oec.* 2, 6; *Smp* 4, 30–32; 45.
43   Diesen Unterschied betont mit Recht Gygax 2016, 204.
44   So Schmitz 1988, 137; Poddighe 2010, 99–103; Migeotte 2014, 520; Rohde 2019, 190–193.
45   So Johnstone 2011, 70, 87 f. und Rohde 2019, 193 f.

5. Jahrhundert, sondern geht davon aus, dass damals alle reichen Athener die Kriegssteuer abführen mussten, und zwar alle denselben Betrag.[46] Dass die Angehörigen der ersten beiden Klassen, die *pentakosiomédimnoi* und die *hippeîs*, kriegssteuerpflichtig waren, dürfen wir als sicher annehmen. Das wird allerdings kaum für alle Zeugiten gegolten haben, sofern wir für das 5. Jahrhundert noch den Besitz eines Ochsengespannes oder aber den Wehrdienst als Hoplit als Kriterium für die Zugehörigkeit zur Klasse der Zeugiten postulieren. An dieser Stelle kann keineswegs die in der Forschung seit Jahrzehnten heftig diskutierte Streitfrage nach der wirtschaftlichen oder/und militärischen Grundlage und damit den Ursprüngen der sog. solonischen Zensusklassen ausführlich behandelt, geschweige denn beantwortet werden.[47]

Die Forschung sieht in der Kriegssteuer, die nach einer ersten Erwähnung im sog. Kallias-Dekret (IG I³ 52, B 17) während des Peloponnesischen Krieges erstmals 428 und in den Folgejahren, verstärkt seit 413, eingezogen wurde, einen zentralen Grund für die Entfremdung der reichen Athener von der athenischen Demokratie, die sich in den beiden oligarchischen Umstürzen von 411 und 404/3 Bahn gebrochen habe.[48] So lässt Isokrates in seiner Rede gegen Kallimachos vom Jahr 402 einen der Dreitausend, die als Vollbürger in der Hoplitenpoliteia vorgesehen waren, vor den siegreichen Demokraten bekennen, man solle nicht diejenigen bedauern, die während des oligarchischen Putsches ihren Besitz verloren haben, sondern diejenigen, die ihren Besitz der Stadt – wohl in Form der Kriegssteuer – zur Verfügung gestellt haben.[49]

Könnte nun ein Wechsel der Bemessungsgrundlage für die Eintreibung der Kriegssteuer die reichen Athener mit der restaurierten Demokratie seit 403 versöhnt haben, wenn, wie von der aristotelischen *Athenaíōn politeía* berichtet, die Begünstigten der Verfassung der Dreitausend sich nur vor steuerpflichtigen Mitbürgern als Richtern verantworten mussten?

Ein Blick auf die spätere Praxis bei der Regelung der *eisphorá* liefert hier Anhaltspunkte: Seit der Neuregelung der *eisphorá* vom Jahr 378/7 wissen wir, dass die steuerpflichtigen Bürger, die in insgesamt 100 Symmorien eingeteilt wurden, jeweils individuell nach ihrem Vermögen (*tímēma*) veranlagt wurden.[50] In die Zeit vor dieser Neuregelung der *eisphorá* im Jahr 378/7 gelangen wir durch das oben schon erwähnte,

---

46 Christ 2007, 54–59, offenbar akzeptiert von Fawcett 2016, 157. Ähnliches vermutet schon de Ste. Croix 1953, 42–45.
47 Okada 2017 zeichnet die Forschungsdiskussionen der letzten Jahrzehnte nach und betont die äußerst schmale Quellenbasis für beide gegensätzlichen Thesen.
48 So Schmitz 1988, 136–141 (obgleich er den finanziellen Faktor schließlich deutlich relativiert); Harding 2015, 5; Gygax 2016, 200; Simonton 2017, 46.
49 Isoc. 18, 62: … πένητας γενομένους ἐλεεῖν οὐ τοὺς ἀπολωλεκότας τὴν οὐσίαν ἀλλὰ τοὺς εἰς ὑμᾶς ἀνηλωκότας. Schon Lys. 25, 11; 32 erklärt diese Entfremdung der Reichen von der Demokratie mit den finanziellen Belastungen.
50 So D. 7, 39f.; 27, 7–9; 28, 4; Din. 1, 69f. Zudem Harpokr. in Suda δ 529 s. v. διάγραμμα. Ausführlich zum System der *eisphorá* nach 378/7 Christ 2007; Migeotte 2014, 520–522; Rohde 2019, 193–197.

undatierte Fragment des Rhetors und Lexikographen Iulius Pollux aus dem 2. nachchristlichen Jahrhundert über die absteigende Staffelung der Kriegssteuer je nach Zugehörigkeit zu einer der Zensusklassen. Laut diesem hatten die *pentakosiomédimnoi* ein Talent (= 6000 Drachmen) als Kriegssteuer, die *hippeîs* ein halbes Talent (= 3000 Drachmen) und die Zeugiten 10 Minen, was einem Sechstel Talent (= 1000 Drachmen) entspricht, zu zahlen. Offensichtlich benennen diese Beträge weder in ihrer Summe von 1⅔ Talenten (was genau 10.000 Drachmen entspricht) den Gesamtbetrag einer *eisphorá*-Eintreibung – die ja jeweils in ihrer Höhe von der Volksversammlung neu festgelegt wurde und im 4. Jahrhundert jährlich zwischen zehn und zwölf Talenten umfasste[51] – noch die Steuersumme für einen einzelnen Steuerpflichtigen – diese wäre viel zu hoch.[52] Deshalb stand der historische Wert der Pollux-Passage schon oft in Abrede.[53] Wenn man diesen ihr jedoch zubilligen mag, so sind die drei Beträge als Angabe des Verhältnisses anzusehen, in dem die einzelnen Zensusklassen jeweils zur Kriegssteuer beizusteuern hatten: Demnach hatten alle *pentakosiomédimnoi* zusammen 60 %, die *hippeîs* 30 % und alle Zeugiten 10 % der jeweiligen Gesamtsumme der *eisphorá* aufzubringen. Da jedoch die Zahl der Zeugiten die der *hippeîs* um ein Mehrfaches übertroffen hat, was wiederum zweifellos auch für die *hippeîs* gegenüber den *pentakosiomédimnoi* galt, ist bei dieser Kriegssteuerveranlagung eine sehr starke Progression zu erkennen,[54] so dass etwa ein Zeugit nur ein Zwanzigstel oder gar bloß ein Fünfzigstel – um eine mutmaßliche Dimension zu nennen – desjenigen Betrages zu zahlen hatte, den ein Angehöriger der obersten Zensusklasse berappen musste.

An dieser Stelle gewinnen die ebenfalls von Pollux angeführten Zensusgrenzen an Bedeutung, die sich auch schon in der aristotelischen *Athenaíōn politeía* (7, 4) finden: Auffällig ist seit jeher die große Nähe zwischen den Mindestanforderungen an Scheffeln Getreidejahresproduktion für Zeugiten (200) einerseits und *hippeîs* (300) andererseits. Nicht nur diese große Nähe der Zensusgrenzen, sondern auch die Tatsache, dass die Mindestanforderung von 200 Scheffeln Getreide pro Jahr für die Zeugiten nach modernen Berechnungen einen Mindestbesitz von 8 bis 9 ha Ackerland voraussetzte, legen die Vermutung nahe, dass durch diese Zensusgrenzen nur wohlhabende bis reiche Athener die obersten drei Zensusklassen bildeten. Hierzu gehörte keinesfalls mehr das Gros der attischen Bauern, das vermutlich nur über 4 bis 5 ha Ackerland verfügte. Das ist aber ungefähr auch die landwirtschaftliche Nutzfläche, die ein athenischer Bauer durchschnittlich benötigte, um sich einerseits eine Schwerbewaffnetenrüstung leisten und im Heer als Hoplit dienen zu können und andererseits

---

51 Vgl. mit Nachweisen Christ 2007, 53 f.
52 Vgl. Valdés Guía, Gallego 2010, 274.
53 So de Ste. Croix 1953, 42–45 und Christ 2007, der sie nicht einmal erwähnen zu müssen glaubt. Vgl. dazu Rohde 2019, 190 f. mit Anm. 7.
54 Die Deutung des Pollux-Textes durch Gera 1975, 33, 39–43 und seine Betonung der starken Progression ist aber viel zu weit vom antiken Text entfernt; ähnlich das Urteil von Migeotte 2014, 521 Anm. 439.

einen Ochsen als Zugtier halten zu können.[55] Es ist also ganz gleich, ob wir einen militärischen oder einen agrarischen Hintergrund für die ursprüngliche Zuweisung der Zensusklassen im 6. und 5. Jahrhundert postulieren (s. o.): Die Zeugitenklasse war zu Beginn und wohl bis weit ins 5. Jahrhundert hinein weit umfänglicher gewesen, als es deren spätere Anbindung an die jährliche Getreideproduktion von mindestens 200 Scheffeln zuließ.[56] Aristoteles beschreibt eine solche Gewichtung der Bürgerschaft, in der ausschließlich die Vornehmen (*gnōrimoi*) und Reichen (*eúporoi*) die obersten drei der von Solon geschaffenen vier Zensusklassen bildeten und allein zu den Ämtern zugelassen waren, schon für das frühe 6. Jahrhundert.[57] Dass der Staatstheoretiker hierbei die Verhältnisse seiner eigenen Zeit der Mitte des 4. Jahrhunderts in die Zeit Solons projiziert hat, legt der Umstand nahe, dass die aus seiner Schule stammende *Athēnaíōn politeía* (26, 2) sehr wohl weiß, dass die Zeugitenklasse erst seit dem Jahr 457 zum Archontat zugelassen wurde.[58] In jedem Fall galten im 4. Jahrhundert die genannten Zensusgrenzen und mithin die Privilegierung der Reichen in Athen, während die große Mehrzahl der athenischen Bürger, die nur der untersten Zensusklasse der Theten angehörte, von allen Ämtern zumindest *de iure* ausgeschlossen war.

Für unsere Fragestellung ist von Bedeutung, dass die uns von Pollux überlieferte Veranlagung der Kriegssteuer entsprechend den Zensusklassen, sofern sie historisch belastbar ist, vor deren Reform durch die Einführung der Symmorien im Jahr 378/7 zu setzen ist und womöglich erst am Ende des 5. Jahrhundert[59] eingeführt worden ist. Deshalb haben Valdés Guía und Gallego in einem wohl durchargumentierten Aufsatz von 2010 aus dieser zeitlichen Eingrenzung der Veranlagung der Kriegssteuer nach Zensusklassen dafür plädiert, diese Koppelung erst als Ergebnis der Revision der solonischen Gesetze anlässlich der Restauration der athenischen Demokratie in den Jahre 403 bis 399 zu verstehen.[60] Bei dieser Gesetzesrevision hätten die Athener, so Valdés Guía und Gallego[61], die Möglichkeit genutzt, die Veranlagung, oder besser gesagt, die Identifizierung von *eisphorá*-Pflichtigen an die Klasseneinteilung aus solonischer Zeit zu koppeln. Da die Zahl der Hopliten bzw. der Bauern, die ein Ochsengespann besaßen und die damit der bisherigen Klasse der Zeugiten angehört haben, den Kreis derer, die in den Jahren des Peloponnesischen Krieges die *eisphorá* zahlen mussten,

---

55 Vgl. die verschiedenen Kalkulationen von van Wees 2001, 47–51; 2006, 355–361. Zahlreiche weitere Literatur mit ähnlichen Berechnungen bei Valdés Guía, Gallego 2010, 268 f., 275 f. und v. a. bei Okada 2017, 26–29 aufgeführt.
56 So Valdés Guía, Gallego 2010, 275 f.
57 Arist. *Pol.* 2, 12 (1274a18–21).
58 Vgl. Valdés Guía, Gallego 2010, 276 f.
59 Raaflaub 2006, 415–421 hat m. E. überzeugende Argumente dafür vorgebracht, dass erst frühestens seit der Mitte des 5. Jahrhundert die Klasseneinteilung der athenischen Bürger an den jährlichen Getreideertrag gekoppelt war.
60 Zur Revision der solonischen Gesetze insbesondere in den Jahren 403 bis 399 vgl. Rhodes 1991.
61 Valdés Guía, Gallego 2010, bes. 271–277.

weit überstiegen haben dürfte, habe man im Zuge der Gesetzesrevision für die dritte Klasse die Mindestvoraussetzung auf 200 Scheffeln Getreide Jahresproduktion – vermutlich erstmals überhaupt – festgesetzt. Alle Mitglieder der beiden obersten Klassen wie auch der Zeugitenklasse sind nach diesem Postulat dadurch kriegssteuerpflichtig geworden. Eine solche Vergemeinschaftung der wohlhabenderen Bauern, die sich mehr als ein Ochsengespann und einen Sklaven zur Bearbeitung ihrer mindestens 8 bis 9 ha Ackerland leisten konnten, mit den Reichen findet sich folglich beim späten Aristophanes, der sie vom angeblich verantwortungslosen Demos abhebt.[62]

Eine deutliche Anhebung der Untergrenze der dritten Klasse muss viele früheren Zeugiten, die diesen Mindestertrag nicht aufbringen konnten, weil sie gerade einmal durchschnittlich 4 bis 5 ha Ackerland ihr Eigen nennen konnten, ausgeschlossen und in den vierten Stand, den der Theten, herabgedrückt haben. Nicht wenige Forscher vermuten aufgrund der Zeugnisse der attischen Redner und insbesondere der späten aristophanischen Komödien, dass sich infolge der Zerstörungen im Dekeleisch-ionischen Krieg die wirtschaftliche Kluft zwischen den einfachen Bauern – die nach dem hier von Valdés Guía und Gallego übernommenen Ansatz zu einem Großteil zur „alten" Zeugitenklasse gehört hatten – und den Großbauern erheblich vergrößert hatte und folglich erstere im sozialen Ansehen weiter abrutschten.[63] Mit der Anhebung der Zensusgrenze verloren viele betroffenen Bauern auch das Recht, in ein Einzelamt gewählt werden zu können. Allerdings scheint wegen der hohen Anzahl an Jahr für Jahr benötigten Beamten die Zugehörigkeit zu einer Zensusklasse für deren Wählbarkeit im Laufe des 4. Jahrhunderts an Bedeutung verloren zu haben, so dass denkbar ist, dass schon Ende des 5. Jahrhunderts danach nicht mehr gefragt wurde.[64] Deshalb mögen die ehemaligen Zeugiten diese Herabstufung zu Theten auch weitgehend klaglos ertragen haben. Dies ist umso wahrscheinlicher, als sogar nach der Restauration der Demokratie im Jahr 403 Phormisios den Antrag auf Ausschluss von 5.000 Theten ohne Landbesitz aus der Bürgergemeinschaft stellen konnte. Zwar fand Phormisios' Antrag

---

62 Ar. *Ec.* 198 (aufgeführt im Jahr 392): ναῦς δεῖ καθέλκειν· τῷ πένητι μὲν δοκεῖ, / τοῖς πλουσίοις δὲ καὶ γεωργοῖς οὐ δοκεῖ. Dazu passt, dass die Scholia vetera ad loc. die genannten Bauern „von den Trierarchien belastet" sehen. Vgl. Strauss 1986, 61–63, der hier jedoch die Landbesitzer unter den Reichen angesprochen sieht; Schmitz 1988, 226–229 und Spielvogel 2001, 47. Eine ähnliche Gruppenbildung belegt auch *Hell.Oxy.* 9 (6),3 zum Jahr 396: τῶν δὲ Ἀθηναίων οἱ μὲν ἐπ[ι]εικεῖς καὶ τὰς οὐσίας ἔχοντες ἐστεργον τὰ παρόντα, allerdings schon das Pamphlet des Ps.-X. *Ath.* 2, 14: οἱ γεωργοῦντες καὶ οἱ πλούσιοι Ἀθηναίων aus dem Peloponnesischen Krieg.

63 Audring 1974, 111–119; Strauss 1986, 4 f., 63, der die Nachkriegszeit scharf konturiert mit der Bemerkung: „tension between the former Three Thousand and the rest of the population, based on both economic and political differences, was a serious political factor." Spielvogel 2001, 47. – Dazu kritisch Cecchet 2015, 124–127, 138; Akrigg 2019, 230–243.

64 Vgl. Arist. *Ath.* 7,4 und Blösel 2014, 73–78.

keine Mehrheit, doch Lysias musste eigens eine längere Rede dagegen halten.[65] Gegen den vollständigen Ausschluss der ärmsten Bürger aus dem Kreis der Bürger musste sich eine Beschneidung ihres Rechtes auf ein Einzelamt doch als sehr gemäßigt ausnehmen.

Hingegen schuf die für die Wende vom 5. zum 4. Jahrhundert postulierte deutliche Verringerung der Zeugiten für die privilegierten drei oberen Zensusklassen eine Identität von sozioökonomischer und politischer Elite: Die Gruppe der regimentsfähigen Bürger deckte sich nun mit der der abgabenpflichtigen Oberschicht und damit auch mit der wirtschaftlichen Elite. Damit wurden die reichen Athener *qua* Angehörige der oberen drei Zensusklassen eindeutig identifizierbar als die ausschließlichen Abgabenerbringer. Zwar machte weiterhin die öffentliche Performanz bei den verschiedenen Liturgien ihren jeweiligen finanziellen Einsatz ablesbar und in soziopolitisches Kapital umsetzbar, doch überdies wurden die Angehörigen der „neuen", verkleinerten Zeugitenklasse als Zahler der fast alljährlichen Kriegssteuer herausgestellt. Damit war dem grundsätzlichen Mangel aus der Zeit des Peloponnesischen Krieges abgeholfen, als die *eisphorá*-Zahlung – ebenso wie auch die Liturgien – immer weniger als Ausdruck aristokratischer Freiwilligkeit und Freigebigkeit gegenüber der Polis denn vielmehr als von der Volksversammlung verhängte Zwangsmaßnahme gegen die Reichen verstanden werden musste.[66] Indem nun die Steuerpflichtigen sogleich durch ihre Zulassung zum Einzelamt erkennbar wurden und zudem der Kreis dieser regimentsfähigen Bürger durch die Anhebung der Zensusgrenze für die Zeugiten massiv verkleinert worden war, war die nach aristokratischem Selbstverständnis unverzichtbare Balance zwischen (finanzieller) Leistung für die Polis einerseits und der soziopolitische Gegenwert in Form einer deutlichen Auszeichnung vor den nicht-regimentsfähigen Bürgern andererseits geschaffen.[67] Hinzu kommt, dass innerhalb der regimentsfähigen Schicht eine deutliche Binnendifferenzierung nach den finanziellen Leistungen durch die starke Progression der Höhe der *eisphorá* von den Zeugiten bis zu den *pentakosiomédimnoi* erreicht wurde. Das Stillhalten der Oberschicht nach zwei gescheiterten oligarchischen Umsturzversuchen und sogar ihr Einsatz für die reformierte athenische Demokratie des 4. Jahrhunderts werden unter dieser Annahme leichter erklärbar, als wenn man eine seit dem 5. Jahrhundert unveränderte Gliederung der Bürgerschaft annimmt.

Sofern Valdés Guías und Gallegos Rekonstruktion der an der Wende vom 5. zum 4. Jahrhundert reformierten Zensusklassenordnung zutrifft – angesichts der höchst

---

65 Quellen s. o. Anm. 28. Vgl. die ausführliche Interpretation dieses Vorstoßes bei Lehmann 1972, 227–232 sowie Schmitz 1988, 176 f.; Bleckmann 1998, 344 f. mit Anm. 34; Heftner 2001, 286; Cecchet 2015, 127–134.
66 Vgl. Schmitz 1988, 140 f.
67 Zu dieser Balance im Athen des 4. Jahrhunderts vgl. neben Schmitz 1988, 140 f. und Ober 1989, 226–233 auch jüngst Deene 2013; Harding 2015, 84–91; Gygax 2016, 192–250 und ausführlich Rohde 2019, 189–298.

komplexen Quellenlage zu den Zensusklassen ist hier Sicherheit nicht zu gewinnen –, ist es der Oberschicht und insbesondere den reicheren Zeugiten im Zuge der Revision der solonischen Gesetze in den Jahren 403 bis 399 ungeachtet der formalen Wiederherstellung der Demokratie doch gelungen, ansatzweise das zentrale Anliegen, das offenbar hohe Motivationskraft für die beiden oligarchischen Putsche von 411 und 404/3 besessen hatte, durch eine Anhebung der Zensusgrenze für Zeugiten durchzusetzen: Zum einen den zumindest formalen Ausschluss der ärmeren Zeugiten von den Ämtern und zum anderen die Identität von Steuerpflicht und Regimentsfähigkeit. Dies vermochte offenbar ihren Ehrgeiz und ihr Streben nach Sozialprestige mit der restaurierten Letztentscheidungsmacht der Volksversammlung aller athenischen Bürger in der Demokratie zu versöhnen.

Verwendete Literatur

Akrigg, B., *Population and Economy in Classical Athens*, Cambridge 2019.
Audring, G., „Über Grundeigentum und Landwirtschaft in der Krise der athenischen Polis," in: E. Welskopf (Ed.), *Hellenische Poleis. Krise – Wandlung – Wirkung*, Bd. 1, Berlin 1974, 108–131.
Bleckmann, B., *Athens Weg in die Niederlage. Die letzten Jahre des Peloponnesischen Krieges*, Stuttgart – Leipzig 1998. 14.
Blösel, W., „Zensusgrenzen für die Ämterbekleidung im klassischen Griechenland. Wie groß war der verfassungsrechtliche Abstand gemäßigter Oligarchien von der athenischen Demokratie?," in: Ders., W. Schmitz, G. Seelentag, J. Timmer, *Grenzen politischer Partizipation im klassischen Griechenland*, Stuttgart 2014, 71–93.
Caire, E., *Penser l'oligarchie à Athènes aux Ve et IVe siècles. Aspects d'une idéologie*, Paris 2016.
Canevaro, M., Esu, A., „Extreme Democracy and Mixed Constitution in Theory and Practice. Nomophylakia and Fourth-Century Nomothesia in the Aristotelian Athenaion Politeia," in: C. Bearzot u. a. (Eds.), *Athenaion Politeiai tra storia, politica e sociologia: Aristotele e Pseudo–Senofonte*, Milano 2018, 105–145.
Cecchet, L., *Poverty in Athenian Public Discourse. From the Eve of the Peloponnesian War to the Rise of Macedonia*, Stuttgart 2015.
Chambers, M., *Aristoteles, Staat der Athener (Aristoteles: Werke in deutscher Übersetzung 10,1)*, Berlin 1990.
Christ, M., „The Evolution of the Eisphora in Classical Athens," *CQ* 57, 2007, 53–69.
David, E., „An Oligarchic Democracy: Manipulation of Democratic Ideals by Athenian Oligarchs in 411 BC," *Eirene* 50, 2014, 11–38.
Deene, M., „Seeking for Honour(s)? The Exploitation of *philotimia* and Citizen Benefactors in Classical Athens," *RBPhH* 91, 2013, 69–87.
De Ste. Croix, G., „The Constitution of the Five Thousand," *Historia* 5, 1956, 1–23.
De Ste. Croix, G., „The Solonian Census Classes and the Qualifications for Cavalry and Hoplite Service" (verfasst in 1960er Jahren), in: Ders., *Athenian Democratic Origins and other essays*, Oxford 2004, 5–71.
Fawcett, P., „,When I Squeeze You with Eisphorai': Taxes and Tax Policy in Classical Athens," *Hesperia* 85, 2016, 153–199.

Funke, P., *Homónoia und Arché. Athen und die griechische Staatenwelt vom Ende des Peloponnesischen Krieges bis zum Königsfrieden (404/3–387/6 v. Chr.)*, Wiesbaden 1980.

Gallucci, R., *Myth of the Hoplite Oligarchy: Athens, 411/10 B. C.*, Diss. Los Angeles 1986.

Gehrke, H.-J., *Stasis. Untersuchungen zu den inneren Kriegen in den griechischen Staaten des 5. und 4. Jahrhunderts v. Chr.*, München 1985.

Gera, G., *L'imposizione progressiva nell'antica Atene*, Roma 1975.

Gygax, M., *Benefaction and Rewards in the Ancient Greek City. The Origins of Euergetism*, Cambridge 2016.

Hanson, V., „Hoplites into Democrats: The Changing Ideology of the Athenian Infantry," in: J. Ober, C. Hedrick (Eds.), *Demokratia. A Conversation on Democracies, Ancient and Modern*, Princeton 1996, 289–312.

Harding, P., *Athens Transformed, 404–262 BC: From Popular Sovereignty to the Dominion of the Elite*, New York – London 2015.

Harris, E., „The Constitution of the Five Thousand," *HSCPh* 93, 1990, 243–280.

Heftner, H., „Die Rede für Polystratos ([Lys.] 20) und die Katalogisierung der Fünftausend während des athenischen Verfassungsumsturzes von 411 v. Chr.," in: P. Scherrer, H. Taeuber, H. Thür (Eds.), *Steine und Wege. Festschrift für Dieter Knibbe zum 65. Geburtstag*, Wien 1999, 221–226.

Heftner, H., *Der oligarchische Umsturz des Jahres 411 v. Chr. und die Herrschaft der Vierhundert in Athen. Quellenkritische und historische Untersuchungen*, Frankfurt/Main 2001.

Heftner, H., „Oligarchen, Mesoi, Autokraten: Bemerkungen zur antidemokratischen Bewegung des späten 5. Jh. v. Chr. in Athen," *Chiron* 33, 2003, 1–41.

Heftner, H., „Hopliten und Hippeis unter dem Regime der ‚Dreißig Tyrannen' in Athen," *Tyche* 26, 2011, 141–163.

Hignett, C., *A History of the Athenian Constitution to the End of the Fifth Century B. C.*, Oxford 1952.

Hurni, F., *Théramène ne plaidera pas coupable: un homme politique engagé dans les révolutions athéniennes de la fin du V*^{e} *siècle av. J.-C.*, Basel 2010.

Johnstone, S., *A History of Trust in Ancient Greece*, Chicago 2011.

Lehmann, G., „Die revolutionäre Machtergreifung der ‚Dreißig' und die staatliche Teilung Attikas (404–401/0 v. Chr.)," in: Ders., R. Stiehl (Eds.) *Antike und Universalgeschichte, Festschrift H. E. Stier*, Münster 1972, 201–233.

Leppin, H., *Thukydides und die Verfassung der Polis. Ein Beitrag zur politischen Ideengeschichte des 5. Jahrhunderts v. Chr.*, Berlin 1999.

McCoy, W., *Theramenes, Thrasybulus and the Athenian Moderates*, Diss. Yale 1970.

Marcaccini, C., „Rivoluzione oligarchica o restaurazione della democrazia? I Cinquemila, la πρόκρισις e la patrios politeia," *Klio* 95, 2013, 405–428.

Migeotte, L., *Les finances des cités grecques aux périodes classique et hellénistique*, Paris 2014.

Nippel, W., *Mischverfassungstheorie und Verfassungsrealität in Antike und früher Neuzeit*, Stuttgart 1980.

Ober, J., *Mass and Elite in Democratic Athens. Rhetoric, Ideology, and the Power of the People*, Princeton 1989.

Okada, T., „Zeugitai and Hoplites: A Military Dimension of the Solon's Property Classes Revisited," *Japan Studies in Classical Antiquity* 3, 2017, 17–37.

Poddighe, E., „Riflessioni sul fondamento etico-legale e sul carattere finanziario dell' *eisphora* ateniese tra V e IV sec. a. C.," in: M. Cataudella, A. Greco, G. Mariotta (Eds.), *Strumenti e tecniche della riscossione dei tributi nel mondo antico. Atti del convegno nazionale, Firenze, 6–7 dicembre 2007*, Padua 2010, 97–118.

Raaflaub, K., „Equalities and Inequalities in Athenian Democracy", in: J. Ober, C. Hedrick (Eds.), *Demokratia. A Conversation on Democracies, Ancient and Modern*, Princeton 1996, 139–174.

Raaflaub, K., „Athenian and Spartan Eunomia, or: What to Do with Solon's Timocracy?," in: J. Blok, A. Lardinois (Eds.), *Solon of Athens. New Historical and Philological Approaches*, Leiden 2006, 390–428.

Rhodes, P., „The Five Thousand in the Athenian Revolutions of 411 B. C." *JHS* 92, 1972, 115–127.

Rhodes, P., „The Athenian Code of Laws, 410–399," *JHS* 111, 1991, 87–100.

Rhodes, P., *A Commentary on the Aristotelian Athenaion Politeia*, Oxford ²1993.

Rohde, D., *Von der Deliberationsdemokratie zur Zustimmungsdemokratie: Die öffentlichen Finanzen Athens und die Ausbildung einer Kompetenzelite im 4. Jahrhundert v. Chr.*, Stuttgart 2019.

Sancho Rocher, L., „Los ‚moderados' atenienses y la implantanción de la oligarquía. Corrientes políticas en Athenas entre 411 y 403 A. C.," *Veleia* 21, 2004, 73–98.

Schmitz, W., *Wirtschaftliche Prosperität, soziale Integration und die Seebundpolitik Athens. Die Wirkung der Erfahrungen aus dem Ersten Attischen Seebund auf die athenische Außenpolitik in der ersten Hälfte des 4. Jhs. v. Chr.*, München 1988.

Schmitz, W., „Reiche und Gleiche: Timokratische Gliederung und demokratische Gleichheit," in: W. Eder (Ed.), *Die athenische Demokratie im 4. Jh. v. Chr.*, Stuttgart 1995, 573–597.

Shear, J., *Polis and Revolution. Responding to Oligarchy in Classical Athens*, Cambridge 2011.

Simonton, M., *Classical Greek Oligarchy. A Political History*, Princeton – Oxford 2017.

Spielvogel, J., *Wirtschaft und Geld bei Aristophanes. Untersuchungen zu den ökonomischen Bedingungen in Athen im Übergang vom 5. zum 4. Jh. v. Chr.*, Frankfurt/M. 2001.

Strauss, B., *Athens after the Peloponnesian War. Class, Faction and Policy 403–386 BC*, London 1986.

Tuci, P., *La fragilità della democrazia. Manipolazione istituzionale ed eversione nel colpo di Stato oligarchico del 411 a. C. ad Atene*, Milano 2013.

Valdés Guia, M., Galliego, J., „Athenian Zeugitai and the Solonian Census Classes: New Reflections and Perspectives," *Historia* 59, 2010, 257–281.

Van Wees, H., „The Myth of the Middle-Class Army: Military and Social Status in Ancient Athens," in: T. Bekker-Nielsen, L. Hannestad (Eds.), *War as a Cultural and Social Force: Essays on Warfare in Antiquity*, Copenhagen 2001, 45–71.

Van Wees, H., „Mass and Elite in Solon's Athens: The Property Classes Revisited," in: J. Blok, A. Lardinois (Eds.), *Solon of Athens. New Historical and Philological Approaches*, Leiden 2006, 351–389.

WOLFGANG BLÖSEL

Univ.-Prof. Dr., Historisches Institut, Abteilung Alte Geschichte,
Universität Duisburg-Essen

Athenian Pottery in the Long Fifth Century and its History

ROBIN OSBORNE

1. Introduction

In the last three years both Wolfgang Filser and I have published books which have attempted to write history from the images painted on Athenian pots.[1] In some ways there is nothing remarkable about that, in as far as many papers on Athenian pottery make some sort of claim for the relationship of the imagery on the pots to the events of Athenian life. But in other ways that our books should appear more or less simultaneously (and in particular so close together that neither of us was aware of the other's work at the point at which we went to press) is very surprising. For what we have both tried to do is to give an historical account of how the choice of images on pots changed over time. Even the most historically orientated of earlier work, the Francophone volume *La cité des images* of 1984, took little interest, outside Alain Schnapp's chapter on hunting, in how the choice of images changed over time – indeed much of its discussion was implicitly premised on the idea that the full range of images of an activity was available to the image-maker at any time.[2]

In this paper I reflect both on the methodological issues that arise from attempting to trace how the changes in what is painted on pots relate to the changes that happen in life, and upon the larger historical implications carried by the rather different histories we wrote.

---

1   Filser 2017; Osborne 2018a.
2   Bérard et al. 1984; cf. Osborne 1991.

2. The Data and the Problem

Athenian painted pottery is, at first sight, a gift to the historian.[3] Numerically, the body of material available for analysis is enormous. More pictures painted on Athenian pots survive than images in any other medium from the ancient world. The separate scenes run into 10s of 1000s. Functionally, although all the images are on pottery, the pots involved are diverse. Although a large proportion of pots are related to drinking parties (the Greek symposium, in particular), other painted pots were used in quite different contexts, either domestic (one thinks of the pyxides that stored women's jewellery and/or cosmetics) or funerary (above all the small oil flasks known as lekythoi). Other vessels again were made for use in the gymnasium (aryballoi) or in the context of the rituals of the wedding (loutrophoroi, lebetes gamikoi). In terms of their reference, the images are also diverse. Many images relate to mythology, and can be distinguished by the particular attributes given to figures or by the names written against them. But many images relate to the activities of life – to military (fig. 3, fig. 4) and athletic life (fig. 1, fig. 2) in particular, as well as to the ritual life of the wedding, the funeral and the dramatic festival, to aspects of domestic or economic life, or to the life of the drinking party itself. Finally, these images have the advantage of a negligible degree of repetition; while similar episodes are shown in similar ways, the replication of identical images is very rare. Each image was the product of conscious choice and thought.

The advantages of the corpus of images from Athenian painted pottery comes with some disadvantages. The pottery was popular not simply in Athens itself but across the central Mediterranean, and in particular in Italy. This raises the question as to whether Athenian artists were painting images according to their own personal choices, according to the preferences they expected to be displayed by the local market, or according to the preferences displayed by the wider market. If the images can be expected to relate to someone's history, there remain choices as to whose history they relate to.[4] Furthermore, the nature of the medium offers some constraints upon artistic choice. In particular, both the so-called 'black-figure' technique employed during most of the sixth century B.C. and the 'red-figure' technique employed from the end of the sixth century into the fourth century have limitations to what they can easily convey. Black-figure makes for flat, two-dimensional figures, although it allows them to be situated in space; red-figure allows for much more sense of the three-dimensionality of bodies, but makes setting

---

[3] For a fuller discussion of the nature of Athenian painted pottery see Osborne 2018a.
[4] I shall argue in this paper that the way in which the changes in the selection of images of different aspects of life are correlated argues against particular explanations for particular aspects. That correlation also argues against seeing the changes in the selection of images as a product of interaction with Etruscan demand. But just as 'bespoke' images (e.g. the Pronomos vase) are found that were created for a specifically Athenian context, so some bespoke images (and indeed bespoke pot shapes) occur that were almost certainly created for an Etruscan context. See further Osborne 2018a, 42–8.

them in space difficult. The white-ground style, which is used predominantly for pots destined for the grave, offers possibilities for three-dimensional bodies in three-dimensional space, and the differences in iconography between black-figure and white-ground lekythoi, where only white-ground lekythoi show visits to the tomb, nicely illustrate the links between technique and subject-matter represented. More factors than merely date and function constrain the selection of scenes represented on Athenian pots.

The problem for anyone trying to write history out of painted pottery, that is, trying to ascribe significance to the choice of what is and is not represented at any particular time, is what allowance to make for factors other than the time at which an image was painted in determining that choice. There has been cautious wisdom in the decisions of scholars such as Paul Cloché or T. B. L. Webster, as well as the scholars responsible for *La cité des images*, to ignore issues of date, and simply record and work with all relevant images, whatever their date. If the question one is asking is 'What are the salient features of the various trades at Athens that caught artists' attention?', then ignoring chronology makes sense. Technological progress was sufficiently slow in classical antiquity that one can be reasonably confident that the sorts of trade practised at the start of the sixth century will still have been the sorts of trade practised in the middle of the fourth century. Any moment that the trade caught an artist's eye will be as good as any other. If what we are interested in doing is confirming our expectations, normally formed on the basis of literary or epigraphic texts, that such and such an activity was practised at Athens, any representation at any period will do.

For an historian, however, this use of images simply to confirm or provide additional information about what is otherwise known or expected is somewhat unsatisfactory. Not only is this not to do much with these images, it is to make assumptions about the artist's fidelity to life that it is hard to justify. When artists represent an aspect of the world around them, they necessarily comment on that aspect. In choosing to represent this moment, rather than that, in choosing *this* as their point of focus, the artist is offering a particular take on the world. To ignore the potential tendentiousness of every image is to remove images from history, rather than to write history from images.

But how does one write history from images? The first step, the step upon which Wolfgang Filser and I agree, is to ask how the image of a particular activity changes over time. Until one has some notion of what the alternative manners of representation are, there is no possibility of distinguishing what is or is not going to be salient for viewers of the image at the time it is made. *La cité des images* is surely right in thinking that there is a discourse going on among and between images, but unless the chronology of the images is taken into account it is impossible to understand the historical significance of that discourse.[5]

---

5   The distinction that e.g. Bérard and Vernant make in *La cité des images* between artists and 'imagiers' seems to me to be implausible, but the broader point of the interrelationship of images is well made, and indeed one of the major contributions of the book.

What then should the second step be? How do we move from observing what it is that changes over time as far as the salient features of the imagery of a particular activity (or story) are concerned, to understanding the historical significance of those changes? Here Wolfgang Filser and I disagree. The fundamental basis of our disagreement is whether the events through which artists, and more especially their patrons, live and the attitudes manifested in particular walks of life that are primary in determining how they see the world, or whether what is primary is how people see the world in general. Is it particular events and changes in opinion about particular topics that inspire artists to offer particular scenes or represent a scene in one way or another, or are the ways they depict any scene shaped by attitudes towards life as a whole more generally, attitudes that necessarily carry with them ways of envisaging particular activities?

The choice that I have offered is, of course, an artificial choice. That artists' general attitudes to the world affect how they see, and so how they depict, the world does not mean that they are not also influenced by events around them.[6] So too, those influenced by events around them will still also convey a broader attitude to the world in the ways in which they depict it. Nevertheless, the question of whether one primarily expects to explain changes in how the world is depicted in terms of what I have called general attitudes and ways of seeing the world (one might resort to *Zeitgeist*) or in terms of particular events and particular attitudes, matters, since it affects what one needs to ask, and what one needs to know, in order to convert the history of images into history itself. The historian's history of art and the art historian's or cultural historian's history turn out to have very different shapes.

3. The Historian's History of Art

It goes without saying, for Wolfgang Filser, that the history that can be written from Athenian pottery is the history of the consumers of those pots. This is apparent from the very title of his book, *Die Elite Athens auf der attischen Luxuskeramik*, and from the way in which the book begins with a discussion of the nature of the Athenian elite. For Filser, what we are looking at when we look at Athenian pots is the world that the elite wanted to look at. As he puts it in his English summary: "As there was only one circle of rich men – the Athenian elite – in the reach of experience of the potters and vase painters in the Kerameikos, it is out of the question whose lifestyle and longings served as models for the images".[7] Filser acknowledges that not all Athenian pots were used

---

[6] It is for this reason that both Wolfgang Filser and I distance ourselves from the approach of Muth (2008) for whom actors' categories can be ignored (hence the talk of 'Gewalt' rather than 'war') and it is purely artistic factors that are crucial determinants of change.
[7] Filser 2017, 583.

by the Athenian élite, but sees the imagery on the pots as providing an 'emulative spur' that stimulated the imitation of the rich.

The history that follows from this takes changing features of the visual record to be a product of changing features of the life of the elite. The increase in the number and elaboration of exotic features in images of the symposium after the fall of the Peisistratids becomes an index of the way in which that event brought about an increased elite desire to distinguish themselves from others. The continuation of orientalising opulence in the years after the Persian Wars shows that the Persian Wars did not make ostentatious luxury outdated, while the disappearance of symposium scenes from the painter's repertoire is an index of the appearance in Athens of a general critique of luxury.

The burst of athletic scenes at the end of the sixth century, too, is related to elite desire for social distinction; the on-going presence of athletic scenes even when sympotic scenes fall away is explained by the fact that whereas luxury is an essential feature of the symposium, athletics offers an opportunity to put the male body at the centre of attention, and so remains popular as a way of keeping the homosexual atmosphere of the palaestra in focus.

The depiction of horses tells a political story. Under a tyranny which may not have had a proper cavalry force, images of horses are few; when they appear, it is as a cavalry force and the riders are conspicuously foreign. The risks of out-shining, or appearing to want to outshine, the Peisistratids, revealed by Herodotos' story about Kimon (6, 103), explain the absence of hippic competition from pottery, despite its prominent presence at the Panathenaia. Once Hippias is removed from Athens, images of elite horsemen appear – but cavalry disappear. Filser sees this as a product of elite resentment at the way in which the new democracy took control of and institutionalised the cavalry.

In this history the evidence of the images on pots necessarily reinforces the evidence of our literary sources. Since the explanation for changes in the imagery comes out of what we happen to have been told about political and military events at Athens, what the images provide is a way of magnifying or mitigating that narrative. The decision as to whether to magnify or mitigate depends upon whether the visual evidence straightforwardly parallels the literary material or whether it appears to ignore or go against trends which the literary texts emphasise. By taking it as read that the images on Athenian pots are the images that the Athenian elite wanted to see, the changing imagery becomes a story of the changing relationship of that elite to political power.

Two features of Athenian pottery drive this historical story. One is the popularity or lack of popularity of particular subjects. When subjects are popular this is because the elite wanted to see themselves reflected in those images – even when the images are images of a foreign cavalry force brought in by tyrants who were not prepared to risk arming the elite themselves. When subjects fall from popularity this is because the elite were not keen to see themselves in the image (e. g. of the institutional cavalry subject to the *dokimasia*) or because they were embarrassed at an image that had been popularly discredited (the luxurious symposium discredited during the Peloponnesian war, in part as a result of Alcibiades' notorious activities).

The second driver for the historical story is the visual detail. It is the detailed depiction of elements of luxury at the symposium at the end of the sixth century that is key to the story of the symposium. It is the presence of richly dressed Scythians and Thracians on horseback that leads to the assumption that the cavalry during the tyranny was made up of foreign mercenaries. It is the change from explicit depiction of athletes training and competing (fig. 1) to depiction of idle athletes showing off beautiful bodies (fig. 2) that drives the story of athletics continuing its popularity as the elite moved from displaying luxury in one form to displaying it in another, a form to which the non-elite could have no objection.

Two aspects of this history are striking. The first is how difficult it is to prevent the relationship between historical events and what happens to imagery seeming arbitrary. The second is that art ceases to have a history. There is no place here for thinking about the impact of the fact that the technique of painting changed in a very fundamental way at the end of the sixth century, and that that might affect choice of scene and choice of detail. Similarly, there is no place for considering that the style of drawing on painted pottery changes over time, and that style might be related to subject matter. It is as if we could have had idle athletes with beautiful bodies in black figure in 550 had that been what the elite wanted to see themselves as at that point. Least of all is there any place for thinking about the fact that what happens to the drawing style of Athenian pottery seems to be related to what happens to the style of Greek art, sculptural as well as graphic, from all over the Greek world, and is therefore not plausibly simply related to the preferences of the Athenian elite.

4. The Art Historian's History

When I started work on the project that turned into *The Transformation of Athens: Painted Pottery and the Creation of Classical Greece* I assumed that what I would observe on Athenian pottery would indeed relate to Athenian events – though I always assumed that pottery satisfied a broad and not merely an elite demand. It quickly became clear that there was no straightforward relationship between what was going on in Athenian life and what was going on in Athenian representation. Earlier scholars had already drawn attention to the curious chronological distribution of images related to religious and sexual behaviour. Literary scholars seeking to find parallels for the issues of ecstatic cult activity explored in Euripides' *Bacchae* at the very end of the fifth century, found themselves talking about images painted in the first quarter or so of the century.[8] So too

---

8   For these issues see Osborne 1997.

the work of K. J. Dover, which brought images on pots together with literary texts, made it very clear that those who sought illustrations of the homoerotic world of the older generation in Aristophanes' comedies, or indeed of Plato's Socrates or of Aeschines and Timarchos, would find themselves engaged with images from the sixth or early fifth century.[9] When one looked at the distribution of military and athletic scenes one found similarly that images showing fighting (fig. 3) or athletes competing at the games (fig. 1) were a feature of red-figure pottery in the late sixth and early fifth centuries but quite absent from later fifth-century scenes involving athletes (fig. 2) or soldiers (fig. 4). Yet just as sexual activity and ecstatic worship of the gods were not obsolete by the middle of the fifth century, so athletics and, even more certainly, warfare remained continuously in front of the public eye – and in front of the elite eye as well as the eye of the 'ordinary Athenian'.

All that the absence of sexual activity, ecstatic cult, military (and indeed non-military) fighting and athletic competition from Athenian imagery of the later part of the fifth century showed for certain was that visual imagery was selective and that the choices of scenes represented changed over time. What closer examination of these, and other, representational histories in relation to one another revealed was that the sorts of selection and exclusion practised with regard to each of these types of scene was similar. Enthusiasm for showing athletic competition was contemporary with detailed representation of warriors arming and fighting, explicit representation of homosexual courtship and heterosexual intercourse (fig. 5) and the representation of ecstatic Dionysiac cult activity. The limitation of military representations to the departing warrior was contemporary with limiting gymnasium scenes to athletes standing about scraping themselves down (fig. 2), figures standing by altars pouring libations, and the almost complete absence of scenes of sexual intercourse. In other words, the changes in the choice of scenes of warfare represented were parallel to the changes in the choice of scenes involving athletics, to the choice of scenes of sexual relations, and to the choice with regard to religious actions. In all cases, scenes that focused on action were replaced by scenes that focused on contemplation, scenes that emphasised the particular and individual were replaced by scenes that had nothing specific about them.[10] Faced with so general a change in the choice of scenes represented, the attractions of explanations closely tied to the particular activities shown were much reduced. One could, for instance, consider the possibility that the attractions of scenes of battle (fig. 3) were much greater when the Athenians were not themselves repeatedly facing battle than when they were. As long as war is a remote but glorious possibility, getting to talk about it at a drinking party might be highly attractive; once everyone at the party knows friends who have not returned from the latest campaign, the attractions of going

---

9   Dover 1978. For the images, see also Kilmer 1993; Lear, Cantarella 2008.
10 The general change in iconography had been noted by Bažant 1985, but no subsequent scholar had picked up on the importance of what he revealed.

into the niceties of arming or the details of actual fighting come to be reduced. So too one could imagine that athletic activity, and in particular athletic competition (fig. 1), was so strongly associated with the wealthy elite that the more democratic community of the middle of the fifth century, rather than thinking about athletic competition, preferred to restrict their gaze to the athletic body (fig. 2) that even those who could not spend much time in the gymnasium might hope to share. But not only do particular explanations sit rather unhappily with a general phenomenon, but finding particular explanations for the declining interest in ecstatic Dionysiac cult (despite continuing interest in Dionysos and in the satyrs and maenads who often accompany him), or for why sexual intercourse should cease to attract attention, remained not at all straightforward: if there were two activities that seem likely to have transcended 'class' boundaries, it will surely have been drinking and sex. When pornography disappears from the newsagent's top shelf, that is because of broader changes in society's attitudes, not a particular unpopularity with sexually explicit imagery.

What sort of historical explanation might we give, however, that will explain all of these changes in the selection of images represented on pots? We might contemplate a variety of answers to this question. In principle, we might be seeing a moral revolution. Religions notoriously have problems with images – above all with images of godhead, but more generally with images of people made in god's image. Even without religious change, one might contemplate a 'revolution of manners', or a 'moral rearmament' campaign. With the history of the British Isles there have been successive attempts to reform morality over the last 250 years, and some of these, at least, have had a distinct effect on what artists have painted (most notably within Victorian painting). Equally, one could contemplate a political revolution – where again parallels from recent history for revolutionary governments wishing to insist upon particular styles of art and choices of imagery are not hard to find.[11] Alternatively, we might wonder about a cultural revolution brought about by emulation. From antiquity, the changes which have often been described in terms of 'hellenisation', and which Andrew Wallace-Hadrill described in *Rome's Cultural Revolution*, come into this category.[12] The Italy of the last two centuries B.C. chose to buy in to Greek cultural values not because of top-down political pressure, but because Greek culture gave a means of doing things, both socially and politically, that could not have been done by keeping one's own local cultural practices.

For what happens in Athens from the late sixth to the later fifth century, however, none of these explanations is obviously appealing. For all that individual Athenians did emulate elements of the culture of non-Greek societies (above all and most remarkably with the adoption of elements of Persian culture and fashion, as M. C. Miller has

---

11   My first attempts to make sense of the changes was inclined to a political explanation: see Osborne 2010, Chapter 1.
12   Wallace-Hadrill 2010.

shown[13]), the imagery of late fifth-century Athens does not align itself with the imagery of any other Mediterranean or Near Eastern society. Nor, despite the generation gap of which Aristophanes makes much comic business, have scholars detected, in what is quite a rich literary record, anything that would merit being termed a revolution in morality (and indeed the discrepancy between the date at which imagery is popular and the date at which texts that seem to correspond with that imagery are popular argues against an all-embracing moral revolution).[14]

The most appealing of the historical explanations is the political explanation. In this case, after all, we do know that there *was* a political revolution. Athens got rid of its tyrant and adopted a constitution in which political power was distributed across the whole citizen body without regard to wealth and with explicit regard to including residents of every part of Attica. Not only was control of policy put into the hand of a body for which the only qualification was being born of an Athenian father, being 30 years old, and being male, but selection for that body was by lot and repeated service on that body was restricted (we cannot be absolutely certain that these conditions applied from the start, but if not, they were quickly adopted). This cannot but have changed both whose voices were heard in the discussions in which policy was formulated and whose votes decided what policy was adopted.

We might therefore wonder whether this political revolution did not affect pot-painters' perceptions of what the prevailing attitudes within Athens were. We might for instance, think that it is reasonable to imagine that when the elite were competing for influence both prior to and under the Peisistratid tyranny, it was the attitudes of the competing elite that did indeed, as Filser suggests, determine the view from the Kerameikos. But we might, unlike Filser, think that as the numerically dominant political vote ceases to be that of the elite, so pot-painters paid more attention to the views which attracted this wider support. If we think that Kleisthenes sold his extremely elaborate institutional reforms on the slogan of equality of political opportunity, we might expect the dominant voting pool in early democracy to emphasise taking opportunities. The focus on competition and action in late sixth and early fifth-century painted pottery would seem to fit such an emphasis: whether the opportunities are for drinking, revelling, ecstatic worship, arming and fighting, taking the prize in athletic competition, or sexual conquest, the figures who inhabit the scenes on red-figure pottery down to the end of the first quarter or so of the fifth century are shown taking advantage of them, and do so much more obviously than the figures in the scenes on mid- to late-sixth-century black figure.

13 Miller 2000.
14 For the generation gap, see Forrest 1975 and Strauss 1993. On a revolution in morality, see further below.

We could go on from there to observe that in the eyes of many scholars there was not one political revolution but two.[15] However shadowy a figure Ephialtes is, and however unclear the precise nature of his reforms, many have convinced themselves that the real revolution occurs at this point – pointing not only to the changed position of the law-courts that these reforms and the subsequent payment of dikasts effected, but to the explosion of political documentation that follows the reforms, and the much more public-facing political responsibility that it marks. 462 can be represented as heralding the Athenian democracy that Thucydides will have Pericles celebrate in his funeral speech, a democracy where the emphasis is not on everyone having a chance to vie for leadership, but on everyone actually taking the part for which they are best fitted (Th. 2, 37). This is a democracy where there are not so much winners and losers, as jobs for all the boys. Is it absurd to think that such a change in political attitude might underlie the change in emphasis in the choice of scenes painted on pottery, from more or less explicitly competitive individual action to unchallenged participation? The world of Athenian imagery from the second half of the fifth century is one where not every man will win in the competition, but all can scrape themselves down with a strigil; not everyone can return from battle a hero, but all can take their helmet, and head off to do their part; not everyone will take up a specialist religious role, but all can pour a libation or join in a sacrificial feast.

Although it is hard to deny that politics plays some part in the changes in what Athenian pot-painters choose to depict on their pots, politics cannot be the whole story. The clearest evidence for this is that the change that occurs on Athenian pots is not limited to Athenian pots. The same change is to be seen in sculpture, and in sculpture made outside Athens and for non-Athenian contexts as well as sculpture made in Athens. The changing iconography of Athenian pottery is indeed closely linked to the phenomenon often termed 'the Greek revolution'.[16] Archaic sculpture had essentially two modes. The mode that dominates histories of Greek sculpture is the frontal mode exemplified above all by the *kouros* and the *kore* – and the history of the Greek revolution has frequently focused on the loss of frontality, and the way that, once a sculpture ceases to define itself solely in relation to the viewer in front of it which it fixes with its unrelenting gaze, statues acquire story and require context. But much archaic sculpture, and above all relief sculpture, had involved not frontal but profile views, indeed figures much like the profile 'spectator figures' so familiar in Athenian black-figure pottery. Some of those figures simply stand and gaze, but others are closely engaged in action – one might think of the base from the Kerameikos showing ball-players. Classical sculpture, when not representing mythology, will largely dispense with such figures and such representations of action, offering up instead figures engaged in trivial

---

15   On the alternative democratic revolutions championed by different modern scholars see Osborne 2006.
16   The classic discussion is by Gombrich 1960. For recent contributions see Vout 2014.

actions which do not involve their mental energies, which can be devoted to thinking about their position in life. Polykleitos' *Doryphoros* and *Diadoumenos* offer the classic non-Athenian instantiations of this in free-standing sculpture, the sides of the Ludovisi throne a classic non-Athenian instantiation in relief.

All of these considerations lead to the proposition that the changing imagery on Athenian painted pottery is part of a larger history, and that that history is not a peculiarly Athenian history but rather a history of Greek art. Athenian pot-painters come to see, and to represent, the world differently because the art world of which they were part came to see and represent the world differently. But this proposition itself raises further questions, that are questions about causes and about consequences. Why does the Greek 'art world' come to see and represent the world differently? And what effect does that changed representation of the world have upon those living in that world? If the world represented is not the world that the pot-painter's patron expects to see represented but the world that artists choose to represent, what effect does that have on the purchasers of those pots?

Art historians have often written as if the only thing that affects the artist is the artist's theory of art, so that e.g. the Greek revolution comes about as the climax of a series of experiments with schemata that capture the observed world which are endlessly 'corrected' until classical naturalism is achieved.[17] Such a view is entirely implausible. It is implausible for art-historical reasons, because when a person is represented there is no one thing that is represented, and artists will always be making choices that are not a matter of what is, or is not, correct, but of what they wish to bring out and what to hide. It is also implausible because artists are themselves part of a society, human beings whose views of the world are inevitably shaped not simply by their artistic training but by their political and social context. Seeing the world as a world of *doryphoroi*, rather than as a world of *kouroi*, is not a matter of having finally corrected the *kouros* schema, it is a matter of thinking that the important point for the viewer to take away is not admiration for the figure in front of them, and a concern as to whether they match up to that figure, but what it would be to *be* the figure in front of them, to enter into that figure's story.

Artists' representations of the world change because the way they see the world changes, and the fact that the change to be observed on Athenian pottery can also be observed in the work of non-Athenian sculptors implies that a changed way of seeing the world did not come about solely because of the particular political revolutions experienced in Athens. Those who have tried to explain the Greek revolution have acknowledged this in looking as much to the Persian Wars as to Athenian democracy for their explanations.[18] Why the Persian Wars might have been important has some-

---

17 This is essentially Gombrich's view.
18 See e.g. Pollitt 1972.

times been explained simply by Greek success, and the supposed confidence in human judgement that followed that success. But we might wonder rather whether the crucially important factor was not the lesson that the Persian Wars gave about what could be achieved by working with others of quite different persuasions. Winning the competitive stakes in relation to other Greeks might look rather hollow by comparison to the advantages of, at least briefly, seeing the world as others saw it. Whether sincerely adopted, or adopted as part of a rhetorical strategy, the line that one could see the other's point of view, and that more could be achieved in collaboration, offered something more than the zero-sum competitive game of the years up to the Persian Wars. The reflections of the athlete who is scraping down (fig. 2) are not limited to whether they won or lost, the reflections of the departing warrior (fig. 4) not simply on whether they will be victorious in battle.

The outlook upon the world that is embedded in the way the world is represented is not, however, merely political. If the Persian Wars were indeed the catalyst, they were the catalyst for a significant revolution in interpersonal relations generally. The shock of victory, and the shaming of those who had no part in it, are surely an important part of this story. One illustration of this is provided by commemorative practices: after Marathon the Athenian polemarch Kallimachos was celebrated; after Plataia the attempt by the Spartan regent Pausanias to celebrate himself brought a strong hostile reaction.[19] Within two decades the Athenians were listing on annual public grave monuments every one of their soldiers who died in war.

5. Visuality and Sexuality

If the story that I have told so far is true, then we should expect to see the changing ways of seeing the world that are manifested on Athenian pots also manifested in our texts. Our literary evidence does not, unfortunately, provide us with anything like the continuous coverage that is afforded by the pottery. We surely have images from the hands of Athenian painters for every year from at least 575 to 400 B. C., and for many years we must have hundreds of images. But from the whole Greek world we do not have any such continuous textual record, and in particular we do not have any such continuous record in any particular genre. We are well informed as to what was represented on the comic stage in Athens in the last quarter of the fifth century, but have little idea as to what the earliest Athenian comedies had looked like half a century earlier. And even when we do have evidence that is relatively well spread out, the issue of an individual author's viewpoint distorting the picture becomes serious. Do we know

---

19   For Kallimachos see *ML* 18; for Pausanias, Th. 1, 132, 2–3.

what was represented on the Athenian tragic stage in from 472 to 459, or only what Aeschylus represented there and then?

Although any attempt to map discourse on the basis of texts is going to be rough and ready, it is nevertheless worth making the attempt. And of course scholars have made that attempt, even if less often than one might have expected. In what follows I want to take advantage of one attempt, Michel Foucault's *History of Sexuality* vol. 2, to suggest that what he saw happening in classical sexuality neatly maps onto the story that is told by the images.[20]

Despite the title of his book, the second volume of Foucault's *History of Sexuality* does not really offer a history, in terms of an account of change through time, so much as a synchronic account of 'classical' attitudes to sexuality. Only occasionally (e. g. p.39 fn., where he notes that Dover had observed that the degree of reserve shown by Greek authors in representing sexual acts increases over time[21]) does Foucault allude to changes over the course of Greek antiquity. Nevertheless, the rich account that he gives of the discourse surrounding sex and sexuality in the classical period allows such a history to be written. Central to what Foucault calls 'the moral problematization of pleasures' is the notion of *enkrateia* – the expectation that individuals will experience strong desires but will exercise control over them. Foucault's great contribution to our understanding of the classical world was to show the key role played by 'self-mastery'; where others had emphasised the positive value put upon moderation (*sophrosyne*), Foucault emphasised that, although it is only with Aristotle that *enkrateia* as such is separately theorised, the requirement for self-mastery runs through earlier classical texts, above all Xenophon and Plato.[22]

It is easy to imagine that the reason why Xenophon, Plato and Aristotle produce the clearest evidence for *enkrateia* is because they are authors engaged with abstract moral issues, and that, in the absence of earlier similarly moralising texts, it is impossible to know how far self-mastery was or was not a widely espoused value. But in fact implicit comment on the presence or absence of self-mastery can be found in many earlier texts; the absence of self-mastery is, for instance, a crucial feature of the 'despotic template' in Herodotos.[23] Equally, however, we have texts which show no regard for issues of self-mastery at all, and in particular, in this context, no regard for self-mastery as far as sexual behaviour is concerned. That is particularly clear in archaic poetry, whether we look at Archilochos, Sappho, Semonides, Hipponax or Anacreon. Failure to master the self is nowhere on the agenda in these poets, who neither expect that they should show self-mastery, nor criticise others for lack of self-mastery. Semonides observes of the woman who is 'from the weasel' that 'she is mad for the bed of love', but despite

---

20   Foucault 1985.
21   Dover 1974, 206 f.
22   Foucault 1985, 63–77.
23   See Dewald 2003.

the negative presentation, it is not for absence of self-mastery that her sexual activity is criticised, but for the effect it has upon men (Semonides 7, 5–4). Nor is there any sign that concern for lack of self-mastery intrudes upon Archilochos' or Hipponax's accounts of their own sexual intercourse (Archilochos 196a (the Cologne epode); Hipponax 84).

While we cannot be sure what discourse the images on pots provoked, and should not exclude the possibility that scenes of outrageous behaviour attracted critical comment, it is certainly the case that the images of more or less explicit sexual activity that are found on Athenian pottery from the sixth (fig. 5) and beginning of the fifth century are not themselves characterised by the self-mastery that they display. There are certainly some images that raise issues of sexual self-mastery – the ligaturing that is not uncommonly shown on pots of this date always raises that issue. However, although sexual desire is certainly an issue in some images where ligaturing is shown, ligaturing is not shown in contexts where opportunities for sexual intercourse are on offer. In images that include sexual intercourse, the emphasis is upon the achievement of pleasure and the absence of inhibition. Sensitivities seem to surround the form and objects of intercourse (some forms of intercourse and intercourse with animals are restricted to satyrs) rather than the fact of sexual intercourse.[24]

What distinguishes the imagery prevailing from the middle of the fifth century from the imagery of the late sixth and early fifth century, however, can well be described as self-mastery. It is not so much that classical images actively show constraint as that they focus on the decision-making of the actors. Rather, whereas the figures in the scenes painted on pottery of the late sixth and early fifth century (figs. 1, 3 and 5) get on and do things (whether that is arming, fighting, taking part in athletic competition, jumping, throwing, running, or making love, making out, or whatever), the figures in the scenes painted on pottery from the middle and later fifth century (fig.s 2 and 4) are shown contemplating action: they contemplate what they have done in the gymnasium as they scrape themselves down, contemplate what they will do in the gymnasium as they get a feel for their athletic equipment, contemplate the fighting that will come as they take their armour, contemplate (in the unique scene of incipient sexual intercourse) the sexual encounter on which they are embarking. What is significant in this imagery is the way in which the decision to show individuals thinking about what they are doing forces the viewer to review what has and what will happen. Whereas the viewer of the scenes on late archaic pots observes a particular event happening, the viewer of the classical pot is made to run through the whole range of alternative scenarios. And it is the viewer, alone, who limits what those scenarios are. The artist may give more or less clear clues as to the nature of the activity that has happened or will happen, but exactly what fantasy outcome is entertained remains with the viewer.

---

24   In addition to Kilmer 1993 and Lear and Cantarella 2008, see Parker 2015 and Osborne 2018b.

Self-mastery is not the only issue raised when an individual contemplates action, but it is an unavoidable issue. When deciding what to do, individuals must weigh up their desires against the consequences of the action, for themselves and for others. That applies whether the issue is succumbing to sexual desire, deciding whether to face the chance of athletic defeat in the hope of the glory of victory, or calculating that not taking part in war will be reckoned discretion rather than cowardice. Thucydides has Pericles pick out the Athenian commitment to forethought as marking them out (2, 40. 3–4):

> The great impediment to action is, in our opinion, not discussion, but the want of that knowledge which is gained by discussion preparatory to action. [3] For we have a peculiar power of thinking before we act and of acting too, whereas other men are courageous from ignorance but hesitate upon reflection. And they are surely to be esteemed the bravest spirits who, having the clearest sense both of the pains and pleasures of life, do not on that account shrink from danger (trans. Jowett).

Thucydides does not have Pericles here explicitly use the language of *enkrateia*, but the reference to "knowing what is terrible and what is pleasant most clearly" (κράτιστοι δ᾽ ἂν τὴν ψυχὴν δικαίως κριθεῖεν οἱ τά τε δεινὰ καὶ ἡδέα σαφέστατα γιγνώσκοντες) points strongly in that direction: the point must be not that Athenians can identify pleasures in order always to choose them, but that they can identify pleasures and accurately assess how those pleasures should be weighed.

The importance of the parallelism between the history of sexuality and the history of visuality is not that it establishes a causal connection – we have no reason to think that how Greeks of the classical period saw the world was a product of a changed attitude to sex – but that it enables us to see how, in areas where we have some independent evidence for changing values, the same changes that we can observe in the history of visuality are to be found played out. The 'Greek revolution' in visuality is part of a revolution in inter-personal relations, whatever the context in which those relations are played out.

The importance of this revolution in inter-personal relations cannot be underestimated. It created the world that produced, and is explored by, the great literature of the classical period, and it created a way of logging the visual world that has remained the primary reference point for subsequent ways of seeing in the western world.[25]

---

25   I am most grateful to the participants for a stimulating conference, and to the editor and to Caroline Vout for improving an earlier draft.

Figures

Fig. 1 Exterior of Attic red-figure cup ascribed to the Briseis Painter, c.470, depicting young men wrestling in the palaistra, Hamburg 1900.518. Photograph: Luther & Fellenberg. https://sammlungonline.mkg-hamburg.de/de/object/Schale-Form-C-Außen-Palästraszenen--Innen-Junger-Mann-bereitet-die-Palaistra-vor/1900.518/dc00123569

Fig. 2 Interior of Attic red-figure cup ascribed to the Orleans Painter, c. 460, depicting an athlete with strigil in a gymnasium (marked by a boundary-stone over which hang the athlete's clothes). New York Metropolitan Museum, 2011.604.1.7732 (Gift of Dietrich von Bothmer). https://www.metmuseum.org

Fig. 3 One side of an Attic red-figure column crater ascribed to Myson, c. 480, depicting two warriors in combat over a fallen warrior. New York Metropolitan Museum 56.171.45. Fletcher Fund 1956. https://www.metmuseum.org

Fig. 4 One side of an Attic red-figure amphora ascribed to the Westreenen Painter, c. 450, depicting a man carrying spear and shield departing for war: he holds out a libation bowl into which a woman pours from an oinochoe. New York Metropolitan Museum 41.162.109, Rogers Fund 1941. https://www.metmuseum.org

Fig. 5 Interior of Attic black-figure cup, c. 530, depicting love-making, masturbation and defecation. Hamburg 1983.275. https://sammlungonline.mkg-hamburg.de/de/object/Schale-Paare-beim-Geschlechtsverkehr/1983.275/dc00126673

Bibliography

Bažant, J., *Les citoyens sur les vases athéniens du 6ᵉ au 4ᵉ siècle av. J.-C.*, Prague 1985.
Bérard C. et al., *La Cité des images: religion et société en Grèce antique*, Paris 1984. Eng. trans. *A city of images. Iconography and Society in Ancient Greece*, Princeton 1989.
Dewald, C. "Form and Content: The Question of Tyranny in Herodotus," in: K. Morgan (Ed.) *Popular Tyranny: Sovereignty and its Discontents in Ancient Greece*, Austin/TX 2003, 25–58.
Dover, K., *Greek Popular Morality in the Time of Plato and Aristotle*, Oxford 1974.
Dover, K., *Greek Homosexuality*, London 1978.
Filser, W., *Die Elite Athens auf der attischen Luxuskeramik*, Berlin 2017.
Forrest, W, "An Athenian Generation Gap," *YCS* 24, 1975, 37–52.
Foucault, M., *The Use of Pleasure: the History of Sexuality Volume 2*, trans. from the French by Robert Hurley, London 1985.
Gombrich, E., *Art and Illusion. A Study in the Psychology of Pictorial Representation*, London 1960.
Kilmer, M., *Greek Erotica on Attic Red-Figure Vases*, London 1993.
Lear, A., Cantarella E., *Images of Ancient Greek Pederasty*, London 2008.
Meiggs, R., Lewis, D., *A Selection of Greek Historical Inscriptions to the End of the Fifth Century BC*, Oxford 1989 (revised edition) (*ML*).
Miller, M., *Athens and Persia in the Fifth-Century B.C. A Study in Cultural Receptivity*, Cambridge 2000.
Muth, S., *Gewalt im Bild. Das Phänomen der medialen Gewalt im Athen des 6. und 5. Jh. v. Chr.*, Berlin 2008.
Osborne, R., "Whose image and superscription is this?" (Review article on *A City of Images*), *Arion* 3rd series 1.2, 1991, 255–275.
Osborne, R., "The Ecstasy and the Tragedy: Varieties of Religious Experience in Art, Drama and Society," in: C. Pelling (Ed.), *Greek Tragedy and the Historian*, Oxford 1997, 187–211, reprinted with endnotes in Osborne 2010, 368–404.

Osborne, R. "When was the Athenian Democratic Revolution," in: S. Goldhill, R. Osborne (Eds.), *Rethinking Revolutions through Ancient Greece*, Cambridge 2006, 10–28.

Osborne, R., *Athens and Athenian Democracy*, Cambridge 2010.

Osborne, R. "Imaginary Intercourse: an Illustrated History of Greek Pederasty," in D. Allen, P. Christesen, P. Millett (Eds.), *How to Do Things with History*, Oxford 2018b, 313–338.

Osborne, R., *The Transformation of Athens: Painted Pottery and the Creation of Classical Greece*, Princeton 2018a.

Parker, H., "Vaseworld: Depiction and Description of Sex at Athens," in: R. Blondell, K. Ormand (Ed.), *Ancient Sex: New Essays*, Columbus/OH 2015, 23–142.

Pollitt, J., *Art and Experience in Classical Greece*, Cambridge 1972.

Strauss, B., *Fathers and Sons in Athens. Ideology and Society in the Era of the Peloponnesian War*, London 1993.

Vout, C. "The end of the 'Greek Revolution'?," *Perspective: actualité en histoire de l'art* 2, 2014, 246–252.

Wallace-Hadrill, A., *Rome's Cultural Revolution*, Cambridge 2010.

ROBIN OSBORNE
Professor of Ancient History, University of Cambridge

Bilanz und persönliche Ausblicke

WERNER RIESS

Wie könnte man die Ergebnisse eines Workshops zusammenfassen, der sich u. a. so unterschiedlichen Themen wie den Eliten Athens im 5. Jh. v. Chr., dem ersten Seebund, Perikles, Alkibiades und der Vasenikonographie angenommen hat? Insgesamt sehen wir ein äußerst dynamisches Jahrhundert, in dem es Athen gelang, den Sieg in den Perserkriegen in eine Herrschaft über die Ägäis zu verwandeln und damit den Trend der maritimen Expansion, der sich schon Ende des 6. Jhs. v. Chr. abzeichnete, robust und mit gesteigerter Institutionalisierung fortzusetzen. Tiefgreifende politische und mentale Konsequenzen waren die Folge. Hatte ich im Rahmen des Colloquiums Atticum III die archaische Zeit des 6. Jhs. als ein Achsenjahrhundert beschrieben, in dem, metaphorisch gesprochen, Aristokratisierungsprozesse im sozialen Gefüge immer weiter nach unten sanken, d. h. immer mehr Bürger mit Durchschnittseinkommen Oberschichtenrituale und -repräsentationsformen rezipierten[1], so hatten die Eliten im 5. Jh. mit dem durch die erfolgreiche Perserabwehr gestiegenen, neuen Selbstbewusstsein der Unterschichten und deren deutlicher formuliertem Herrschaftsanspruch nicht nur zu leben, sondern sich damit auch politisch wie habituell zu arrangieren (Claudia Tiersch). Es erscheint adäquat, im Falle des klassischen Athen nicht von einer Aristokratie zu sprechen (sie hätte sicher noch größere Schwierigkeiten gehabt, sich den neuen politischen Rahmenbedingungen anzupassen), sondern von temporären Eliten; temporär, da sie aus ihren Ämtern jederzeit abgewählt werden konnten, funktional, weil sie innerhalb des Kosmos Athens ganz bestimmte Funktionen und Rollen erfüllten. Unter den veränderten Handlungsbedingungen ab den Kleisthenischen Reformen kam es für diese Eliten darauf an, möglichst überzeugend im Interesse des Demos zu handeln, um politisches Prestige zu erwerben bzw. behalten zu können. Der Aufbau bzw. der Erhalt gentilizischer Gefolgschaften war durch die Phylenreform des Kleisthenes „verunmöglicht" worden, die Instrumentalisierung von Reichtum für politische Zwecke war zunehmend verpönt, weil sich nach und nach

---

[1] Riess 2018, 278.

ein autonomes politisches Feld aus dem sozialen ausdifferenzierte. Die solonische Luxusgesetzgebung hatte bereits ca. 100 Jahre vor den Perserkriegen in diese Richtung gedeutet. Natürlich waren die Eliten nach wie vor erpicht auf Prestige, das homerische Denken wirkte fort und hatte sich in seinen Grundstrukturen kaum geändert, aber eben die politischen Rahmenbedingungen, in denen der Agon um Ruhm und Ansehen nun stattfinden musste und durfte. Auf zwei Feldern konnten sich die Eliten vor den Augen des Demos auszeichnen, in der möglichst prunkvollen Ausstaffierung von Staatsfesten (Choregien) und v. a. im Bereich der Außenpolitik. Aus dieser Perspektive erscheint der Seebund nicht nur aus geostrategischem Interesse (Vorfeldverteidigung gegenüber Persien) aufgebaut worden zu sein, sondern auch aus der für die aktiven Eliten innenpolitischen Notwendigkeit heraus, in der Außenpolitik zu brillieren, indem man den attischen Einflussbereich stets zu erweitern und Tribute der Bundesgenossen dem athenischen Volk zur Verfügung zu stellen suchte. Als jedoch klar wurde, dass der Demos bzgl. seiner Herrschaftsansprüche immer fordernder auftrat, stellte sich bei den Eliten eine gewisse Ernüchterung ein. Eine standesgemäße Repräsentation nach innen war kaum mehr möglich – Alkibiades setzte hier mutig einen Kontrapunkt, den seine Zeitgenossen gerade deshalb so faszinierend fanden –, alles, was man außenpolitisch leistete, war immer noch zu wenig bzw. höchst prekär. Die Katastrophe der Sizilischen Expedition hatte die Unersättlichkeit, ja Hybris des Demos allzu deutlich gemacht. Die Entfremdung war aber auch auf Seiten des Demos zu spüren: Warum waren die Eliten nicht bereit, sich noch stärker anzupassen, warum schielten sie nach Sparta? Warum gab es nach wie vor „adelige" Hetairien, die gelegentlich nächtliche Umtriebe veranstalteten (Hermen- und Mysterienfrevel)? Die oligarchischen Putsche von 411 und 404/3 v. Chr. können aus dieser Perspektive durchaus als das Scheitern der Integration der Oberschichtenangehörigen in das System der athenischen Demokratie angesehen werden, wenn auch die jeweiligen konkreten Auslöser wohl primär doch in den vernichtenden militärischen Niederlagen zu sehen sind.

Mangels innenpolitischer Entfaltungsmöglichkeiten bzw. aufgrund des innenpolitischen Druckes auf die Eliten, sich für das Volk und vor seinen Augen zu bewähren (ich spreche gern von Treibhausatmosphäre[2]), wurde also die Außenpolitik das Spielfeld für das Ausleben der oligarchischen Ambitionen. Die Eliten schufen so für sich und für und mithilfe des Demos ein machtpolitisch und ökonomisch motiviertes Herrschaftssystem. Ökonomische, rechtshistorische und archäologische Untersuchungen ergänzen sich und kommen zum selben Ergebnis, nämlich, dass der Seebund ein brutales Herrschaftsinstrument war, welches die Bündner unterdrückte und ausbeutete. Der angebliche Schutz vor der persischen Aggression war wenig mehr als athenische Propaganda. In diesem Zwangssystem war jedoch schon der Keim für den Untergang gelegt, worauf die frühen Abfallbewegungen bereits hinweisen. Interessanterweise

---

2   Riess 2017.

ist der Aufbau von Protostrukturen dieses Systems schon gegen Ende des 6. Jhs. zu beobachten und fällt somit noch in peisistratidische Zeit (Panagiotis Athanasopoulos). Vor dieser Langzeitperspektive relativiert sich die Bedeutung der Perserkriege als auslösendes Moment für die Gründung des Seebundes. Die Perserkriege fungieren eher als verstärkender Katalysator einer bereits seit langem bestehenden Entwicklung. Dies sind durchaus neue Befunde. Das traditionelle Bild einer Entwicklung von einem Bund, der am Anfang auf inneren Konsens und Defensive gegenüber Persien angelegt war, hin zu einem schließlich starken Machtgefälle zwischen einer sich immer tyrannischer gerierenden Polis und einem von ihr abhängigen Untertanenverband, ist so also nicht richtig. Von Anfang an, d. h. vom 6. Jh. an, arbeitete Athen bewusst und zielstrebig am Aufbau einer geopolitischen und ökonomischen Dominanzstellung in der Ägäis unter Anwendung persischer Herrschaftstechniken (Armin Eich). Der Ionische Aufstand mit athenischem Engagement gewinnt vor diesem Bild eine ganz andere Bedeutung: Ist es möglich, die Perserkriege vor diesem Hintergrund aus persischer Perspektive als eine Art Präventivverteidigung des persischen Vorfeldes zu deuten? Die Prüfung dieser Hypothese muss weiteren Forschungen vorbehalten bleiben.

Datiert man mit Mattingly die Seebunddekrete eher in die Spätphase des Bundes, sind sie, da der Imperialismus schon seit Jahrzehnten bestand, weniger als Zeugnisse einer neu einsetzenden imperialen Politik (Perikleischer oder Kleonischer Imperialismus) als vielmehr als sich verdichtende Belege für eine äußerst angespannte finanzielle Situation, die sich im Laufe des Peloponnesischen Krieges immer weiter verschärfte, zu interpretieren.

Die neue völkerrechtliche Forschung bestätigt, dass das Machtgefälle zwischen Athen und den Bundesgenossen von Anfang an angelegt war. Athen tritt bereits bei der Gründung des Bundes als militärische Hegemonialmacht auf, die Athener müssen auch keine Beiträge zahlen. Im Prinzip wurden v. a. nach Abfallbewegungen Unterwerfungsdekrete in Form von Homologien abgeschlossen (Philipp Scheibelreiter). Die Bedeutung von Homologien ergibt sich dabei aus dem attischen Prozessrecht, das mit der gebotenen Vorsicht auch auf die zwischenstaatliche Beziehungsgestaltung anwendbar ist. Im Unterschied zum römischen Konsensualvertrag erfolgt die Homologie einseitig, wird also im vorliegenden Falle von Athen dem unterworfenen Bündner diktiert, der seine Zustimmung zum jeweiligen Dekret erklärt bzw. mangels Alternativen erklären muss. *Homologein* heißt nichts anderes als „gleich sprechen", „erklären", „bekennen". Im Homologievertrag werden Tatsachen oder Rechtsverhältnisse als nicht änderbar, also unverbrüchlich dargestellt, worauf Athen besonders Wert legte. Bei einem Kapitulationsvertrag wurden also Unterwerfungsbedingungen vorformuliert und per Homologie von Seiten des Unterworfenen bestätigt, der damit die kurz vorher ausgehandelten oder aufoktroyierten Bestimmungen bestätigte.

Das Herrschaftsinstrument, mit dem Athen diese einseitigen Unterwerfungsbedingungen diktieren konnte, war die Flotte. Neue Ergebnisse der Unterwasserarchäologie belegen eine beeindruckende Flottenmacht auch schon für das 5. Jh., die in der Antike ihresgleichen sucht (Panagiotis Athanasopoulos). Auch hier bestätigt sich der ökonomische Befund. Die ältesten *slipways* gehen schon auf das späte 6. bzw. frühe 5. Jh. v. Chr. zurück. Sehr früh und zunehmend verstand sich Athen als maritime Macht. Der Hafen mit seinen vielfältigen Bauten erlangte auch symbolische Bedeutung, die sowohl nach innen als auch nach außen wirkte und welche die neue Identität der Athener ganz entscheidend konstituierte.

Das Bindeglied zwischen den Athenern als Bürgerverband und den herausragenden Individuen, die den Verlauf des Peloponnesischen Krieges entscheidend prägen sollten, stellen Reflexionen über das komplexe Verhältnis zwischen Staat und Individuum im politischen Denken des 5. Jhs. dar (Martin Dreher). Das Neue an der demokratischen Entwicklung am Ende des 6. Jhs. war die Sichtweise der Polis als Personen- bzw. Bürgerverband, was sie von vorderasiatischen Stadtkonzepten fundamental unterschied. Spätestens Solon bestätigte in seiner oftmals somatisch orientierten Gesetzgebung die herausragende Bedeutung des Individuums. Vor diesem Hintergrund der Archaik erscheint die Tyrannis als eine persönliche Herrschaft, als eine Übersteigerung des aristokratischen Individuums. Was wir in der Folgezeit beobachten, sind Wellenbewegungen bzw. kontrapunktische Reflexe im Verhältnis zwischen Polis und Individuum. Demokratie bedeutet zunächst einmal eine Abkehr von der Tyrannis, also eine Entpersönlichung der Herrschaft und damit eine intensive v. a. politische Einbindung des Individuums in die Strukturen der Proto-Polis bzw. Polis. Im Militärwesen hatte sich dies bereits im langsamen Übergang vom Ideal des homerischen Einzelkämpfers hin zum kooperationsbereiten Hopliten in der Phalanx angedeutet. Auf dem Schlachtfeld wie in der Polis musste sich der Einzelne nun den Konventionen, Normen und Gesetzen der Polis unterwerfen, was, wie oben erwähnt, zumindest für die Eliten große Probleme mit sich brachte. Das Scheitern ihrer Integration in das neue, so egalitäre Gemeinwesen sehen wir in den oligarchischen Putschen von 411 und 403. Man könnte sagen, das Diktum „Du bist nichts, Deine Polis ist alles" gilt auch hier. Zumindest für das 5. Jh. trifft wohl – etwas pauschalisierend ausgedrückt – zu, dass der Einzelne sich primär über die Polis definierte, ein Leben außerhalb dieses Verbandes nicht vorstellbar war. Dennoch bleibt gleichzeitig, und das unterstreicht die Ambivalenz zwischen Individuum und Staat, der Einzelne als Individuum zentral wichtig. Es ist jeder Einzelne, der aktiv am politischen Leben partizipiert und z. B. auch das öffentliche Gerichtsverfahren mit einer *graphe* anstrengen kann. Die Sophisten, die in ihrer Herkunft und Schulung wohl auch den Eliten zuzuordnen sind, betonen – eigentlich antidemokratisch – die Individualität stark, bis hin zur Formulierung des Rechts des Stärkeren, eines Prinzips, das auf der Ebene des Individuums einem Alkibiades zu Gute kam, und auf der Polis-Ebene die Rechtfertigung für eine tyrannische Außenpolitik lieferte[3]. Das Problem der Unterordnung des Einzelnen unter die Gesetze bzw., neutraler, die

---

3 Man denke hier nur an den berühmten Melier-Dialog, Thuc. 5.85–113.

Respektierung der geltenden Normen, wird in der Tragödie (z. B. Antigone) ausführlich reflektiert. Dass es auch in der Lebenswelt der Athener zur Kollision der Vorstellungen kam, zeigen Figuren wie Alkibiades und die Oligarchen, die sich 411 und 404 nicht mehr in die demokratische Polis einbinden ließen. Die kontinuierliche Ambivalenz des Verhältnisses zwischen Individuum und Polis findet in der Personifizierung des Demos eine gewisse Synthese. Die Polis als Person wird zur *polis tyrannos*. Wieder beobachten wir die Aristokratisierung des Demos ab dem 6. Jh. Jeder männliche athenische Bürger konnte sich im 5. Jh. als ein Tyrann im Kleinen verstehen, zumindest in seiner Funktion als *kyrios* gegenüber seiner Ehefrau, seinen Kindern und Sklaven; in der Seebundpolitik und in der Gestaltung der Unterwerfungsverträge drückt sich dieser tyrannische Herrschaftsanspruch der Politen insgesamt deutlich aus, eines Bürgerverbandes, der sich aus stolzen und machtbewussten Einzelpersonen zusammensetzte.

Damit ergibt sich die herausragende Rolle von Führungspersönlichkeiten im Vorfeld und während des Peloponnesischen Krieges. Perikles und Alkibiades sollen hier nur *exempli gratia* stehen, viele andere (z. B. Kleon, Nikias) hätten ebenfalls herangezogen werden können, um die skizzierten allgemeinen Handlungsbedingungen zu erläutern.

Eine frische Analyse der Aristophanes-Scholien zum Stück *Frieden*, die sich zum Teil auf den Atthidographen Philochoros beziehen, rücken den Phidias-Prozess, die Aufstellung der Athena Parthenos und den Ausbruch des Peloponnesischen Krieges in einen engen zeitlichen (431) wie inhaltlichen, ja kausalen Zusammenhang (Charlotte Schubert). Folgt man der Einschätzung dieses Traditionsstranges, erscheint Perikles in einem ungünstigen Licht. Er hätte dann von der Selbstbereicherung seines Freundes Phidias gewusst, der offenbar Gold oder Elfenbein bzw. durch einen Abrechnungsbetrug Geld in seine eigene Tasche abzweigte, und Perikles hätte, um von seiner Mitwisserschaft und den damit zusammenhängenden innenpolitischen Problemen abzulenken, das megarische Psephisma lanciert, um die Flucht in die Außenpolitik anzutreten. Der pro-perikleische Bericht des Thukydides hält Perikles hingegen von diesen Vorwürfen frei. Thukydides sieht aus der Makroperspektive die Gründe für den Ausbruch des Krieges im schon lange schwelenden Dualismus zwischen Athen und Sparta und lässt die Konflikte um Korkyra, Poteidaia und das megarische Psephisma nur noch als Auslöser erscheinen. Perikles mag also in den Kriegsausbruch durchaus mehr involviert gewesen sein als es unsere Hauptquelle vorgibt, dennoch wird, so meine ich, die Darstellung des Thukydides nicht falsch. Perikles konnte mit dem megarischen Psephisma den Krieg nur deswegen auslösen, weil die Zeichen schon auf Krieg standen, weil Athen und Sparta sich seit Jahrzehnten in einer wachsenden Rivalität miteinander befanden. Athens harsche Seebundpolitik hat nicht gerade zur Vertrauensbildung auf spartanischer Seite beigetragen. Wenn das megarische Psephisma nicht den Krieg ausgelöst hätte, dann wohl ein anderes Ereignis, das nicht unbedingt von Perikles initiiert werden hätte müssen. Andererseits ändert diese Einschätzung wiederum nichts an der Tatsache, dass Perikles offenbar doch erhebliche Verantwortung für den Kriegsausbruch zukommt, die Thukydides bewusst verschweigt, Aristophanes und seine Scholiasten jedoch überliefern, womit der Komödie erhebliche historische Aussagekraft zukommt.

War Perikles' Lavieren vor dem Kriegsausbruch schon deutlich, so wurde er in der Ambivalenz seiner Persönlichkeit bei weitem von Alkibiades übertroffen. Wie in einem Brennglas sehen wir in der Person des Alkibiades die widersprüchlichen Tendenzen der Zeit gebündelt. In seinem Oszillieren zwischen aristokratischer, ja tyrannischer Selbstbehauptung einerseits, und Eingebundensein in die Polis andererseits, kann man beinahe eine Summa des Colloquiums sehen. Die Betrachtungen Herbert Heftners legen einen rationaleren Alkibiades frei, überlegter und planmäßiger vorgehend als er oft in unseren Quellen erscheint. Im Gegensatz zu dem von Alkibiades gepflegten und nach außen hin lancierten Image des Draufgängers und Hasardeurs, kalkulierte er stets nüchtern und wog seine Erfolgschancen ab, wobei er Risiken so weit wie möglich zu vermeiden suchte. Ganz im Stil der Eliten der Archaik pflegte er als Grundpfeiler seines Einflusses in Athen und zum Zwecke seiner Absicherung weitläufige Netzwerke im Ausland. Er war begabt mit einem ganz außergewöhnlichen Verhandlungsgeschick, das es ihm erlaubte, sich chamäleonartig an den jeweiligen Gesprächspartner anzupassen. Sein diplomatisches Bravourstück lieferte er sicher 411 ab, als er zwischen der Flotte auf Samos und den Oligarchen zu Hause verhandelte. In einem gefährlichen Drahtseilakt spielte er die Seiten so gegeneinander aus, dass ein offener Bürgerkrieg verhindert werden konnte. Eine Folge dieser Vermittlungsdiplomatie war der Sturz der Vierhundert. Das bedeutet nun nicht, dass Alkibiades sich engagiert für die Demokratie eingesetzt hätte, aber es zeugt von seiner Einsicht in die Kräfteverhältnisse und damit politischen Machbarkeiten. Hätte er einen persönlichen Gewinn in der Aufrechterhaltung der Herrschaft der Vierhundert gesehen, hätte er die demokratische Sache wohl verraten. Alkibiades war sich sehr wohl bewusst, dass sein ganzes symbolisches Kapital in seinen Erfolgen lag. Waren diese nicht gegeben bzw. fürchtete er um Leib und Leben, wechselte er blitzschnell die Seiten. Ein Satz aus dem Vortrag Heftners sei an dieser Stelle zitiert: „historische Bedeutung ist ihm gewiss zuzugestehen, aber sie liegt nicht in seinem Einfluss auf den Gang der Ereignisse, sondern darin, dass er mit seiner Zerrissenheit zwischen Tradition und Freidenkertum, zwischen Polisbindung und individuellem Geltungsanspruch das Wesen seiner Epoche eindrucksvoll verkörpert hat." Die Ambivalenz zwischen Staat und Individuum, so deutlich von der Sophistik formuliert, fand hier ihren Ausdruck in der Person des Alkibiades. Wie sehr Individuum und Staat tatsächlich aufeinander bezogen sind, war ihm wohl bewusst. In dem berühmten Rededuell zwischen Nikias und Alkibiades bei Thukydides, wo die beiden über die Sinnhaftigkeit der Sizilischen Expedition streiten, wirft Nikias Alkibiades (mit indirektem Bezug auf dessen pompösen Auftritt bei den Olympischen Spielen) vor, ein exuberantes persönliches Repräsentationsverhalten zu zeigen[4]. Schon Solon waren solche aristokrati-

---

4   Thuc. 6, 12.

schen Starallüren zuwider, daher seine Luxusgesetze; später unternahmen die Athener wiederholt Versuche, z. B. einen überzogenen Grabkult einzudämmen. Alkibiades konterte, indem er sein überbordendes Repräsentationsverhalten in den Dienst der Polis gestellt zu haben vorgab, also genau das machte, was die Eliten seit den Kleisthenischen Reformen versuchten. Die ostentative Zurschaustellung des Reichtums gereiche, so die Argumentation der Oberschichten, insofern auch der Polis zum Nutzen als die Ausländer im Reichtum der Eliten auch den Wohlstand Athens erkennen könnten. So würde Athen also auch ob des Reichtums eines Alkibiades und seiner Repräsentationskraft bewundert und vielleicht sogar überschätzt.

Dass Alkibiades und seine Standesgenossen Schwierigkeiten hatten, sich in die demokratische Ordnung einzugliedern, steht fest. Wie sah es aber mit den Hopliten aus? Sie standen vermögensmäßig zwischen den reichen Oligarchen und den armen Theten. Wie bedingte dieser Umstand ihre Haltung zur Demokratie? Die Hopliten strebten 411 und auch 404 wohl tatsächlich eine Hoplitenpoliteia an, welche die Theten ausschloss (Wolfgang Blösel). Die Verfassung der 5.000 entsprach den Interessen der Hopliten, d. h. die Hopliten hatten eine eigene Gruppenidentität, die von der der Theten deutlich abwich. Verkompliziert wird die Sache dadurch, dass auch die Zeugiten keine einheitliche Klasse waren. Es gab reiche und ärmere, die bei Veränderung der Steuerveranlagung durchaus Gefahr liefen, zu Theten herabgestuft zu werden. Und in der Tat blieben die Theten auch nach der Wiederherstellung der Demokratie 403 von Ämtern de iure ausgeschlossen. Ein vertieftes Verständnis des Selbstbewusstseins der Hopliten ist wichtig, um zu begreifen, dass es nicht nur eine Dichotomie zwischen Oligarchen und Demokraten gab, sondern viele Schattierungen dazwischen, welche die athenische Politik komplex und auch ein Stück weit unberechenbar machten.

Die Interpretation der athenischen Vasenmalerei stellt uns vor ganz eigene Probleme: Anhand der Themen Krieg, Sport und Sexualität und der Wandlungen in der Darstellung dieser Themen in der rotfigurigen Vasenmalerei zwischen 520 und 430 erkennt man, dass die Veränderungen in der Ikonographie *nicht* mit Wandlungen in der Realität zu tun haben, die Bilder also nicht die Realität abbilden (Robin Osborne). Vor den Perserkriegen werden v. a. Rüstszenen gezeigt, Soldaten im Lauf und Hinterhalte. Unmittelbar nach den Perserkriegen verschwinden tendenziell „reale" Kampfszenen. Nur noch mythische Kampfszenen und Kämpfe zwischen Griechen und Persern kommen vor. Dann, ab 450, begegnen wir v. a. Abschiedsszenen mit Frauen und Libationen. Aber auch vorher verabschiedeten sich Männer von ihren Frauen im realen Leben, auch später rüsteten sich Männer und liefen in die Schlacht. Die Flotte, die so wichtig war, spielt in der Vasenmalerei überhaupt keine Rolle. In den Sportdarstellungen wird am Anfang der rotfigurigen Malerei der Wettbewerb betont. Dann, um die Mitte des 5. Jhs., wird nicht mehr die sportliche Aktivität gezeigt, sondern z. B. das Abschaben der Haut. Bei der Darstellung von Sexszenen wird in der schwarzfigurigen Malerei der Geschlechtsverkehr direkt abgebildet, oftmals werden Orgien mit vielen Paaren „geschildert". Die frühe rotfigurige Malerei dagegen hat kaum mehr Interesse an der direkten

Darstellung des Geschlechtsakts. Um 500 werden einzelne Paare gezeigt, um 450 wird der Geschlechtsakt nur noch selten abgebildet. Aber wir dürfen wohl nicht annehmen, dass um 450 weniger Sex stattfand als um 520 oder um 500!

Um es noch einmal zu betonen: Die Wandlungen in den Bildern haben nicht mit Wandlungen in der Realität zu tun. Die frühe rotfigurige Vasenmalerei legt Wert auf den Wettbewerb, auf die Aktion, die spätere rotfigurige Vasenmalerei verweist auf unmittelbar Vergangenes oder deutet auf die Zukunft dessen hin, was die dargestellten Personen gleich machen werden. Wie und warum sich die Interessen der Künstler wandelten, lässt sich schwer sagen. Ein Wandel fand wohl um 500 statt, in der Art und Weise, wie die Griechen sich zur Welt verhielten, wie sie sie wahrnahmen. Und es verwundert nicht, dass dieser Einschnitt mit dem Durchbruch der Demokratie zeitlich zusammenfällt. Nicht mehr die Aktivität selbst steht jetzt im Vordergrund des künstlerischen Interesses, sondern Reaktionen und das Potential einer Situation für die nächste Zukunft, v. a. aber die Beziehungen zwischen Individuen. In der Phalanx wie auf den Trieren war man mehr denn je auf die Kooperation der Mitbürger angewiesen. Und auch die Eliten mussten sich in die neuen politischen Gegebenheiten fügen. Vielleicht ist in der deutlicheren Akzentuierung der Beziehungsebene in der Vasenmalerei der Einfluss der Sophistik mit ihrer Betonung der Wichtigkeit des Individuums in Anschlag zu bringen. Eine deutlich gesteigerte Wahrnehmung und Beobachtung zwischenmenschlicher Beziehungen waren auch die Voraussetzung für das Entstehen der attischen Tragödie.

Wie sehr die kleisthenischen Reformen aber auch das Verhältnis zwischen den Eliten und den einfachen Bürgern belasteten, zeigt der Umstand, dass der Bürgerverband den geheimbündlerischen Aktivitäten einiger adeliger Clubs, der Hetarien, mit wachsendem Misstrauen gegenüberstand. Man traute den Oberschichten offenbar einiges an Ausschweifungen und religiösem Frevel zu, ein Indiz dafür, dass offenbar alle wussten, wie schwer sich die Oberschichten damit taten, sich in die neue demokratische Ordnung einzufügen. Dass diese Befürchtungen durchaus berechtigt waren, zeigen der Hermen- und Mysterienfrevel von 415 und v. a. die oligarchischen Umschwünge von 411 und 404/3 v. Chr. Das Problem der Unterwerfung des einzelnen Oberschichtangehörigen unter die neue demokratische Ordnung des Nomos und der Sophrosyne blieb offenbar das ganze 5. Jh. hindurch virulent. Im 4. Jh. banden sich die Oligarchen besser in den Staat ein und kooperierten, weil es zu Beginn des Jahrhunderts wohl zu einer Zensusanpassung gekommen war, welche die Theten und weite Teile der ehemaligen Zeugiten als nicht-regimentsfähig von der Teilhabe an den Ämtern de iure ausschloss (Wolfgang Blösel). Zumindest hören wir nichts mehr von weiteren oligarchischen Umtrieben im 4. Jh., was auch dem ausgefeilten Gerichtssystem und neuen Foren der Elitenrepräsentation geschuldet sein könnte. Dieser Fragenkomplex war Untersuchungsgegenstand des Colloquiums Atticum V zum 4. Jh. v. Chr. (2019).

In den letzten Jahren wurde Wert darauf gelegt, dass die Colloquia Attica die Antike durch kulturhistorische Bezüge sowie historische Quer- und Längsschnitte für unsere

Gegenwart öffnen und interpretativ weiter erschließen würden, ohne eine direkte Vergleichbarkeit der Epochen *en détail* suggerieren zu wollen. Die Themenbereiche, die im Colloquium Atticum IV angesprochen wurden, sind von historisch übergeordneter Relevanz und bieten sich an, im interkulturellen Bereich weiter erforscht zu werden. An dieser Stelle ist nur ein kurzer Ausblick auf potentielle epochenübergreifende Forschungsgebiete zu werfen:

Das nicht stattfindende Revirement der Eliten nach einem radikalen Verfassungswechsel legt einen Vergleich zur frühen Weimarer Republik nahe, in der die alten kaiserzeitlichen Eliten unter veränderten politischen Rahmenbedingungen sehr wohl ihren Platz behielten. Wie schwer die Integration dieser alten Eliten in die neue demokratische Ordnung war, zeigt die weitere Geschichte der Weimarer Republik. Theorien der Elitenbildung könnten hier Anwendung finden, die Beziehungen zwischen den sozialen Klassen wären intensiv transepochal zu erforschen. Und die rechtlichen und ökonomischen Bedingungen unter einem Hegemon erzwungener, recht heterogener Allianzen, wie sie uns in den großen Militärblöcken der Gegenwart und jüngeren Vergangenheit begegnen, könnten durchaus gewinnbringend mit dem Seebund verglichen werden. 2014 war zum einhundertjährigen Gedenktag zum Ausbruch des Ersten Weltkriegs viel vom „Hineinschlittern" in den großen Krieg, ja von „Schlafwandlern" die Rede. Besser als in der Alten Geschichte ist in der Neueren und Neuesten Geschichte die Interdependenz von Strukturen und individuellen Akteuren mit ihren je spezifischen Interessen erforscht, wovon Althistoriker viel lernen können. Und auch die Rolle von Demagogen können wir in gegenwärtigen Wahlkämpfen beobachten und dabei auch viel von den antiken Verhältnissen lernen und durch ihr vertieftes Verständnis unsere Realitäten besser analysieren.

Verwendete Literatur

Riess, W., „Die athenische Kriegsideologie im 4. Jh. v. Chr.," in P. Mauritsch (Ed.), *Krieg in den Köpfen. Vorträge gehalten im Rahmen der 12. Grazer althistorischen Adventgespräche am 13. Dezember 2012*, Graz 2017, 93–114.

Riess, W., „Zusammenfassung und Ausblicke," in: W. Riess (Ed.), *Colloquia Attica. Neuere Forschungen zur Archaik, zum athenischen Recht und zur Magie*, Stuttgart 2018, 277–284.

WERNER RIESS
Univ.-Prof. Dr., Fachbereich Geschichte, Arbeitsbereich Alte Geschichte,
Universität Hamburg

Dr GJM 1954-2025